王克，中国著名企业战略专家，中国企业联合会管理咨询委员会副主任，中国企业发展规划院院长，深圳市企业升级转型促进会会长，明天创业投资集团董事长兼总裁。国内多家大专院校与科研机构客座教授、客座研究员，多地政府、多家企业高级顾问，多家上市公司独立董事。多次被中国企业联合会等机构评为"中国十大值得尊敬的管理咨询专家""中国十大最有价值策划专家"，获得"中国咨询策划产业终生成就奖"，入选"世界凝智公园中国名人馆"。

作者实践纪实：知行合一，倾心助力重构建

作者实践纪实：战略导航，引领企业大变革

作者实践纪实：价值跃迁，区域发展新景象

作者实践纪实：创建平台，百城万企大巡讲

作者实践纪实：系统推进，落地执行见实效

作者实践纪实：认知共享，春风化雨育精英

作者实践纪实：团队制胜，迭代传承共明天

重构建

新时代转型升级实践论

王克 著

企业管理出版社
ENTERPRISE MANAGEMENT PUBLISHING HOUSE

图书在版编目（CIP）数据

重构建：新时代转型升级实践论 / 王克 著

—北京：企业管理出版社，2018.11

ISBN 978-7-5164-1798-0

Ⅰ.①重… Ⅱ.①王… Ⅲ.①企业升级－研究－中国

Ⅳ.①F279.2

中国版本图书馆CIP数据核字(2018)第232367号

书　　名：	重构建——新时代转型升级实践论
作　　者：	王　克
责任编辑：	于湘怡
书　　号：	ISBN 978-7-5164-1798-0
出版发行：	企业管理出版社
地　　址：	北京市海淀区紫竹院南路 17 号　　邮编：100048
网　　址：	http://www.emph.cn
电　　话：	编辑部 (010) 68701661　　发行部 (010) 68701816
电子信箱：	1502219688@qq.com
印　　刷：	北京七彩京通数码快印有限公司
经　　销：	新华书店
规　　格：	700 毫米 × 1000 毫米　　16 开本　　30 印张　　420 千字
版　　次：	2018 年 11 月 第 1 版　　2019 年 9 月第 2 次印刷
定　　价：	128.00 元

版权所有　　翻印必究 · 印装有误　　负责调换

序言一

以"重构建"推进高质量发展

袁宝华

习近平总书记在党的十九大报告指出:"我国经济已由高速增长阶段转向高质量发展阶段,正处在转变发展方式、优化经济结构、转换增长动力的攻关期,建设现代化经济体系是跨越关口的迫切要求和我国发展的战略目标。"

要实现这个战略目标,中央提出了必须要:牢牢把握高质量发展的要求,坚持质量第一、效益优先;牢牢把握工作主线,坚定推进供给侧结构性改革;牢牢把握基本路径,推动质量变革、效率变革、动力变革;牢牢把握着力点,加快建设实体经济、科技创新、现代金融、人力资源协同发展的产业体系;牢牢把握制度保障,构建市场机制有效、微观主体有活力、宏观调控有度的经济体制。这"五个牢牢把握"的着眼点,就是要进一步转型升级。

转型升级,是新时代推动高质量发展的重要力量。

《重构建——新时代转型升级实践论》,在互联网、移动互联网、物联网、云计算、人工智能及生命科学发展的大背景下,抓住了"人性与商业进化"这个关键,以世界前沿管理思潮为基础,解剖海尔、华为等卓越企业成功转型升级经验,把国际管理科学经典与中国传统智慧融为一体，提出了转型升级重构建的理念、模型、方法和工具，通俗、简捷、易行、有效。这是在经济、产业、企业的转型升级中，贯彻新时代中国特色社会主义经济思想，贯彻坚持以人为中心、突出人在资源配置中决定性作用的体现，也是习近平总书记最近提出的"坚持正确政治方向，在基础性、战略性工作上下功夫，在关键处、要害处下功夫，在工作质量和水平上下功夫"的具体应用，对于新时代我国经济高质量发展，具有一定的参考与促进作用。

欣慰王克同志将他的研究成果《重构建——新时代转型升级实践论》出版，倍感高兴，特此作序。

2018年9月

序言二　　**《重构建》中的"王克现象"**

　　王克先生从事经济、产业、企业研究，特别是从事企业咨询策划近三十年，是业内为数不多的"骨灰级"人物。他和他的团队，先后为中外1 000多家大中型企业提供服务，服务的企业有100多家在境内外成功上市，服务的企业家有近100人入选"福布斯中国富豪榜"，直接、间接创建或提升中国名牌、中国驰名商标100多个；王克先生多次被评选为影响中国咨询策划界发展十大标志性人物、中国十大值得尊敬的管理咨询专家，可谓实至名归。

　　当前，国际形势风云激荡，冷战思维浓郁，贸易战兴起，科技乃至黑科技的迅猛突破，都使中国进入一个全新的历史方位。新时代，给企业带来了前所未有的新矛盾、新问题，更提出了新要求、新目标。寻找新路径，转型升级重构建，已成企业当务之急。

　　读到王克先生《重构建——新时代转型升级实践论》一书，深为震撼，格外欣喜。看到书中一个个扎实鲜活的重构建案例，突出地领略到王克先生对中国与世界的企业与社会发展趋势的深刻把握，对于中国企业的深度认知，对于人（企业家）的分析与点拨之到位准确。书中广泛涉猎了经济学、管理学、市场学、企业学、金融学、统计学、心理学，甚至文学。在此书中行走，确可感受"政治家的胸怀、军事家的胆识、科学家的严谨、文学家的浪漫、企业家的务实"，一股清彻创新之风，扑面而来。尤其是重构建中关于"道"与"术"、知与行辩证论治的恢宏思考，更让人醍醐灌顶。

这是王克先生几十年咨询策划实践的经典和砺血之作。

《重构建》具有极强的针对性，全书居高临下、战略视角、"道""术"兼修。书中介绍企业重构建的哲学主张、"道"与"术"、知行关系、推进路径、执行系统、重点内容，都极具可操作性；这本书写"魂"、写景、写意、写实，展示了中国经济、产业，特别是企业在新时代完成转型升级的成功路线图；是一本中国咨询策划界关于咨询策划具有"教父级"价值的教科书；是一本中国企业在当前复杂严峻的国内外经济形势下振兴崛起的具有颠覆性意义的宝典；也是政府有关部门在新时代尤其是当前风雨激荡的贸易战新形势下搞好中国企业、推进中国经济高质量发展的重要参考书。

此书写"道"。时下，关于经济、产业、企业转型升级的设想、办法很多。但不能不说，许多是肤浅的，甚至虚假的，许多是旧瓶装新酒，导致企业陷入"不转型，等死；错转型，找死"的怪圈。但转变并没有发生。正如英国著名管理学家、量子管理学创立者丹娜·左哈尔指出的："他们只是重新摆放了房间里的家具，虽然看似不同，但不久会意识到同样的房间里还放置着同样的家具。"要使变革发生，必须

"重新设计房间，甚至拆掉旧的架构重建房屋。"要"重置大脑，重新自我改造。"王克先生的重构建，就是做了这"重置大脑、重建房屋"的探索。书中紧紧抓住转型升级中"人"的核心，从哲学"道"的维度，强调"道"的先决条件。首先是道路、道义。庄子说："以道驭术，术必成。离道之术，术必衰。"老子说："有道无术，术尚可求也。有术无道，止于术。"道路是方向、是战略，方向错了，一错百错，具有很强的现实意义。

此书写"术"。有道而乏术者必无其所长；"道"决定你走什么路，"术"则决定你在这条路上能走多远。此书提供了一整套重构建转型升级的好方法、好模式。在推进方法上，有存量重构建、增量重构建、全量重构建等基本策略；在环节操作上，有品牌重构建的超级符号力、超级IP力、超级精神力等实施内容；在大的层面有点化、规划、优化、固化、孵化、转化这转型升级的"进化"方法论；在小的角度有业务层阶重构建、流程重构建、产品重构建的落地措施。这些方法，来自战略变革、转型升级的实践，环环相扣，一气呵成，是转型升级的经典之作。

此书写"实"。此书最大一个特点是不回避问题，直言症结，犀利地揭示当前许多企业转型升级中的盲区、忙区、茫区和无法逃避的"轮回"，提醒人们"之所以不能解决问题，是因为根本不知道什么是问题"。即不清晰人性本质、商业本质、价值本质，在技术进步面前忽略大脑和管理进化，沦为"史前人"。在企业家额头上猛击一掌，发人深省，使许多企业迷茫的问题找到了真实的答案。

这本书以重构建告诉我们——

找对转型升级思路不难，难的是找到灵魂；

找到转型升级灵魂不难，难的是找到方法；

找到转型升级方法不难，难的是找到价值；

找到转型升级价值不难，难的是"做到"！

做到了，"重构建"不难！

重构建——

不是花瓶，不是绣花枕头；是一种哲学，一种文化，一种意识，一种精神，一种法则，一种战略，一条大道。上兵伐谋，超越竞争，重构建成功地走出了企业低层次运转的竞争误区，以独特的视角成功地完成了企业发展的革命和进化。

重构建——

不是一个概念的转变，而是一个质的提升；

不是简单的物种进化，而是一个革命性的创造；

在业态规划上，要完成从孤岛到业务链的转变；

在规模上，要完成从单一到聚合的转变；

从效应上，要完成从常规经营到超速跨越的转变。

重构建，必将以更快、最迅速的增长亮点，更强、最优势的资源配置，更亮、最中国化、国际化的品牌，更长、最完美的发展生态，催变和引发中国企业的新的一次革命，在效益、效率、效力三方面上获得最大值。真正形成新时代下的企业新理念、新价值、新产业、新市场的新型企业，在当前冷战思维和贸易战的复杂严峻的新形势下立于不败之地。

我与王克先生相交、相知、相敬四十年，在某种意义上也关注、研究、支持他四十年。王克一直以独特的视野与方法，研究中国经济、中国企业。20世纪90年代初，王克的专著《中国连还债》，被称为中国第一部研究、描写"债务问题"的作品，《中国新闻出版报》曾以整版篇幅隆重推介，时任国务院副总理的朱镕基牵头全国"三角债"大清理，其"清理三角债办公室"还专门责成出版社送书，做决策参考。后来，王克南下深圳，在改革开放"桥头堡"，创办中国第一代"民间智库"——明天策略集团，支持、帮助他服务的企业创造了一串串发展奇迹，掀起一阵"王克策划旋风"，与另外二人并称为"策划三王"。为王克的壮举感染，我采写了报告文学《王克现象》，指出"王克现象"综合了政治、经济、社会、文化等诸多因素，是一种政治现象，是一种经济现象，是一种文化现象。它不是一个人的现象，它有着更深刻的内涵，更具有时代象征意义，昭示着一条道路——中国"民间智库"的价值实现、智慧报国之路。

如今，光阴荏苒26年，尽管技术发展、特别是互联网的爆发，让世界发生了天翻地覆的变化，但王克依在，现象依然。不同的是，当年的"现象"，已经升级、已经升华，成为"现象级"。现象级，源于英译phenomenal一词，人们把某个或某些事物的特殊性归结为一种现象，当现象持续发展，成为某种规律，或一定程度后，就被称为现象级。在这场技术进步与社会进化的"孪生革命"中，王克将新时代的互联网+、大数据、人工智能、量子技术、认知商业等思维，打造为系列"硬件"，对自身重构建，成为与时俱进的"现象级人物"。

更为可喜的是，当初的一朵"现象"浪花，如今已汇流成海，发展民间智库已经成为国家战略。习近平总书记多次强调，要"把中国特色新型智库建设作为一项重大而紧迫的任务切实抓好"。2014年10月，中央全面深化改革领导小组第六次会议，审议通过了《关于加强中国特色新型智库建设的意见》。加快建设中国特色新型智库，广泛参与全球智库竞争，在世界舞台上更加鲜明地展现"中国思想"，响亮地提出"中国主张"，及时地发出"中国声音"，在全面建成小康社会、实现中华民族伟大复兴"中国梦"的过程中，做出更具独创性和重要性的、更高质量的知识贡献、思想贡献。这是伟大时代赋予"中国新型智库"的伟大使命。

澳大利亚一位经济学家说："谁能解中国经济现象之谜，谁就能得诺贝尔经济奖。"准确与否姑且不论，重构建、改革、开放、发展，进入了一个重要的历史关头确是实情。可以想见，在当前这样一个复杂严酷的、诸多因素交织的市场博弈中，最后的胜利者有之，失败者有之，呛水者有之，溺毙者有之。可谓千变万化，错综复杂，百舸争流，不进则退。大挑战，带来大机遇；大机遇，需要大突破；大突破，需要大智慧、大手笔——泥沙俱下之后的归宿必然是大浪淘沙。

这大智慧、大手笔，会不会是重构建，当下已在定义，未来也会证明。

祈愿中国的经济、产业、企业在重构建中走向更伟大的新生！

郑有义

2018年9月6日于北戴河

（郑有义，著名作家、人民日报高级记者、人民日报文化传媒公司原董事长）

目录

第1章 重构建之源：转型升级新觉知 1

第1节 转型升级风起云涌四十年 4
- 1.1 转型升级概念与内涵 4
- 1.2 转型升级发展脉络 6
- 1.3 转型升级的量变到质变 10

第2节 转型升级：走不出的轮回 11
- 2.1 临路而泣：茫、忙、盲 12
- 2.2 轮回中的"死亡之谷" 14
- 2.3 症结:不能解决问题,是因为根本不知道什么是问题 16

第3节 须从根本求生死，莫与支流分浊清 18
- 3.1 "乌卡时代"的"拐点"之变 19
- 3.2 变之"区分" 28
- 3.3 互联网+"下半场"：重构建 32

第4节 案例："国家队"重构建，创"中国文化走出去"旗舰 36

第2章 重构建之根："孪生革命" 45

第5节 重构建基本概念与体系 47
- 5.1 伴随"人—技革命"而生 47
- 5.2 重构建频谱 48
- 5.3 新职业诞生——企业构建工程师 50

第 6 节 | 重构建，不断超越的企业革命　51

　6.1　超越企业再造　52

　6.2　超越企业重组　55

　6.3　超越战略变革　56

　6.4　重构建对比　57

第 7 节 | 西方"霸主的复活"与东方"永远的秘籍"　58

　7.1　美国，"三巨头"满血复活　58

　7.2　日本，"经营之神"绝活　59

　7.3　中国，海尔"三要三不要"的纵深解读　59

第 8 节 | 重构建是企业转型升级的普适法则　62

　8.1　企业的生存维度　63

　8.2　不同维度企业的重构建策略　64

第 9 节 | 重构建在中国　65

　9.1　"春江水暖鸭先知"　66

　9.2　中国式重构建已成体系　67

　9.3　转型升级重构建思维导图　68

第 10 节 | 案例：传统客运站十年重构建"五级跳"，一跃成行业龙头　69

第 3 章 重构建之魂：哲学颠覆 75

第 11 节 哲学是企业经营最高层次 77

第 12 节 实事求是——中国企业生存的基本哲学 80

第 13 节 实事求是"考"与"辩" 82

 13.1 从治学态度到思想路线 82

 13.2 被误读的实事求是 84

 13.3 突破心障 86

第 14 节 建立与时俱进的实事求是观 88

 14.1 直面无"是"可求的量子时代 89

 14.2 探究："是"去哪了 90

 14.3 从实事求是到实事求效 91

 14.4 实事求效才能重构建 93

第 15 节 案例：互联网先驱重构建，从新媒体到国家互联网化服务平台 93

第 4 章 重构建之道：商业新智慧 99

第 16 节 精神为本 101

 16.1 互联网社会就是精神社会 102

 16.2 消灭企业"精神库存" 108

 16.3 构建新时代的精神企业 111

第17节 | 多维格局 114

   17.1 格局与维度的内在联系 115

   17.2 升维思考，降维打击 120

   17.3 以多维视野应对多变的世界 124

第18节 | 价值链接 128

   18.1 企业价值的广义认知 129

   18.2 踏着价值链跳舞 131

   18.3 重构建本质是价值重构建 133

第19节 | 君子豹变 134

   19.1 变化，《未来简史》的警世之言 135

   19.2 变化，让万物生命周期骤减 138

   19.3 应变，以"豹子"般的速度 139

第20节 | 悖论相生 141

   20.1 世界"言尽悖" 142

   20.2 "以我为主"，杀出一条血路 144

第21节 | 简易是金 147

   21.1 简易就是要做"基本"的 148

   21.2 "直觉"是企业家的稀缺资源 149

   21.3 在一点突破中体现简易的力量 151

第22节 | 标杆基准 153

   22.1 对标是成功企业的必修科目 153

22.2 反弹琵琶的"顶牛"对标　155

22.3 重构建体系与经典对标　157

第23节 | 咫尺匠心　158

23.1 工匠精神根基在匠心　160

23.2 "守、破、离"与重构建　161

第24节 | 知行合一　163

第25节 | 内圣外王　165

25.1 内外兼修者胜　166

25.2 企业的内圣外王　168

25.3 企业家的内圣外王　170

第26节 | 从智慧走向法则　173

26.1 十大智慧的内在联系　173

26.2 十大智慧就是十大法则　174

第27节 | 案例：区域重构建，中国出了个"民生之都"　174

第5章 | 重构建之法：系统制胜　179

第28节 | 点化——额头猛击一掌　180

28.1 点化经典：庄子言"杀"三千剑客　181

28.2 点化是摧毁，更是创造　182

28.3 没有点化，就没有重构建　183

第29节 | 规划——赢在顶层设计 186
   29.1 规划与计划的异同 187
   29.2 绘就蓝图无弯路 188

第30节 | 优化——事求"一次做对" 190
   30.1 优化就是更好 190
   30.2 优化的经典范式：一次做对 190
   30.3 一次做对的推进步骤 192

第31节 | 固化——隔绝传统病毒 193
   31.1 观念固化——高处也胜寒 193
   31.2 制度固化——犹抱琵琶"不"遮面 194
   31.3 技术固化——于无声处听惊雷 195

第32节 | 孵化——创新生态环境 197
   32.1 以场景力孵化 198
   32.2 以仪式感孵化 198
   32.3 "半部论语治天下" 200

第33节 | 转化——价值决定未来 202

第34节 | 重构建价值流 204

第35节 | 驾驭重构建价值流的基本功 206

第36节 | 案例：宝富20年的四次大重构 208

第6章 重构建之术：内容为王　215

第37节　战略重构建，超越"牛顿思维"　216
- **37.1**　战略是"迭代"的　217
- **37.2**　战略有"智商"　220
- **37.3**　识别"好战略""坏战略"　223
- **37.4**　战略重构建从重构战略本身开始　224

第38节　领导力重构建，从优秀到卓越　229
- **38.1**　领导力的标准　229
- **38.2**　能力、能量与能量场　232
- **38.3**　做一个量子领导者　234

第39节　组织重构建，打赢"班长"的战争　235
- **39.1**　让听得见炮声的人来呼唤炮火　236
- **39.2**　阿米巴为什么"火"　238
- **39.3**　以人为核心的组织　240

第40节　团队重构建，员工与企业一起"嗨"　241
- **40.1**　甄别人比培训人重要　242
- **40.2**　谨防美丽的"真理鸡汤"　242
- **40.3**　从"个体的人"到"整体的人"　244

第41节 | 文化重构建，让"软实力"硬起来 245
   41.1 追求本质"硬" 246
   41.2 "硬"在每一个价值点上 247
   41.3 以文化构建"心房子" 248

第42节 | 产品重构建，螺旋式的跃迁 250
   42.1 单品突围：在黑暗森林中打造"爆品" 250
   42.2 系统推进：人间正道是沧桑 254
   42.3 生态发力：人人都做"产品官" 256

第43节 | 用户体系重构建，打造"企业命运共同体" 258
   43.1 用户"变态"：产消合一再扩展 259
   43.2 用户体系本质是社群经济 262
   43.3 企业的"命运共同体" 264

第44节 | 商业模式重构建，占领价值制高点 271
   44.1 商业模式不是"点子"，是一组"群居"系统 272
   44.2 商业模式不仅要"一阳指"，更是"六脉神剑" 275
   44.3 商业模式不靠复制，要靠创新 278

第45节 | 业务层阶重构建，赚钱永远不"断档" 281
   45.1 可怕又可爱的"不连续性" 281
   45.2 应需而生的"业务层阶" 284
   45.3 不连续中的"不务正业" 286

第46节	资本重构建，走向产融合一　288
46.1	产融合一的概念、范畴与方法　288
46.2	遵循"铁律"，绕开"雷区"　291
46.3	走向超级产融合一层次　295
第47节	公司治理重构建，从敬畏开始　297
47.1	根本：建立对公司治理结构的敬畏之心　298
47.2	核心：优化股权设计　300
47.3	关键：建立成功的董事会　302
第48节	管理制度重构建，走出"软化"误区　305
48.1	永恒的真理：没有规矩不成方圆　305
48.2	执行是制度的"真谛"　307
48.3	制度重构建的途径与要点　308
第49节	流程重构建，支撑每一个有价值的活动　310
49.1	与时俱进：永不衰退的流程　311
49.2	标杆：红领集团的流程大创新　314
49.3	持续练好流程的"真功夫"　317
第50节	绩效重构建，让"商品"说话　319
50.1	赤裸裸：真理有时是"丑陋"的　320
50.2	能感知：绩效是你用来交易的"商品"　326
50.3	可跃迁：提高劳动欲望等级是最美好的绩效　330

第51节	品牌重构建，做"超级"的自己 335
51.1	品牌一招鲜：源于产品高于产品 336
51.2	品牌三剑客：一个都不能少 340
51.3	"七步成诗"：总把新桃换旧符 345

第52节	营销重构建，得人心者得市场 354
52.1	消费升级，时代营销大趋势 354
52.2	消费升级，互联网巨头有妙论 358
52.3	五花八门"新营销" 361
52.4	万法归宗：得人心者得市场 363

第53节	供应链重构建，打造企业生态圈 367
53.1	供应链不仅是物流，更是经营思想 367
53.2	供应链催发"生态型"企业 370
53.3	构建生态型企业的要点 372

第54节	运营体系重构建，把"反僵化"进行到底 374
54.1	运营僵化：企业死亡前奏曲 375
54.2	反僵化：综合治理 376
54.3	告别僵化：唯快不破 380

第55节	信息化重构建，从IT到DT 382
55.1	DT，超越的岂止是技术 382
55.2	DT发展导航图 384

第56节 | 十八法的辩证认知　387

　　56.1　认知：明确比正确重要　388

　　56.2　选择：合适的才是最好的　389

　　56.3　要害：系统思考，一点突破　390

　　56.4　标杆：开始行动永远优于不行动　391

第 7 章 | 重构建之器：效100战略执行一体化系统　401

第57节 | 为什么是效100　403

第58节 | 效100的"一字真经"　404

第59节 | 效100的"四大节点"　406

第60节 | 效100的"五项修炼"　409

第61节 | 效100的"七种武器"　413

第62节 | 效100的"十六字要诀"　414

第63节 | 效100的"效日志"　416

第64节 | 效100的"程序设计"　417

第65节 | 效100的"八大步骤"　417

第66节 | 案例：武夷股份效100三年三大跨越　419

第 8 章 重构建之功：以未来定义未来 423

第67节 未来，若隐若现的量子时代 425

67.1 被量子思维撼动的牛顿思维 426

67.2 以量子管理赋能重构建 429

第68节 认知革命，山雨欲来风满楼 436

68.1 认知革命，"吓尿指数"从十万年缩短为一天 436

68.2 认知型企业 441

68.3 在认知革命中的重构建 447

第69节 为了未来，重构现在的努力 450

参考文献 455

第 1 章　重构建之源：转型升级新觉知

中国改革开放四十年，经济界、企业界，出现许多热门词汇，也就是"热词"。

这些词包括"改革开放""解放思想""联产承包""转型升级""互联网+""一带一路""大众创业，万众创新""消费升级""供给侧改革"等。有人做过概略统计，1978年至今，热词如过江之鲫，不下万个。

热词，新桃旧符，你方唱罢我登场。

热词，作为一种词汇现象，它的产生总与社会、经济、文化、人口、物质、道德、观念、习俗等变迁密切相关，反映了一个国家、一个地区在一个时期内人们普遍关注的问题和事物。

热词，吟唱着时代的旋律，记录着一段段历史。

我们使用着热词，又生活在热词中；

我们影响了热词，也受到热词的影响。

改革开放初期的"下岗""休岗""脱岗""离岗""留岗""退岗"等热词，到现在的"失业"。这些热词中反映的就不单是工作关系的变化，也映射出人们对这一变化所持的态度变得更加客观、平和，映射出社会进步与中国的强大与人民的富足。

"转型升级"一直是政治经济与企业生活中的热词。

检索改革开放以来与经济、企业相关的众多热词，延续时间长、使用范围广、社会认同度高的词，包括"解放思想""改革开放""转型升级"。

转型升级，一直伴随着中国的改革开放，伴随着中国经济、产业与企业的发展，同样映射着中国社会文明的发展。

然而，中国四十年的转型升级，并非像人们想得那样完美，转型升级的成功率不足10%。可以说，人们是在痛楚之中去探索和完成转型升级的。

据统计，2006至2016的十年间，中国平均每分钟就有2家企业关门，每小时就有114家企业破产，每天就有2 740家企业倒闭，每年就有超过100万家企业消失。

不转型，等死；

转错型，找死。

一个尴尬的"定律"，让中国的企业在两难选择之中踯躅而行，却从未停息。

2017年，转型升级新号角再次鸣响！

中国共产党第十九次代表大会上，习近平总书记着重提出："我国经济已由高速增长阶段转向高质量发展阶段，正处在转变发展方式、优化经济结构、转换增长动力的攻关期，建设现代化经济体系是跨越关口的迫切要求和我国发展的战略目标。"

这一论断，将转型升级提升到了国家战略的高度，提出攻关期高质量发展的当务之急。

攻关期，转型升级迎来新时代；

攻关期，转型升级遭遇新矛盾；

攻关期，转型升级有了新目标……

正是在攻关期，我们应该用正视、反思，甚至批判的观点，用创新、革命，甚至未来的观点，检讨中国转型升级四十年。

以铜为镜，可正衣冠；以史为镜，可知兴衰；以人为镜，可辩得失。

以中国经济四十年转型升级脉络为镜，可以照亮今后的路。

第 1 节　转型升级风起云涌四十年

1.1　转型升级概念与内涵

转型升级包含两个方面，一是转型、二是升级。

"转型"，作为一个基本概念，最初应用在数学、医学和语言学领域，后延伸到社会学和经济学领域，指一种经济运行状态转向另一种经济运行状态。

"升级"，则指从较低的级别升到较高的级别。

转型升级包括宏观、中观和微观三个维度。

一是经济，经济转型或经济转轨，指一种经济运行状态转向另一种经济运行状态。

二是产业，产业转型升级，从低附加值转向高附加值的升级，从高能耗高污染转向低能耗低污染的升级，从粗放型转向集约型的升级。

产业结构转型升级中的"转型"，其核心是转变经济增长的"类型"，即把高投入、高消耗、高污染、低产出、低质量、低效益转为低投入、低消耗、低污染、高产出、高质量、高效益，把粗放型转为集约型，而不是单纯的转行业。转行业与转型之间没有必然联系，转了行业未必就能转型，要转型未必就要转行业。

产业结构转型升级中的"升级"，既包括产业之间的升级，如在整个产业结构中由第一产业占优势比重逐级向第二、第三产业占优势比重演进；也包括产业内的升级，即某一产业内部的加工和再加工程度逐步向纵深化发展，实现技术集约化，不断提高生产效率。只有正确理解产业结构转型升级的这些内涵，才能在实践中避免出现偏差。

三是企业，企业转型是指企业长期经营方向、运营模式及其相应的组织方式、资源配置的整体性转变，是企业重塑竞争优势、提升社会价值，达到新的企业形态的过程。

转型是结构的调整，往往讲的是质变；升级是质量的变革，常常讲的是量变。

转型升级复合在一起，构成为了更好地适应宏观经济环境、技术发展需求和市场变化，而做出的主动调整。既包括产品服务，也包括营销方式、运营体系、财务，以及背后技术的不断演变，转型升级是一个复杂的系统工程。

总结中国改革开放四十年企业的转型升级，有如下类型。

延伸式转型，企业发展到一定程度时，在现有业务的基础上进行延伸，以保持业绩的持续成长，满足员工的需要、客户的需要和股东的需要。企业在延伸的过程中可以沿着市场去延伸，也可以沿着技术去延伸。

多元化转型，从单一业务转向其他行业或领域。

聚焦式转型，从大而全、小而全，转化为大而专、小而专。专注于做一类产品，打动部分消费者，成为目标消费者心目中的首选，成为某一个细分市场的"老大"，这就是典型的隐形冠军思维。

兼并式转型，有针对性地购买优势企业，打造企业健康的生态链，通过兼并其他企业提高竞争力。

升级式转型，从低端产品为主转向中高端产品为主。

差异化转型，从大众化产品转向小众化产品。

试错式转型，通过"试验田"来降低整体转型的风险。

断臂式转型，狠心割离传统思维、模式、产品，一步到位互联网化。

平台式转型，构建内部创业平台，充分激发员工的经营潜能，将企业平台化，转变为面向市场的开放性组织。

组合式转型，在上述或者更多的形式中，根据企业自身特点与需求组合应用，力保效果。

1.2 转型升级发展脉络

中国企业的转型升级，与中国的经济、产业的转型升级交叉在一起，你中有我，我中有你，相互影响，互为依托。没有必要，也不可能分清哪些属于经济、哪些属于产业、哪些属于企业。

不过，从中国改革开放四十年发展史中可以比较清晰地梳理大致五个阶段。

第一次转型升级（1978—1991年）。

特征：从"大锅饭"向责任制转型、从重工化向轻工化转型。

现象级事件：农村包产到户、工厂承包制、科技是第一生产力、外向型经济、经济疲软、体制改革等。

此时中国处于改革开放初期，转型升级以特定的意义，出现在人们的视野之中。1984年党的十二届三中全会通过《中共中央关于经济体制改革的决定》，明确提出"改革管理体系、扩大企业自主权、改革分配制度、建立现代企业的制度"，这是较早的转型升级内容，虽然还没有形成清晰、正式的概念，但其内涵、本质已经充分显露。

第二次转型升级（1992—1999年）。

特征：从计划经济向市场经济转型、从内贸型向外向型转型。

现象级事件：社会主义市场经济体系确立、股票、全民"下海"经商、社会主义初级阶段等。

1992年，邓小平南方谈话，引发中国改革开放高潮，之后经济发生了巨大变化。特别是社会主义市场经济理论的确立，让中国经济百花盛开。

票证取消，中国已经从短缺经济进入过剩经济；全民"下海"，从商的优越感两千年来在中国第一次超越从政、从军、从学；股市狂热，工农商学兵一起追逐资本；以前羞答答的"个体户""乡镇企业"，被称为民营经济，成为中国经济的重要补充……

企业开始介入市场竞争，在报纸、电视上打广告，设计VI（视觉识别系统），做营销，中国经济步入又一个快车道。

快车道上，投资、消费、出口拉动GDP增长的"三驾马车"并驾齐驱，使中国在东亚地区大规模的金融危机中"金鸡独立"。

刺激内需，开放房地产市场，中国银行业宣布鼓励按揭贷款，使房地产行业迅速成为中国的一个支柱性行业，老百姓要改善住房，所以在吃穿用之后就是房地产行业的崛起，房地产行业成为中国内需的一个重要支撑。

开放外贸的进出口自主权，允许民营企业做外贸，中国商品依凭成本的低廉迅速跑到了全世界。广东、福建、浙江、江苏等地，外贸对其经济增长的贡献率由15%～20%增加到70%～80%，甚至更多。

1996年颁布的"九五"规划纲要，被认为是首次以正式文件形式提出了要实现传统产业转型升级。到1996年党的十四届六中全会文件中，再次着重提出"转型升级"。

这一时期，改革管理体系、扩大企业自主权的转型升级，极大地刺激了经济、产业和企业自身的改革，中国经济获得高速发展。

第三次转型升级（2000—2012年）。

特征：从工业经济转向知识经济，从"速度"向"效益"转型。

现象级事件：小康社会、非公有制经济、WTO、创业、风险投资、互联网等。

进入新千年，中国开始小康社会建设，进一步确立了非公有制经济的地位。

三个产业发生"井喷"。

汽车产业"井喷"，堂而皇之、大踏步地走入家庭；房地产成为区域经济发展支柱，中国大陆百富榜前100位富豪中房地产开发商占60%；互联网作为新兴行业正式走入并影响经济，百度、阿里巴巴、腾讯等先后兴起，中国网民从无到有，改变着中国经济的格局。

此间，中国的传统制造企业、传统服务类企业受到巨大挑战，实体经济发展遭受互联网、房地产"虚高"的诱惑与威胁，经济转型遭遇"三岔口"，政府到企业陷入迷茫，特别是2008年，国家经济政策一年三变。年初中央经济工作会议提"双防",即防止经济增长由偏快转为过热,防止价格由结构性上涨演变为明显的通货膨胀。年中换为"一保一控",即保证经济平稳较快增长,控制物价过速上涨。到了年底,换为"全力以赴保增长",国家金融政策从紧到适度宽松,并大幅度降息,向企业投放四万亿贷款和投资。中国经济又一次"软着陆",平稳渡过"阵痛期"。

第四次转型升级(2013—2017年)。

特征:新经济崛起,新常态变现,经济发展要素由投资驱动向创新驱动转型。

现象级事件:微信、余额宝、民办银行、跨界、消费升级、供给侧改革、"一带一路"、大众创业、万众创新等。

互联网在中国的发展,真正让民众、企业、经济感到"变天"的,是从2013年起。

阿里巴巴支付宝正式推出"余额宝",与银行"抢生意";腾讯微信在中国联通、中国移动、中国电信的领地直接开仓取钱,打击电话和短信的收费;百分之百人造的"双十一",一天销售额300亿(当然以后数额更"恐怖"),逼迫沃尔玛等实体店陷入"关店潮"。

2014年,腾讯、阿里巴巴等互联网公司,开始大规模向金融业发起冲击,物流和金融成为推动产业发展的大型发动机。

党的十八大召开,中央对中国经济做出了"新常态"的基本判断。十八届三中全会报告指出,加快转变经济发展方式,加快建设创新型国家,推动经济更有效率、更加公平、更可持续发展。同时将建设生态文明纳入国家总体发展战略,对资源型城市产业转型升级提出了更高的要求。资源型城市实现华丽转身,需要生态、文化、社会、机制的全方位转型。

速度:经济增速从高速增长转向中高速增长。

方式:经济发展方式从规模速度型粗放增长转向质量效率型集约增长。

结构:经济结构从增量扩能为主转向调整存量、做优增量并举的深度调整。

动力:经济发展动力正从传统投资驱动转向创新推动。

新常态下,企业突然从"动力"变成"对象",面临着与传统企业一样的变革考验。

企业的发展速度、结构、方式、动力适应、认识新常态、驾驭新常态、引领新常态，实现根本性转型的时机已经成熟。要适度提高对经济增长下行的容忍度，坚定不移推进以"三去一降一补"为抓手的供给侧结构性改革。

2015年的"两会"是中国经济转型升级历史上浓重的一笔。

正式提出"互联网+"，互联网突破了消费、娱乐、资讯层面，与工业、农业、教育、医疗、金融、生活服务等各个领域全面深度融合；正式提出"大众创业、万众创新"；正式提出"一带一路"倡议；消费升级、供给侧改革……

"十三五"规划出台，中国经济转型升级进入本质阶段，甚至可以说是开始真正意义上的转型升级。

第五次转型升级（2017.10—）。

特征：经济由高速增长向高质量发展转型。

现象级事件：新时代、新矛盾、新思想、新方略、新要求等。

党的十八大以来，中国经济获得空前发展。国内生产总值从54万亿元增加到82.7万亿元，年均增长7.1%，占世界经济比重从11.4%提高到15%左右，对世界经济增长贡献率超过30%。

中国共产党的第十九次代表大会，以"新"为核心特征，进一步拉开转型升级的新序幕。

中国特色社会主义进入新时代，这是保证党的理论方针政策既不超前，也不落后的一大关键。

新矛盾，我国社会主要矛盾已经转化为人民日益增长的美好生活需要和不平衡不充分的发展之间的矛盾。

社会主要矛盾的变化是关系全局的历史性变化，不仅仅是"物质文化需要"转变为"美好生活需要"，更是昭告着中国经济将从以前的重总量转化为未来的重结构；从以前的重增长到未来的重发展；从以前的重需求到未来的供需并重。"落后的社会生产"变为"不平衡不充分的发展"，即生产力的发展已经从"寡"进入到"不均"的阶段，不再是总量问题，而是分配、结构和协调问题。

新思想,"习近平新时代中国特色社会主义思想"。

新目标,从现在起到2020年,"全面建成小康社会"。

十九大报告中提出了13个强国战略,并在2020年全面建成小康社会、全面脱贫的基础上制定了中远期奋斗目标:第一个阶段,从2020年到2035年,基本实现社会主义现代化,到那时,人民生活更为宽裕,中等收入群体比例明显提高,城乡区域发展差距和居民生活水平差距显著缩小,基本公共服务均等化基本实现,全体人民共同富裕迈出坚实步伐。第二个阶段,从2035年到本世纪中叶,把我国建成富强民主文明和谐美丽的社会主义现代化强国,到那时,全体人民共同富裕基本实现,我国人民将享有更加幸福安康的生活,中华民族将以更加昂扬的姿态屹立于世界民族之林。

在这一簇簇令人振奋的"新"中,中国经济、产业、企业的转型升级更加清晰,高质量发展成为主旋律。经济与政策更加明朗:经济有底线,供给侧改革从减法转向加法,消费升级、高端制造是未来重中之重。

十九大,中国经济转型升级的又一个里程碑。

1.3 转型升级的量变到质变

综观中国企业转型升级四十年脉络,每一个时期的重点不同,每一个时期的结果不同。但一个无可置疑的结论,就是四十年的转型升级是经历着从量变到质变,在迭代中不断发展的。

从1978年到2012年的三次转型升级,是工业经济思维为主导,变化是从量到量的转移与增减。

而从2013年开始的第四次转型升级,以及2017年10月开始的第五次转型升级,是以互联网思维为主导,仿佛有了真正意义上的"转"与"升",有了一次质的飞跃。

第四次转型升级,是由技术进步引发的跨界革命,在短短的四年时间里,网店革了实体店的命,微信革了电信运营商的命,无论多么"厉害"的企业，都在革命中被触动了固有的利益。

第五次转型升级，则将"新"这一综合要素引发，政治、经济、文化、技术交织在一起，形成一股不可阻挡的潮流，这是一场要素突变式的、深度的、主动的生态革命。

这场转型升级革命，将与以往不同。

首先是主动的。这场转型，不再是简单的技术、市场因素的倒逼，而是新时代对解决社会新矛盾的主动出击，是全社会发自内在的觉知。

其次是系统的。这一次的转型，不再是某一环的问题，不是到网上开个店，不是搞个新发明，而是诸多要素并行，从生产线到供应链，从管理到消费者关系，要驾驭每一个环节、每一个行业、每一家企业的众多突变要素，对整个消费生态和竞争生态进行革命。

第三是生态的。传统的互联网、大数据、智能化，依然发力向纵深发展，那就是深度的人工智能生命科技、共享经济、区块链。随着技术革命，城市化、地缘经济、人性至上、商业进化等齐拥而上。形势前所未有更加复杂，相对论解释不了量子纠缠，重力绝想象不到摩天大楼的飞天入地，经济学阻挡不了情怀的泛滥，社会学安慰不了大众的迷茫，旧的理论体系，旧的思维模式，旧的工作方法纷纷倒下，而要形成新的、伟大的生态。

呼啸而来的第五次转型升级，承载着中国梦的期待，对每个人、每个企业都将是凤凰涅槃般的革命。

第 2 节　转型升级：走不出的轮回

未来的转型升级，是量变还是质变，人们也许不得而知。但是，自2013年以来的转型升级，却足以让我们有着"痛彻心扉"的感知，我们必须回放，通过检视经历来寻找未来。

2013年以来，中国企业开始大踏步进入互联网+时代。

"数字土著"互联网企业乐在其中,"数字移民、数字难民"的传统企业,则开始了一场冲动的大迁徙。

企业在享受互联网"开放、平等、协作、分享"带来的便利、丰富和喜悦时,迷茫、忧虑、危机,则附体于这种喜悦,演化成为一串串具体而又尖锐的问题,让企业均等地去"忍受"。

企业陷入问题的漩涡,问题以从来未有的难度、频率、范围,肆虐着中国企业,无论是产业巨擘,还是小微企业,没人能躲过这场问题风暴的袭击。

企业在互联网+中,陷入一场无法摆脱的"不转型,等死;转错型,找死"的轮回。

轮回一词,初见于佛教,谓众生由惑业之因(贪、嗔、痴三毒)而招感三界、六道之生死轮转,恰如车轮之回转,永无止境,故称轮回,又作生死、生死轮回、生死相续、轮回转生、沦回、流转、轮转。

科学从唯物主义的视角,也对轮回做了解释,称之为"物质循环过程",并能量守恒。整个物质表象的生成与消亡的过程永恒不灭。

大千世界,物质的轮回不断进行,如春夏秋冬、兴盛衰亡。

企业转型升级也在轮回中,盈与亏,进与退,兴与衰……

2.1 临路而泣:茫、忙、盲

春秋战国时期,有一哲人叫杨朱,某次他行至一岔路口时,慌而无措进而啜泣,路人见状皆笑之,杨朱对路人的笑嗤之以鼻,说"人生之路,有多少如此啊,让人不知如何选择。"

转型升级的路上,也站满了临路而泣之人。

泣一:茫——不知所措。

为什么真心为员工着想,员工却总是"不领情",无法实现企业与员工的同频共振?

为什么开发的新产品常常"见光死",以为了解了的客户需求,在市场却碰得头破血流?

为什么天天学习、月月培训，却总是赶不上时代变化，学来训去还是"原地踏步走"？

为什么技术刚刚成熟就被替代，创新总是"慢一拍"？

为什么优化了的企业结构、流程，总是难以贯穿，实施几天就"打回原形"？

为什么精心设计好的商业模式，一到市场就"疲软无力"难以奏效？

为什么强调"结果第一"，却总是得到工作过程，无法形成企业价值流？

为什么战略规划无法洞察变化驾驭发展，仅仅是论证没有失误的"马后炮"？

……

泣二：忙——焦头烂额。

忙着找"风口"。

忙着找"靠山"。

忙着找"方法"。

忙着找"执行力"。

忙着找"慰藉"。

中国企业在寻找"风口"，幻想着一夜暴富，以战术的勤奋掩饰战略的懒惰。一谈到具体事件、项目，头头是道，但谈到整体的方向、战略规划，则一头雾水，甚至从来没有考虑过。这种做法，说好听点是"摸着石头过河"，说难听点是撞大运和赌运气。

"战略之父"迈克尔·波特在谈及中国企业战略时曾言："我发现有许多公司对自己企业的战略并没有清晰的认识，每一个人都很忙，每一个人都很努力工作，每一个人都做许多事情。但是，令人吃惊的是大部分公司没有自己的战略！"

泣三：盲——走在误区中。

误区一，风来了，猪都能飞起来。

误区二，羊毛出在狗身上，让猪来买单。

误区三，得草根者得天下。

误区四，大数据的滥用。

误区五，微行其道。

误区六，平台就是一切。

误区七，先上车，再买票。

误区八，融来花不完的钱。

2.2 轮回中的"死亡之谷"

忙，心死了；

盲，眼瞎了；

茫，路没了！

转型中的中国企业在茫、忙、盲的误区中，跌入"死亡之谷"。据中华人民共和国工业和信息化部统计，自2013年以来，中国企业的平均存活从2.9年减低至1.8年；平均利润率从5%下降到3.9%；而企业家平均寿命58.1岁，低于中国人平均寿命76.34岁18.24岁！

转型升级中许多企业由盛转衰。

曾经被誉为"光伏界微软"的无锡尚德，是政府孵化企业的成功典范，其创始人施振荣宣称用五年时间成为中国首富。然而不到三年，却背负33.16亿元巨额债务，进入破产程序。

万达"一座万达广场，一个城市中心"的口号曾在国内普遍传诵，王健林的"小目标"也成为流行词。然而2018年初，万达开始瘦身、变现、收缩。"只要有万达，迪士尼二十年之内盈不了利"的豪言壮语，随着万达集团13个文旅项目拍卖出售而随风飘散。

凡客诚品，当年凭借互联网的风口，"我和你一样，我是凡客"的"凡客体"，带着衬衫、T恤红遍大江南北。卖出3 000多万件服饰，总销售额突破20亿元，公司规模迅速增长至1万多人。如今，带着超过14亿元的库存、总亏损近6亿元报表，从北京中心区迁往六环外。

美特斯·邦威，曾"不走寻常路"成为中国服装业独秀，也希望正式从传统渠道走向传统渠道与电子商务渠道结合并行的双渠道模式，推出全新的线上品牌——AMPM，日销售突破30万，日交易量超过1 000单。但短短一年，美特斯·邦威称，停止运营电子商务业务，在6 000多万白白"打了水漂"之后黯然收场。

李宁，1990年创业，中国第一个用个人的名字来为品牌命名的人，是中国第一个做偶像营销的人。到2010年，创业20载，李宁终于和阿迪达斯、耐克一样成为一线品牌，中国区市场有六七千家连锁店，并且开始进军欧美市场。到了2012年，李宁亏损20亿元。

爱租网、今夜酒店特价、维络城、好乐买、拉手网、红孩子，一批批"倒猝"体温尚存。而搜狐、新浪网公布的《互联网+死亡名单》上，九大类近百家曾经的宠儿赫然在列，有关人员估计，真正的数字可能更大。

对2015到2017年三年转型升级热潮中的企业"死亡"现象，人们这样概括。

比如2015年的"O2O"企业。

2015年每天都有O2O创业公司获得融资，也有O2O创业项目中止、倒闭。这些创业项目分别涉及医疗、美业、婚嫁、房产、家居、出行、汽车、旅游、教育、餐饮、社区、零售、金融、服务商和其他等16个领域。

比例2016年的实体店。

曾在最为"疯狂"的日子里平均每天新开2~3家店铺的百丽，到2016年关了900多家店。国际奢侈品著名品牌Zegna、香奈儿、Prada、Burberry、LV，也面临众轻奢及同类化品牌"降维攻击"的挑战，在中国同样地关店或调整经营。湘鄂情3年关店近30家，剩余的10多家店也在陆续关门、转让、法院抵押清算。万达百货关闭济南、唐山、江门、温州、荆州等多个地区严重亏损的门店，业绩目前已从万达年报中删除。

比如2017年的创业企业。

曾名噪全国的神奇百货，是国内首家定位专注于"95后"青少年的个性化电商平台，根据兴趣标签和推荐算法为年轻用户提供高品质高格调商品。CEO王凯歆在《神奇百货成立的一年里，我几乎经历了创业所有该遇到的坑》一文中，对自己的经历进行了反思：A轮融资后开始盲目扩张，大幅增员，大量使用猎头招聘所谓行业"大牛"、顶尖技术人才，盲目相信某某大公司背景、相信所谓专业性人才和经验，盲目制订战略，在毫无供应链经验的情况下涉足供应链，大量引进供应商。

现实，无情的契合着马云名言："今天很残酷，明天也很残酷，后天会很美好，但是许多企业死在了明天晚上"。

更像狄更斯在《双城记》中的描述：

"这是最好的时代，这是最坏的时代；

这是智慧的时代，这是愚蠢的时代；

这是信仰的时期，这是怀疑的时期；

这是光明的季节，这是黑暗的季节；

这是希望之春，这是失望之冬；

人们面前有着各样事物，人们面前一无所有；

人们正在直登天堂，人们正在直下地狱"。

2.3 症结：不能解决问题，是因为根本不知道什么是问题

死亡不可怕，可怕的是死的人竟然不知道自己是怎么死的。

任何一次大型技术革命，早期大家总是高估它的影响，因而会产生一轮一轮的泡沫；但是中期大家往往会低估它的影响，觉得这些不过是概念而已。当你觉得它是概念的时候，它已经开始生根发芽，开始茁壮成长。

互联网、移动互联网，正以一种摧枯拉朽的态势，重塑着经济结构与企业面貌。

一个老套的故事，依然让我们每每提及，曾经的世界手机霸主诺基亚公司被微软收购，签约仪式上，诺基亚CEO约玛·奥利拉潸然泪下："我们并没有做错什么，但不知为什么，我们输了。"

这，应该是一道天问。

直到2017年末，曾经中国零售业第一、年营业额超过1000亿、沃尔玛和家乐福也未曾打垮的大润发，被阿里巴巴收购。其创始人离职时的一句话，

似乎回答了诺基亚的"为什么":"战胜了所有对手,却输给了时代"。

互联网+,让一些曾经被认为牢不可破的惯例一一被打破,一些传统的商业模式和服务手段正在被颠覆,一些旧规则正在被新规则取代,新常态正在逐步建立。传统企业危机临近,新兴企业也在寻找新的发展窗口,曾经行之有效的一切现在失去效用,过去熟悉的事物形态如今变得十分陌生。

正如《共产党宣言》所描述:"一切固定的僵化的关系以及与之相适应的素被尊崇的观念和见解都被消除了,一切新形成的关系等不到固定下来就陈旧了。一切等级的和坚固的东西都烟消云散了,一切神圣的东西都被亵渎了。人们终于不得不用冷静的眼光来看他们的生活地位、他们的相互关系。"

大型纪录片《互联网时代》恰如其分地对这个时代做了总结:"一切的理所当然,都那么弱不禁风。"

没有任何人怀疑,互联网转型是企业必经之路,但转型这场"生死劫",成功率却不足5%。

理想与现实之间的巨大反差,引发我们不得不去探寻问题的深层次原因。

国务院总理李克强指出,互联网不仅是工作、学习的工具,也是一种生活的方式,人们的许多思维习惯都是因为网络而有所改变。

著名管理大师德鲁克曾预言:"我们生活在一个意义深远的转型期,变革空前而又彻底,现在的管理学思想依然沿用20世纪的那些基本假设。但实际上它们已经过时了,将不可避免地把企业引向不正确的轨道。"

《数字化生存》作者尼古拉斯·尼葛洛庞帝早就描述:"并非只与计算机有关,还关乎人们的生活,关乎企业的生死。"

我们不能解决问题,因为我们根本不知道什么是问题。

问题的本质是,以互联网、移动互联网、云计算、大数据为代表的信息革命,改变了世界,改变了世界所有企业生产、生存、生活方式,它像文字、蒸汽机、电的出现一样,将人类历史推向一个新阶段——信息革命时代。

但我们的企业、企业家还延续着信息革命之前,特别是移动互联网出现之前的企业哲学、思维、战略、组织结构、模式、工作程序和文化形态。体质、基因、文化，还停留在互联网革命之前。

企业是一个有机的生命整体，只有大脑思维的改变，没有管理进化、战略调整、文化变革的支撑，就如同仅仅大脑中有想法、手里有工具，而身体却没有行动一样。不转化为系统的、基因的、本能的层面，是无法实现真正转型升级的。不难想象，一家掌握了互联网工具的企业，甚至具备了互联网思维的企业，企业管理思想与运营体系还是原来那一套，企业家的基因、本能还停留在工业革命阶段，它的前途会多么暗淡，结局会多么凄凉。

美国著名未来学家詹姆斯·迈天，曾出版《大转变——企业构建工程的七项原则》一书，他认为互联网的出现，像蒸汽机、电的发明一样，是人类历史的一个重要分水岭。詹姆斯·迈天以互联网出现为界，把社会分为"旧世界"和"新世界"，直面美国乃至世界在信息革命中的种种迹象，一针见血地指出，在互联网蓬勃发展的"新世界"，有些人的还停留在"旧世界"，还停留在互联网出现的"史前"，是一个"史前人"。

史前思维、史前方法、史前基因、史前文化，无疑是用"冷兵器"应付核战争，纵然武功高深，仍将一败涂地。

历史，是无情和残酷的，很多时候，你的没落和衰亡并不是由于你的无能和懒惰，而仅仅是因为你没有走在历史的趋势中，或者说你走在了一个"伪趋势"中。

吹落互联网+转型升级的莽莽黄沙，我们骤然发现一个令人恐慌的繁杂问题，无论是衰退、失败、还是死亡，答案竟然如此简单：

只因为我们还是"史前人"！

第 3 节　须从根本求生死，莫与支流分浊清

明代《论学书》中曾收录王阳明一诗，"珍重江船冒暑行，一宵心话更分明。须从根本求生死，莫向支流辩浊清。久奈世儒横臆说，竞搜物理外人

情。良知底用安排得？此物由来自浑成。"

王阳明讲的是，必须从"根本"探究"生死"的道理，就好像探究河水的清澈或浑浊要找到源头，而不是从大河支流去辨别。然而无奈的是，世上的很多读书人对此有各种凭想象制造的说法，只是从表象上谈论生死，所以不会得到正确的结论。

中国企业的互联网+转型升级也是这样，陷入的往往都是枝节上的建网站、做电商、微商、O2O、B2B等技术层面，在人的意识、思维、本能层面较少接触，因而，"生"不知道怎么生，"死"不知道怎么死。

"求根本"，根本是什么？根本在于变化。

识别变化、驾驭变化、适应变化，在变化中寻找"根本解"。

3.1 "乌卡时代"的"拐点"之变

随着移动互联网和人工智能时代的到来，企业随之进入了一个颠覆性变革丛生的"乌卡时代"（VUCA）。

乌卡时代的特点是：Volatility，事情变化非常快；Uncertainty，不知道下一步的方向在哪里；Complexity，每件事会影响另外一些事；Ambiguity，影响的方式和关系还不明确。也就是一切都不稳定、不确定、复杂、模糊。这样的变化源自技术的创新、发展与广泛应用，但其变化速度、对我们生活和工作以及观念产生的冲击，远远超出想象，由此导致生存于该环境和社会中的个体、群体、组织变得越来越焦虑，在一簇簇的"拐点"中，茫然不知所措。

拐点，指改变曲线方向的点，在政治经济生活中指事物的发展趋势开始改变的地方。拐点，对于企业发展，是挑战更是机遇，拐点中发生的存量与变量空间，是企业超常规崛起的支点。

第一，社会拐点，人性越来越至高无上。

世间做所有的事情都必须基于人性，这是亘古不变的真理，因为我们都是人。

雨果在其《九三年》的扉页上写了一句话："在绝对正确的革命之上，

还有一个绝对正确的人道主义。"这句话显示了喜爱革命的法国人对人道主义的重视。在雨果的眼里，人高于一切，对人的尊重，对生命的敬畏，比所有的信仰与主义都更为崇高。

我们总是在这之上加上许多其他的东西，而忽略了普遍的人性。人性的需求，人性的温暖，一直支撑着人类度过艰难的时刻，相携走到现在。在人类社会中，人性应该是至高无上的，没有什么可以超越凌驾于人性之上。当然人性需要善意的牵引，这样的人性才会永存。所谓的善意，其实也很简单，就是对人的尊重，对生命的敬畏。敬畏生命的人性是难怀恶意的、是充满光彩的，而一个敬畏生命的社会，就是人类最温暖的家园。

党的十九大报告号召全党要"永远把人民对美好生活的向往作为奋斗目标"，指出"中国特色社会主义进入新时代，我国社会主要矛盾已经转化为人民日益增长的美好生活需要和不平衡不充分的发展之间的矛盾"。

为"人民对美好生活的向往"而奋斗，是对人性的最大尊重，更是转型升级的初心与目的。

"用'落后'来衡量我们的社会生产，显然已经不符合实际了。"国家发展和改革委员会（以下简称国家发展改革委）副主任、国家统计局局长宁吉喆指出，提出社会主要矛盾转化，是对客观现实的准确把握，也是中国特色社会主义进入新时代的客观依据。

"需"与"供"，构成社会主要矛盾的基本面。需求一侧，因着美好生活而变得丰富多元；供给一侧，也须完成由量而质的嬗变。

以供给侧结构性改革为主线，把创新作为引领发展的第一动力，正在推动中国走上新发展之路。新矛盾呼唤新变革：以全面深化改革为动力，持续推进国家治理体系和治理能力现代化。

今天，发展的不平衡、不充分不只限于经济领域。经济建设、政治建设、文化建设、社会建设、生态文明建设五位一体，相互交织，相互作用。

第二，技术拐点，不连续性越来越普遍。

综观人类历史，后浪推前浪，从工业1.0到工业4.0，每一次技术进步，都是在不连续中完成的。不连续性,成为当今技术革命的主流,在给企业界带来无穷想象空间的同时,也带来了危机和被淘汰出局的恐慌。

从工业革命开始,技术以狂风暴雨般的速度发生着转变,而由于技术的跳跃式发展,许多新技术把人们从未想象到的事物变为现实产品。当技术和经济领域中发生了能够改变整个行业(产业)特性及重新创造出一个全新的市场时,非连续性的技术变革就发生了。它不仅出现在技术行业,也出现在那些单调的、技术要求非常低的行业。不连续性的技术变革一旦发生,经济领域中的行业结构将会出现重大变化。行业中的现有技术领先企业很少能和新技术同步发生变化,并再次成为新技术的领导者,它们因技术的变化而产生的损失可能非常大,甚至有可能完全失败,在行业中消失。只有那些跟随技术的发展而进行大胆变革的企业和积极开发新技术、新产品的企业才能在行业中胜出。

互联网从PC端到移动端、从自动化到智能化,每个拐点中都产生版图的重塑。

量子技术、区块链将大范围应用,智能化在中国的大面积普及,又将对互联网产业形成新的猛烈冲击。

不连续性,是重要拐点。企业能否持续站在世界的技术前沿,最起码是要站在思维的前沿,将左右企业的生存与发展。

从工业1.0到工业4.0的技术进步

发展阶段	大体进程	主要标志	主要成果
工业1.0	1760~1860年	水力和蒸汽机	实现机械化:机器生产代替了手工劳动,经济社会从以农业、手工业为基础转型到了以工业以及机器制造带动经济发展的模式
工业2.0	1861~1950年	电力和电动机	实现电气化:采用电力驱动产品的大规模生产,通过零部件生产与产品装配成功分离,开创了产品批量生产的新模式

续表

发展阶段	大体进程	主要标志	主要成果
工业3.0	1951~2010年	电子和计算机	实现自动化:电子与信息技术的广泛应用,使制造过程不断实现自动化,机器能够逐步替代人类作业,不仅接管了相当比例的体力劳动,还接管了一些脑力劳动
工业4.0	2011年~	移动互联网智能化	实现智能化和个性化:未来10年,基于信息物理系统的智能化,产品全生命周期和全制造流程的数字化以及基于信息通信技术的模块集成,将形成一个高度灵活、个性化、数字化的产品与服务的生产模式

第三,经济拐点,增速越来越缓慢。

中国经济在从1978到2011年长达32年的时间里保持了年均9.87%的高速增长。在如此长的时间跨度内,实现接近两位数的高速增长,可以说是创造了举世瞩目的经济奇迹。

2012年至2013年增长7.7%,2014年增长7.4%,2017年增长6.9%。权威的国家统计局给出的评价是:"坚持稳中求进工作总基调,贯彻新发展理念,以供给侧结构性改革为主线,推动结构优化、动力转换和质量提升,国民经济稳中向好、好于预期,经济活力、动力和潜力不断释放,稳定性、协调性和可持续性明显增强,实现了平稳健康发展。"

这表明,经济由高速增长向中高速增长的转换将是中国经济发展的新常态。

新常态之"新",意味着不同以往;

新常态之"常",意味着相对稳定。

也就是说,新常态与过去的状态不同,既是在一定时期内的相对稳态,又是一种不可逆转的新趋势。

这不是短期状态,也不是曾经的状态,而是超越以往、具有新鲜气息的状态，还将持续相当一段时间的常态。

这常态，符合经济规律。

经济运行具有周期性循环变化的规律，经历由增长、放缓甚至下滑到再增长的过程。经济增长如同一个人跑马拉松，经过一段时间的高速奔跑后，必须减速，否则身体难以承受，而后调整状态，继续前行。中国经济经历多年的高增长后，必然会进入新的调整期。

增长速度放缓，是中国经济发展的内在逻辑决定的。过去三十多年时间里，中国制造业的成长基本依托两个名词，一个是成本，一个是规模。今天中国制造的成本优势（土地便宜，劳动力低廉，政府税收减免等政策扶持）已经消失，同时规模也受到严格控制。经济学原理表明，GDP增速往往围绕潜在增长率合理波动。未来一段时间，潜在增长率下降已成为不争的事实。随着劳动力供给下降、环境治理成本上升、消费向服务性商品的倾斜，中国经济增长潜力下降，相应地，GDP增速也会有所回落，继续保持高速增长已经难以做到。另一方面，高投入、高消耗、高污染的增长方式，使资源环境的承载能力下降，难以承受高的速度。中国经济增速换挡，符合规律，逆规律而行，就会吃苦头，甚至适得其反。

这常态，是现代国家经济发展的普遍走向。

国际经验表明，一个国家或地区经历了高速增长阶段后，都会出现增速换挡现象。根据世界银行增长与发展委员会的统计，二战后连续25年以上保持7%以上高增长的国家只有13个。1950年至1972年，日本GDP年均增速为9.7%，1973年至1990年期间回落至4.26%，1991年至2012年期间更是降至0.86%；1961年至1996年期间，韩国GDP年均增速为8.02%，1997年至2012年期间仅为4.07%。环顾世界，不少国家都是从8%以上的高速，直接切换至4%左右的中速，而中国经济尚能保持7%～8%的中高位运行一段时期。

这常态，经济实际增量依然可观。

在经济下行压力加大的背景下，2017年，中国全年国内生产总值827 122

亿元，是世界第二大经济体。如此庞大的总量基数，意味着每增长一个百分点所代表的增量不可小看。即使是7%左右的中高速增长，无论是速度还是体量，新常态下，中国经济在全球经济体中也处于领跑世界的地位。

经济增速决定转型升级走向，企业的发展速度、结构、方式、动力如何适应经济拐点的变化，认识新常态、驾驭新常态、引领新常态，是安排当前和今后一个时期一段时间工作的基本思考。

第四，结构拐点，中产阶级越来越主流。

自觉的十六大报告提出未来若干年在我国要大力发展中等收入阶层。

中产阶级是有相对稳定的收入、稳定的社会地位、稳定的心态，因而希望社会稳定的社会阶层。常见于专业人士、学者、知识分子，或大企业、公营机构、政府部门的中级管理层，或中小型企业主，中小学及幼儿园教师，社工和护士等。

稳定的收入、稳定的社会地位、稳定的心态是中产阶级的基本特征。这些特征是以因果，以前提条件排列的。有相对稳定的收入，才能谈到社会地位，有了稳定的收入、地位，心态自然稳定，心态稳定，自然希望社会稳定。

中产阶级的界定因素随各国环境有所分别，但基本上多以收入及拥有资产为标准，其他因素则包括教育、专业地位、拥有住房或文化等。他们大多从事脑力劳动，主要靠工资及薪金谋生，一般受过良好教育，具有专业知识和较强的职业能力及相应的家庭消费能力；有一定的闲暇，追求生活质量，对其劳动、工作对象一般也拥有一定的管理权和支配权。同时，他们大多具有良好的公民、公德意识及相应修养。

关于中产阶级的定义、特征以及数量，我们没有必要在本书讨论。我们所感受的是，确实是因为中产阶级的出现，使中国社会的结构发生变化，为转型升级带来新的课题。

一是中产阶级倍增使企业充满"个性"。

中产阶级在企业里的表现，是知识型员工的增加与独立。知识型员工的概念，是著名管理大师德鲁克提出的，知识型员工的特点是，追求自主性、个体化、多样化和创新精神。

他们不再是仅仅出卖劳动力的"机械"，他们不仅对专业知识，而且对经济、管理等都有较多的认识，掌握着最新的技术。

他们不仅不愿意受制于物，更强调工作中的自我引导。

他们不是简单的重复性工作，而是在易变和不完全确定的系统中充分发挥个人的才干和灵感，应对各种可能发生的情况，推动技术的进步。

他们的劳动过程往往是无形的，工作并没有固定的流程和步骤，固定的劳动规则受到挑战，对他们劳动过程的监控既不可能，也没有意义。更可怕的是，他们的劳动成果也难以衡量。

他们往往更在意自身价值的实现，并强烈期望得到单位或社会的认可。他们并不满足于被动地完成一般性事务，而是尽力追求完美的结果。因此，他们更热衷于具有挑战性的工作，渴望展现自我价值。

对企业的中产阶级即知识型员工的出现，强调"以人为本"已经远远不够，一定要"人性至上"。激励方式也必须摆脱物质的单一与狭隘，要从成就、能力、环境、文化、生命等多维度走进中产阶级的心中。

二是中产阶级倍增使社会文明程度提高。

中产阶级在社会变革或改革中往往发挥着非常积极而重要的作用。如中外历史上著名的"宗教改革""文艺复兴""思想启蒙""工业革命""商业革命""光荣革命""明治维新""戊戌变法""五四运动"中，中产阶级都发挥着非常关键的作用。

中国的中产阶级的特性，与我们国家倡导的富强、民主、文明、和谐、自由、平等、公正、法治、爱国、敬业、诚信、友善相对一致，是积极培育和践行社会主义核心价值观的主力群体。中产阶级在深化文明城市创建，着力提高市民文明素质、城市文明程度、城市文化品位、群众生活品质，建设崇德向善、文化厚重、和谐宜居的文明城市中将发挥不可估量的积极作用。

三是中产阶级倍增直接引发消费升级。

应该说，是中产阶级结束了中国的价廉物美时代，是中产阶级引发了消费升级，创造了"新零售"。

中产阶级的消费观有三个方面的需求。

第一个是品质，品质不等于奢侈品，东西要够好，他们只选合适的，不选最贵的。他们并不是不在意价格，而是更在意质量以及相应的性价比，他们是"品质敏感者"。

第二个是个性，不希望物品和别人的一样，中产阶级愿意为情怀和精神买单，更倾向于内在消费，即舒适、符合自己的个性，让自己有愉悦感，从炫耀心理转换到品位心理。

第三个是前卫，中产阶级是高科技产品的尝鲜者，麦卡锡发布的《中国中产阶级消费报告》中披露，有87%的中产认为"智能化让我的生活更便利，更高效"，有69%的中产更愿意为智能化设备投入更多金钱。80%的人关注商家给出的"精准推荐"。他们热衷拥抱无现金社会，付款第一选择是移动支付，83%的人每天使用移动支付。他们不迷恋logo，但崇尚品牌态度。

中国新中产掀起了中国的"消费升级"和"新零售革命"，为转型升级创造了巨大的"风口"。

第五，管理拐点，传统经典越来越模糊。

在互联网+的语境下，企业管理理论也遭遇拐点，让人们不得不重新认识与审视那些经典。

标准化管理在精准控制的同时，意味着任何不符合标准的都是离经叛道；目标管理在确保个体与整体目标一致性的同时，切断了目标之外创新火种产生的渠道；科层体系在确保自上而下控制的同时，阻碍了企业每一个节点的水平流动；可预测性的战略制订会降低对非连续性的、突发性的、动态性的环境的敏感度；在以"X理论"为主的意念中，无法看到责任、荣誉、热情作为个体力量迸发的可能……

企业所面临的管理问题，是思维进步与执行滞后的冲突，是过去经验与全新问题的冲突，是时代变革与后知后觉的冲突……

拐点中，信息对称，企业主权消失了。

互联网实现了社会零距离，消费者了解产品，有能力参与产品的开发和生产。消费者赋权的时代到来，消费者能力甚至比企业还大，所能影响的朋友（强关系）比企业还多。

个性第一，规模化优势消失了。

消费者面对互联网上一眼望不到头的产品列表，供应大大增加，消费的个性需求迸发，大规模的制造变成了个性化定制、私人订制、多样化的消费时代到来。

去中心化，组织金字塔消失了。

互联网时代每一个人都是信息的节点，没有中心，领导的职能大大削弱。无为而治、倒金字塔结构、阿米巴组织、海星模式、创客组织层出不穷。

员工至上，激励考核效用消失了。

员工不再是胡萝卜加大棒之下的螺丝钉，员工有足够的信息掌握企业的核心，有足够的能力聚合一批消费者，有足够的速度响应市场变化，有足够的知识进行自主创新，以工资奖金为代表的激励和约束机制出现了锐化，取而代之的必将是KPI取消、挑战性、专业主义、游戏化生存。叫喊多年的员工主人翁地位，今天才靠互联网实现。

族群主义，企业组织边界消失了。

消费者和生产者的边界已经不明显，企业开始无边界生存。企业内部可以通过移动互联网的工具进行信息沟通；企业外部可以吸纳全球的资源，而移动互联网进一步降低企业的交易成本，传统意义上企业存在的基础正在进一步崩溃，生态性企业族群正在形成。

3.2 变之"区分"

准确区分、定义这些让人眼花缭乱又心惊胆战的变化，才能找到转型升级求生死的"根本"。

区分之一：互联网+还是互联网化。

我国经济的第四、第五次转型升级，都是由互联网+引发的。但是喧嚣几年，似乎还没有找到互联网+的命门，更无法定义我们所处的是互联网+，还是互联网化。

这要先了解互联网+的来龙去脉。

2015年3月前，互联网+一词，还仅是几家互联网巨大的"口头禅"，并没有引起太大社会关注，直到十二届全国人大三次会议，李克强总理在政府工作报告中提出互联网+行动计划后，互联网+才成为2015年以来最热门的名词之一。实施网络强国战略，实施互联网+行动计划上，发展分享经济，实施国家大数据战略，互联网+就是"互联网+各个传统行业"，它是互联网思维的进一步实践成果，代表一种先进的生产力，推动社会经济形态不断发生演变……

如传统制造业企业采用移动互联网、云计算、大数据、物联网等信息通信技术，改造原有产品及研发生产方式，就是"互联网+工业"；将交通、医疗、社保等一系列政府服务接入互联网，通过互联网提升政府效率，增加行政透明度，就是"互联网+政务"；一张网、一个移动终端，学校任你挑、老师由你选，老师在互联网上教，学生在互联网上学，信息在互联网上流动，就是"互联网+教育"……

然而，大多数人对互联网+的理解是肤浅的，只是通过一些商业现象的表面定义互联网+是不科学的。

互联网+未知远大于已知，未来空间无限。每一点探索积水成渊，势必深刻影响重塑传统产业行业格局。

因此，只有从人类时代的视野去俯瞰，才能找到它的根本；只有从社会、经济、文化的本质去理解，才能找到互联网+的真正定义。

史学家普遍认为，人类基本都经历了渔牧社会、农业社会、工业社会和信息化社会的发展阶段。每一次社会形态的更迭，都导致人类的生活方式、经济结构、文化形态发生本质上的变化。农业社会几千年，社会维持依靠土地，依靠人的辛劳耕作来休养生息，增多人口，增加社会财富。工业社会机械化、标准化的作业，生产工业品使生活更加便利，社会财富的主体是工业产品。互联网社会，大数据、人工智能、物联网解放了劳动力，企业不再需要大批量工人，社会财富的增长，也依靠体验功能开发、内容创造、服务运营等信息处理相关工作来实现。

当然，准确地讲，我们现在还处于后工业时代的末期，并没有真正进入互联网社会。但明确的是，我们已经站在了工业社会与互联网社会交叉的立交桥上，在这个桥上，旧有的商业规则和秩序不断被颠覆，新的商业规则和秩序不断完成重构。企业与企业之间、人与人之间、人与社会之间、人与企业之间、企业与社会之间，发生了新的空间关系。

这些空间关系，不是简单的加与减，而是一种深度融合，你中有我，我中有你，分不开，打不烂，完全是一个有机的整体。

互联网化，才是互联网+的命门，是中国经济转型升级的命门。

在这个整体中，互联网思维成为最根本的商业思维。互联网思维渗透到空间的整个链条中，从基础应用（E-mail发邮件、微信发通知、百度查信息）到商务应用（在线协同办公、在线销售、在线客服），乃至可以用互联网思维去优化整个企业经营的价值链条。

在这个整体中，互联网化将超越互联网+，成为商业浪潮中的主流。在2016年全球ICT论坛（信息与通信技术论坛）上，时任华为公司轮值CEO的胡厚崑说："在互联网的时代，传统企业遇到的最大挑战是基于互联网的颠覆性挑战。为了应对这种挑战，传统企业首先要做的是改变思想观念和商业理念。要敢于以终为始地站在未来看现在，发现更多的机会，而不是用今天的思维想象未来，仅仅看到威胁。""互联网正在成为现代社会真正的基础设施之一，就像电力和道路一样。互联网不仅仅是可以用来提高效率的工具，它是构建未来生产方式和生活方式的基础设施，更重要的是，互联网思维应该成为我们一切商业思维的起点。"

互联网+的五个能级

互联网转型升级，同样需要这样的时代格局来思维，不是要简单的"+"，而是要全面的"化"。

区分之二：技术的还是人的。

互联网转型升级，一直存在一个纠结：是技术层面的转型升级，还是人的层面的转型升级。

弄清这个课题，首先要弄清互联网+的五个能级。

一是工具层面。在这个层面上，人们基本上都能理解，它能大大提升工作效率。

二是思维层面。人们大多都停留在这个层面。遇到事情就想起或想用互联网思维，但仅仅停留在思维层面，仍十分肤浅。

三是体系层面。这是较深的层次，而所谓的体系，泛指一定范围内或同类的事物按照一定的秩序和内部联系组合而成的一个整体，是不同系统组成的系统。企业推行互联网系统，不但要有互联网思维，其各个部门与各项工作都要按照互联网的要求与特点去做，企业的整体工作都要套用互联网的方法，因此，这不仅是观念与思维上的革命，更是企业经营与运作上的革命，这样互联网的作用才能真正发挥出来。这也是互联网生态环境，而这种环境基于人性，符合人性，权利已被打破，可随时沟通，人人平等，没有死角。

四是基因层面。谈到基因，无疑是先天的，即基因（遗传因子）是具有遗传效应的DNA片段。基因支持着生命的基本构建和性能，是先天的，与后天没有关系，例如，一部新手机，小孩不看说明书，就会用。

五是本能层面。有基因不一定有本能，而本能也是一个过程，可有两种：一种是人类与生俱来的不需要教导和训练的，是天赋，在人类进化中留下的一些行为和能力。这种本能人人都有，例如，别人打你时你自然要抬手防备。另一种是知识可转化成技能，再转换为本能，这一点极为重要，有了这个本能企业遇到各种市场变化时，就能本能地应对，甚至会运用自如，使企业立于不败之地。

从上述五个层面理解互联网+，人们不难得出结论，企业互联网转型，不仅仅是技术的，更是人的。只有在人的思维、基因、本能的深度上升级，才能顺应这个时代趋势。

区分之三：打补丁还是换系统。

大家都知道，计算机从大型机变成小型机，到PC再到便携电脑，我们用的都是微软的处理系统，每一次变革，需要系统升级和打补丁完成。但从PC到智能手机，就需要换操作系统了。打补丁和换操作系统，一个是在原有的理论框架里升级，一个是需要重新换一套思维。

京东和国美的竞争是打补丁，但京东、淘宝的竞争就是换操作系统了；中兴、华为、酷派、联想之间的竞争是打补丁，但小米的竞争就是换操作系统，今天商业竞争的主流是换操作系统，是跨越边界的竞争。

对于打补丁还是换系统，人类学家乔治·贝特森有更科学的诠释。他对社会与经济的剧变进行了"一级转变"和"二级转变"的区分。

乔治·贝特森认为，一级转变试图调整或改进现有文化或增长的过程，努力达到一个高水平的精神境界，或者提高生产率，或者改进标准的运行程序。一级转变是可逆转的，我们可以重复调整转变的努力。而二级转变是不可逆的。它引发了某些方面不可控制的力量，明显导致了以前文化的突变，是一场"雪崩"。苏联的解体，是典型的二级转变，一种新的秩序被释放了。也可能没有多少人喜欢随后出现的状况，但是一旦崩溃开始，不管发生什么，都没有办法回到以前。可以做的最好的事情就是努力驾驭这种状况，直到新的秩序发展起来。

如今，我们所面对的互联网、移动互联网、互联网+，恰恰就是这样一场技术进步与管理进化叠加的二级转变，两股力量交融，形成了"孪生革命"，催生着一批新思维、新模式、新业态、新企业。

仅仅互联网+的"打补丁"是远远不能适应的；必须是互联网化的"换系统"，才能凤凰涅槃，浴火重生。

3.3 互联网+"下半场"：重构建

比尔·盖茨曾经告诫，我们经常高估了一两年内将发生的变革，但又常常低估了十年内将发生的变化。我们模仿先行者玩剩下的东西，好不容易学会了，却发现，情况又变了。

正如比尔·盖茨形容的那样，我们的大多数中国企业，没有经过任何准备，就被推向了互联网+，于是乎，开始了浩浩荡荡、前仆后继的"+"，包括农业、工业、金融业、房地产业、教育业、医疗业、交通运输业、物流业等。

互联网+农业，就是农业互联网，可以简称"农业+"。

互联网+工业，就是工业互联网或者制造业互联网，可以简称"工业+"或者"制造业+"。

互联网+金融，就是金融互联网或者互联网金融，可以简称"金融+"。

互联网+房地产业，就是房地产互联网，可以简称"房地产+"。

互联网+教育业，就是教育互联网，可以简称"教育+"。

互联网+医疗业，就是医疗互联网，可以简称"医疗+"。

互联网+交通业，就是交通互联网，可以简称"交通+"。

互联网+物流业，就是物流互联网，可以简称"物流+"。

……

在我们正"+"的晕头转向的时候,又被告知,我们所做的只是技术进步的互联网+革命的"上半场",真正的转型升级在"下半场",应该是商业进化,应该是举国的互联网化。

平心而论,这"下半场"的棒喝是及时的,它至少让我们看到了未知的、必然的将来。

哲人的视野总是超前的,著名财经作家吴晓波在2015年就曾以"三大纪律八项注意"为题,隐约地描述出互联网转型的"下半场"。

三大纪律之一:没有传统的企业,只有传统的人。

所有的企业、所有的产业,都有无穷的机会。身处特别传统的行业,要做的并非转行,而要在原本的行业里,形成重大突破,形成生态革命,这才是转型。这给所有后进者一个超越式颠覆的重大机会,失去的是锁链,得到的是整个世界。

三大纪律之二:互联网+不是一次营销变革,而是一场生态革命。

网上营销成本,是由旧世界向新世界转型过程中所需支付的学费,并不是把你的营销渠道从地面搬到网上就可以了,这是一次生态革命。区分新企业还是旧企业,主要看产品定价有没有摆脱成本依赖;消费者关系有没有实现互动重建;有没有从规模化生产转变为定制化生产。

三大纪律之三:没有技术升级的互联网转型是一次"死亡之旅"。

百度凭借搜索崛起,背后是差异化,而差异化的背后是技术能力。互联网是一个我们可以利用的工具,可以提高效率和竞争能力,但它不是灵丹妙药,更不是救命稻草,技术升级才是。

八项注意之一:注意原有核心竞争能力。

企业的成长是建立在自己的核心竞争能力之上的,由此形成一种商业模式。做任何企业,第一步要问,在同行业里我的核心能力到底是什么?当你原来所形成的核心竞争能力被发达的互联网和社交圈所消减,其后的商业模式就不成立,于是盈利模型也就瓦解了,这个时候就是转型之时。不被自己革命,就被别人革命。

八项注意之二:注意原有产业生态链是否已被破坏。

今天的中国,整个产业链已经变了,由一个大众消费、大众偶像、大众品牌时期,进入到一个小众消费、小众偶像、小众品牌的时期。偶像与粉丝之间形成了无缝的密切关系,这个关系形成之后,中间所有的产业链和分销商都不复存在,粉丝将撑起一切环节。

八项注意之三:注意原有渠道及品牌战略是否已被颠覆。

互联网带来的渠道扁平,销售的功力已经被消减,经销商的金字塔已经被颠覆,人格为质量背书,消费者买的是对产品理念的认同感。

八项注意之四:注意消费者结构是否适应圈层化衍变。

财富大爆发时期和野蛮成长时期结束,真正的中产阶级开始兴起。圈层经济的出现,是中产阶级消费的一个非常典型的特征。

八项注意之五:注意是否出现跨界竞争者。

转型阶段的商业竞争出现最重要的环节——跨界竞争,企业不知道自己的竞争者是谁。

八项注意之六:注意企业的经营主权是否已交棒"80后"。

现在的消费主流和审美主动权,都已经交到"80后""90后"手上。"60后"依然有决策权和经营能力,但是经营一线的权利、中层及中层以下的权利,都应该交给"80后"。

八项注意之七:注意技术升级是否跟上大数据潮流。

互联网对传统制造业和传统服务业的冲击,是以大数据的方式来实现的,并出现了物联网。首先对内部的组织进行柔性化改造,再接着用大数据的方式跟上技术进步的迭代。未来,传感器都会成为一个个巨大的入口,产生各种各样的信息交互关系,最终产生消费。

八项注意之八:注意金融市场化、衍生化对企业经营的影响。

吴晓波先生的"三大纪律八项注意",对"下半场"的描述,也许还有些含蓄,没有直截了当地告诉我们什么是互联网转型升级"下半场",没有直接告诉我们在整个生态环境发生重大变化中,中国的传统产业如何去生生不息地创新,如何与旧模式决裂。

相比之下,英国著名管理学家、量子管理学创立者丹娜·左哈尔就没有一点客气,她在《商业思维与实践的革命》一书中,谈及在转型与变革中,大多数企业"辞去了一些员工,重组了工作流程,精简了中级管理层,重新塑造了公司价值观",但是转变并没有发生。丹娜·左哈尔一针见血地指出,这类变革是虚假的,"他们只是重新摆放了房间里的家具,虽然看似不同,但不久会意识到同样的房间里还放置着同样的家具!"同时,丹娜·左哈尔还以量子思维告诫我们,要使变革发生,必须"重新设计房间,甚至拆掉旧的架构重建房屋。"要"重置大脑,重新自我改造"。

丹娜·左哈尔的棒喝,令我们想起二十年前的一个人、一本书,其实是一个如何适应信息革命进行根本性改变的警世之言。

人,是著名未来学家詹姆斯·迈天。他在美国信息革命潮头初起时就指出,不改变人的思维,信息化、自动化就是被误用,不可能完成"根本上的改变"。

书,是《大转变——企业构建工程的七项原则》。

警世之言——重构建。 詹姆斯·迈天提出,经营企业如同建筑工程,需要通过设计和施工进行构建。步入信息革命时代的企业好像旧的建筑物,必须重新装修才能使用,要从里到外进行重新设计、施工、建造,也就是要再建、进行重构建。

说不清什么原因,这个人、这本书、这警世之言在当时竟然被忽略了,毕竟无法要求人们都先知先觉,预判到今天。

令人自豪的是,我当年在读这本书的时候醍醐灌顶,基于我对中国经济、中国企业的了解和理解,重构建一定是中国经济、中国企业转型升级的"至尊宝典"。二十年来,这本书一直放在我的床头没有离开。我和我的明天策略集团咬定重构建，不仅在各类演讲、会议上为重构建鼓与呼，还砍掉当时很赚钱的业务，聚精会神地为国内百余家企业导入、实施以战略变革为切入点的重构建。

也许正是这一点的战略韧性，让我们积累了企业转型升级重构建的经验，让我们对重构建进行了迭代创新，形成了中国式的重构建方法论，更在今天让我们摸到了互联网+转型升级的"取胜之匙"，满血冲击这呼啸而来的互联网革命的"下半场"。

上半场：技术进步，互联网+；

下半场：管理进化，互联网化。

上半场定输赢，死了可重生；

下半场定生死，死了即毁灭。

在互联网革命的"下半场"：重构建，我们真的别无选择！

第 4 节 案例："国家队"重构建，创"中国文化走出去"旗舰

2016年，我们受邀承担中国国际图书贸易集团公司（简称国图公司）的战略规划业务，为其确立转型升级方向与途径。

这是一家成立于1949年的老牌央企，它的前身是中国国际书店，是中华人民共和国第一家图书进出口机构，也是目前中国规模最大、实力最强的出版物出口机构之一。该公司60多年来将40多种语言的10多亿册中国出版物发行到全球180多个国家和地区，在90多个国家和地区举办、参加了上千次国际书展，与数千家出版发行机构、上万家客户及数十万读者长年保持业务往来。目前每年出口各种出版物近400万册，代理中国9 000多种报刊出口。

在新的历史时期，中央要求国图公司适应全球性的文化变化，成为"中国文化走出去"的旗舰。在这个项目中，我们与国图集团领导班子达成一致

意见，以战略规划为切入点，全方位转型升级重构建。

经过近半年的调研、创意和策划，我们与国图集团一道，确认了国图集团重构建的思路与实施方案，分别在重构使命、重构业务、重构场景等维度上系统推进。

使命重构建，形成企业同频氛围

国图集团有着令人羡慕的辉煌历史，但在互联网的冲击下，图书进出口业务下滑，员工的使命感与归属感受到影响。国图集团从三个方面进行重构。

1. 用大数据重构企业对图书贸易产业的信心。引导员工认识，在许多发达国家，文化产业不仅是国家文化的基本形态之一，而且越来越成为强大的经济实体，创造出可观的经济效益，成为经济发展的引擎。今天的文化，已实实在在成为社会生产力的重要部分。美国的电影业和传媒业、日本的动漫产业、韩国的网络游戏业、德国的出版业、英国的音乐产业等都成为国际文化产业的标志性品牌。

2015年，美国、日本、中国、德国、英国、法国、意大利、加拿大、巴西和韩国娱乐和传媒业市场规模居世界前10位。其中，美国遥遥领先，营业额达到3 630亿美元，是排名第2位日本（1 730亿美元）的2.1倍；中国、德国、英国、法国、意大利和加拿大的营业额分别为890亿、720亿、690亿、610亿、590亿和370亿美元，位居世界第3至第8位；巴西和韩国均为350亿美元，分列第9位和第10位。2016年，美国、日本、中国、德国和英国的娱乐传媒业营业额排名世界前5位，分别达到4 900亿、2 030亿、1 680亿、840亿和830亿美元，是2015年的1.3倍、1.2倍、1.9倍、1.2倍和1.2倍。

越来越多的国家把战略目光瞄准文化产业，正如有专家指出的，文化产业同高科技产业一样，是迄今为止世界上最有前景的两个巨大产业之一。与传统产业相比，文化产业以创意为利润核心，低消耗、高回报，并且具有经济波及效应大、对外输出无摩擦、有助于展示国家形象等优点。文化产业所体现的正是一个国家的"软实力"。其巨大诱惑力不仅仅体现在直接的经济效益上，还具有较强的产业牵动性和"波及效果"。

在世界范围的产业结构调整和经济全球化浪潮中，发达国家依仗自身雄厚的经济实力，通过掌握文化产业的话语权和规则制定权，逐步推动全球文化产业向垄断化、规模化和高投入、高科技化发展，从而更加巩固了发达国家在文化产业的垄断地位。在全球化背景下，投资文化产业已成为促进一个国家经济发展的有效途径，独特的文化资源无疑是各国参与世界经济竞争的法宝。

发达国家文化产业发展已经日臻成熟，文化产业的内涵和外延也得到了不断的扩展。从传统的文化产业，如广播、电视、出版、视觉艺术等，发展到今天涵盖了最新内容的文化产业，如互联网和相关的高科技产业。文化产业在全球化时代已经构成了一个巨大的产业链，而产业链各个环节又相互交融构成了庞大的文化产业体系。

随着新科技浪潮席卷全球，自动化、数字化、网络化等高新技术已经成为当前文化产业发展的基本走向。其中最主要的就是互联网的发展以及与广电技术的融合。这种融合使技术操作更加简便，提供的服务更加全面，也使不同行业、不同媒体间的业务可进行相互合作与新的开发，给传媒的发展提供了更为广阔的空间。另外，文化产业中的数字化内容产业近些年尤为引人注目，它涉及移动内容、互联网服务、游戏、动画、影音、数字出版和数字化教育培训等多个领域。

2. 用国家要求，强化企业图书贸易使命。党的十八大以来，习近平总书记继"制度自信""理论自信"和"道路自信"后，又提出"文化自信"。"一定要通过学习树立对五千多年文明的自豪感，树立文化的自信、民族的自豪感。"并在文化自信基础上提出"文化强国"战略。

这对国图集团来说，是一次难得的历史性机遇，它是中国经济转型升级的重要组成部分，是中国国民生活质量全面提升的重要组成部分。文化强国战略从大的层面讲是增强国家文化软实力、中华文化国际影响力，通过创新与创造进一步解放文化生产力；从小的层面讲得看我们是否有叫得响的文化作品，我们的文化产业是否位于世界前列，我们的文化理念、价值观与产品能否输出海外（能否"走出去"）。

我国借助文化贸易推动"文化走出去"的步伐正不断加快。总体看，随着中国经济的持续发展和国际地位的明显提升，文化产业的国际贸易有望进入新的历史节点和快速增长期。这意味着本土文化得到保护和发扬光大的机会增加了，本土的文化、习俗、艺术、风格、文学、观念和思想等将更多参与全球化。这为中国文化产业在全球的市场布局提供了有利条件。

国图集团以图书进出口为主业，突出地位与作用，积极完成上级领导机关交办的配合国家领导人高访活动有关工作，"中国出版物走出去渠道拓展工程"就是响应十三五发展规划，配合国家战略行动的具体实践。

3. 用愿景鼓舞员工。愿景，是企业未来的愿景，是重构建起点。国图集团要有大格局，这是国家赋予的。从文化的基本物化载体的书，到以书为媒介的文化活动，再到向文化全产业链的延伸扩展，是国图未来的大格局。无论历史、现实还是未来，国图集团的使命都聚焦在让"中国文化走出去"之上，而愿景就是"创建世界级的中国文化产业领导品牌"。

其中，基本要素是四个节点。

世界级——代表中国与世界对话，必须是世界级的层面。

中国——"走出去"的文化，体现特质必须是中国的。

文化产业——实现"走出去"不能是某一局部，必须是一个产业。

领导品牌——"走出去"并且有效，必须是产生影响的领导者。

通过这样的设计策划与宣贯，国图集团上下获得一致认同。唯有成为"世界级的中国文化产业领导品牌"，国图集团才能更好地践行"文化走出去"的使命；唯有从"世界级的中国文化产业领导品牌"高度，才能研究国图，才能找到国图的明天！

体制重构建，建立市场竞争主体

国图集团的现有体制，不适应社会发展，不转型，不升级，是难以实现企业使命的。

2016年5月20日，国务院新闻办公室举行国务院政策例行吹风会，介绍中央企业深化改革"瘦身健体"的有关情况，并答记者问。第一次针对央企深化改革，明确提出了"瘦身健体"的概念。

瘦四个方面的身。

一瘦臃肿之身，就是通过压缩管理层级，减少法人层级和法人单位，剥离辅业、突出主业，解决计划经济留存的办企业大而全、小而偏、产业链条过长、分布布局过广的问题。

二瘦低效之身，瞄准提高国有资本运营效率和企业经营效率这个目标，加快处置非企业主业的低效、无效的资产力度。

三瘦累赘之身，减少企业亏损点，根治企业出血源，开展困难企业和亏损企业的专项治理，加快"僵尸企业"的重组整合和市场出清。

四瘦超负之身，把不符合企业核心主业、企业职能的包袱和困难尽快卸下来，尽快加快剥离国有企业办社会职能和解决历史遗留问题，减少企业的负担，使国有企业和其他企业一样公平、公正地参与市场竞争。

健四个方面的体。

一健有效治理之体，要遵循市场规律，尊重企业的经营自主权，真正把企业打造成市场的主体，完善现代企业制度，加大三项制度改革力度，加快转换企业经营机制。

二健科学管理之体，管理是企业的永恒主题，当前重点放在压缩管理层级上，深入推进降本增效，持续推进管理提升。

三健创新发展之体，创新发展是时代的最强音，也是企业的主旋律，在创新发展上要尽快搭建"双创"平台，加快科技创新力度，大力推进技术改造，以创新促健体。

四健主业强优之体，聚焦主业、突出主业、坚守主业，做强做优主业，切实增强主业的市场竞争力和行业领导力，更好地服务于国家发展战略。

根据这一精神，国图集团提出要集中资源、攥紧拳头，切实增强企业活力、影响力、控制力和抗风险能力，更好地做强、做优、做大。国图集团将从以下三个层面进行重构建。

第一是体制层面，完成从机关事业行政单位到现代化市场经营企业的转型；
第二是业务层面，完成从单一图书进出口贸易到多元化业务领域的转型；
第三是管理层面，完成从独立单体运营到复合型、综合性、集团化的升级。

业务重构建，拥抱大数据

业务重构建，是企业重构建的关键。

国图集团的业务重构建的指导思想是，在构建以图书贸易为核心的业务体系后，形成"文化+"格局。

从"老思维"向"新思维"的转变——以"文化+"打破传统的思维模式，不断增强文化认知，运用大融合思维、一体化思维、艺术化思维、重用户思维来谋求产业发展。"文化+"并不是仅仅重视基础建设、资本投入和先进技术，还要加上必要的"软件"思维才能适应更高层次的融合创新要求。

从"小文化"向"大文化"的扩展——从文化产业视角看，文化正在走出传统的文化艺术、新闻出版和影视创作的"小文化"，迈向国民经济的"大文化"，文化创意的先导作用逐步强化。推动"文化+"，不能于文化自身的窠臼之中谋发展，要统筹文化产业发展与整个国民经济发展的关系，从而实现文化经济一体化。

从"浅融合"向"深融合"的推进——初级阶段表现为产业间的单向融合；中级阶段表现为以两产业链各价值节点和产业相关要素为对象进行的双向融入；高级阶段表现为两产业无边界的一体化状态。加大资源挖掘、要素整合、产业耦合力度，实现文化产业由初级阶段表层融合向高级阶段深层融合的过程。

业务重构建的主攻方向是实现"互联网化"。

数据库建设一直是中国出版业发展的短板之一。缺少有效的数据支撑，无法积聚权威、标准、细分和深度的全周期数据（产品、技术、内容和行为），无法形成系统的、全面的服务体系，严重制约了中国出版业发展，也严重影响了图书进出口业务的发展层次。

近年来，国图集团积极发展出版发行的电子商务，通过Facebook、Twitter、微信三大平台和全球最大的在线读书俱乐部发布图书话题，构建了专业运营模式；以电商身份参与美国BEA书展中国主宾国活动；在图书发行企业、作者和海外读者之间建立起直接对话，增加了宣传力度，提升了海外影响力；华文联盟不断完善平台架构，推出公测版，开始海外试运行，其中OSPAL、瑞购网、华文联盟、亚马逊中国书店均在国际上产生较好的影响。

重构建中，国图集团传承互联网的基因，又基于覆盖全球180多个国家和地区的网络以及60余年出版物进出口实践经验，与浙江省新华书店集团有限公司强强联合，建立以"全国乃至全球领先的出版物标准数据与信息技术服务商"为目标的合作，为国图集团业务版图增加优势。

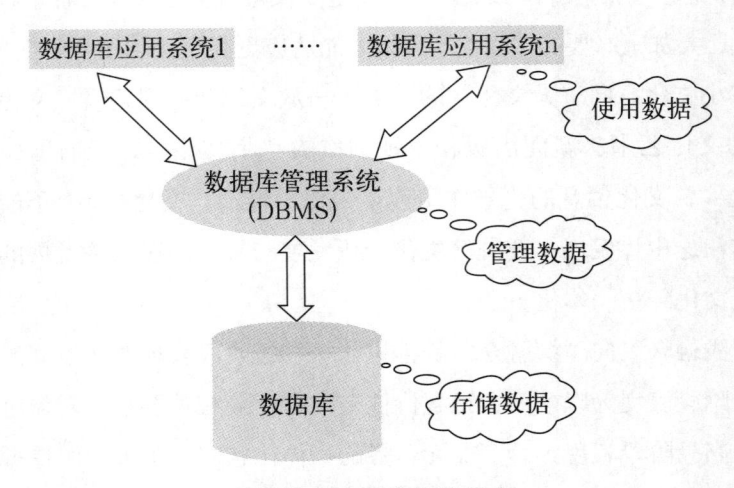

国图集团出版发行数据库

这个数据库，覆盖了图书进出口、图书馆服务两大板块，通过完善图书进出口产品数据和市场销售数据信息全程的采集、制作、分发，使国图集团拥有及时、准确、全面的图书基础数据和系统平台，满足世界各国不同客户的使用要求，服务"中国文化走出去"，服务中国出版业的发展。

国图集团现阶段的数据库建设，严格意义上讲还是静态的、传统的，未来要成为公司强势竞争力还要向大数据超越。国图集团未来的大数据技术战略意义不在于掌握庞大的数据信息，而在于对这些含有意义的数据进行专业化处理。如果把大数据比作一种产业，那么这种产业实现盈利的关键，在于提高对数据的"加工能力"，通过"加工"实现数据的"增值"。

国图集团的数据库，现阶段是工具，提升图书进出口及图书馆服务水准；未来是产品，从数据库到大数据的国图集团"云平台"。

因而，国图集团设计了发展图书贸易大数据的具体路径。

建立"中国文化走出去"的全球视野，打通"四端（出版端、发行端、销售端、用户端）""三产品（技术产品、数据产品、数字内容）""一平台（云服务）"间的互动，形成国图集团以图书进出口为核心的中国出版业全链条体系、中国出版业生态圈。

场景重构建，世界将现100座"中国文化体验中心"

中国文化体验中心，可以通过音频、视频、图片和文字等多媒体形式体验中国博大精深的文化。

建设中国文化体验中心，创造有感知的中国文化，让"走出去"更有成效，是国图集团的传统优势。国图集团分布在全世界的数十家海外书店，在互联网时代，依靠传统图书贩卖不能满足书店的经营需求，与其他业态耦合成为必然趋势。

这样，国图集团设计了海外"中国文化体验店"的场景革命，借鉴国内的成功经验，在海外书店的业务整合中试行。

中国文化体验店，将从图书贸易、阅读开始，从阅读场景升级为体验场景，围绕书刊阅读提供更多的周边服务；利用"中国图书海外专架"契机，探索与其他场景联动发展方式；主动融合如中国功夫、书法、诸子问答、琴棋书画、风光中国、古代科技、生肖剪纸、民乐、美食、文化沙龙、文创产品等多种业态，寻找更多的营收利润点；以法国凤凰书店为契机，寻找更多社会资本，提高抵御运营风险的能力。

在世界各地创办中国文化体验中心，以海外书店进行嫁接、转型、升级的方案，受到了上级主管部门的高度重视，提出要支持国图集团在世界各地建100座"中国文化体验中心"。

重构建在国图，以"场景"重构了人与商业的连接。新的体验，伴随着新场景的创造；新的流行，伴随着新的洞察；新的生活方式，也即新场景的流行方式。未来书店的价值，很可能由场景定义，未来的商业生态也由场景搭建，未来的高毛利产品也是基于新场景的红利期。

未来，中国文化将在"体验中心"的场景革命中得以弘扬。

第 2 章 重构建之根："孪生革命"

第 2 章

重构建，不是空穴来风，是历史的必然。

综观人类社会，后浪推前浪，都是在一场技术进步伴随一场管理进化中完成的。

每一次技术进步，给企业界带来无穷想象空间的同时，也带来了管理进化的危机和被淘汰出局的恐慌。

蒸汽机、电气化、自动化的时代，产生了泰勒、亨利·法约尔、马克斯·韦伯等管理大师，一系列企业理念和规则组成了现代企业的理论基础。

理论创造了伟大的企业，通用电气应用企业管理原理来解决科研混乱的问题，杜邦用投资回报技术取得领先地位，宝洁的创新管理全球领先，丰田善于利用每一名员工的智慧……

互联网、移动互联网，使人类通过技术建立全球性的信息交换系统，"任何人、任何物、任何时间、任何地点，永远在线，随时互动"。所有人、所有物，在任何时间和地点都能连接在一起，改变了信息的流通方式，进而，从社会群体的组织方式、分工方式到沟通方式，再到意识形态和商业逻辑，以各种匪夷所思的创新应用，搅局传统企业的生存法则。

重构建，也因此有了一个坚实的生存土壤，有了一个广阔的扩展空间。

第 5 节　重构建基本概念与体系

企业重构建，指企业适应技术进步与文化发展，打破旧有状态，从价值、结构、模式、供应链等要素进行全面彻底改造与进化，是一个成功的管理进化体系。

5.1　伴随"人—技革命"而生

企业重构建，源于美国。

20世纪60、70年代，美国逐步进入信息化社会，人们的需求层次提高，企业的经营环境和运作方式发生变化，一些早先业绩颇佳的美国企业，如美国电报电话公司、福特公司等由于墨守成规，没有及时快速变革以适应新的竞争形势，丧失了在日益全球化的经济环境中的优势地位。

著名管理大师迈克·哈默和詹姆斯·钱皮提出要"再造企业"，对现有的企业组织原则和工作方法进行彻底的重组再造，做一次脱胎换骨的大手术。

20世纪末，著名未来学家詹姆斯·迈天出版了《大转变——企业构建工程的七项原则》一书，再次指出企业已经进入一个以信息技术和人本至上的新世界。大规模自动化、动态的组织结构、电子反应时间、虚拟运作和全球化激烈竞争，加之人的变化，使企业成长的环境更加复杂化、不确定化。

企业需要本质上的根本性转变，需要新的管理模式、新的组织结构和新的"人—技术"关系。企业不仅是技术再造，更是意识革命，不仅是一个方法，而是一组方法，不仅是物的企业，更是人的企业。

5.2 重构建频谱

詹姆斯·迈天形象地提出，经营企业如同建筑工程，需要通过设计和施工进行构建。步入信息革命时代的企业好像旧的建筑物，必须重新装修才能使用，要从里到外进行重新设计、施工、建造，也就是要再建、进行重构建。

企业重构建，将远远超过工业化革命的企业再造，它立足互联网为代表的信息革命发展，以及人性变化这两大趋势，从企业战略前景规划、企业再设计、价值流再建、过程再设计、全面质量管理与持续改善等五个层次，将最有效的方法统一起来，形成转变方法频谱，构建了在信息技术条件下，传统企业向现代企业进行革命性转型升级的科学实用体系。

企业重构建，核心是规划未来企业的结构，以及需要用来转变企业的方法，它引发企业思考并践行两个关键。一是企业应该是什么，并围绕是什么建立战略前景规划、规划企业结构，设计未来的企业；二是如何从现在的企业转变到未来企业，并建立适当的转变方法，规划通往未来的路线图，并指挥和管理转变。

企业重构建中，"企业"指的是一个扩展了的企业，并不仅仅停留在企业的内部，而是扩展到顾客、供应商和其他贸易伙伴。"构建"主题是一项原则的可被传授的理念与方法，其结果是可被测量和检验的，企业能够测量转变如何进行，并在需要时对它进行调整。而"重"，则剑指精粹，道出了它必须是一场革命，是企业面向新世界的重生。

詹姆斯·迈天在《大转变——企业构建工程的七项原则》著作中，详细论述了企业重构建工程的方法，我们姑且称之为"2+1+N图谱"。

2：指两个基础，一个是以互联网为代表的信息技术发展，一个是人性与文化的发展，这是重构建的根本，是建立和维护重构建的基础结构，是重构建的"因",也是重构建的"果",同时亦是支持其他转变的过程和结果。

1:指一个方向,处于重构建图谱的顶端,是企业战略前景规划,是重构建的拉动力系统。

N:指若干转变板块,围绕两大基础,在战略拉力作用下,是一组相互连接、相互作用、层次分明的重构建板块。

第一层次是持续的改善,以TQM为代表,贯穿于整个企业的连续转变,以个体任务和部门或小组进行的改进为中心。

第二层次是过程再设计,对企业现有过程的不连续再建,向解决问题加速发展,如降低过程费用等。

第三层次是价值流再建,对企业为顾客提供价值的、从开始到结束连续的活动流进行的不连续再建,重点是在有效性方面的重大突破性跳跃。

第四层次是企业再设计,对整个企业基础结构的不连续再建,重点是新组织的本质和文化。

第五层次是企业战略前景规划,它既单独存在,形成对重构建的拉动力,又与其他板块构成循环,在循环中,建立整个企业重构建的前后关系。

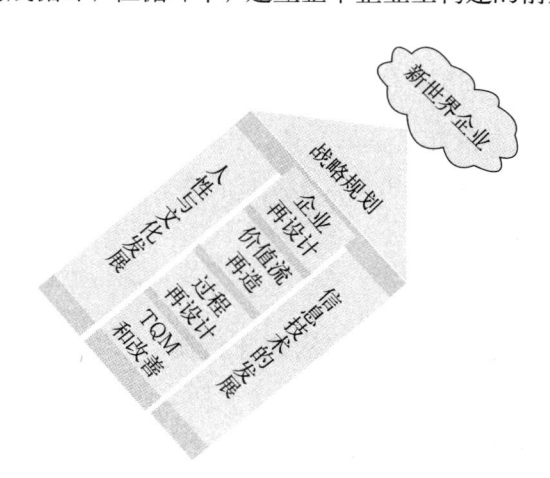

重构建图谱

詹姆斯·迈天的重构建模型,为广泛的技术进步环境中企业的管理进化确立了方向与方法，美国的GE、IBM，以及苹果等企业巨人完成变革，持续领先于以互联网为代表的信息世界。

被誉为"领导变革之父"的哈佛商学院终身教授约翰·科特，也在企业重构建方面有较深的造诣，在他的著作《领导变革的八步法》中，直接指出了企业转型升级的八个步骤。

一是制造紧迫感，考察市场和竞争状况，发现并讨论现实的潜在危机和重大机遇。

二是建立强有力的变革领导集团，建立一个力量足够强大的领导团体，以团队的方式开展构建，开展辩论。

三是树立变革的愿景，明确树立一个愿景，为变革行动指引方向，并制订实现这个愿景的战略。

四是沟通和传播愿景，利用所有可能的渠道沟通和传播变革的新愿景及战略，以团队的行为做榜样，处理新的行为方式。

五是授权下属采取行动，实现愿景，扫除变革中的各种障碍，改变严重妨碍愿景实现的各种制度和结构，鼓励冒险和突破传统。

六是系统的规划，并取得短期成绩，对话怎样改善绩效，怎样显著地实现绩效改善目标，奖励为业绩改善做出贡献的员工。

七是巩固成效并发起更多的变革，去改变与愿景不符的制度结构和政策，任用、提拔和培养能够贯彻落实愿景的员工。

八是将方法制度化。

5.3 新职业诞生——企业构建工程师

在美国重构建工程中，出现了一个全新的职业类型——企业构建工程师。企业构建工程师像优秀的建筑工程师一样，建筑着企业。他们熟悉新世界的人本至上思潮，熟悉信息技术，特别是互联网技术。

詹姆斯·迈天描述了企业构建工程师的基本特性。

个人技能：受全体员工尊重的个人人格和技能诀窍，传教士似的技能，在教练、教授、交流方面的技能。

战略技能：战略规划知识和技能，了解核心能力及"获取者"价值流，对企业结构类型的了解。

转变方法知识：建立模型的知识，了解各种所需的企业构建知识和运用技能，组织变革技能。

技术技能：了解新技术以及它们对于转变企业过程的潜力，了解在企业中可快速应用的信息技术方法，精通跨职能企业的塑造，了解企业知识基础结构的建设。

文化技能：了解如何转变企业价值，了解组织结构的各种形式和内存联系，了解企业文化问题和转变技能，激励员工的能力，工作现场的布置能力。

互联网＋下的企业转型升级重构建，是要企业的重要方面在本质上和模式上的彻底改变。

所谓重要方面，就是事关企业生死存亡、兴旺衰败的重大事情。所谓本质上的改变，就不仅仅是数量上的变化，而是通过量变导致的质变，或是不经过量变而出现的突变。所谓模式上的改变，就是结构、形式和系统都要彻底改变。

重构建，迎合这一痛点，不仅在概念让人有"额头猛击一掌"的感觉，更在方法、体系让人踏实靠谱，科学实用。

第 6 节　重构建，不断超越的企业革命

我们在国内企业推广、导入重构建时，一些人常常以为重构建就是企业再造，甚至还与企业重组、战略变革混为一谈。事实上，重构建作为一个独立的体系，与企业再造、企业重组、战略变革有着许多雷同，但又存在本质区别，在某种意义上，重构建是对它们的一次超越。

6.1 超越企业再造

迈克·哈默和詹姆斯·钱皮在《再造企业》一书中认为:"没有一个管理思潮如目标管理、多样化、Z理论、零基预算、价值分析、分权、质量圈、追求卓越、结构重整、文件管理、走动管理、矩阵管理、内部创新及'一分钟决策'等,能将美国的竞争力倒转过来。"言下之意,只有"企业再造理论"才能帮助美国企业起废振颓,再展雄风。

企业再造就是重新设计和安排企业的整个生产、服务和经营过程,使之合理化,通过对企业原来生产经营过程的各个方面、每个环节进行全面调查研究和细致分析,对其中不合理、不必要的环节进行变革。

企业再造在具体实施过程中,主要按以下程序进行。

第一,对现有作业流程进行全面的功能和效率分析,发现存在的问题。

根据企业的作业程序,绘制细致、明了的作业流程图。一般地说,既有的作业程序是与过去的市场需求、技术条件相适应的,并有一定的组织结构、作业规范作为保证的。当市场需求、技术条件发生的变化使现有作业程序难以适应时,作业效率或组织结构的效能就会降低。因此,必须从以下方面分析现行作业流程的问题。

功能障碍:随着技术的发展,技术上具有不可分性的团队工作(TNE),个人可完成的工作额度就会发生变化,这就会使原来的作业流程或因支离破碎增加管理成本,或因核算单位太大造成权、责、利脱节,并会造成组织机构设计得不合理,形成企业发展的瓶颈。

重要性:不同的作业流程环节对企业的影响是不同的。随着市场的发展,顾客对产品、服务需求的变化,作业流程中的关键环节以及各环节的重要性也在变化。

可行性:根据市场、技术变化的特点及企业的现实情况,分清问题的轻重缓急,找出流程再造的切入点。为了对上述问题的认识更具有针对性,还必须深入现场,具体观测、分析现存作业流程的功能、制约因素以及表现的关键问题。

第二，设计作业流程改进方案，并进行评估。

为了设计更加科学、合理的作业流程，必须群策群力、集思广益、鼓励创新。在设计新的流程改进方案时，可以考虑以下几个方面。

1. 将现在的数项业务或工作组合、合并为一。
2. 工作流程的各个步骤按其自然顺序进行。
3. 给予职工参与决策的权力。
4. 为同一种工作流程设置若干种进行方式。
5. 工作应当超越组织的界限，在最适当的场所进行。
6. 尽量减少检查、控制、调整等管理工作。
7. 设置项目负责人。

对于提出的多个流程改进方案，还要从成本、效益、技术条件和风险程度等方面进行评估，选取可行性强的方案。

第三，制订与流程改进方案相配套的组织结构、人力资源配置和业务规范等方面的改进规划，形成系统的企业再造方案。

企业业务流程的实施，是以相应组织结构、人力资源配置方式、业务规范、沟通渠道甚至企业文化为保证的，所以，只有以流程改进为核心，形成系统的企业再造方案，才能达到预期的目标。

第四，组织实施与持续改善。

实施企业再造方案，必然会触及原有的利益格局，因此必须精心组织，谨慎推进。既要态度坚定，克服阻力，又要积极宣传，形成共识，以保证企业再造的顺利进行。

企业再造方案的实施并不意味着企业再造的终结。在社会发展日益加快的时代，企业总是不断面临新的挑战，这就需要对企业再造方案不断地加工改进，以适应新形势的需要。

企业再造理论给企业管理领域吹进了一股清新的风，不仅仅是美国和欧洲的企业，包括亚洲企业在内的许多企业都已经行动起来，根据企业再造的思想，重新对企业进行设计。主要从以下几个方面进行。

第一，以价值流为导向进行组织设计。坚持顾客导向，按照价值增值的过程将相关的操作环节进行重新整合，组成高效率的、能够适应顾客需要的完整的工作流程，并以此为基础，重新设计企业的组织结构。

第二，按照"合工"的思想重新设计企业流程。随着社会背景发生了巨大变化，分工理论对企业产生的不利影响也越加突出，哈默和钱皮创造性地提出了"合工"的思想，将原本属于一个业务流程的若干个独立操作重新整合起来，将被分割的企业流程按照全新的思路加以改造，从而获得适应新的经济时代的高效率和高效益。

第三，用彻底的变革代替渐进式变革。与采用改良方式推动企业管理发展的思路不同，企业再造理论倡导从一开始就要进行完全彻底的变革，而且这种变革直接针对已经沿袭多年的分工思想，为管理理论的发展重新奠定了重要的基石。

企业再造理论顺应了通过变革创造企业新活力的需要，这使越来越多的学者加入流程再造的研究中来。有些管理学者通过大量研究流程重建的实例，针对再造工程的理论缺陷，发展出一种被称为MTP(Manage Through Process)，即流程管理的新方法。其内容是以流程为基本的控制单元，按照企业经营战略的要求，对流程的规划、设计、构造、运转及调控等所有环节实行系统管理，全面考虑各种作业流程之间的相互配置关系，以及与管理流程的适应问题。可以说，MTP是企业再造工程的扩展和深化，它使企业经营管理活动的所有流程实行统一指挥，综合协调。因此，作为一个新的管理理论和方法，企业再造理论仍在不断地深化和完善。

企业再造理论在美国和欧洲的企业中得到高度重视，因而得以迅速推广，带来了显著的经济效益，涌现出大批成功的范例。CSC Index公司（战略管理咨询公司）对北美和欧洲6 000家大公司中的621家进行了抽样问卷调查。调查的结果是：北美497家公司的69%，欧洲124家公司的75%已经进行了一个或多个再造项目，余下的公司一半也在考虑进行这样的项目。American Express（美国运通公司）通过再造，每年减少费用超过10亿美元。德州仪器公司的半导体部门，通过再造，使集成电路订货处理程序的周期减少了一半还多，改变了顾客的满意度，由最坏变为最好，并使企业获得了前所未有的收入。

当然，在企业再造的实现过程中，也有大部分企业并未达到预期的目标。于是，在企业再造取得成功的同时，另一部分学者也在严肃地探讨其在企业实施中高失败率的原因。

企业再造理论在实施中易出现以下的问题。

1．流程再造未考虑企业的总体经营战略思想。
2．忽略作业流程之间的联结作用。
3．未考虑经营流程的设计与管理流程的相互关系。

巧合的是，企业再造理论与技术的缺欠，恰恰是重构建工程要解决的问题，也是它们的区别。

再造工程，以工作流程为中心，重新设计企业的经营、管理及运作方式。企业再造的基础，是工业化、标准化，侧重在企业流程再造，是一个方法，是"术"的层面上的改良，属一级转变，在美国成功率不足30%。

重构建工程，基础是互联网的信息革命、是人性革命，侧重在人、文化、价值，是一个系统，是"道"的层面上的颠覆，属二级转变，在美国成功率达到87%。

通俗一点，用计算机语言讲，企业再造是"打补丁"改良程序，而重构建是"换系统"重装整机。

6.2 超越企业重组

在中国，企业重组比企业再造更令人们熟悉。

广义的企业重组，包括企业的所有权、资产、负债、人员、业务等要素的重新组合和配置。

狭义的企业重组是指企业以资本保值增值为目标，运用资产重组、负债重组和产权重组方式，优化企业资产结构、负债结构和产权结构，以充分利用现有资源，实现资源优化配置。

　　企业是各种生产要素的有机组合。企业的功能在于把各种各样的生产要素进行最佳组合，实现资源的优化配置和利用。在市场经济条件下，企业的市场需求和生产要素是不断变化的，特别是在科学技术突飞猛进，经济日益全球化，市场竞争加剧的情况下，企业生存的内外环境的变动趋于加快，企业要在这种变动的环境中保持竞争优势，就必须不断地及时地进行竞争力要素再组合，企业重组就是要素再组合的一种手段。在市场竞争中，对企业长远发展最有意义的是建立在企业核心竞争力基础之上的持久的竞争优势。企业的竞争优势是企业盈利能力的根本保证，没有竞争力的企业连基本的生存都得不到保证，更谈不上发展。所以，通过企业内部各种生产经营活动和管理组织的重新组合以及通过从企业外部获得企业发展所需要的各种资源和专长，培育和发展企业的核心竞争力，是企业重组的最终目的。

　　企业重组与重构建，也是"术"与"道"的区别，是方法与系统的区别。

6.3　超越战略变革

在中国，人们更熟悉的是战略变革。

第一，变革与革新、转化的区别。

变革指用现行的计划和概念将企业转换成新的状况的渐进和不断变化的过程。

革新是产生新的构想和概念，并把它付之于企业管理的过程。

转化是企业在经营过程中受动荡的外部环境影响而发生迅速质变的过程。

第二，渐进性变革是战略变革的主要形式。

传统的观念认为，战略变革是一种不经常的、有时是一次性的、大规模的变革。然而，最近几年，使企业的战略成熟化往往被认为是一种连续变化的过程，一个战略变革往往带来其他变革的需要。显然，企业生命周期当中基本的战略变革相对来说是不经常出现的，而渐进性的变化（可能是战略性的）是较为频繁的过程。因此，在很多情况下，渐进性的变化导致战略变革。

第三，渐进性变革与革命性变革是有区别的。

企业为了适应环境和生存而实施的变化是可以按其范围来划分的（即变化的程度是渐进性的还是革命性的）。

渐进的变化是一系列持续、稳步前进的变化过程，使企业能够保持平稳、正常运转。渐进的变化往往在一点时间上，影响企业体系当中的某些部分。

革命性的变革是全面性的变化过程，使企业整个体系发生改变。

应该说，战略变革已经具备一些重构建的要素，但它无论是渐进性的还是革命性的，都是温和的、改良的。二十年中，我们在承接企业变革项目时，常常与其高层讨论性质问题：是战略变革，还是重构建。企业主大多谨慎地选择战略变革，尽管其实质已经深度涉及重构建，企业主们还是"留了一手"。

事实证明，正是这"留了一手"，使大多数企业的转型升级，差了"一口气儿"。

这口气儿，是云泥之别，是中国企业转型升级的一道"鸿沟"。

6.4 重构建对比

重构建对比图

要素	重构建	企业再造	企业重组	战略变革
基础	信息化	工业化、标准化	工业化、标准化	工业化、信息化
要害	人、文化、价值	流程、效率	组织、股权	人、文化、业务
形式	系统	单一方法	单一方法	方法或系统
性质	二级转变	一级转变	一级转变	可以混合
定性	道	术	术	道
成功率	80%	30%	30%	80%

第 7 节 西方"霸主的复活"与东方"永远的秘籍"

诺贝尔和平奖获得者、前南非总统曼德拉在《漫漫自由路》中有句话："生命中最伟大的光辉不在于永不坠落,而是坠落后总能再度升起。"

借用这句名言形容重构建,还是呈现了重构建"神韵"的。近年来,国内外一些卓越企业,正是在重构建中告别旧世界,实现了新的崛起。

7.1 美国,"三巨头"满血复活

企业重构建,是美国企业击溃日韩模式,重回世界经济"霸主"地位的秘密武器。从20世纪90年代中期起,美国企业90%以上进行了重构建,根据GATEWAY在1996年到2011年15年中对美国企业推动成长的调查结果,美国的企业主管有89%的比例会选择企业重构建,重构建名列各类管理理念、方法之首。同时,美国企业大范围地展开了重构建,仅1999年,各类企业投资重构建就多达1 000亿美元。

素有"世界第一商业领袖"之称的杰克·韦尔奇,在通用电气公司实施企业重构建,开展"挖掘"与"无边界"行动,消除所有的组织结构界限,鼓励"最了解情况的工作在第一线的人"在整个公司和跨业务/职能单元的想法自由流动,对想法和信息的流动做出反应。韦尔奇创造的自由流动和简化的组织结构使业务经营部门更加灵活,使其企业摆脱"大企业病",成为世界上最大的提供技术和服务业务的跨国公司,成为世界上拥有市场资产第二多的公司,有13个业务集团名列《财富》杂志500强,近十年中销售收入一直位于世界第一或第二。

蓝色巨人IBM,被公认为"反思和变革"实践最成功的企业。IBM将构建"未来的企业"的变革视为一种企业常态。IBM的三轮变革,可以称之为三轮重构建,第一轮是电子商务,卖掉了所有"硬件"生产系统;第二轮是智慧地球,构建了国际化的新网络;第三轮则是以数据与分析、云、社交、移动和安全为战略方向,展开了云与大数据时代的历史性转型,叫作认知

商业。认知计算集IBM 60年人工智能研究大成，IBM Watson是目前最为成熟的企业级人工智能平台，它主要强调人与机器的协作；而认知商业就是由认知计算驱动的商业，也可以理解为认知计算与行业的深度融合。提出了"3+3战略"，即"三大战略支柱+三个战略支点"。三大战略支柱包括：近期巩固核心业务，也就是IBM传统的硬件、软件、技术服务、咨询服务等业务；中期推进成长计划，包括云、大数据、社交、移动、安全、物联网等新兴业务，以及针对中国市场的技术合作计划、绿色地平线计划等；长期则是大胆探索、打破边界，让全球尖端科技落地中国市场，其中包括认知计算、前沿芯片技术等。

7.2 日本，"经营之神"绝活

曾经，日本航空公司即将破产，78岁的稻盛和夫出任CEO，他认为，解决一切问题的关键都在于人们是否遵循了正确的哲学原理。企业问题久久不能解决，其根本不是管理方式问题，也不是员工技能不到位，而是因为人们的思维方式有问题。

稻盛和夫摒弃传统的以方案为中心、以方案的科学性为首要目标的传统模式，将经营哲学的导入作为日航改革的首要任务。除了集中日航高层进行一个月17次的高强度学习，还迅速为日航导入了经营会计体系，展开严格的核算，要求做到一一对应，组织召开业绩评价会，一系列的动作都是为了改变日航全体员工的"心"。稻盛先生拯救日航的实质是重构建，一是"稻盛哲学"主导意识改革，二是"阿米巴经营"主导组织改革，使日航的重建获得了卓越的成功。日航一年时间就达成了三个世界第一：利润世界第一，准点率世界第一，服务水平世界第一。

7.3 中国，海尔"三要三不要"的纵深解读

在中国，也不乏重构建的标杆，那就是"真诚到永远"的海尔集团。海尔集团CEO张瑞敏早在十几年前就意识到企业互联网转型势不可挡，

于是带领8万海尔人率先走上重构建之路。张瑞敏提出"人单合一"的全球化发展战略，把海尔变革成一个"无边界的海尔"，推翻了横亘在海尔内部各部门之间的藩篱，清除了各部门之间的沟通障碍，使信息能够在营销、研发、生产、智能等部门之间自由流通；推翻了海尔与外部顾客、供应商和其他伙伴之间的围墙，将外部资源融入海尔的大平台。张瑞敏常常总结："近二十年来，海尔只做了一件事：再造。"一是在商业模式上，从原来传统商业模式重构建到人单合一双赢模式；二是企业定位上，从单纯的制造业重构建到服务业。

人人都是创客：不要控制，要创造力。

张瑞敏认为，互联网时代倒逼企业去掉中间管理层，引发效率延迟、信息失真的传动轮必须彻底去除。张瑞敏把组织解构，把员工变成创业者。在海尔内部提出了"小微公司"概念，海尔的小微公司主要有两种，一种是海尔占大股的，一种是占小股的，往往是初创企业海尔占小股。海尔提供了一个平台给员工创业，不过多约束。虽然海尔和小微公司协议在一定条件下海尔有优先回购权，但是也不反对它们独立上市。

雷神是海尔小微公司的代表，"雷神游戏本"是定位于爱好游戏的年轻一族的一款笔记本电脑。2014年1月15日，雷神游戏本在京东商城上市，20分钟内3 000台笔记本电脑被抢购一空；2014年7月24日，"雷神911"上市，单型号10秒钟就销售3 000台。2014年，雷神实现2.5亿元销售额和近1 300万元净利润，雷神一度被视为第二个小米。

"从雷神成立那一刻起，我和海尔的雇佣关系结束了，"雷神小微主路凯林说，"雷神和海尔目前是结算关系。"2015年3月31日进行的京东众筹平台上，上百家企业共筹集3 000多万元，仅雷神一家就获得1 500万元。由此，大股东海尔将让出雷神10%的股份。从海尔孵化到走向社会，再到逐步稀释股权，以雷神为代表，海尔与小微公司的双赢局面正在打开。

但是把一个权利相对集中的传统企业打散成碎片化的小微创业公司，就会时刻面临失控的危险，甚至会直接导致海尔解散。对于这种担心，张瑞敏讲了这样一个故事，张瑞敏曾与IBM原董事长郭士纳有过一次交流，把海尔扁平化的事讲给郭士纳听，后者说："我在IBM的时候朝思暮想的一件事也是扁平化，但始终没有做，为什么？因为整个系统要变，涉及20多万人，一旦出事，整个企业荡然无存。"

截至2014年底，海尔已经有212个小微公司。目前没有人能判断张瑞敏的做法是否正确。但是张瑞敏更担心的不是失控，而是控制得太死："你把什么都控制住了，可以，但是人的创造力没了。你就得了大企业病了。这个大企业病，到最后你想治的时候，肯定治不了。"这就像凯文·凯利在《失控》中所说的"进化的代价就是失控"。

构建商业圈：不要帝国，要生态圈。

张瑞敏曾用"世界就是海尔的研发部"这句话概括海尔的产品开放平台策略。2014年，海尔推出一系列"无尾厨电"，包括没有电源线的搅拌机和电饭煲等。无尾厨电有意思的地方是无线充电，没有电源线的困扰，更安全和美观。这种产品不是海尔独自研发的，海尔是国际无尾联盟的成员，这是联盟的技术。联盟的运作方式是创建专用专利池，会员出钱向专利池里面投专利。等技术成熟能够收取专利费时，大家共同享有这笔费用，如果这个专利技术研发失败，大家共同承担。张瑞敏认为技术这事儿"要么协作，要么消失"。

对于供应链平台，张瑞敏强调合作共赢，转竞争为竞合。三洋在市场上好勇爱战，用创始人井直兄弟的话说就是"冷酷无情，以打败师傅为乐"。在海尔接盘其洗衣机及家用冰箱业务后，两家企业联合成立"三洋海尔株式会社"，合作很顺利。传统工业讲究流程的严丝合缝，讲究以不变应万变，互联网时代则无边界、去中心化，强调思维开放和快速转变，需要更多的竞合而非单打独斗。

张瑞敏认为传统企业的范围经济、做大做强已经不符合时代要求，互联网时代的驱动力是一个开放的平台。2014年1月6日，在集团互联网创新交互大会上，张瑞敏说："有距离、有边界导致的是企业与员工、用户、合作伙伴的关系是博弈的关系，而零距离、网络化则要求企业与三者变成合作共赢的生态圈。"

张瑞敏希望将海尔打造成一个有机的生命系统，和供应商、员工、用户同呼吸共命运。他认为平台不应该是封闭的帝国，应该是开放的生态系统，"平台的归宿就是生态圈化"。

创造用户：不仅要销售额，还要用户体验。

海尔曾做出"超时免单"的承诺，假如符合条件，用户约定早上6点送到，过了6点再送到就不要钱了，不管是多贵的电器。有用户故意做实验，要求凌晨1点送到，结果海尔员工提前送到，打了好几个电话用户才接到，因为用户已经睡着了。

创造用户还体现在服务升级上。海尔的"U+智慧生活"操作系统，为用户提供各种智慧服务。用户直接可以在"U+智慧生活"的在线服务上预约维修、查看产品优惠、核实服务费用等。这个操作系统解决了家电维修难、运输、收费不明等问题，为用户提供了切实的方便。

转型核心是所做的一切是要"解放人"，最大限度地释放出人的能动性和创造力。在海尔的转型过程中，员工创客化，着重解放员工，提升创造和生产效率，以期带来颠覆性创新；企业平台化是拉近和合作伙伴的距离，信息共享，提升技术创新能力；用户个性化是创建优势品牌和服务，拉近与消费者的距离。

2015年，美国著名战略管理大师加里·哈默到青岛海尔总部进行访谈和调研，认为海尔"是探索互联网时代管理模式变革的先锋"。此时，海尔集团已实现全球营业收入1 803亿元，利润总额突破百亿大关，达到108亿元，同比增长20%。

第 8 节　重构建是企业转型升级的普适法则

一个问题常常被提及、问起，那就是什么样的企业在转型升级中适合重构建。我们也曾探讨过，是不是所有的企业都适合重构建。

近二十年，我们为不同行业、不同规模、不同产品、不同文化的各类企业导入重构建，其中不乏千亿级的世界级企业，有上市公司，有小微企业，也有类似个体户的自商业体，得出确切的结论，就是重构建是企业的普适法则。

8.1 企业的生存维度

我们一直是以"规模"为基本指标划分企业类别，现行的通用标准是国家工信部、统计局、发展改革委和财政部以《国民经济行业分类》（GB/T4754-2011）为准，按照行业门类、大类、中类和组合类别，依据从业人员、营业收入、资产总额等指标或替代指标，将企业划分为大型、中型、小型、微型等四种类型。

然而，伴随着互联网的发展，企业的规模、行业、类型也发生变化。确切来讲，已经很难简单区分企业类别了。我们在实践中，以企业的生存与发展维度，将其划分为六类。

一是自商业体，常由1~3人构成，几乎没有营业执照、没有办公场所、没有固定员工，虚拟化办公。往往创始人掌握着核心技术，有独特商业模式。这伙人，是大众创业的生力军。

二是微型企业，由3~10人组成，以家庭作坊式企业、个体工商户形式存在，机制灵活多变，一切面向市场。有固定产品，有相应的销售渠道和客户，有可维持公司生存与发展的营业收入和利润。

三是小型企业，30~100人，年收入不超过3 000万元。有清晰的组织架构，有适合的企业文化，掌控着一定的技术和品牌。

四是中型企业，这类企业在不同行业标准不同，但一般是员工人数100~3 000人，年营收2亿~20亿元。企业具备一定规模，发展战略明确，管理制度健全，产品优势明显，商业模式清晰，掌控一定的专利与知识产权，品牌具有知名度。

五是大型企业，员工人数1 000~20 000人，年营收50亿~200亿元。除具备中型企业的一般性优势外，往往还有自己的经营哲学，享有国家特殊政策扶持，掌控稀缺物质资源，在一定的区域、行业内具有品牌垄断力。

六是寡头企业，指千亿级的跨国公司，区域经济体或行业经济体。这类企业具有独特的生态，可以左右区域、行业的走向，甚至可以影响国家经济政策。

上述一至三类企业，在我国往往统称为小微企业，小微企业是国民经济的重要组成部分，在提供就业岗位，推进城镇化建设，推动科技创新，促进经济增长和维持社会稳定等方面发挥着举足轻重的作用。

改革开放以来，我国的小微企业取得了飞速发展，但相比大型企业的成熟完善，小微企业在管理体系、人才配置和资本方面有着较大差距，大多数小微企业的管理呈现粗放、混乱的状态，导致其在市场竞争中处于下风，很容易因为与大型和中型企业的竞争而倒闭破产。中共中央政治局委员、国务院副总理马凯曾在出席全国小微企业服务经验交流会议时强调，促进小微企业健康发展，事关经济社会发展全局。

上述四至六类企业，是国民经济的支柱，在国民经济的关键和重要部门处于支配地位，对整个经济发展起着决定性的作用。甚至国有大中型企业还影响着国家的经济命脉，比如：金融、铁路、电信、航空、石油、电力等关键领域，能源、交通、邮电等基础部门和冶金石化、汽车、机械、电子等重要源材料和支柱产业。2017年，中国企业500强排行榜发布，500强占全国GDP总额的86%。

8.2　不同维度企业的重构建策略

企业形形色色，各有不同。转型升级重构建，也将因企业的不同，采取不同的策略、方法和技术。

下列一张表，可以看懂重构建路线策略。

不同维度企业的重构建策略

规模（人数）		策略	重点	周期（月）	典型代表
自商业体	1～3	学习、模仿	产品	立即	
微型企业	3～10	模仿、创新	技术、营销	立即	
小型企业	30～100	创新、方法论	模式、品牌	6～12	
中型企业	100～3 000	方法论、文化	系统	12～24	
大型企业	1 000～20 000	精神	平台	12～24	
寡头企业		哲学	生态	常年	

第 9 节　重构建在中国

著名管理大师德鲁克说："我们要洞悉那些正在发生的、重要的，但是看起来似乎微不足道的事件，这些事件可能正是未来会极大地影响我们产业和经营的关键。"

管理不同于技术和资本，不能依赖进口，中国企业发展的核心点，是要培养一批卓有成就的管理者，他们应该是中国自己培养的管理者，他们应该熟悉并了解自己的国家和人民，并深深植根于中国的文化、社会和环境当中。

企业重构建，在中国还是一个既熟悉又陌生的概念。

熟悉，是充斥在每个人、每个企业中强烈的互联网转型冲动，是不绝于耳的"颠覆、再建、重构"的呼声。

陌生，是对重构建这样科学实用、适应技术进步而"孪生"的管理进化体系，媒体还缺乏应有的传播、学术界还鲜有深入的研究、企业界还未形成广泛的实践，甚至还有迟疑、阻碍。越是成功的企业，阻碍会越大，阻碍不是来自外界，而是来自企业内部的有意识和无意识的抵制。因为重构建会让原来的人感觉很有压力，或者很不适应，他们不愿意改变自己的观念、更新自己的知识、提高自己的能力。一言以蔽之：重构建还处于"看不见，看不懂，看不起，来不及"的"马云状态"。

所幸的是，我们的国家一直醒着。

9.1 "春江水暖鸭先知"

习近平总书记提醒："互联网已经融入社会生活方方面面，深刻改变了人们的生产和生活方式。"

李克强总理在述及改革时曾指出："现在触动利益往往比触及灵魂还难。但是，再深的水我们也得趟，因为别无选择，它关乎国家的命运、民族的前途。这需要勇气、智慧、韧性。"

清华大学早在1999年，就翻译出版了《大转变——企业构建工程的七项原则》，成为中国互联网转型、企业重构建的启蒙者。

自2013年起，从中央到地方，各级政府下发的指导企业转型升级的文件不计其数，直接间接培训企业家一千多万人次，划拨扶持资金近百亿元。

2017年8月，中国互联网新闻中心、深圳市企业升级转型促进会联合主办，由国内知名的经济智库上百名知名专家参加，在全国开展为期一年的《"互联网+"时代的企业重构建公益大巡讲》为重构建鼓与呼，活动在长沙启动，近千名企业家参与，盛况空前……

深圳明天策略集团从2000年就开始企业重构建研究与实践，举办"企业构建工程师"培训，十年中数万人参训。

2014年4月，"世界第一商业领袖"杰克·韦尔奇中国行，我受约与其同台演讲，一场30分钟的《面向新世界的企业重构建》，被3 000多名企业家掌声数次打断。

2015年初，第23期"企业重构建总裁特训营"在深圳举办，计划36名学员，竟有200多名企业家咨询、报名。

近二十年、特别是近十年中，我们支持国内数百家企业进行重构建，服务的企业有近百家成功上市，有数十名企业家入选"福布斯中国富豪榜"，直接间接创建百余个中国名牌、中国驰名商标。

现在，企业重构建也许还很微弱，它没有"成功学培训"那样激情澎湃，也没有"上市融资教练"那样立竿见影。但这是一项对企业固本培元、脱胎换骨的革命，潮涌潮生，必将汇成一个时代的大趋势，促使中国经济在互联网+中实现伟大的转型升级。

9.2 中国式重构建已成体系

我从2000年起，传承企业再造、企业重构建之精髓，以战略规划为切入点，进行企业重构建研究，不断充实与完善其理论，并在为国内数百家企业的咨询策划服务中进行了卓有成效的实践，建立了紧跟社会与技术变化，适合中国企业实际情况的重构建方法论，我把这个模型概括为"一经六道十八法"。

一经：是建立企业哲学、建立互联网世界观，是企业互联网转型的根本，包括在哲学语境下的商业智慧、商业法则。

六道：寓意正道，是企业重构建推进的路径，是互联网转型变革的操作技术。重构建是一场管理进化，技术路线是由六个"化"为节点构成的，且是一个渐进有序的过程。"六化"分别为点化、规划、优化、固化、孵化和转化。

十八法：是重构建"术"的层面，是企业在互联网转型中的关键价值节点，既是内容，又是方法，包括战略重构建、组织重构建、供应链重构建、用户群体重构建、商业模式重构建、产品重构建、业务层级重构建、文化重构建、资本重构建、制度重构建、流程重构建、绩效重构建、团队重构建、品牌重构建、营销重构建、信息化重构建、资源重构建和运营体系重构建。

近年来，明天策略集团重点聚焦战略规划变革，"一点突破，整体跃升"，带动企业系统重构建，取得了可喜的成果，为近百家企业成功进行了企业重构建服务。

"一经六道十八法"，不是凑出来的文字游戏，而是我们二十多年咨询策划中宝贵的实战经验。在重构建中，应用这一方法论，可以持续加强企业现有体系竞争力建设；利用互联网工具改进业务流程；用互联网世界观进行自我革命；重新按互联网模式建立新业务，实现企业的互联网化。

以"一经六道十八法"实施重构建，企业既可产生颠覆性的变革，又不失去必需的控制，可以实现有序转型。这样，企业可保持传统的产业优势，又通过结构的变化，文化的提升，赋予员工充分的自由；可继续保持规模优势，又可依据互联网的灵活性建立新的业务领先；可保持传统企业产业优势，又可通过组织变革、文化创新，注入创新者的基因；可以发挥强大的专注能力，又能够抓住机会，以变应变，因你而变，使企业顺应趋势而重新强大起来。这是当前企业最迫切需要解决的重要问题，时不可待，机不可失。

9.3 转型升级重构建思维导图

思维导图又叫心智导图，是英国人东尼·博赞发明的表达思维的有效图形工具。

思维导图往往运用图文并重的技巧，把各级主题的关系用相互隶属与相关的层级图表现出来，把主题关键词与图像、颜色等建立记忆联结。思维导图充分运用左右脑的机能，利用记忆、阅读、思维的规律，协助人们在科学与艺术、逻辑与想象之间平衡发展，从而开启人类大脑的无限潜能。

通过思维导图进入人的大脑的资料，不论是感觉、记忆还是想法——包括文字、数字、符码、香气、食物、线条、颜色、意象、节奏、音符等，都有一个思考中心，并由此中心向外发散出成千上万的关节点，每一个关节点代表与中心主题的一个联结，而每一个联结又可以成为另一个中心主题，再向外发散出成千上万的关节点，呈现出放射性立体结构。而这些关节的联结可以视为您的记忆，就如同大脑中的神经元一样互相连接，也就是您的个人数据库。

20世纪80年代思维导图传入中国，即被工商界（特别是企业培训领域）用来提升个人及组织的学习效能及创新思维能力。初始期，思维导图过于强调"图像记忆"和"自由发散联想"而非"理解性记忆"和"结构化思考"，属于一种浅层的学习，另外"自由发散联想"具有天马行空，对思维不加控制的特点，不适合用于学科知识教学的内在逻辑及固定结构，因而应用受到限制。后来国内的一些专家学者将其思维可视化的概念图，与"知识树""问题树"等图示方法的优势特性嫁接,同时将结构化思考、逻辑思考、辩证思考、追问意识等思维方式融合进来,升级了思维导图。

为了支持、辅导企业导入、实施重构建,我将重构建的"一经六道十八法"设计成思维导图,取得了较好的应用效果。

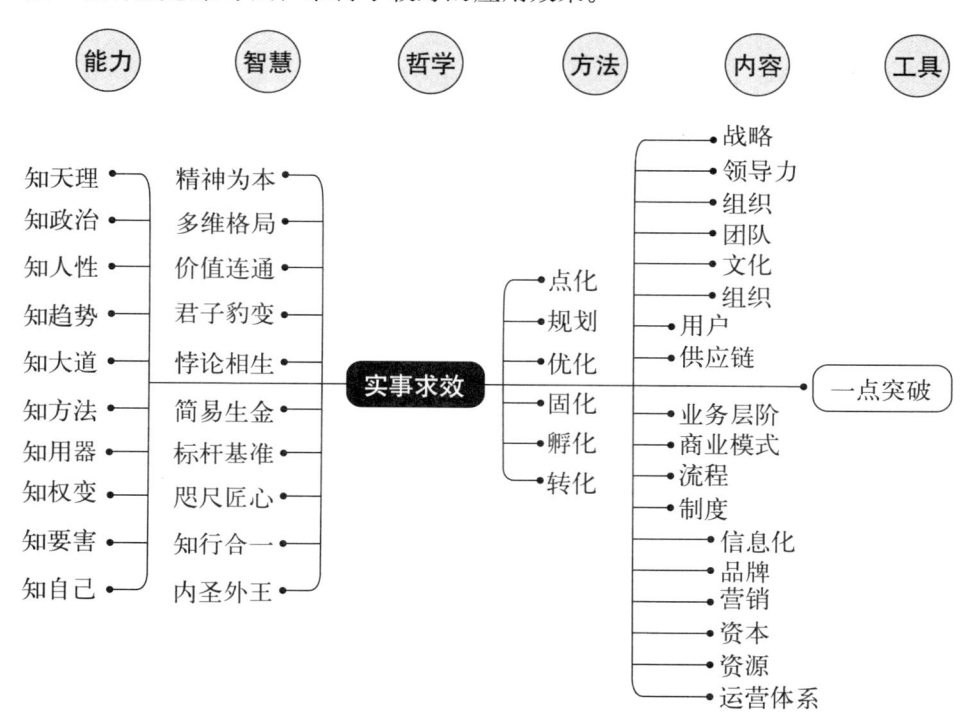

```
能力        智慧        哲学        方法        内容        工具

知天理      精神为本                              战略
知政治      多维格局                              领导力
知人性      价值连通                              组织
知趋势      君子豹变              点化            团队
知大道      悖论相生              规划            文化
                       实事求效    优化            组织        一点突破
知方法      简易生金              固化            用户
知用器      标杆基准              孵化            供应链
知权变      咫尺匠心              转化            业务层阶
知要害      知行合一                              商业模式
知自己      内圣外王                              流程
                                                制度
                                                信息化
                                                品牌
                                                营销
                                                资本
                                                资源
                                                运营体系
```

转型升级重构建思维导图

第 10 节 案例:传统客运站十年重构建"五级跳",一跃成行业龙头

传统的客运站转型升级重构建的路怎么走?到底能走多远?

这是从 2007 年起,我一直服务到现在的企业,其战略重构建一直让我骄傲。

这家企业是福建龙洲运输股份有限公司，是一家专门从事道路客运、客运站经营、货运物流、汽车销售与维修及相关业务的国有企业。

董事长王跃荣是一位具有政治家格局与战略家视野的企业管理者，他上任后先后进行了企业改制、公车公营、减员增效等大幅度的改革。为进一步树立龙洲的社会形象，提升企业凝聚力，公司决定导入CI（企业形象识别系统），王跃荣带领团队在北、上、广、深求访了二十多家策划设计机构，但很失望，用他自己的话说"没有想要的东西"。我们在沟通时取得了一致意见：CI作为企业经营的一种方法，曾在特定的年代起到了特定的作用。但是目前的中国经济、中国企业大变革时期，单一的CI，无论是策略还是技法，都解决不了企业所面临的复合问题。要"跳出CI做CI，以CI为切入点，在战略变革、商业模式设计、企业重构建的高度，寻找、设计企业的'根本解'"。我俩交流不到半小时，王跃荣就拍板：对，就这么干。

这样，在王跃荣"就这么干"的决策下，产生龙洲的战略重构建"五级跳"，产生了中国传统企业转型升级的样板，也有了一段我与一家优秀企业、一位优秀企业家十年合作的佳话。

第一跳——2007年，以重构建高度树形象，打造中国道路运输产业领导品牌。

我带领专家团队进入龙洲，经过四个月调研整合，完成了《龙洲企业发展研究报告》和《龙洲企业形象体系报告》。11月，龙洲120多名中高层干部在古田会议会址举办"龙洲发展研讨营"。

开始，对于创建"中国道路运输产业领导品牌"的形象定位，龙洲人心有疑虑，误以为是"忽悠"，认为龙洲地处闽西，上有省会福州和特区厦门，连福建省的领导品牌都不是，何谈中国的领导品牌。王跃荣和我一起在研讨营中做了"领导品牌，离龙洲并不遥远"的演讲，针对大家的畏难情绪，从行业百强经营指标、标准，到龙洲的差距和空间，从市场竞争态势到未来可能突破的方向，分析龙洲优势，破解龙洲进入中国道路运输20强的途径、方法，获得大家一致认同。12月，龙洲在龙岩市召开了"龙洲形象发布会"，获得市委、市政府的高度赞扬。

第二跳——2008年，以重构建深度立文化，"龙行·心为洲"。

龙洲新形象发布后，王跃荣从大家对"领导品牌"的迟疑中看到，要彻底改变龙洲的经营，必须改变人的心态。他提出要在深层次的企业文化中发力，让龙洲外树形象，内强素质。这样，我和明天策略集团又将策划咨询方向指向龙洲文化，重构人的精神体系，支持龙洲建立了"实事求效"的企业哲学，将龙洲精神内涵确立为"龙行·心为洲"。

龙，指龙洲、龙洲人；洲，指世界。

行，首先是龙洲道路运输的行业属性；其次是说龙洲一直在努力，在前行；第三指可以、能、做得到。

"龙行·心为洲"，其实就是说心有多宽，事业就有多广，只要有精神，没有不可能。

随后，龙洲又对中高层管理干部进行了文化培训，持续近一年。文化的潜移默化作用，为龙洲日后的超常规崛起奠定了坚实的基础。

第三跳——2009年，以重构建力度做变革，三年再造一个龙洲。

龙洲在做文化宣贯时，王跃荣提出，同时启动战略变革。

变革中，我们支持龙洲按照"产业归位"原则，整合了客货运输、场站运营、汽车服务等平衡的业务链，并创造性地将"投资、并购"从经营手段，纳入龙洲的经营业务中，设计了"场站N+1"，即以功能地产带动商业地产的"扩张模式"。对于龙洲的战略目标，设计更为大胆，"三年再造一个龙洲"。

在龙洲的又一次的"战略研讨营"中，大家得到共识。

首先，"三年再造一个龙洲"是现实的。2003年至2009年，7年龙洲利润总额28 311.35万元，年均40.45万元。按照道路运输行业上市公司平均21.2%的速度递增，2010～2012年，龙洲3年利润总额可达29 561.9万元，年均9 853.9万元。3年≥7年，实际上就是再造了一个"龙洲"。

"三年再造一个龙洲"是科学的。采用的是国际通用的"资产预期收益法""经济剩余估值法"等现代战略理念。

第三,"三年再造一个龙洲"是可行的。即龙洲每年保持21.2%的持续增长;龙洲"场站N+1"模式达到市场预期;物流、汽车服务业扩张顺利;投资、并购发展成为主营业务……

研讨营中,王跃荣对这个目标十分赞同,他步步为实,铺排了实现这一目标的策略、方法和路径。

接着,就是这样一串串的龙洲捷报。

2010年,龙洲跃居中国道路运输行业十强。

2011年,龙洲营收由原3亿元增长到17亿元,三年再造了两个龙洲。

2012年,龙洲成功登陆资本市场,成为福建省第82家上市公司。

第四跳——2015年,以重构建为旗帜再升级,打造千亿级现代服务产业集团。

2015年,中国的高铁由"四横四纵"发展到了"六横六纵",几乎辐射到每一个角落;私家车更成了国人家庭的"标配"。再加上互联网、移动互联网发展的冲击,传统的公路运输企业似乎遭遇"灭顶之灾",行业利润率下降到冰点。而此时的龙洲,尽管也受创严重,但得益于早已展开的重构建,通过兼并收购,其业务领域早已从客货运输延伸到现代物流、港口、后汽车服务、新能源、农村电商、金融保理、教育培训、旅游等13个种类,如何优化发展,又成了王跃荣的思考重点。

8月,龙洲股份在福建古田,又一次召开题为"升级转型求突破,肩负使命谋发展"的战略研讨会,出席会议的有著名物流专家、电子商务专家和龙洲公司100多名中高层管理干部,龙洲董事会决定,深度地、旗帜鲜明地展开重构建。而此时我还担任龙洲的独立董事,按照中国证券会的规定,已经不能与龙洲发生"提供咨询服务"这类关联交易。董事会决定由我代表董事会战略委员会,牵头协调专业咨询公司,实施重构建,以确保重构建效果。

我协调、带领专业咨询机构,开着车,开始了被称为"十城万里战略行"的大调研行动,历经龙岩、梅州、武平、南平、建阳、芜湖、上海、福州、厦门、东莞十个城市,往返行程近一万公里,涉及龙洲股份业务所有领域,访谈人数百余人,掌握了宝贵的第一手资料。

在充分调研基础上，我与专业团队提出了龙洲重构建的基本思路。

定位重构：从"中国道路运输产业领导品牌"调整为"道路运输产业持续领导者，现代服务产业价值创新商"。

龙洲这种新的定位是精准的，道路运输行业本身就是现代服务业，龙洲新进入的物流、港口、汽车服务、金融保理等更是现代服务业的重要节点。龙洲未来，不仅要持续在道路运输领域领先，更要在现代服务业中创新价值，成为新的服务商。

目标重构："十年千亿级现代服务产业集团"。

路径重构：

重构创新战略——以企业重构建作为今后一个时期的发展基点。

重构创新人才——打造卓越团队，扩大员工持股，鼓励人才"放单飞"，建立团队创客模式。

重构创新绩效——建立全员"产品导向"的企业生态。

重构创新投资——让"产业金融化"成为龙洲常态。

重构创新客运——引导用户体验新"栖息方式"。

重构创新场站——用客运站在城市中心掀起"场景革命"。

重构创新物流——建平台让重资产出产高净值。

重构创新汽车服务——打造后汽车产业价值链。

重构创新电商——实现"开端一公里"与"最后一公里"突破。

重构创新职校——以软实力反哺核心业务。

重构创新能源产业——为龙洲跨越发展添能加油。

新的战略重构建获得龙洲股份公司一致认同。2017年3月，龙洲召集全国各地分公司、子公司和参股控股企业齐聚龙岩，举行了"重构建战略发布会"。

第五跳——2018年，以重构建链接赋能，打造量子组织。

2017年，龙洲"蛇吞象"再放大招，12亿巨资收购比自身资产还大的兆华领先公司。兆华领先拥有覆盖沥青全产业链的综合服务能力，是一家以沥青加工、仓储、物流、销售及电商平台为一体的特种物流企业，自有并运营经过认证的专业沥青集装箱300余只。收购完成，2017年度增加和2018年度将增加实际净利润分别为1.05亿元和1.25亿元。

我们与龙洲又启动"效100——战略执行一体化"重构建战略行动，在120天内，再一次对龙洲中高层管理团队进行"量子组织"训练，激发了组织能量，仅在训练期间，营收就增加近亿元。

2017年12月，龙岩市委、市政府将龙洲列为"龙头企业"，专门为龙洲制定了"一企一策"备忘录，确定龙洲股份2018—2020年经营发展目标和固定资产投资目标。

市政府指定一名市领导挂钩龙洲股份，及时帮助协调解决项目建设及生产经营中遇到的困难和问题；积极支持龙洲股份加快发展，做大做强；还提出增产增效、重点项目投产、引进人才、做大做强等方面补助和奖励。在完成发展目标的前提下，每年给予龙洲股份一次性补助，补助资金专项用于支持企业扩大规模、市场开拓等；支持龙洲股份实施再融资，由受益财政按再融资规模给予奖励；支持龙洲股份开展优质资产并购，或通过优质资产注入、低效资产剥离等市场化方式，实现总量做大和资产结构优化；各级部门在向上争取中央、省专项资金时，优先支持龙洲股份项目申报。

2018年9月，龙洲经工商管理部门核准，正式更名为"龙洲股份集团"，将在一个更高、更广阔的时空中腾跃。

第 3 章 重构建之魂：哲学颠覆

我从事咨询策划近三十年，接触各类企业家应该不下万人，近距离交往的也不下千人。有趣的是，与这些优秀的企业家交往常常都有三个阶段的关系变迁。

第一阶段——刚开始接触时，交往的媒介是企业问题。话题都集中于企业的经营管理、品牌战略、人才培育、市场营销或系统流程，这是交易阶段。

第二阶段——往往在交往半年以后，交往的媒介除了企业问题，还加入了生活情趣。较多时间谈论的是爱好、健康、娱乐等，包括喝酒、下棋、高尔夫、足球、篮球，甚至斗地主、打麻将，当然还有身体的健康、内心的健康、心智的健康和灵魂的健康，这是情谊阶段。

第三阶段——往往在交往两三年以后，特别是交往十年以上，交往的媒介成了生命意义与生命哲学。话题涉及企业问题越来越少，彼此的语言、眼神、心灵关注的是思维方式的哲学问题。企业家们的真实焦虑、真实困惑往往不是商业的，而是政治、生态和生命意义，而是如稻盛和夫所言的"作为人，何为正确；作为企业，何为正确"这些人类的最基本焦虑，这是神灵阶段。

萨姆·沃尔顿说："世界上没有什么纯而又纯的商业真理，所谓商业真理，只是把那些古老的哲学认真地、全身心地运用在你的商业行为当中。"正是在与企业家们三个层次的交往，启迪、引领我找到了重构建的灵魂，那就是哲学。

第 11 节　哲学是企业经营最高层次

世界上著名的企业，业绩持续优秀乃至基业长青的企业，秘诀不是对技术与市场的掌控，而是对经营哲学的驾驭。

德国在18世纪以前曾远远落后于欧洲其他国家，18世纪后，德国从哲学入手，先完成了文化的革命，催生了一大批伟大的哲学家、思想家，从精神上武装了广大国民，提高了国民素质。而后才进行产业革命和技术革命，使德国在近现代世界的经济文化发展中担当起一个非常重要的角色，其经济实力至今仍处于欧洲国家乃至世界的前列。

经营哲学，指企业在经营活动中对发生的各种关系的认识和态度的总和，是企业从事生产经营活动的基本指导思想，它是由一系列的观念所组成的。企业对某一关系的认识和态度，就是某一方面的经营观念。

经营哲学可以赋予企业一种优秀的品格，能唤起全体员工的工作热情和智慧。任何一套企业制度、工具和方法都有缺陷。唯有正确的企业哲学，才能使企业制度、工具和方法发挥效用，才能在高速变化的世界和层出不穷的管理领域驾驭趋势，运转自如。

真正有视野、有格局，想从根本上解决问题的企业家一定是哲学经营高手，任凭管理的问题千变万化，一旦你抓住道，顺应了人心、人性，自然会生出万千法门来应对千变万化的问题。

曾有人问与巴菲特齐名的投资家罗杰斯，杰出的投资家应该去读哪些书？罗杰斯说是哲学，因为从这种书里你能感受到人性，在资本市场上，最终较量的不是投资技巧，最终是一种哲学的较量。对人性的感知力与把握力，导致决策、导致投资水平的高低。

稻盛和夫的阿米巴经营是一种管理模式，其有效实施的前提在于稻盛哲学——在追求全体员工物质和精神两方面幸福的同时，为人类社会的进步发展做出贡献。

关于企业经营哲学，稻盛和夫曾说过这样一段话："第一个理由，所谓哲学首先应该是经营公司的规范、规则，或者说是必须遵守的事项。经营公司无论如何都必须有全体员工共同遵守的规范、规则或事项。这些作为哲学必须在企业里明确确立起来。第二个理由，所谓哲学用来表明企业的目的、企业的目标，也就是要将这个企业办成一个什么样的企业。同时这种哲学还要表明为了实现自己希望的理想的企业目的，需要有什么样的思维方式，因此这种哲学在企业经营中是必不可少的。第三个理由，由于哲学可以赋予企业一种优秀的品格，就像人具备人格一样，企业也有企业的品格。企业经营需要非常优秀的哲学，这是因为这种哲学可以赋予企业优秀的品格。人要具备优秀的人格，企业要具备优秀的品格，要做到这点就要明白做人应有的正确的生活态度，而哲学就像前面所提到的一样，它就是用作为人何为正确为基准进行对照，从中归纳出正确的为人之道。"

稻盛和夫尤其注重简单的经营哲学，他将京瓷的经营哲学根植在"正确的为人之道"上，形成了独特而有效的阿米巴经营模式。同时，他还特别推崇中华民族的王道之治，他认为，欧美企业习惯利用权力来压制员工、统治员工，是东方人所诟病的霸权主义；而亚洲，尤其是中国传统文化所倡导的德治——用仁义进行统治的方式，则是仁义之治，也可以称之为"王道"。优秀的企业领袖不是以权力服人，而是通过修身治企，在员工中以身作则，凭借优秀的人格魅力吸引和征服员工，赢得员工的充分信任和完全尊重。稻盛和夫被称为"经营之圣",与其说是因为他的经营业绩,不如说是因为他在员工中赢得的信任和尊重。

为日航创造出一套完整适用的经营哲学、构建全新的系统经营体制,是稻盛和夫管理企业的制胜法宝。上任伊始,在谈到自己将如何拯救日航时他这样说道:"虽然在航空事业方面我是门外汉,但长期来,作为经营者,我在经营企业的经验中归纳出了正确的经营思想和有效的管理模式。同时,我在自己的人生中总结出了作为人应该持有的正确的思维方式。我希望将这些传授给日航的每一位员工。日航重建成败的关键,就在于能否有效地建立起贯彻上述理念的经营体制。我到日航去,就是要把我的经营哲学渗透到日航的员工中去,再没有另外的技巧。"

海尔的商业哲学,就是研究"人"的哲学,是"要么不干,要干就争第一",这是海尔追求卓越的一种思想。在追求卓越的经营哲学的思想下,海尔制订出一系列的经营目标,例如海尔兼并其他企业时,要求这家企业必须达到事先制订的标准与目标才去兼并。为什么呢?张瑞敏说:"如果它不达到这些标准与目标,你去兼并他,看似企业规模扩大,实际上给企业带来的将是灾难。"所以他有句著名的话:"东方亮了再亮西方。"在多元化经营方面,很多企业是东方不亮西方亮。但海尔在"要么不干,要干争第一"的经营理念指导下,在兼并的时候始终坚持东方亮了再亮西方。这种哲学思维让海尔快速实现变革。不论时代如何改变,海尔终究是时代的创造者,永远有能力开启下一个时代。

张瑞敏总结说:"一个企业在市场上获得的荣誉,相当于是在沙滩上的脚印,无论多么清晰,一涨潮,什么都没了。以前在中国有多少很有名的企业,现在连名字都很难叫起,所以对于企业来说,就要不断地向前看。"

稻盛和夫在参观海尔集团时,看到海尔创业时的老照片,也回忆起自己创建京都陶瓷时所面临的重重困难,发出了会心的微笑。之后,他对海尔能在短短二十多年时间就做到白色家电世界第一品牌表示钦佩和惊叹:"从刚才参观的内容中,从海尔为客户开发的产品中,我就深切地感觉到'敬天爱人'的思想也贯穿于海尔的经营中，这就是关注客户的需求，不做错误的事，按照上天指示的方向去发展企业。海尔极其认真、极其细致地应对客户的需求，根据国家、民族、地区的不同，设计制造出针对性很强的、精准的产品，在这些方面就体现了'敬天爱人'的思想。"

企业重构建，是在灵魂深处的一场革命，重构建的前提是解构，是不断打破旧的思维模式，不断地否定、不断地重构，是在人的"三观"，即世界观、人生观、价值观上的重构建。三观不正、三观不合，是无法实施重构建的。

第12节　实事求是——中国企业生存的基本哲学

中国的企业大多数都有自己的哲学，以企业精神、口号等表现，比如"团结、拼搏""艰苦坚实，诚信承诺，实干实效""品质—企业制胜的关键"等。

然而，这些显性的口号往往是一种形式，并不能形成哲学力量。真正深入企业骨髓，普遍的、共性的，则是一条——实事求是。

它，如影随形，时时刻刻左右着人们的思维、行为、习惯，左右着企业命运。

在近三十年企业咨询策划服务中，实事求是哲学统治企业家的故事几乎充斥着每一个年代，映射着中国企业的哲学基因。

一个年代按十年计算，每一个年代都有一个这样的故事。

故事一：1998年，河南周口。

我应邀为东方集团做战略策划，当时这家企业已经处在半停产的状态，车间无人生产，院内杂草丛生。而一路之隔的另外一家企业，却车水马龙，挤满了来提货的人。我细细一问，这家企业与东方集团一样，都是生产奶糖的，有趣的是这家企业的老板曾是东方集团老板的徒弟。

我刨根问底，同一个产品，同一个地域，同一个市场，同一样的人才，同一样的政策，两家企业一路之隔，何以经营境地判若云泥？东方集团的赵总很激动，用河南话大声叫"它不中"，他们没钱，借了银行几个亿；他们没人，从上海挖了大白兔奶糖的人；他们没市场，抢了我们的订单……我直截了当，说这是人皆可知的企业经营与竞争行为，你们为什么不这样做。赵总倒也不讳言："那我得量力而行，实事求是啊"。

我愕然，这个"实事求是"的企业快倒闭了，那个不实事求是的（这家企业是后来大名鼎鼎的金丝猴集团）企业为什么还红红火火？

故事二：2002年，四川达州。

那年我在深圳接到电话，是我服务多年的四川智强集团唐总打来的，他告诉我要考察广东的奶制品市场。我一听很兴奋，因为这家企业在当年主导产品核桃粉销售额仅有150万元时，竟投入100万元策划费购买我们的服务，当时我们根据市场和企业情况，为他们量身定制了代号"513工程"的三年发展计划，即第一年销售5 000万，第二年倍速增到1个亿，第三年实现3个亿。当时，随着中央电视台广告"智强核桃粉，代代传真情"的深入人心，3年时间他们真的从年销售额150万的智强保健制品厂，蜕变为四川智强集团，年销售收入突破3亿，被列为四川省"小巨人企业"。如今他们与时俱进，想要效仿蒙牛、伊利进军奶制品市场。按电话约定，唐总来深圳后，我立即委派一个调研小组陪同他考察广东市场，并制订了详尽的调研计划。我本期待着智强集团的再次崛起，谁知两个月以后，唐总电话告诉我，他们放弃了。我追问原因，他没有正面回答，而是告诉我他现在很后怕，不知道当年只有150万元，怎么竟然拿出100万策划费冲击市场。他说很珍惜那段经历，让他成长了，但是如今"再过景阳冈，得绕着走了"。我问为什么，他说"我得实事求是啊"。我哑口无言。

两年后的2005年，我在中国经营报上看到了一条消息：智强集团破产，四川省著名企业家唐某在成都街头卖保险。

我再次愕然，当年智强集团不实事求是，依靠顽强的市场斗志和创业激情，开拓了一片天地。成功后突然"实事求是"，换来的却是企业破产。

故事三：2017年，广东深圳。

深圳市某高科技企业，年产值超过100亿，是全国电器设备10强。但由于企业老化，研发不力，内部腐败现象严重，效率低下，平均利润尚不到5%。企业经营者是一位有格局、有魄力的知名企业家，他为了改变现状，曾先后聘请了麦肯锡、毕博和国内一些管理"大咖"对企业进行运营诊断、组织变革、绩效体系编制，但都无疾而终。2016年初，我受他邀请对其企业进行了诊断考察，认为不是显现的"事"的问题，根子是"人"。我与他共同制订了的一系列战略变革计划，要通过"卸载、隔绝、孵化、重生"等手段，彻底对人进行重构建。正如预计的一样，计划刚刚实施第一阶段，就遭到了企业"内部人"的顽强抵抗，有人甚至以"放弃市场""停工""辞职"要挟企业。企业找我们商议"能否结合企业实际温和一些"，我们为了效果斩钉截铁拒绝："结合了，还叫战略变革吗！温和，还能重构建吗？"

无奈，这个项目只好像麦肯锡、毕博等咨询公司一样"中止"。这位经营者是个心里比任何人都明白的智者，那天我们把酒相谈，推心置腹，他端着酒杯无奈表示："王老师，我也得实事求是啊！"

我还是愕然，又一个实事求是！！实事求是，究竟怎么啦？

第13节 实事求是"考"与"辩"

实事求是，究竟怎么啦？

这是一个天问，回答这天问，要梳理一下实事求是的来龙去脉。

13.1 从治学态度到思想路线

实事求是，指从实际对象出发，探求事物的内部联系及其发展的规律性，认识事物的本质。实事求是通常指按照事物的实际情况办事，不夸大，不缩小，正确地对待和处理问题，求得正确的结论。

历史上最早出现实事求是一词，是在班固的《汉书·河间献王德传》中，说河间献王刘德"修学好古，实事求是"。就是说，刘德在学经典、修礼乐时，喜好先秦诸子的古书，对旧书"求真是""留其正本"。刘德的实事求是就是考证古书时求其真本，讲的是实证的治学态度和方法。

明朝王阳明在宋代朱熹"格物便是致知""理在事中"的基础上，提出了"知行合一"的观点，倡导实事求是的学风。随着明清"崇实黜虚"实学思潮的高涨，考据学也兴起，重新提出汉代的实事求是。

清乾嘉庆年间的考据学派，则把实事求是当作治学的宗旨和基本方法。钱大昕在《二十二史考异·序》中提出"实事求是，护惜古人之苦心，可与海内共白"；汪中在《述学·别录》中自述其治学宗旨是"为古之学，唯实事求是，不尚墨守"；阮元是乾嘉学派考据学集大成者，自称"余之说经，推明古训，实事求是而已，非敢立异也"。强调实事求是，就在于强调实践、实政、实事、实行。

由此可见，实事求是，一直是以一种治学思想传承的，是中国古代学者治学治史的座右铭。

中国共产党人把马克思主义基本原理与中国革命的具体实践相结合的过程中，批判地继承了历史上的实事求是，进行了新的科学解释，赋予其唯物辩证法的哲学内涵。

1943年，毛泽东亲笔书下"实事求是"，作为延安中央党校的校训。毛泽东在《改造我们的学习》中指出，"实事"就是客观存在着的一切事物，"是"就是客观事物的内部联系，即规律性，"求"就是我们去研究。学习马克思主义要"有的放矢"，"的"就是中国革命，"矢"就是马克思列宁主义。中国共产党人所以要找"矢"，就是为了要射中国革命和东方革命这个"的"。这种态度就是"实事求是"的态度。"这种态度，有实事求是之意，无哗众取宠之心。这种态度，就是党性的表现，就是理论和实践统一的马克思列宁主义的作风。"

实事求是，是中国革命、建设取得胜利的旗帜。正如邓小平所说："毛泽东思想的基本点就是实事求是，就是把马列主义的普遍原理同中国革命的具体实践相结合。"邓小平总结中华人民共和国成立以来我们党的成败得失，提出了"解放思想，开动脑筋，实事求是，团结一致向前看"的口号，丰富了实事求是思想路线的内涵。

进入新世纪，江泽民针对世情、国情、党情的深刻变化，指出，"全党同志要坚持马克思主义的科学原理和科学精神，善于把握客观情况的变化，善于总结人民群众在实践中创造的新鲜经验，不断丰富和发展马克思主义理论。"

胡锦涛在党的十七大报告中指出全党同志要"坚持解放思想，实事求是，与时俱进，勇于变革、勇于创新，永不僵化、永不停滞。"

习近平在中央党校学员开学典礼上也指出，我们党是靠实事求是起家和兴旺发展起来的。实事求是作为党的思想路线，它始终是马克思主义中国化理论成果的精髓和灵魂，即是毛泽东思想的精髓和灵魂，是包括邓小平理论、"三个代表"重要思想以及科学发展观在内的中国特色社会主义理论体系的精髓和灵魂；它始终是中国共产党人认识世界和改造世界的根本要求，是我们党的基本思想方法、工作方法和领导方法，是党带领人民推动中国革命、建设、改革事业不断取得胜利的重要法宝。

13.2 被误读的实事求是

然而，实事求是在我们的政治经济生活中常常被误读、被扭曲、被肤浅、被变异。大多数企业家，强调的是"实"、是"是"，这样的实和是成了他们的标准，就像上文讲的"实事求是"的三个故事。

在狭隘、片面、消极、肤浅的理解中，实事求是，就是要简单的尊重客观现实，尊重客观规律。

做任何事都要强调客观环境的静态不变、稳定、可预测。

做任何事都要强调资源、条件、能力要可掌控。

做任何事都要强调规律、经验、条文的合法合理背书，实事求是就是"靠天吃饭"。

在这样的理解中，官方没说的话，不说；前人未走的路，不走；超越现实的事，不干。实事求是，成了肯定与否定的唯一准则。当这样理解的"实事求是"成为企业哲学时,企业发展理念出现许多"天经地义"的真理。

消极的"不可能论"。企业要发展、要扩张,目标一旦与自身资源、条件不适应,上上下下异口同声:那不可能。

保守的"稳定论"。一些人将"基业长青"奉为经典,提倡所谓稳健发展,认为企业做快了就乱、做大了就垮。

刻薄的"全面论"。补短板,工业革命时期经典的"木桶理论"至今还被视为经典,做企业事事求全,幻想消灭一切短板。结果越补越短,连核心竞争力也被补短板湮没。

……

当这样理解的"实事求是"时,实事求是发生了严重的"变异"。

实事求是成了落后的"遮羞布"。

常常听到这样的说法:"我们坚持实事求是的原则,因地制宜发展经济……"潜台词是,落后与我无关,我是实事求是的。现实是,区域内工厂停产,员工下岗,农业减产,商业萧条。

实事求是成了低效的"保护伞"。

企业是一个正常运转的系统,在产品研发、市场销售方面都是要制订任务、目标、指标和相应的考核方法。然而,当实施检视时,一些效率低下,没有完成计划的人,总是会搬出资金不到位、设备不完善、市场不成熟等客观原因,并美其名曰"我们得实事求是。"

实事求是成了平庸的"安慰仪"。

我们从小受到的教育,往往都是循规蹈矩、量力而行,这不免造就平庸。平庸不可怕,可怕的是平庸后的洋洋自得。这也是常常见到的场景,节假日里家人团聚,平庸一辈子的老父亲往往端着酒杯:"我这一辈子,不求当大官,不求挣大钱,不求干大事,但实事求是、图安安稳稳,没犯过一点错误"。这是自我安慰,但更是炫耀。

实事求是成了创造的"杀威棒"。

中国的改革开放,鼓励人们解放思想,先行先试,然而,理论研究、法规制定是永远落后于实践、落后于先行者的。从当年的长途贩运、傻子瓜子、土地出让、股票发行，到如今的互联网+、虚拟经济、区块链、普惠金融，一旦超越现行规范，遭遇的往往都是媒体、舆情的"万箭齐发"。只一句话，往往会让创造者、创新者万劫不复，那就是"不实事求是"。

13.3 突破心障

在狭隘、片面、消极、肤浅的理解中，实事求是成了企业的"心障"！

心障，就是一些人们习以为常的价值观、思维方式和行为方式，它悄无声息地支配着我们行为。让我们每时每刻避免失误麻烦的同时，也使我们在急剧发展急剧变化的世界中付出更加惨重的代价。

这代价是：企业在发展中，思想上"拧巴"、行为上"纠结"、结果上"事与愿违"。

在一般人的印记中，中国的企业都对做快做大做强情有独钟。但事实上这是一个误解，根据我近三十年的研究，中国企业、特别是民营企业对于做大做强，表面是渴望，实质是恐慌。当做大做强的机遇与条件来临时，大多数企业往往选择的是退却。

曾有一年，贵州省工商联请我给民营企业家讲课，一位处长电话里说，贵州在古代是"夜郎国"，要我讲讲"贵州民营经济怎样突破夜郎自大束缚实现崛起"。

乍一听这个课题很有意义。但我在准备演讲资料时发现，贵州民营经济发展并不理想，当时的民营经济增加值刚刚达到700亿元，占贵州经济总量36.9%，低于全国21个百分点，连续多年在全国倒数5位间徘徊。而广东省民营经济增加值已经达到2万亿元，是贵州的近30倍。在这样的数据下，哪一个企业家会夜郎自大呢。我连续几天与熟悉的几家企业进行了电话沟通，企业家们普遍反映，贵州发展民营经济的机遇很好，但是自己不敢乘势做快做大。在他们的意识里，企业一快就乱，企业一大就垮。对这个观点，还有三株、秦池等一大堆耳熟能详的佐证。这样的沟通，似乎让我触摸到了贵州民营经济发展的脉象。演讲时，我以《突破心障》为题，指出了贵州民营经济发展的症结不是夜郎自大，而是叶公好龙。演讲引起强烈共鸣，一些企业家纷纷邀请我到企业考察、沟通，商讨如何做快做大做强，本来一天的行程，结果我在贵州整整待了七天。

中国企业的叶公好龙般的"拧巴"，不仅仅在贵州、不仅仅在民营经济，在各个地方、各种体制、各类企业中都广泛存在。

企业的乱、垮，真的是做快做大引发的吗？

我曾委托一个专业调查公司做过调查，得出的结论是，平均2.9年寿命的中国民营企业，90%以上死于没有做大。在吉林省，没有做大倒闭企业与做大垮掉企业的比率是4 600∶1，在广东省没有做大倒闭企业与做大垮掉企业比率是3 500∶1。

企业做快做大，才是做强的正确逻辑，才是免乱、免垮的"免死金牌"。

诺贝尔经济学奖得主克鲁格曼教授用"规模效应"证明了这一点。克鲁格曼教授认为，企业的经济效益中有一个规模收益递增的趋势，所以企业追求规模扩张，激发了企业做大做强的经济动机。规模效益产生的原因有很多，包括：品牌共享、资源共享、谈判实力等。克鲁格曼教授用规模收益递增的原理，以现代国际贸易的新趋势为例，提出：传统国际贸易的理论基础是互通有无、优势互补，不同国家的要素禀赋差异决定了国际贸易和国际分工。但是，现代国际贸易增长的主流不是互通有无，而是互通"有有"，先天的要素禀赋差异逐渐让位于后天的区位优势之别。其中的原因之一，就是企业在追求做大做强的基础上提高了规模效益，改变了传统国际分工的区位优势。这种配置模式，让大企业有了更多的生存空间，让大企业有了"大的死不了"的理由。

我们看得到现实也证明了这个观点。

大企业呼风唤雨：增加税收、增加股东价值、创造就业机会、履行社会责任、吸纳高质量的人才、接触强大联盟伙伴、建立品牌知名度、能融来"花不完的钱"。

小企业举步维艰：成为行业合并的牺牲品、脑力枯竭、雇用人员时缺乏吸引力、衰退的公司文化、"嫌贫爱富"的银行不理、外部资本不投，永远是危机和衰退时最先倒下的一批。

心障导致企业付出的惨重代价，马云用最通俗、最犀利的语言，做了最深刻的描述："很多人输就输在，对于新兴事物，第一看不见，第二看不起，第三看不懂，第四来不及。"这代价，吴甘沙又用自身的"原力觉醒"，对马云的"四不之说"做了最具说服力的佐证。

吴甘沙曾是英特尔中国研究院院长，英特尔中国研究院的第一位"首席工程师"，第一位非美籍华人院长，他说自己错过了三次。

第一次是2001年。那时候"看不起"，觉得BAT都很low，马化腾还曾差一点把QQ六十万卖掉。

第二次是2007年。那时"看不见"，没意识到移动互联网来了，我们会一天花六七小时在手机上。

第三次是2013年。那时"看不懂"，互联网继续火爆，余佳文、马佳佳、雕爷一下子都起来了……

不过，吴甘沙是较早走出"心障"的人，他终于觉得移动互联网会给世界带来深远改变，2016年他告别英特尔，成立驭势科技公司；2016年10月，无人车首次亮相；2017年1月，驭势科技高调展出其无人车——城市移动空间，引起了众多汽车厂商、高科技公司、美国媒体以及投资人的高度关注。

第14节 建立与时俱进的实事求是观

我们现在讲的实事求是，有科学、真理与理想三重内涵。

一是科学的范畴，客观事物的本来面貌是什么，事实的真相究竟是什么。

二是真理的范畴，客观事物的合理关系应该是什么，公平、正义、合理指的究竟是什么。

三是理想的范畴，客观事物的发展前途可能是什么，人类追求的理想目标应该是什么。如此伟大的实事求是，必须具备一个前提，那就是与时俱进。

14.1 直面无"是"可求的量子时代

实事求是，已经超越它原有的含义，如今，又受到空前的挑战。

无"是"可求，没有规律可求。

牛顿思维是工业时代的产物，量子思维是信息时代的宠儿。牛顿思维重视定律、法则和控制，强调"静态""不变"。量子思维重视的却是不确定性、潜力和机会，强调"动态""变迁"。

在工业文明时代，未来是可预测的，消费者需求和市场是相对稳定的，产业的边界是清晰的，企业的成长可见、成长的时空可控，战略建设有迹可循。企业可以基于过去推测未来，可以基于现有资源和能力确定成长的方式与速度。经典的原子战略思维是以确定性和可预测性来回答企业的战略命题，明确决定干什么、不干什么、占有什么、放弃什么。

基于互联互通的智能文明时代，信息越来越对称，消费者、企业和行业之间的连接越来越紧密，但未来越来越看不清、测不准，一切难以预见。消费者需求变化加速且日益呈现个性化，颠覆式技术创新与商业模式创新层出不穷，市场瞬息万变，产业边界越来越模糊，企业的成长轨道无迹可寻，成长空间无边界可触，成长模式无标杆可追随，一切变得不确定！

这是一个创新思维的时代，一个需要用既更微观的视角、又更宏大的语言体系去理解不断变化的新现象、新规律的时代，而量子战略思维就是一种既宏观又微观到极致的全新的认识未来的视角和语言体系。改变自己，以空杯心态换一个大脑，用量子战略思维，用量子测不准原理、态叠加原理、二象性原理、量子纠缠原理、最低能级原理、能级跃迁原理、量子能量场聚合原理等量子思维去看待不确定的世界，站在未来看未来，超越战略，突破现有资源和能力，在变与不变、确定与不确定中，共同探讨企业的未来。

似"是"而非，规律不再是真理。

经济界、企业界已有的思维、理论、方法与模型难以定义与设计未来，我在为众多互联网精英、以创新为驱动力的新生代企业家以及正在推动传统企业转型升级的实业企业家服务时，深感用传统的战略思维来应对不确定性、来规划创新型企业的未来、来推动传统企业的战略转型升级时，实在难以在同一频道上实现智慧的碰撞与共振，难以让企业家信服和眼睛一亮，难以让新战略思维的形成有真正的启迪和价值贡献。

自以为"是"，活在自我预设中。

往往很多人所说的实事求是，不外乎是一种自以为是，是自我预设的一种"虚幻"。

14.2 探究："是"去哪了

物质不灭，规律长生。在无"是"可求、似"是"而非、自以为"是"中，"是"到哪去了？

第一，"是"发生了转移。

美国著名未来学家托夫勒，写完《第三次浪潮》之后，又写了《权力的转移》，他说，世界的飞速发展使制约社会发展的权利和力量发生了转移。农业化时期，制约发展的是什么？土地。工业化时期，制约发展的是什么？技术设备。知识革命时期，制约发展的是什么？知识。这些东西发生了转移。接着，全球化互联网出现了。托夫勒在2006年又出版了一部震惊世界的著作《产销合一》。他说，人的生存方式又发生了一种新的变化，生产者和消费者变得不知道谁是谁了。生产者和消费者之间出现了一种灰色地带，而这灰色地带正在悄无声息地左右着我们的生活，正在悄无声息出现一场市场观念上的革命。到宜家买家具的，是消费者还是生产者？消费者。但是他同时又要干什么？要自己对家庭进行设计等一系列的活动。产销合一必将引起人类又一次生活方式的改变，必将又一次引起一种新的权力的转移。

所以"是"并没有凭空消失，只不过悄悄在由上游向下游转移，这些转移之中，"是"还存在。

第二"是"产生了变异。

2008年流行的一本书是《黑天鹅》。在澳大利亚黑天鹅没被发现之前，欧洲人认为天鹅都是什么样的？白的，天经地义，天鹅都是白的，没有黑的。所以黑天鹅曾经是欧洲人的言谈和写作中的惯用语，欧洲人谈到黑天鹅，就是指不存在的事情。但是这个不可动摇的信念随着第一只黑天鹅在澳大利亚被发现而动摇了，欧洲人这个天经地义的真理开始崩溃。但是现在我们就发现，漫天飞舞的都是黑天鹅，过去我们认为这是真理的东西现在都将在社会的发展过程中出现变异。所以，黑天鹅并不可怕，可怕的是人们总是忽略黑天鹅的存在，并且埋头观测白天鹅的活动规律，忽略黑天鹅的存在，我们这些实事求是的人，埋头在找什么？天天研究白天鹅。我们习惯于过去的一些经验，我们天天研究过去是怎么做的，结果研究来研究去，过去的东西在今天一文不值了，黑天鹅飞来的时候我们便措手不及。因为，在我们认知里天鹅都是白的，黑天鹅飞过来的时候，我们过去所有的努力都化成了泡沫。就像蹬自行车追人，蹬啊蹬啊，碰到了红灯必须停下，终于等到绿灯亮了，要追的人也没了！所以现在漫天飞舞的黑天鹅也是我们这些实事求是的人的当头棒喝。由次贷危机演绎出的全球的金融海啸，911事件，包括世界最大的汽车公司——通用公司破产，这些都是什么？都叫作"黑天鹅"事件。

第三，"是"，被掩埋了。

2008年，美国斯坦福大学教授托马斯·索瑞尔，写了一本书叫作《被掩埋的经济真相》。他在研究世界各大企业规律后发现，世界真相特别是经济真相，往往被一些看似逻辑严谨的谬论掩埋。他指出这种谬论分为四种：零和型谬论，合成型谬论，下棋型谬论，开放型谬论。

14.3 从实事求是到实事求效

实事求是，"是"不是用来求的，而是用来创造的。

企业必须走出求"是"的束缚，而进入"是"被转移，"是"被掩埋，"是"被变异了的世界里，我们要求事物的本质和发展的本质。

求什么？求"效"！

那么我们就可以把实事求是升华一下，叫作"实事求效"。

什么是"效"？

效就是效率，就是效能，就是效果，就是效应。

效，就是价值。

实事求效一词，从实事求是衍生而来。

实事求是是从客观事物中探索规律，寻求真理。实事求效可以简单地理解为，在发展的过程中，以追求效为出发点，不墨守成规，敢于突破。从实事求是到实事求效，是思想理论的一次跃升。

实事求效的本质在于，战略的本质是创新，对于企业来讲，循规蹈矩的实事求是无疑是慢性自杀，是，并非战略追求的目标；效，才是根、是本。

实事求是，是实事求效的依据和根本；实事求效，是实事求是的升华和目的。

实事求效，是个人在处理与外部世界的关系时使用的原则，个人与外部世界有体用之别，主体的需要和追求是目标，外部世界是手段。手段的价值在于能否有效实现的目标，手段犹如我们吃的食物，以是否吃饱为标准。

实事求效包含以人为本、实事求是和有的放矢三方面的内容。实事求是就是追求真理、崇尚科学、遵循规律，就是马克思所说的"以往的哲学家们只是用不同的方式解释世界，问题在于改造世界"中的解释世界。但我们解释世界是为了改造世界，获得一个更好的世界（一个不断改良的世界），就必须有的放矢，必须将实事求是所得到的规律用来改良世界。实事求是精神是认识世界的精神，实事求效精神是改造世界的精神。从实事求是到实事求效是一个逐步将理论落地的过程，是一个不仅求真而且务实的过程。

实事求是，还是实事求效，现实中会产生截然不同的反应。

在思维上——求是，会尊重现实；求效，既尊重现实又创造变革。

在行为上——求是，会循规蹈矩；求效，会超乎逻辑，凡事皆有可能。

在结果上——求是，按部就班，正常发展；求效，超常规跳跃。

求是和求效的区别

	思维	行为	态度	结果
求是	尊重现实	循规蹈矩	认真稳健	正常发展
求效	尊重现实，创造变革	超越逻辑	凡事皆有可能	超常跳跃

14.4 实事求效才能重构建

重构建，包含着解构、重构的双重意思。解构和重构，作为一种思维与体系的对抗，其中既有借鉴又有拒斥，解构的同时也在重构。重构的前提是解构，解构的目的是重构。需要以新的思维模式、新的创作方法和新的话语，对农业时代、工业时代、后工业时代，甚至互联网时代初期的企业理念、模式、方法、体系等进行解构，重新构建人与人、企业与企业、人与企业、人与世界的逻辑关系，以应对混沌、多变、不确定的世界。

这个过程，是对原有思维模式、价值体系、方法工具的不断冲击、打破、革命，无是可求，无规律可循，是一场凤凰涅槃。

在这场伟大的革命中，天、地、道、法、兵，方方面面都要解构和重构。从系统上改变，需要在灵魂深处、在哲学高度的颠覆，需要完成从实事求是到实事求效的升华。

忽略了"是"会丢掉过去；忘记了"效"将失去未来。

正如老子所云："有道无术，术尚可求；有术无道，止于术。"

第15节 案例：互联网先驱重构建，从新媒体到国家互联网化服务平台

重构建，不仅仅是传统产业，不仅仅是经济欠发达地区，地处中国政治经济中心北、上、广、深的、站在风口的互联网公司同样予以广泛认同。

2016年9月，我接受北京中投视讯文化传媒股份公司委托，支持其实施

重构建工程。中投视讯由中国互联网新闻中心即"中国网"控股，是一家典型的互联网企业，是中国第一家手机电视牌照的拥有者，是中国移动、中国联通、中国电信的视频内容提供商，有"@TV""互动电视""中国网+"等品牌，是拥有国家背景的互联网主流媒体。总经理姜强在20世纪90年代中期就进入了互联网行业，是国内"辈分"很高的互联网"大佬"。

面对新一轮的互联网+，极具战略意识的姜强目光看得更远："在以技术进步为特征的互联网热潮中，我们占了先机，赢了上半场，成了国家级的新媒体。但是，'互联网+'将以商业进步为内涵，促进社会全面升级。要赢得这下半场，互联网企业也要重构建"。姜强为中投视讯重构建确定主题——驾驭互联网浴火重生，拥抱新世界凤凰涅槃。

重构建，寻找众媒时代的新定位

中投视讯的重构建，核心在企业使命与事业领域上。

过去中投视讯定位在"国家新媒体"，但是随着中国社会"众媒"时代的到来，用户多元与多屏跨界，媒体表现形态出现分化，生产主体、传播结构、传播平台都产生了质的变化，媒体脱媒化、非媒体媒体化。

变化的核心表现在媒体的"众"上。

1. 表现形态的"众"，新用户多元新需求，推动媒体表现形态分化。
2. 生产主体的"众"，信息生产的进入门槛进一步消解。
3. 传播结构的"众"，用户为核心的社交化传播成为常态。
4. 传播平台的"众"，内容平台、关系平台、服务平台皆成媒体。
5. 多屏跨界的"众"，智能手机之外，媒体终端多样化。

众媒时代，媒体不再是垄断，信息不再是权力。众媒时代，中投视讯在其所拥有的媒体优势淡化后，如何才能在拐点中找到自己，持续在新媒体中展现新的优势？

重构建中，根据中投视讯在服务媒体，服务中国经济、文化与人民生活的中开展的一些优势业务，将"中国网+"去媒体化、平台化，使之为中国互联网化的推动力量。从过去的"国家新媒体平台"确立为"国家互联网化服务平台",将"@TV""互动电视"整合,聚焦在核心品牌"中国网+"上,让"中国网+"纳入主流、影响主流、成为主流。

　　这样的新定位,重构了中投视讯的产业价值链。产业价值链,是产业各个价值节点(业务)之间基于一定的技术经济关联,并依据特定的逻辑关系和时空布局关系客观形成的链条式关联形态。中投视讯定位由媒体转向平台乃至推动力量时,同样就形成了包含在更大的价值活动群的产业价值链。在价值链中,许多隐藏的价值被显现,虚的概念将变成实在的业务单元。中投视讯作为企业单独存在时,仅有"媒体属性",但在价值链中,特别是在"服务平台、推动力量"的定位中,中投视讯潜在的优势、能力被激活,新的业务,如内容制作、产品研发、技术支撑、渠道发行、品牌认证等也随之形成。边际成本变成业务,存量业务裂化为增量价值。

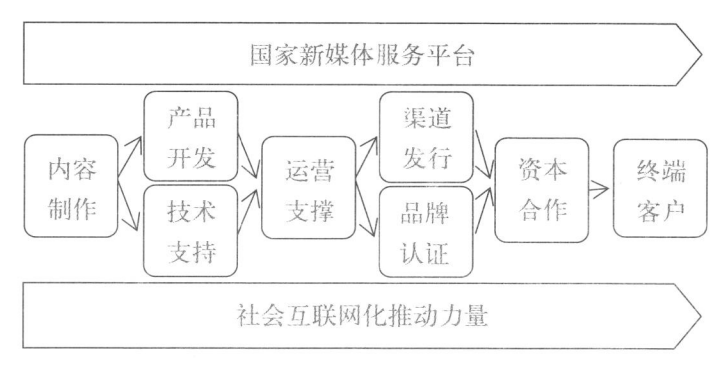

"中国网+"模式重构建图

　　对于新定位,公司总裁姜强表示:"新定位,就是要帮助传统型企业真正变成互联网企业,支持中国完成互联网化"。

　　"中国网+",就是互联网+!

重构建,在众媒时代引发用户"尖叫"

众媒时代,媒体的"众",仅仅是表层的变化,而其在产品、用户上的变化更需要颠覆式的重构。

在这些变化中，可穿戴设备成为移动用户"个人状态"数据与"场景"数据的采集工具；传感器内容左右健康、环境、人流与物流数据，成了核心媒体资源；硬件机器参与未来的媒体竞争，越来越多的将是数据平台与数据采集、处理能力的竞争；虚拟现实与增强现实让人进入"场景"；定制化生产将针对个体及关联场景的整体属性，从信息的生产环节起，开始个性化定制；未来信息流的汇聚与管理将更多在私人化平台里，包括"个体云"这样的新空间里；新用户平台系统，是人与物之间的关系，将成为用户存在状态与需求的另一个衡量维度；自组织新模式，"自我进化"为主要成长与传播方式。

过去，中投视讯的产品集中在12朵视讯云、4大功能模块以及118个输出能力上。但是，业务层次不高，未凸显"中国网+"的国家背书实力与地位；业务种类庞杂，未形成"拳头"，缺乏市场优势；业务黏性低，未有重度追随者；业务重合度高，影响运营效率；占据主要地位的线下业务与线上联动弱；没有清晰的、互为增值的业务链。

重构建中，中投视讯将原有的12朵视讯云、4大功能模块以及118个产品优化，大幅度砍去业务层次不高、未凸显"中国网+"的国家背书实力与地位的产品。同时，增强融入国家政治生活的业务，如复制、移植中国网"中国三分钟""市长县长面对面"，彰显平台的高度；增强指导国家经济生活的业务，如经济、产业研究报告的"身边大数据""移动智库"等，指导企业发展的"随身锦囊"；增强丰富人们工作、生活的业务，如以分享经济、返利经济为基点的"诚商中国"电子商务平台，方便出行的"直播好翻译"等。

在此基础上，打造中投视讯的超级IP，核心是聚焦优化，结合自己现有的产品和用户特点，形成特有的产品型社群，注重深度和黏度：以深度的互动打破传统的买卖关系，和客户群建立黏度极高的社群关系。利用生态思维审视IP。中投视讯做的是生态——利用核心产品建立IP生态圈，用生态圈把商业资源、市场和各个环节聚合到一起，成为独一无二的平台。

未来，可能难以再出现类似支付宝这样的超级商业IP，中投视讯通过打造IP群，以经营IP笑傲市场，在特定客户中寻找粉丝群，利用"二八法则"，小众就是大众，找到"具有影响力"的20%的人，获得他们的高度认同，进而影响剩余的80%的人。为了保证重构建效果，中投视讯设计了"以打造超级IP为业务突破口"的策略，建立了中投视讯的"核心级IP、企业级IP、现象级IP"的超级IP簇群。

重构建，互联网企业向传统企业学规范

一般人认为，重构建中，传统企业要改变管理，但其实，互联网企业同样需要向传统企业学习，重构自己的管理。中投视讯的重构建就借用传统企业的规范模型，支持互联网企业走向规范，提升效率。比如设计MPIB战略实施路径图，对中投视讯五年千亿战略导航。

M——Market，市场推进。市场拓展是主线，指导产品管理、基础运营和创新发展。

中投视讯市场拓展能力提升总体思路：一是品牌突破，根据新时代品牌的个性化、差异化、多样化等特点，利用自身媒体优势传播、塑造中投视讯"一点四线"全价值链，吸引用户；二是平台化经营，利用资本工具与手段，在产业链价值节点上，集成式运营；三是联盟合作，寻找更多的战略合作伙伴，构建企业内外一致的丰富的业务场景；四是一体化服务，通过服务占据用户心智模式，赢得未来。

P——Product，产品推进。产品管理是核心，是满足市场需求的关键所在。

中投视讯产品管理能力提升总体思路为完善业务体系，以超级IP带动整体产品力突破。一是完善符合用户高品位需求的互联网+产品；二是学习标杆，形成新业务（产品）手册，完善新业务（产品）拓展机制；三是聚焦产品创新领域，聚焦互联网+服务，弥补市场空白，为用户提供无缝的服务功能；四是进行产品评估与优化，定期获取用户需求契合度、经济效率、资源投入、运营成本与社会效益等相关报告，从中提取有关数据来支持产品的绩效考核和产品的改善；五是创新产品管理制度，建立大产品经理制度与产品生命周期管理制度。

I——Innovation，创新推进。创新发展是保障，是企业快速规模发展的动力之源。

中投视讯创新发展能力提升的总体思路为思维创新带动模式、体制、产品和组织创新，以分享经济技术，整合社会化资源形成创新驱动力，夯实可持续发展的基础。具体措施包括：一是优化组织架构，从运营商业务型向中国网+平台型过渡；二是创新企业用工模式，借外力弥补自身队伍短板；三是学习、借鉴、复制成功产品与模式，在巨人肩上崛起；四是完善内部晋升通道，为员工职业发展提供良好平台；五是完善针对产品线市场和支撑核心团队的激励办法，鼓励核心产品线发展上有所建树的团队和个人；六是严格绩效考核，突出结果导向；七是建立员工培训体系，对员工知识、技能等进行深入培训；八是发力产业金融化，提升资本运营及盈利能力。

B——Basement，基础推进。基础运营是基石，是企业市场拓展与产品开发的根基。

中投视讯基础运营能力提升总体思路是从夯实基础和风险管控两个方面进行。具体措施包括：一是战略导向，全面打造面向用户的平台，实现资源共享；二是构建、充实网络能力，制定"中国网+"升级规划，夯实互联网时代的管理经营与服务平台；三是探索提升企业价值的路径；四是形成高效的用户服务能力；五是分步骤实施战略规划，构建风控体系，加强风险识别与控制能力；六是导入全面质量管理，提升企业成熟度。

2017年1月起，全国上下都被"撸起袖子加油干"感召，中投视讯也举行全国各地分公司、子公司、参股、控股企业负责人参加的"重构建战略宣贯及授旗仪式"，像军队出征一样，总经理姜强为大家授旗，各板块、各事业部、各产品经理部踏上了"五年打造千亿市值的国家互联网服务平台"的重构建战略征程。

第 4 章 重构建之道：商业新智慧

哲学，渗透在人们灵魂深处，会成为一种智慧。

哲学是有严密逻辑系统的宇宙观，它研究宇宙的性质、宇宙内万事万物演化的总规律、人在宇宙中的位置等一些很基本的问题。

什么是智慧？

智，是看得见的知识，是在三维空间中的固化的信息资讯。

慧，是看不见的知识，是超越三维空间的高维宇宙能量。

智慧就是借由三维空间的资讯去领悟高维宇宙的能量。

蓝色巨人IBM将知识分为四级，最底层的叫数据，数据之上才能形成信息，它是经过提炼的数据；信息之上是知识，知识再往上是智慧。这是一个金字塔，数据很多，信息相对少一些，知识就更少，智慧最少。经营企业时，不缺乏数据、信息和知识，最缺乏的是智慧。智慧是对具体某事某物的技巧、技能，它是一种态度、一种境界。人们面对同样的商业机会及宏观经济态势，做出的判断与决策不同，起决定作用的不是他们看到了不同信息，不是因为他们拥有不同知识，而是他们的境界和洞察力，他们看事情的方式和处理事情的智慧不一样。

重构建，正是一个充满着商业智慧的产生、实现与挥发的过程。

我总结咨询策划智力服务企业的实践，特别是近些年协助企业转型升级、支持企业重构建的经历，感到有十大商业智慧存在并左右着重构建的质量和价值。

第 16 节　精神为本

精神为本，出自《黄帝内经》。

《黄帝内经》讲"精神为本，得神则生，失神则死。"

企业，由人组成；人，是由身、心、灵组成。

身，指身体，心，指心理，灵，则是指宇宙万物皆具的能量，也可称之为精神，身、心、灵注重的是三个层面的统一与和谐。可以将人视作身、心、灵的统合体，寻求整体的健康与精神的成长。

心者，道之主宰。

重构建，必须从心开始，从精神开始，用共同的信仰指导统一的行动。没有精神，不可能实现任何有意义和价值的转型升级重构建。

重构建的，其实就是精神的。

重构建，就是一场关于精神和实现精神的旅行。

16.1 互联网社会就是精神社会

互联网带给人类最大价值是什么？不仅仅是互联互通，更是极大限度地解放了人的精神。

人的精神借助互联网，得到发挥；互联网借助人的精神，得到扩张。

人类社会也是同样，每次发生大的飞跃，最关键的不是物质、不是技术，而是本质上思维工具的迭代。

一种技术从工具属性到影响社会生活，再到影响群体价值观的变化，往往需要经历很长的过程。珍妮纺纱机从一项新技术到改变纺织行业，再到后来被定义为工业革命的肇始，影响东、西方经济格局，跨度几十上百年，互联网也同样如此。

14世纪，随着工厂手工业和商品经济的发展，"以人为中心"的文艺复兴思潮在意大利各城市兴起，之后扩展到西欧各国，于16世纪在欧洲盛行。文艺复兴提倡人文主义精神，肯定人的价值和尊严，主张人生的目的是追求现实生活中的幸福，倡导个性解放，反对愚昧迷信的神学思想，认为人是现实生活的创造者和主人。文艺复兴运动带来了科学与艺术革命，揭开了近代欧洲历史的序幕，被认为是中古时代和近代的分界。马克思主义史学家认为文艺复兴是封建主义时代和资本主义时代的分界。

我们面对的这场互联网革命和其背后的互联网精神，由"产品经理"这类人的思辨引发。最典型的产品经理，就是Apple的创始人乔布斯。他并非拥有真正伟大的物质发明，个人电脑和智能手机都不是他的原创，他的伟大是在于定义了产品经理这个角色，并把互联网精神运用到了极致。如今，这个精神已经不再局限于互联网领域，与当初的文艺复兴精神一样，互联网精神在逐渐扩散，开始给整个大时代带来深远的影响。不止产品经理或程序员，传统商业都会被这场互联网精神浪潮影响、重塑乃至颠覆，这笔宝贵的思想财富将会造福人类熟知的各个行业。

当今时代正处于第三次工业革命的"后工业化时代"，工业时代正在过渡为互联网时代。工业化时代的标准精神是：大规模生产、大规模销售和大规模传播，这三个"大"可以称为工业化时代企业经营的"三位一体"。工业化时代稀缺的是资源和产品，资源和生产能力被当作企业的竞争力。

互联网时代，这三个基础被解构了。互联网时代产生了民主化精神。消费者同时成为媒介信息和内容的生产者和传播者，通过媒体单向广播、制造热门商品引导消费行为的模式不成立了，生产者和消费者的权力发生了转变，消费者主权时代真正到来。

《人民日报》曾发表署名文章，讲精神幸福时代的到来。"在过去物资匮乏的年代，不断做物质加法——为家里添置冰箱，买回电视机，配齐洗衣机，再买辆车……从一无所有的状态到全副武装的过程，确实能给人幸福的感觉。但现在，物质空前丰富。在一个万物俱备、什么都不缺的年代，占有物质很难再刺激我们的感官，让我们获得长久的满足。在新的时代，比起金钱和物质，更重要的是精神层面的充实感。从实物中获得的满足感只能持续很短的时间，但是我们宝贵的经历以及从中获得的知识，将永久地入驻我们的生命。"

但这并不是时代的全部。时代发展的精髓是人的作用的转变和人的精神的重塑。精神，才是发展的永恒动力，精神经济是经济形态发展的必然阶段，是本质和最高层次。人类社会现在已经进入了一种精神社会，精神社会与物质社会有极大区别。

在价值观上，虚胜于实，内在胜于外在，无形胜于有形，意味胜于内容，文化胜于知识；在思维方式上，速度胜于深刻，感觉胜于认知，灵感胜于思考，综合胜于分析；在工作上，创新胜于制造，个性胜于管理，网络胜于组织，意义胜于劳动；在市场竞争上，认同胜于价值，价值胜于价格，个性胜于普通，格调胜于金钱；客户为意味付钱，员工为感觉打工。

当今，时代的发展已隐然若揭地指向了这样一个方向——精神导向。

尽管精神产品难以衡量，但现在的人们渐渐开始重视精神产品的价值。

尽管企业对企业文化建设往往流于形式、走过场，但在实际生活中，诚信的精神，创新的意识，学习的风气等，正在作为企业文化而被全社会深度认同和广泛推崇。

尽管我们的企业家们在以人为本的道路上，走过各种弯路，经受过各种失败和挫折，但是，人、人性、人性意识、人性精神，已成为企业毋庸置疑的第一生产力，有人将其称之为"精神生产力"。

所谓精神生产力，指人类以思想、观念、意识、文化等精神作为能动因素、作为促进生产发展的核心动力。

在高科技浪潮和信息化社会的背景下，需要探讨精神生产力转化为经济效益的有效途径，使精神在融入经济、服务经济、促进经济发展中实现自身的价值与促进精神社会的转型。

资料显示，当今物质生产力3年内的变化，相当于20世纪30年内的变化、牛顿以前时代300年内的变化、石器时代3000年内的变化。然而，物质生产力的发展并不能解决所有的问题。当今世界，人类所面临的诸多问题，如环境污染、淡水紧张、能源危机以及民族矛盾、地区冲突、恐怖主义等问题都可能在不确定性因素的干扰下引发重大事件。高度发展的物质文明大厦，有可能在一瞬间化为一堆废墟。从根本上讲，无论物质生产力本身如何发展，都无法自行解决这些问题。只有协调发展物质生产力与精神生产力，特别是发展高尚的精神生产力，才能解决这些难题。

当今世界，为什么同一制度的国家，科技、经济和社会发展有快有慢，具体原因固然很多，但从根本上看，以文化环境为代表的精神生产力发展程度的高低，是一个潜在的、深层次的因素。在知识经济时代，精神生产力的发展，将是一个国家综合竞争力的重要标志和重要组成部分。

可以预见，未来经济是文化含量很高而且会越来越高的经济，它需要大批高素质劳动者，需要良好的职业道德、社会公德、价值观念和文明健康的生活方式。未来经济的增长主要取决于人的质量，而不是自然资源的丰瘠程度或资本存量的多寡。美国经济学家约翰·肯德克在"美国竞争力大会"上指出，美国生产力的增长中，40%是由精神、知识和技术创新获得的，12%是由劳动力的知识文化素质的提高获得的。

精神生产力，是过去、更是未来社会与企业快速和谐发展的核动力。

人们都熟知美国心理学家马斯洛的需求层次论，他做了三个基本假设。

一是人要生存的需求能够影响其行为。只有未满足的需求能够影响行为，满足了的需求不能充当激励工具。

二是人的需求按重要性和层次性排成一定的次序，从基本的（如食物和住房）到复杂的（如自我实现）。

三是当人的某一级的需求得到最低限度满足后，才会追求高一级的需求，如此逐级上升，需求成为推动继续努力的内在动力。

马斯洛提出需求的五个层次：生理需求、安全需求、社交需求、尊重需求和自我实现需求。人的五个层次需求中，除了第一个生理需求外，其他四个均属于精神范畴的需求，且是层层上升的。马斯洛在晚年对东方文化深入研究，开始反思自己创建的人性观，发现在自我实现这一人性需求之上，人类天性中还有一种固有的精神维度，那就是精神的自我超越需求。马斯洛感到五层需求的层次架构不够完整，自我实现并不能成为人的终极目标。他越来越意识到，一味强调自我实现的层次，会导向不健康的个人主义。马斯洛描述了他新发现的人类天性中的更高需求，那就是超越个人、超越灵性、超越人性、超越自我、神秘的、有道的、超人本（不再以人类为中心，而以宇宙为中心）、天人合一等。后来，精神医学家马歇尔将马斯洛需求层次第六层描述为"自我超越的需求"。

人类是由人构成的，人类需求可以类比人的需求。精神的追求，是人类为了不断实现自己、超越自己的一个必然方向。

这一论断，也是从人类社会发展形态的历史演变中寻找到的结论。

自古以来，精神和物质，两种不同质态的劳动就在人类劳动过程中同时存在，并左右着人类的劳动成果。大致而言，我们可以将人类精神劳动和物质劳动的嬗变、演化过程划分为三个阶段。

第一阶段，原始社会，精神劳动和物质劳动浑然一体。马克思曾经论述："思想、观念、意识的生产最初是直接与人们的物质活动，与人们的物质交往，与现实生活的语言交织在一起的。人们的想象、思维、精神交往在这里还是人们物质行动的直接产物。表现在某一民族的政治、法律、道德、宗教、形而上学等的语言中的精神生产也是这样。"那时候，精神是简单的，为满足物质需求所进行的体力劳动却是艰难困苦的。那时候，人类的思维还很不发达，甚至连交流的手段——语言表达和书面文字，都处在十分简陋的阶段。人类劳动的主要目的，在于获取其生存和发展的物质资料，当然，这其中也附带出现体验劳动过程和享受劳动成果的精神愉悦。

第二个阶段，前资本主义时期，因为出现了一些产品剩余，就带来了第一次简单的脑力劳动和体力劳动的社会分工。这种分工带有浓厚的阶级性质，大致而言，剥削阶级依靠剥削别人的劳动成果而成为"治人者"——脑力劳动者，而被剥削阶级则成为"人治者"——体力劳动者。这个时候的人类劳动，体力劳动（物质劳动）和脑力劳动（精神劳动）的基本形态已经出现简单分野，但因为整个社会劳动中脑力劳动所占比重极微、人类劳动的主要目的在于获取物质资料、精神劳动没有发展成为独立的生产方式等原因，社会的精神属性还是处于物质属性的附庸地位。

第三阶段，资本主义时期，精神劳动逐渐发展成为相对独立的生产部门，并日益占据主导地位。在这一阶段，精神劳动与物质劳动日趋一体化，精神劳动日益发展成为经济发展和社会进步的内在因素和主要推动力量。随着资本主义生产方式的发展，特别是新科技革命与新经济的兴起，精神劳动与物质劳动在一体化的深度交融中缔造出一种精神主导的潮流趋势——精神经济。

从上面分析可以得出以下结论。

第一，人类的精神劳动是在与物质劳动既对立又统一的矛盾中形成、存在和发展的，经历了一个统一——分化——再统一的否定之否定的过程，精神导向新时代的到来，是人类历史发展的必然趋势。

第二，精神劳动同物质劳动一样，在推进人类社会发展和人的自身发展中具有重要作用。随着人类历史的发展，在人类物质需求不断得到满足之后，人类的精神需求将越来越重要，越来越成为主宰人类社会发展的一种新的动力因素，精神劳动的重要性将越来越重要。

第三，精神劳动与物质劳动具有密切的关系。物质劳动是基础，是人们进行精神劳动的前提条件；而精神劳动也具有重要的作用，它反过来又促进物质劳动的发展。精神劳动所获得的成果，特别是优秀的精神产品，对物质的生产和人类社会的发展，是一种巨大的推动力。优秀精神产品的作用主要表现为，它能以科学的理论武装人，以正确的舆论引导人，以高尚的精神塑造人，以优秀的作品鼓舞人，从而充分调动人们的积极性、主动性和创造性，最大限度地发挥人的潜能。

对于正在转换和即将到来的时代，太阳微系统公司的创始人微诺德·科斯拉断言："新经济与劳动力无关，它与思想的力量有关。"他认为，智力是新工业革命的燃油，创造与兜售思想开始成为超级造钱方式，伟大的思想已发展为一个独立行业，一个自我滋养的关联体。人们并不缺乏思想，关键在于如何创造思想、使其成熟并发展为实用的企业概念。绝大多数思想并不能引向一劳永逸式的成功创新。根据估计，至少3 000个优秀的思想家才能产生4个适用的思想，而其中仅有一个思想会成为市场的赢家。在以思想的力量为基础运转的商业世界中，以新的方法利用旧的思想是思想诞生的主要途径。技术能促进信息和思想的交流，但不能替代面对面的头脑风暴。对于企业而言，创新不仅是发明新产品，更是创造全新的商业模式，建立恰当的机制，那么，引入成功的思想不可或缺。

互联网+时代，世界进入了不仅关注物质，更关注人性与精神的时代。相对于物质需求而言，精神需求将显得更重要。同样，相对于物质生产力而言，精神生产力显得格外重要，它将成为先进生产力的发展方向，成为促进社会快速和谐发展的重要导引力。

企业也是这样，重构建的关键是重构人的精神。

詹姆斯·迈天先生当年提出重构建的基础，一是以互联网为代表的信息技术革命的出现，二就是人性的、精神的变化，人性开始左右、主导社会发展。

转型升级重构建，是从企业整体和长远的观点来研究企业生存和发展的重大问题，具有系统性、整体性、前瞻性、概括性和开放性等特点。重构建的功能在于指导和约束企业的发展，对技术的、产品的、模式的变革无人质疑，但现实中企业往往注重的是数字，注重的是架构，而忽略了另一个层面——精神的层面。架构、系统、方法、数据，与精神相比，是"龙"和"睛"的关系。一套庞大的系统，一套复杂的方法，一个比较有用的工具，就像一条尚未画完的龙，精神就是点睛之笔。有了精神，重构建才能得到转型升级的"神"。正如战略管理大师迈克尔·波特所云："如果不具有精神的张力，就无法做到高瞻远瞩地进行抉择和权衡"。

重构建，作为指导企业实践的整体规划，在精神的层面上，必须关注企业的精神潜能，挖掘并激活企业中最关键因素——人的精神潜能，实现精神能量向企业效益的转化。

互联网化，其实就是精神化。

16.2 消灭企业"精神库存"

2015年底，中央经济工作会议将"去库存"纳入我国五大经济任务之一。

去库存，不仅指房地产行业，我国曾经在1998年、2007年都先后提出过"去库存"。库存可分为狭义库存和广义库存，相应地也就有狭义去库存化和广义去库存化。狭义去库存化仅指降低产品库存水平，比如现在房地产行业出现盖了大量房子，没有人买/住，去库存就是想办法把这些房子卖出去，去掉存量。广义去库存化，即消化过剩产能。这个过程不会很快结束，投资过度和消费不足，使消化过剩产能要比狭义的去库存化更长期、更痛苦。这是一个漫长的过程，需要通过时间与实践使产能与消耗达到一个动态平衡。

我们这里讲的库存远远比房子、产品更可怕，那就是人的"精神库存"。

所谓精神库存，是指人在政治、经济与文化生活中并没有极大限度地参与、应用和发挥，而像储存在库房里的商品，一点点老化、锈蚀，直至消失。

据研究，人的能量有一个巨大甚至无限的数值，人真正实现的能量只不过是其中的极小一部分。如同冰山一角，实现的仅是露出水面的一部分，而没有开发利用的却在大海中深藏不露、僵睡不醒。如果没被激活，这部分资源实际上白白浪费了。精神本来就具有巨大的能动性。正如弗朗西斯博士所言："你可以买到一个人的时间，你可以雇一个人到固定的工作岗位，你可以买到按时或按日计算的技术操作，但你买不到热情，你买不到创造性，你买不到全身心的投入，你不得不设法争取这些。"

当企业产品出现积压的时候，我们往往心急如焚，却忽略了企业的另一种库存，那就是企业的精神库存。员工是不是忠心耿耿地把全部心血奉献给企业？员工是不是在8小时工作之内发挥了才智？员工是不是在各自的岗位上创造性的工作着？大多数企业对这些问题无法回避的答案是"没有"。

重构建，不能仅仅着眼于物质的层面，还要着眼于发掘企业未被利用的各种资源。其中最主要的当然是人的资源——人的主观能动性。

重构建，是重构建企业生存与发展的规则，但这并不是全部。企业发展的精髓是企业中人的作用的转变和人的精神的重构建。

精神，才是企业发展的永恒动力，重构企业未被利用的精神，比重构人们所不愿看到的未被利用的库存一样重要。企业要解决没有被挖掘的库存问题，同时更需要解决没有被挖掘的精神问题。要像发展互联网技术潜力一样快速地发展人的潜力，更多去关注员工的体验和物质以外的东西。解决激情积压，消灭精神库存，让员工有成就感，实现自我超越，高峰体验，灵性成长。

目前，我们企业的精神库存，大致表现为不忠诚、不作为、不担当、不尽力、不创新五种。

身在曹营心在汉，不忠诚。

占着茅房不拉屎，不作为。

当一天和尚撞一天钟，不担当。

得过且过，不尽力。

商女不知亡国恨，不创新。

这五种精神库存，其核心问题是忠诚度问题。对现代企业，忠诚是至高无上的。无论是谁，当忠诚和能力在他身上高度统一时，他就可以创造出神话般的奇迹。

忠诚是一种品德，是一个人内心深处的情感。忠诚从小的方面讲是对一个家庭、一个组织、一个集体的责任，从大的方面讲它是我们每一个社会人对国家民族所应承担的义务。忠诚无论作为一种优秀的传统精神，还是作为现代企业的一种企业精神，它不仅护卫责任，它本身也是一种责任。在一个企业里，我们需要的是一批忠诚于企业的员工。因为忠诚，他们才能尽心尽力，尽职尽责；因为忠诚，他们才能急企业所急，忧企业所忧；因为忠诚，他们才敢于承担一切。"忠诚胜于能力"，重构建的精神为本，就是要构建企业忠诚。

识别企业忠诚有五项标准。

第一项标准：具有无私的奉献精神，在个人利益上不会斤斤计较。

第二项标准：勇于承担责任，有任务不推诿，工作出现失误不找借口。

第三项标准：总是站在企业立场上开展行动，即使无人知道的情况下，也会主动维护企业利益。

第四项标准：绝对不利用职权或职务之便为自己谋取私利。

第五项标准：不表现在口头上，而是拿业绩来证明自己的忠诚。

16.3 构建新时代的精神企业

新经济时代企业的生命力在哪里？

如是产品，产品被市场淘汰，企业则被淘汰。

如是技术，技术被时代超越，企业则被超越。

如是品牌，品牌被用户抛弃，企业则被抛弃。

可以呈现企业生命力的，唯一最具有价值的，就是流淌在企业里的精神；唯有精神，才能与企业共存亡。三洋的创始人和前任社长井植薰对此深有体会，把人才看成是企业的生命，因为人的精神才是企业生生不息生命力的最佳表现，人的精神才是企业发展的最大动力。

管理学大师彼得·圣吉在《第五项修炼》中把精神作为企业的五项修炼之一，他通过大量的研究和论证认为，在人类群体活动中，很少有像精神一样能激发出这样强大的力量，让人们内心渴望能够归属于一项重要的任务、事业或使命。

美国管理学家加里·胡佛毕生都以研究如何建立成功企业为目标。历经三十多年实践与研究，他明确指出，伟大的企业之所以伟大，是因为它们能够看到别人看不到的东西，将洞察力与策略相结合，描绘出独一无二的企业精神。

精神是企业永远的奋斗动力，它描绘了令人向往的未来，可以团结人，调动人的潜能，激发员工为实现企业目标而努力。精神概括了企业的未来目标、使命和核心价值，是企业发展的原动力，也是企业最终希望实现的战略图景。如一夜航于茫茫大海之船，精神就是那座远方的灯塔，始终导引和昭示着前进的方向。精神也是企业生命体中熊熊燃烧、永不泯灭的希望。

精神是企业战略与文化的结晶，是崇高的企业之魂。现代管理理论对企业的精神给予了足够的重视，人们愈来愈关注和重视精神因素对企业生存发展以及提高企业生产效益的巨大作用。第二次世界大战之后，美国的企业得益于先进的管理理论和先进的科学技术，取得了令人瞩目的发展成就。然而在20世纪70年代初期石油危机的冲击下，美国竟意想不到地丧失了竞争的优势，持续增长了20年的劳动生产率于1973年出现了迟滞状态。美国之外的其他工业发达国家也程度不同地受到了类似的冲击。但石油全部依靠进口的日本却保持了很低的通货膨胀率，并在此期间保持了生产率的增长。日本的成功吸引了美国管理界的大批专家学者，他们想把日本作为一面镜子观察自己的经济行为。他们很快就发现：不注意营造激发企业活力的微观文化生态，未培育企业的精神支柱，美国大文化中的价值取向多元化和极端个人主义倾向已成为企业经济增长低效率的主要障碍。美国陷入了文化锁定状态。而日本企业之所以成功，关键是他们拥有适合自己特点和目标的精神支柱，在重视物质生产时，同样重视企业的精神生产。

企业精神，使企业上下成为一体，显示了管理的精神气质。企业信仰也就是企业精神，就是企业赖以生存的一系列价值观和态度。它明确了企业的发展方向，使每个员工都清楚目标所在并为之做出贡献。

"让每一张桌子上、每一个家庭中都有一台计算机，都使用微软的软件。"这是微软公司的口号，一个"帝国"就从这样的远见卓识中诞生了。每个人都为同样的事业而战，这使微软具备了一种可怕的市场力量。

在丰田，每个员工都知道，他(她)是赢得世界声誉的日本最卓越的汽车制造商和服务商的一部分。为此，许多丰田人处处小心翼翼，生怕自己的一言一行、一举一动有损于公司。丰田的员工为了维护公司的整体形象，即使有些与自己不相干的事也去管。有一位丰田员工在大街上看到一辆停靠在路边的丰田车，发现车身上有一处灰尘，马上掏出雪白的手帕抹去那处灰尘，让汽车重放光彩。因为，如果丰田车有了污点，丰田人好像自己也沾上了污点。在本田公司，有一个和丰田人所做的事情异曲同工的故事。本田有位工人，每天下午下班回家，对途中停靠于路侧的本田车的雨刷器总要过去调整一下。本田车有毛病，他就如芒刺在背，坐立不安，怎么也过不去。

世界上最好的组织管理包括教会、军队和学校，因为那里最讲究精神。德国社会学家马克斯·韦伯是西方学者中重视资本主义文化背景分析的代表人物。他在《新教伦理与资本主义精神》《儒教与道教》等一系列著作中系统地探讨了宗教和哲学对资本主义生产力发展的重要影响。他认为，新教伦理孕育了勤奋、节俭、善于创造和积累的资本主义精神，而这种精神恰恰是资本主义生产方式得以发挥效率的哲学前提。韦伯的分析从把握资本主义发展的精神入手，凸显了精神文化背景对经济发展的先决力量。这又一次回应了马克思主义的一个著名的论断：物质变精神，精神变物质。

互联网时代，企业成功往往是到无人区中去探索，需要更强烈的使命驱动与战略方向的坚定与自信。

重构建强调信念的力量，强调在茫茫黑夜中明灯的指引，强调在变革中面对错综复杂，要坚定信念，正面思维，拥抱变化，用积极心态去面对困难，挑战自我，用简单极致的方法去解决矛盾和困难，要勇于突破现有资源和能力的局限性，大胆创新变革，去实现企业成长的裂变和聚变式发展及跃迁式的成长。

互联网时代的企业品位与文明程度，事实上就是三个层次——产品企业、品牌企业、精神企业，从产品企业、品牌企业向精神企业跨越是企业无法回避的选择。

我们在为企业提供重构建服务中，都是将精神重构建作为第一道"门槛"，努力践行精神企业的构建。

山东凤祥集团是国家首批农业产业化重点龙头企业、中国肉类食品50强企业、山东省计划单列企业，集团建有国家博士后科研工作站和省级技术开发中心。集团公司下辖30多个生产经营实体，总资产36.2亿元，员工13 000人，产品远销日本、马来西亚、俄罗斯、新加坡、中东等20多个国家和地区。集团以"公司+合作社+农场"为基本运行模式，从单一的肉鸡产业，发展成为大食品体系、多元化经营、长链条发展、跨行业经营的综合性大型企业集团。

当年，我们为凤祥集团做咨询策划服务时，曾与全国人大代表、集团董事长刘学景探讨什么是凤祥发展的核心动力,刘学景几乎没加思索就肯定:"精神"。我们与刘学景一起总结、挖掘、提炼、升华凤祥精神,最后统一在"诚信重于生命"上,并联手创作出《凤祥宣言》。

"凤祥人站在世纪的汇合处,自豪地涌向知识经济时代!凤祥人自豪,因为凤祥人无愧于时代,无愧于广大的消费者。"

"诚信重于生命"的生存与发展哲学,使凤祥人"奉献美好,创造富强"的崇高事业如日中天,创建起生产专业化、经营规模化、管理现代化的大型企业集团。

成功归功于诚信,发展更赖于诚信。知识经济时代的到来,加快了"顾客至上,服务领先"的文明进程。在这伟大的进程中,诚信依然是凤祥人的制胜法宝,更是凤祥集团与国内外同仁合作的基础,是凤祥集团答谢一贯关心、支持和帮助凤祥发展的社会各界朋友的最珍贵的献礼。

光阴荏苒,整整20年过去,"诚信重于生命"的凤祥精神和体现凤祥精神的《凤祥宣言》,一直未变。

用刘学景和凤祥人的表达:可能时代会变、产品会变、市场会变,甚至凤祥的领导、团队都会变,但"诚信重于生命"将永远不变。

第17节 多维格局

格局、维度,是近几年企业家提及度较高的概念。

格局,指企业从事产业或业务所构建的态势和场面,反映企业及企业家的视野、胸襟和气魄。格局决定布局,布局决定结局。有什么样的格局,就有什么样的事业。格局,往往由企业定位引发,展现的是企业综合实力。

格局,有点像战略,讲究的是宏观、大势、目标、愿景。

维度,又称维数,本是数学中独立参数的数目,后延伸到物理学和哲学领域内，指独立的时空坐标的数目，认为事物的体量与能级，有一个"维"的原则。维，是维度空间的维，无限个一维组成二维，无限个二维组成三维。维度层级之间的特点是，低维对高维没有秘密可言，低维盲目学习高维没有任何意义。

维度，有点像战术，讲究的是微观、严谨、方法、手段。

格局、维度，在企业发展中彼此关联，密不可分。

马云说过一句经典：赢都是赢在细节，输都是输在格局。企业重构建，就是要在格局、维度双重作用下完成，任何一项缺失，都无法达到应有的高度和质量。

17.1　格局与维度的内在联系

假如不以战略与战术来比拟，在一般的意识中，格局与维度常常被是割离开来的。评介一个人、一件事、一家企业的兴衰成败，要么格局，要么维度，很少探究格局与维度之间的联系，这是一种谬误。

我们研究了古今中外的经典企业，发现无论是成功还是失败，都是格局与维度同时在作用着。

我们常常见到下述现象。

有的人谈使命、谈愿景、谈计划，思接千载，令人亢奋，感召着供应商、员工、用户热烈追随。但是，难以成功。比如，乐视致力打造"平台+内容+终端+应用"的完整生态系统，以垂直产业链整合业务，涵盖互联网视频、影视制作与发行、智能终端、大屏应用市场、电子商务、互联网智能电动汽车等，号称市值超"千亿"，然而，这样的大格局，仅仅热闹了几年，就面临崩溃，1 000亿市值瞬间蒸发80%以上，几十万股民欲哭无泪。

有的人天赋禀赋、心思缜密、技能超群，但终其一生，一事无成，有人怨生不逢时，有人恨怀才不遇。

这等司空见惯的现象，如果用格局、维度的视野来解释，就是二者不相匹配造成的结局。世间的成败法则，诠释了格局与维度的关系。

格局是前提，维度是保障。做大事业，前提是要思接千载，有大的构想；但大构想成功的保障是专业、技能、方法。

格局决定我们的目标，维度决定我们的结果。同时，维度又是因，格局才是果。

没有维度支撑的格局，是虚假格局，格局越大，结局越惨；

没有格局引领的维度，是无能维度，维度越高，痛苦越深。

才大而器小的人，有格局，但格局终会促狭；

才微而德盛的人，有格局，且格局会越来越寥廓；

才能会使格局的内在丰富，德行会让格局的外延宽广。

有大才大德的人，即便是眉宇方寸之地简单的一念流转，也可见大格局澎湃。

格局是一种气度，是一种情怀，是心灵里山高水阔，是精神深处天地澄明。

有大格局，才会成就人生的大气象，大意境，大趣味。格局一大，内心就会宏阔，精神就会逍遥，灵魂就会奔逸自由。

星云大师云："有智慧的人，凡事往大处着眼，并能识大体，不会为了私事而和个人计较，自然能够受人尊敬。"人生要有大格局，才能悟得透，想得开，放得下；事中无我，我在事中，只有投入才有业报；简单从事，简单生活，简可入静致道。"历尽沧桑知锦华，静览万物于道中。"过去40年，中国很多企业一不小心做大了，做大的中小企业，实际上是企业家的人生格局决定了企业的格局。从实质上找原因：最大的影响还是来自中国企业家的人生格局。中国企业最大的问题，不是资金、不是市场、不是规模，而是经营者的观念和心智。发展最大的局限，就是企业领导人思考方式的刻板化，局限化，模式化，将之打破，才能进步，才能成长，才能突破，才能腾飞，心有多大，舞台才有多大，思想有多远，我们才能走多远。

当然，成功仅仅有大格局是远远不够的，还有个维度，也在悄悄地掌控着我们的命运。

格局是外在呈现，维度是内在本质。

看待世界的维度不同，你的认知度和自由度就不同，你的格局质量就不同。也就是说，生命的自由、成功的自由，来自意识维度的提升。

维度，从数学的独立参数走入物理学和哲学领域，把世间事物连在一起，超越世俗时空的局限，创造出一个个伟大的奇迹。

怎样认识维度？目前已知（我们认识的物理世界）的最高维度为三维空间加时间，即四维时空。其他五维、六维……都属于猜测推演，并没有实际论证，各方说法也不统一。

长期研究"高维智慧"的刘丰先生，在接受原凤凰卫视著名主持人梁冬与《21世纪商业评论》发行人吴伯凡共同主持的《冬吴相对论》脱口秀节目中，对维度做了比较容易理解的介绍。

按刘丰先生讲，世界是多维的。

零维是一个无限小的点，这个点没有大小、没有长度、没有维度。它只是被想象出来的、作为标志一个位置的点，它什么也没有，空间、时间通通不存在。这就是零维度。

一维是一条无限长的线，只有长度。零维已经存在了一个点，再画一个点，两点之间连一条线，一维空间就这样诞生了，就创造了空间。一维空间只有长度，没有宽度和深度。

二维是一个平面，是由长度和宽度(或部分曲线)组成面积。拥有了一维空间，再画一条线，并穿过原先的这条线，就有了二维空间。二维空间里的物体有宽度和长度，但是没有深度。就像在纸上画一个长方形，长方形内部就是一个二维空间。二维世界里的生物因为没有深度或厚度，只有长度与宽度，可以将它理解成"纸片人"，就如同扑克牌K、Q、J一样的画像。因为维度的局限，二维生物只能看到二维的形状，如果让它去看一个三维的球体，它也只能看到这个球体的截面，也就是一个圆。

第 4 章

三维是二维加上高度组成体积。一维数轴，二维平面，三维立体，这是常识。人类是三维生物，三维空间有长度、宽度与高度。假设有一张报纸，上面有一只蚂蚁，姑且把蚂蚁君看作是"二维生物"，做二维的纸面上移动，要让他从纸的一边爬到另一边，则蚂蚁君需要走过整张纸。但把这张纸卷起来成为一个圆柱，一个三维的物体，那么蚂蚁君只需要走过接缝的位置，就到达了目的地。换句话说，把二维空间弯曲，就得到了三维空间。

四维有两种，一种是四维时空，是指三维空间加一维时间。一种是四维空间，只指四个维度的空间。想象一下，左边有个一分钟之前的我，右边则是现在的我，将这两个我看成两个点，穿过它们连线，它就是四维空间里的线，就出现了四维空间。像二维生物只能看到三维物体的截面一样，作为三维生物，也只能看到四维空间的截面。所以一般人看不到过去，看不到未来，只能看到此时此刻的世界。

四维生物可以看到未来，但是无法改变未来，这如同《大话西游3》中紫霞通过月光宝盒看到了结局，却无法改变结局。

五维空间。四维运动产生了五维。首先要明确一点，低维度生物不能意识到高维度空间发生的事情。人从出生，都感觉自己在同一个空间里。我们常说"随着时间的推移"，其实就是沿着时间线向前，这条时间线就是四维空间里的那条线，换句话说，三维的我们是沿着四维空间里的时间线向前走的。假如我们是四维空间生物，我们就可以看到过去、现在、将来各个时段的我们自己。现在，在四维这条时间线的基础上，再加一条时间线和这条时间线交叉，五维空间就出现了。比如说：你从出生，到读初中，到大学毕业参加工作，现在是一名经理，那么四维空间里你只能看到出生到成为经理的这条时间线上的你。但是，假设你初中毕业去学烹饪，现在是一名厨师，那么这就是另一条时间线上的你。在五维空间中，你可以看到成为经理的你，也可以看到成为厨师的你。也就是说，在五维空间你可以看到你不同选择下未来的不同分支。

五维生物看到的是四维空间上发生的所有事情，看到一个人的所有选择以及这些选择带来的所有结果。所以可以沿着四维移动，改变四维的选择，让它向着想要的结果行进，但必须得等待这个行进的过程，无法直接到达结果。

在五维空间任何一个改变都可能带来无数新的结果，你无法确保你回到过去所做的改变能够朝着你的理想的结果前进，因为五维空间的改变需要时间的等待。但是在六维空间，你不用等待时间流逝，就可以直接到达结果。

六维空间。如果说四维空间是三维加时间，现在四维到六维，多出来的维度就是一到三维的时间，四维里时间是一维的；五维里时间是二维的；六维里时间是三维的。

第六维是指思想，独立于常识中的时间与空间之外，第六维与时间性质相似，同是超出物理范畴，但又高于时间的维度。我们所处的这个宇宙无法超脱第六维，只在其中运行。正如计算机的程序一样，虽然程序的执行结果可能会产生对时空的影响，但程序本身只能在计算机中运行。

七维空间。按照两个时间线，经理与厨师，初中毕业的你，不可能只有这两种选择，而是近乎无限，你的每一个决定都在塑造出一个特有的你，你可以成为任何一种你。概括地说，初中毕业的你是一个起点，所有的时间线都从这个点向外辐射，数量无穷大，那么最后，七维空间里的一个点，里面包含着"初中毕业的你"，就开始无限种可能。

十维空间。从零维到四维，经历了点、线、面、体这个升级流程；从四维到八维，我们又经历了点、线、面、体的升级流程。八维的点，充满着七维空间中所有可能性的连线。以八维空间的点为起始，我们必须想出所有的可能，每一种可能都与八维的这个点相连，最后，我们得到十维空间里的一个点，充满着九维空间中所有可能性的连线。

在十维空间中，我们找不到任何一个空间可以再画出一个点，因为，十维空间就是一个点！它包含着所有的宇宙、所有的可能性、所有的时间线、所有的所有……

东方智慧从最高的n维智慧来看宇宙。东方智慧讲天人合一，讲无上正等正觉，讲唯一的神（明）。只有n维，n趋于无穷大，才符合无上，才符合无极，才符合无一。

按照刘丰的解释，多维的世界很抽象，很难理解，但用现实中的现象来解释，就非常清晰了。

从几个思维角度去观察与思考问题，称作几维。

失去知觉的人，没有明显的思维活动，称作零思维，即零维。

头脑单纯，一条道跑到黑，其思维方式称作一维。

善于一分为二，从正反两个方面去观察与思考问题，其思维方式称作二维。

习惯于一分为三，遇事能从三个主要方面去考察分析的思维方式，称作三维。

同一个问题，同一个事物，人们观察与思考的维度不同，或有四维、五维、六维……

由此可见，高维是人的一种超能力。一般情况，只要能说出"一、二、三"，即具备三维认识，就足以"称霸江湖"。

大格局的人或企业，一定会提升自己生命的维度；高维度的人或企业，也一定会放大自己的格局。如此循环，更会产生"$1+1 \geqslant 100$"的奇迹。

17.2 升维思考，降维打击

刘慈欣的《三体》里"毁灭你，与你无关"那句话，将高维的神奇展现得淋漓尽致。

《三体》是科幻小说三部曲，准确地讲应该叫"地球往事三部曲"。这部作品讲述了地球文明在宇宙中的兴衰历程，书中对人类的历史、物理学、天文学、社会学、哲学、宗教都有涉及，从科幻的角度对人性进行了深入探讨，格局宏大，立意高远，小说中关于"面壁者""持剑人""水滴""黑暗森林"降维打击等的叙述，既出人意料，又具有历史与想象的合理性。小说出版后备受读者与媒体的赞誉,被普遍认为是中国科幻文学的里程碑之作,将中国科幻文学推上了世界高度。

在《三体》描述的世界中,我把你毁灭了,而你不知道自己是怎么死的,并且我的攻击行为与你没什么关系,因为我们不在同一维度,你连做我对手的资格都没有。这是个残酷的观点,但也是普遍存在的事实。这是胜利者对失败者的蔑视,也是宇宙丛林乃至人类的商业丛林始终贯彻的一条潜规则,它甚至是一条铁规,是互联网时代行业竞争的真实写照。

"毁灭你,与你无关。"

"柯达"消失,打败它的不是同行,而是数码相机。

数码相机尼康经营惨淡,打败它的是智能手机。

康师傅方便面销量每年都在以几亿包的幅度下降,打败它的不是今麦郎、白象,而是美团、饿了吗等新兴的互联网送餐平台。

打败黑车司机的,不是法规,而是共享单车。

消灭扒手的,不是警察,而是微信和支付宝。

大润发没被沃尔玛、家乐福干掉,却被电商起家的阿里巴巴打击……

颠覆你的往往不是竞品,而是不可预知的观念和产品。时代淘汰你,不会和你打一声招呼。

现在,很多企业家纷纷成为"三体迷"。阿里巴巴要求整个团队都阅读一次《三体》,专门邀请刘慈欣去公司总部做报告;小米公司的雷军花大量时间谈论自己对《三体》的见解,认为书中降维的理念对他有很大的启发;中国第一家轻奢餐品牌"雕爷牛腩"的创始人,最喜欢说的一句话就是:"维度攻击。"

企业重构建,在某种意义上,也是一场人与企业维度的重构建,新时代企业的发展就是维度的进化——要么升维,要么降维。站在原地,要么能被别人攻击,要么被社会淘汰。

对于生存在低维度的人与企业而言,高维度的人与企业的自然扩张就会在不经意间导致其灭亡,并不是它们想消灭低维度的公司,这是其自身发展不可避免的。高维平台的企业对低维平台的企业具有无限降维的能力,同时他们也拥有升维思考的本领,具备更宏大的视野,也就获得了更美好的未来。

有人说,现在的人与企业都生活在恐慌、恐惧之中,恐慌、恐惧,往往来自对未来的不可知。

信息革命、人性革命异军突起,互联网商业开启了新的时代,如同《三体》中的黑暗森林,毫无规律可言,也没有章法可循。我们曾经无比熟悉的线性的、规律的、可预见、可把握、可控制的世界变得无比陌生。农业社会数千年、工业社会数百年来建立的文明、财富、文化和秩序的基石,也因为互联网世界的迅速扩张正逐步被颠覆,与之伴生的是新经济、新规则、新秩序和新文明遍地开花。我们感觉到生活充满了迷茫、困惑和不安,因为看不懂经济的走向,摸不透世界各个角落每天发生的"偶然"事件,不确定、不可知、不安全等诸多情绪围绕着我们。在新的商业社会中,胜者为王,而不是强者为王,没有谁是绝对安全的。

事实上,我们不必惊讶,因为那些生活在高维度上的企业家,这种感觉比我们更加强烈。即便是这个世界上最成功的群体,也都极具"不安全感"。

海尔首席执行官张瑞敏说:"直到今天我们也没有很好地解决问题,我不知道我们企业到什么程度,这个时代让人难以把握。"

万达董事长王健林说:"过去的商业模式不再成立,未来的商业模式看不清晰。比'被征服'更可怕的是'不知道会被谁征服'。"他说这话的一年后,万达就遭到挑战。

百度董事长李彦宏坦言,十年前有人提醒他关注手机领域的互联网搜索,他没有在意,如今意识到移动搜索,已经有些晚了。他评价百度转型用了两个词:危险、痛苦。

拿到第一张移动互联网"全票"的马化腾,同样担心自己不理解以后互联网主流用户的使用习惯,不知道年轻人喜欢什么,QQ也好,微信也好,没有人能保证一个东西是永久不变的，因为人性的本质就是要更新。

马云多次在公众场合表达自己的心声，他说如果人生可以重来一次，自己绝不希望过今天这样的生活。

俞敏洪也说，自己最后悔的就是新东方上市。

我们十分相信，这些成功的企业家并非"矫情"，并非炫耀自己的成功。他们不安的感觉是真实的，在这个瞬息万变的新时代，处处隐藏着可以施展降维攻击的对手。他们要面对的恐惧、压力、不确定、不安全感，绝非普通人可以想象。站得越高，就越能感觉到"身处高纬度的战栗"。

在这个非线性、无规律、不可预见、不可测度、不可把握的新世界中，以往可以叱咤风云的经验和赖以成功的智慧现在已经分文不值。对未来的世界，我们最缺乏的不是知识，而是敏锐的洞察力和"抽象聚集"的能力。我们需要的，不仅仅是卓越的领导力、超强的管理能力、高效的执行力等，更是要让自己变得超级敏锐起来，主动提升自己的思考维度，比别人更早地了解这个世界。

归根结底，就是如何升维思考，如何降维打击。我们不可避免地，要思考并回答以下问题。

一是如何做减法。降维的本质在于做减法，将过去冗长的流程精简浓缩成一条线、一个点，找到核心价值，确立核心优势。

二是你是否有这样的能力去面向未来。

三是如何寻找破局点，当各种维度都消失时，哪一点才是重要的突破口。

四是如何通过降维化生存实现弯道超车，在实力不如对手的情况下确立自己的生存之道。

五是如何升维思考，站在比别人更高的维度去想清楚方向。

六是怎样才能发现那个更高的维度，对复杂与并行的支线进行合并思考，做出决策，然后有效地执行……

在随时可以发动升维思考、降维攻击的时代，未来商战早已经打响，任何一个行业、任何一家企业、任何一个人，都在互联网+的"精准打击"范围之内，像在黑暗丛林中，没有永远的敌人，也没有永远的盟友。

正如马云说：今天很残酷，明天更残酷，后天会很美好，但绝大多数人都死在明天晚上，见不到后天的太阳。

17.3 以多维视野应对多变的世界

美国物理学家卡普拉的著作《现代物理学与东方神秘主义》影响了许多人，这本书的宗旨，是要阐明东方智慧的精神与西方科学本质上是协调的，企图说明现代物理学远远走在技术的前面，物理学之道可以说是一条具有核心的轨道，是通向精神知识与自我实现的道路。书中认为，印度、中国和日本为代表的东方文化，为当代科学提供了坚固、合适的哲学基础，与现代物理学十分相似。这本书被称为量子物理学，以及现在正在兴起的量子管理学的重要奠基之作。

我们提到这本书，不是讨论量子物理学，而是以它对"东方神秘主义"的肯定，来佐证中国传统文化的能量、佐证"多维""高维"早就存在于中华文明中，我们现在需要的是如何弘扬、如何运用。

东方文化的核心在《易经》，讲的是天地万物变易之学，通过八卦、六十四卦的变化，探究自然发展变化规律，揭示真理，进而引及人事，用于指导人们的生产生活。

如今，以维度的视野重读《易经》，能发现这部伟大的著作早就阐述了维度。比如《易传·系辞上传》讲："易有太极，是生两仪，两仪生四象，四象生八卦。八卦定吉凶，吉凶生大业。"

如果以"维度"来理解，那么就有这样的景象：

太极，是一维的，是我们认识世界、分析世界的对象；

两仪，是二维的，是事物相生相克的对立特征；

四象，是四维的，是生态消长的过程；

八卦，是八维的，是世间的芸芸众生的表现；

万物，是多维的，讲的是世界的无限空间、人的无穷潜能。

我们可以这样理解，《周易》不仅是中国传统思想文化中自然哲学与人文实践的理论根源、先贤思想智慧的结晶、中华文明的源头活水、华夏传统文化的"大道之源"，更是一部论述维度的不朽之作。

毋庸置疑，维度才是格局的关键、没有维度的格局，如同空中楼阁。

如何应用？从《易经》《三体》和量子物理学，特别是近三十年在时代前沿的成功企业家身上，能找到了驾驭维度的方法。

第一，不在存量维度看强弱，要向增量维度求高低。

存量维度，是我们原有的审视世界的思维层次；增量维度，则是在原有思维层次上增加维度。

思维层次，是人与人的根本差异之一。思维层次高，就是想得高、远、透、深、全、快。其根本是知识框架全面牢固，各种知识相互连接形成知识链，在思维时摆脱线性思维，从一点出发，发散思维，形成思维面或思维宫殿。面对问题，普通人的存量维度，是从一个理论，即一个点出发；而增量维度则从多个理论，即一个系统出发。存量维度能产生一个思路，增量维度能想两个、三个，甚至n个思路。这样，思维层次就高了，能从不同角度、不同理论、不同深度进行思考，对事物的判断就会精准，方法论也会层出不穷。

在这个过程中，要厘清目标对象能影响目标实现的所有维度，厘清各维度之间的相互影响关系和正反作用力，形成一种立体的网状结构。在不破坏原有生态的基础上，或平行或高屋建瓴地对接一种新服务，新技术，新玩法，新市场，新组合，新创造。

以我们熟知的手机为例，摩托罗拉固守单一的通信功能维度，无论质量多么好，也还是一维的通话工具；诺基亚加上了移动终端功能的维度，轻而易举实现超越，占据全球市场近40%份额；苹果则增加了相机、音乐和崇拜营销等维度，同时不走低端，通过高端路线一路凯歌，成为新一代难以撼动的手机霸主。又如互联网在普遍免费情境下提供收费服务，造成差异化体验，在普遍低级平等的基础上制造差异化，破格，特殊，这种多出来的服务或价值就是增量维度的手段。

第二，思考的维度，一定要大于至少等于面对问题的维度。

中国古代社会，皇帝是九五之尊，拥有至高无上的权力，一句话便可决定人的生死，身边工作的王公大臣们，是伴君如伴虎。南齐时期，大书法家王羲之的四世孙王僧虔的楷书既继承祖法又有所创新，朝内很多大臣及诗书之家，都以挂他的墨宝为荣。大家都觉得，王僧虔的书法不逊于其先祖王羲之，在当时乃天下第一。这是来自民间的高度评价，被皇帝萧道成听到了，皇帝心里暗暗不服，因为他也是一名书法爱好者。于是皇帝一道圣旨传王僧虔进御花园。君臣两人饱蘸浓墨，认认真真地各自书写了楷书一幅。齐太祖双目盯住王僧虔问："你说你我两人的字，谁第一，哪个第二？"王僧虔心里忐忑不安，既不能随便压低自己失了身份，更不能得罪皇帝，弄个人头落地。王僧虔灵机一动回答："臣的书法，为大臣中的第一；陛下的书法嘛，当称皇帝中的第一。"一语惊人，摆脱了窘境。这回答表面上属于偷换概念，改变论题的焦点，实质上是增加了一个思考维度，用两个维度回答一个维度的问题。

思考解决问题的维度，一定要大于至少要等于问题的维度。治理公路拥堵，在原维度上，可以拓宽道路、提高红绿灯效率、提高车速、建更多更好的公路，但这都是在公路自身的问题维度。如果增加一个立体的维度，从平面的路面转向立体高架桥或者地下通道呢？这一上一下，打破了平面空间，在三维领域找到了出路。

把每个学科、每种知识当作一维，本身维度解决不了问题，那就跨一个维度思考，跳出原有条框的局限，实现思维跃迁。

第三，维度升降本身，就要多维。

在维度竞争的世界里，思考维度应用也是多维度的。

增维思考，是把问题复杂化，以增加能力。

降维打击，是大事化小、小事化了，将竞争对手的某一核心维度的竞争力降为零，并与对手在自己更具竞争优势的维度内进行竞争，从而实现以小博大、以弱灭强的竞争结果。

如果把升维思考看作创造，那么降维攻击可以称为破坏。在社会竞争中，人们的竞争力可以体现在若干个维度的累加上。用比竞争对手更少的成本获取客户，具体应用中要么减少某项投入，要么去掉某些环节，要么在其他领域进行补偿，最终达到赢者通吃的目的。比如电子商务去掉了地域的维度，小米手机去掉了中间商的维度，腾讯游戏去掉了硬件（游戏机，游戏卡）的维度，杀毒软件去掉了收费的维度。很多传统行业正是靠这些基础维度存活的，小米、腾讯去掉这些维度，不战而胜。

在企业自身，也要应用多维，不能"一刀切"。如员工应用维度，就要学技能、培育忠诚，在一个维度上增强，领导者则要学智慧，做格局，在多个维度上成长。这也是维度的保障性应用。

第四，穿越维度，才能攻无不克、战无不胜。

在现代商业的竞争中，以竞争对手为参照，比对方多一些核心东西，也可以让对手少一些核心维度，一正一反，我们都站在高位。其本质是我们通过升维思考，获得更高层次的思维认知，掌握更多知识技术，在具体竞争中多一个方法多一条路，破坏对方的优势，在同一维度或高维度和对方竞争，这样我们的成功概率才更大。这里并不否认公平竞争，只是更突出竞争方法而已。

成败，不在于你占有了什么资源，而在于你能够穿越几个维度。

在中国的咨询策划界，常常有人讲"超越麦卡锡""超越兰德"等，不免被世人耻笑。但我认为，这不是狂言，是一种无上可能。这种可能，就存在于维度之中。如果在低维层面，与麦卡锡比知识、技能、资讯和工具，超越的可能性较低。但是，如果我们站在高维的层面，以哲学、智慧的东方文明为依托，那么超越麦卡锡则是一种必然。

2017年2月，我承接了福建省南平市交通技术学校转型升级价值重构咨询项目的委托，经过认真研究，发现了下述问题。

第一，南平环境不改善，交通技校难活。

第二，技校即便活了，效率、体量难以支撑转型升级。

第三，交通技校不融入大南平、大武夷格局中，土地、资质难以盘活。

也就是说，在原有的技校转型升级的维度上是很难有突破的。于是我就提出，穿越原有维度来思考，增加做热南平技校发展的"大环境"的维度，固本求元，围魏救赵。

南平是中国书院发祥地之一，曾有武夷山武夷精舍、五夫镇兴贤书院、邵武和平书院、建阳考亭书院、寒泉精舍等。而南平一直打造的"朱熹文化"，也与书院有密切关联。朱熹一生与67所书院结缘，其中创建4所，修复3所，读书的6所，讲学的20所，曾经讲学而经后人创建的21所，另有撰记题诗的7所，题词题额的6所。在书院千年发展史上，与如此众多书院联系在一起，朱熹堪称"第一人"。朱熹文化的物化形式就是书院，书院是朱熹文化传承的精髓，是南平独有的名片。这样我们就提出：抓住中国特色，以书院之都为物理载体，注入朱子国学文化、教育培训、文化旅游、教育装备制造等产业，把南平建成"中国书院之都"，把原交通技校的校园建成"中国书院小镇"，形成大武夷片区旅游的"第二极"，做热交通技校的社会根基，可以事半功倍。同时，规划出"中国书院之都"的系统结构，以及"书院为表，产业为里"的产业生态。

"中国书院小镇"概念的确立，引起南平市委市政府的高度重视，在短短两个月内，南平市和建阳区两级政府领导先后四次约见我们，听取"中国书院小镇"设想，并多次召集土地、财政、旅游、规划等部门负责人会议，现场办公，解决建设"中国书院小镇"的土地、资金等问题。现在，"中国书院小镇"已经完成修建性规划设计，进入实质性建设阶段。

第18节 价值链接

近年来，一直有人孜孜不倦地探讨"企业为什么存在？"这是一个类似

"人为什么而活着？"一样既无聊，又烧脑，但又不得不正视的话题。

于是乎，有人说企业存在是为了社会责任，有人说是为了自身利益，有人说是为了用户需求，有人说是为了员工成长……各类学派、各种说法不一而足，没有一个公认的结论。但有一条是人们都不可否认的，那就是企业生存必须有价值与附加价值，企业是为价值与附加价值生存的。

价值，是企业的出生证，没有价值，企业没有创办的意义；

价值，是企业的通行证，没有价值，企业在市场竞争中寸步难行；

价值，是企业的墓志铭，没有价值，企业在世间不如一缕青烟。

企业转型升级重构建，某种意义上是向价值转型、向价值升级，也是价值的重构建。

18.1　企业价值的广义认知

关于企业价值，最初的定义是由金融经济学家们从企业财务角度给出的。金融经济学认为，企业的价值是该企业预期自由现金流量以其加权平均资本成本为贴现率折现的现值，它与企业的财务决策密切相关，体现了企业资金的时间价值、风险以及持续发展能力。

企业价值从企业财务角度扩大到管理学领域，可定义为企业遵循价值规律，通过以价值为核心的管理，使所有企业利益相关者（包括股东、债权人、管理者、普通员工、政府等）均能获得满意回报的能力。企业的价值越高，企业给予其利益相关者回报的能力就越高。

这样的定义，强调的是企业三个方面的最大化。

一是股东权益最大化，这是古典经济学关于资本雇佣劳动的企业所奉行的基本观点，认为资本所有者投入资本购买设备、雇佣工人，所以资本的投入是实现企业价值的最关键因素，资本的投入者即企业的所有者，企业是所有者的企业，所有者是企业中唯一的剩余风险承担者和剩余价值享有者。因此，企业的经营应以股东权益最大化为最终目标，以此保护股东的权益。在20世纪90年代初，美国咨询公司提出的EVA评价系统，就是基于股东权益最大化理论。

二是公司价值最大化，公司价值最大化即公司市场价值最大化。所谓公司价值是指公司全部资产的市场价值，主要表现为公司未来的收益以及按与取得收益相应的风险报酬率作为贴现率计算的现值，即未来现金净流量的现值。这样，公司价值只有在其报酬与风险达到最佳均衡时才能达到最大。因而企业并购活动频繁，并购双方或者以较低的价格购买公司股权，或者以较高的价格出售公司股权。

三是相关者利益最大化，所谓相关者包括股东、雇员、顾客、债权人、供应商及社会责任。这要求公司经营除了要考虑股东利益外，还要考虑其他利益相关者的利益，使公司全部有实际意义的资产处于承担风险的利益相关者的控制之下。

这样定义的企业价值，表现形式都是财务角度的，如账面价值、市场价值、评估价值、清算价值、拍卖价值等。

客观地讲，这样以财务、经济的角度来定义并计量企业价值，是有其科学性、合理性与适用性的。但是，还不免有些狭义和缺陷。比如，不能真实地反应资本成本、利润容易被控制，特别是纯粹以利润为核心的价值理念，往往忽略人的作用，容易滋生企业短期行为，造成企业社会责任缺失，企业创新受限等。

近年来，我在为企业咨询策划服务中，从更加广义的社会学、管理学以及人性的角度，对企业价值进行了四个层次的划分，引导企业认知价值、创造价值，并在企业成长中得到印证。

这样的四层价值体系如下所述。

第一层是基础价值，是产品、技术或服务本身，体现企业的正常利润，也是企业存在与发展的底线。它的战略作用是"定心丸"，企业有了这层价值，才有资格参与竞争，才能保持基本稳定。

第二层是创新价值，是企业品牌、商业模式等，体现企业区别于他人的溢价能力。它的战略作用是"制高点"，决定企业在资源、人才、市场、用户的感召力，保证在竞争中获胜。

第三层是资本价值，指通过战略重组、兼并收购、投融资、上市等手段参与市场竞争。它的战略作用是"放大器"，体现企业的经营高度，十倍，百倍，甚至千万倍地放大企业自身。

第四层是精神价值，指企业的社会责任、文化信仰。

18.2 踏着价值链跳舞

如果说，企业的四层价值运营，构成的是企业价值平台，价值链则是贯穿平台的主线，企业活动则是在价值链上跳舞。

价值链的概念是哈佛大学商学院教授迈克尔·波特提出的，波特认为，每一个企业都是在设计、生产、销售、发送和辅助其产品的过程中进行种种活动的集合体。这些活动可分为基本活动和辅助活动两类。基本活动包括内部后勤、生产作业、外部后勤、市场和销售、服务等；辅助活动则包括采购、技术开发、人力资源管理和企业基础设施等。这些互不相同但又相互关联的生产经营活动，构成了一个创造价值的动态过程，即价值链。

价值链在经济活动中是无处不在的，上下游关联的企业与企业之间存在行业价值链，企业内部各业务单元的联系构成了企业的价值链，企业内部各业务单元之间也存在着价值链联结。一系列互不相同但又相互关联的经济活动，彼此关联，形成了增值活动，反映了该企业的历史、战略、实施战略的方式以及活动自身的主要经济状况。

价值链的各环节之间相互关联，相互影响。一个环节经营管理的好坏可以影响到其他环节的成本和效益。比如，多花一点成本采购高质量的原材料，生产过程中就可以减少工序，少出次品，缩短加工时间。

企业的价值活动同时又被分为上游环节和下游环节两大类。在企业的基本价值活动中，材料供应、产品开发、生产运行可以归为上游环节；成品储运、市场营销和售后服务可以归为下游环节。上游环节经济活动的中心是产品，与产品的技术特性紧密相关；下游环节的中心是顾客，成败优劣主要取决于顾客特点。不管是生产性还是服务性行业，企业的基本活动都可以用价值链来表示，但是不同的行业价值链的具体构成并不完全相同，同一环节在各行业中的重要性也不同。例如，在农产品行业，由于产品本身相对简单，竞争主要表现为价格竞争，一般较少需要广告营销，对售后服务的要求也不是特别强烈，与之相应，其价值链的下游环节对企业经营的整体效应的影响相对次要；而在许多工业机械行业及其他技术性要求较高的行业，售后服务往往是竞争成败的关键。

有关价值链的理论认为，在一个企业众多的价值活动中，并不是每一个环节都创造价值。企业所创造的价值，实际上来自企业价值链上的某些特定的价值活动；这些真正创造价值的经营活动就是企业价值链的战略环节。企业在竞争中的优势，尤其是能够长期保持的优势，说到底是企业在价值链某些特定的战略价值环节上的优势。而行业的垄断优势来自该行业的某些特定环节的垄断优势，抓住了这些关键环节，也就抓住了整个价值链。这些决定企业经营成败和效益的战略环节可以是产品开发、工艺设计，也可以是市场营销、信息技术，或者认识管理等，因行业不同而异。

在高科技产业，这种战略环节是产品与技术的研发能力；

在奢侈品产业，这种战略环节是创意设计能力；

在快速消费品行业，这种战略环节主要是广告宣传和公共关系策略……

不同行业有不同的价值链，同一环节在各行业的作用也不相同。但是，对于具有较大规模的企业，则可以通过价值链上的关键环节也就是核心能力在相关行业中进行扩散和移植，从而提高企业的竞争优势。这些企业拥有全球跨行业营销的范围经济效应，这种范围经济效应是企业通过最佳广度（范围）地使用通用型要素和资源而获得的。这种通用型要素可以是通用的生产设备、管理经验、营销技能和研究开发能力。由于在价值链的每一个环节几乎都能发现通用型要素的存在，企业就把自己在一个行业中的核心能力扩散到另一个相关行业，使得范围经济效应转化为范围经济优势。因此，强势企业在一个行业中获得的先进知识、经验和技能，可以不需要很大的追加投资就能转移到其他相关行业。

价值链理论揭示，企业与企业的竞争，不只是某个环节的竞争，而是整个价值链的竞争，而整个价值链的综合竞争力决定企业的竞争力。用波特的话来说："消费者心目中的价值由一连串企业内部物质与技术上的具体活动与利润构成，当你和其他企业竞争时，其实是内部多项活动在进行竞争，而不是某一项活动的竞争。"

企业的生存和发展，就是在"价值链上跳舞"，为企业的股东和其他利益集团包括员工、顾客、供货商以及所在地区和相关行业等创造价值。

18.3　重构建本质是价值重构建

转型升级重构建，归根结底是要重构建企业价值。

重构建的过程，本身也存在一个价值链，在企业价值层次，价值链的基础上，抓住各个节点，进行价值重构建。

它同样有四个环节。

第一，创造价值。企业的核心是价值创造，这也是重构建的原点，它是给用户的，可以是产品、服务、技术，也可以是思想、是企业经营哲学。

第二，传递价值。当价值创造完成之后，让价值被消费者分享，需要进行有效的价值传递，让用户去感知、去消费、去共享。这涉及企业客户经济体系建设、营销、品牌渠道建设等。

第三，支撑价值。价值是需要支撑的，这个支撑来自企业自身。价值的创造是一个持续的过程，需要大量的组织行为。比如关于公司拥有的资源，要确定如何确立关键资源、资源如何组织起来、如何设计组织架构、如何制订制度和流程等。这包括企业内部的资金资源、人力资源、管理资源；也包括企业外部资源，如企业生态环境、政商关系、上下游供应链系统等。

第四，获取价值。包括企业的成本结构、收益和利润。

企业重构建，每一个环节相互联动，相互影响，各个环节就更能紧密地融合在一起，更有效地打通各个环节之间的壁垒。

下面的"重构建价值推进图"更能充分展现这个过程。

本书第2章第9节介绍的重构建"一经六道十八法"，重构建思维导图，以及后面将要详细展开的第6章"重构建之术：内容为王"的背后，就是这张图在作用、在影响，也正是这个理念，保证了企业重构建的实施与成功。

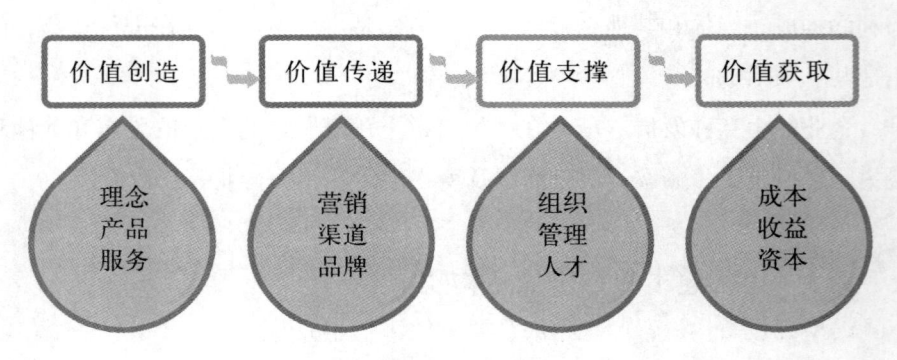

价值创造 → 价值传递 → 价值支撑 → 价值获取

理念 产品 服务 ／ 营销 渠道 品牌 ／ 组织 管理 人才 ／ 成本 收益 资本

重构建价值推进图

第 19 节　君子豹变

君子豹变，出自《易经》："大人马变，君子豹变，小人革面"。

《象》中解释，"君子豹变"，其文蔚也；"小人革面"，顺以从君也。这是说"君子会像豹子一样闻风而动，顺从王命，响应改革"，说明君子协助有道德的大人物一起变革，必然使变革的成就更加光辉灿烂；而"小人虽难改旧习，但是也开始顺应改革而进行改变"，说明大势所趋，小人也不得不顺从变革。

佛经上也讲，"诸行无常，诸法无我"。

变，是永恒的不变。如果我们不能驾驭变化，学会控制社会、企业及个人的变化率，将像阿尔文·托夫勒所说的"注定要毁于一场巨大的转变性崩溃。"

重构建的本身，就是变，就是一场"豹变"，预防"转变性崩溃"，就要君子豹变。

19.1 变化，《未来简史》的警世之言

世界一直都在变，人人身临其境。

未来能变成什么样子，我们不得而知，但是谁都不能否认的是，现在与未来，变，越来越迅速、越来越猛烈、越来越混沌、越来越不可预见。

耶路撒冷希伯来大学历史系教授尤瓦尔·赫拉利的《未来简史》，讲述了一段有关未来50年令人难以置信的故事，应该是对"变"研究与描述的极致之作。

《未来简史》从已知的历史和科学角度出发，剖析了各国之间的关系将如何发展以及我们的日常生活将发生怎样翻天覆地的变化，人口动荡、居民迁移、工作变迁、以崭新形态出现的市场、恐怖、暴力、气候变化以及宗教影响力的提高都将在其中发挥作用。书中揭示了巨大的技术进步将以何种方式颠覆我们的工作、休闲、教育、卫生、文化和政治制度。《未来简史》认为，那些现今看来丑恶的品行或许会在将来某一天获得人们的认同。它还提出了以下种种可能性：人类也许能够迈向富足的生活；贫困或许能够得以消除；每个人都可以公平地分享技术和市场想象力所带来的利益；我们能够维护自由，使之不受敌人乃至自己的暴行影响；我们可以留给子孙后代一个得到更好保护的环境；我们还能够以全世界所有的智慧为基础找出新的生活方式和创造方式。

2017年7月10日，"未来已来"全球人工智能高峰论坛在杭州举办，中央电视台英语频道对尤瓦尔·赫拉利进行了专访，与他探讨了人工智能在未来对经济、企业和人的影响。其中的对话，很让人深思。

记者："未来的就业市场，许多工作将被人工智能所取代，具体是哪些工作？"

尤瓦尔·赫拉利："那恐怕我得告诉你一个坏消息了，因为没有人知道未来的就业市场会长什么样子，或者是我们的孩子未来在学校应该学什么。但我相信，今天的很多工作到40年、50年之后，肯定会被取代，他们需要重新改变自己，并且在有生之年不断学习。我们未来要教给我们孩子的一些内

容,就是要让他们有一个心理的灵活度,一个平衡度,去不断适应世界的改变,适应生活。我认为大部分单一且重复的工作最容易被取代,这跟金钱、产业都没有关系。"

在具体谈到医生这个职业时,尤瓦尔·赫拉利指出,医生的工作是单一的,这个工作并不难模拟,人工智能很快会比人类的医生表现得更好。他预言,未来人工智能可以达到人类、哺乳动物一样的功能。

记者:"未来人工智能充斥着我们的社会,意味着什么?"

尤瓦尔·赫拉利:"会导致社会不同层面的进化,会剥夺一部分人的工作机会……"

记者:"你曾说过,人工智能的发展有可能产生一个新的群体,就是无用群体,部分工作会被取代。这在历史上出现过多次,包括工业革命的时候,结果是产生了许多新的工作,所以人类没有失业。今天我们对于失业的担忧是不是重复上一次的担忧,或者说,人工智能技术将带来新的工作机会?"

尤瓦尔·赫拉利:"人工智能革命与19世纪的工业革命不同。未来人工智能有两种智能,一个是身体的能力,还有一个是认知的能力,工业革命产生的工作更多倾向于认知方面,未来的发展,人类是否会产生第三种能力,这个发展仍然有待观察。"

未来,人类肯定会有新的工作机会,但是人类重新适应新的工作需要多少时间?过去农民到城市参与新的工作,实际上不需要很大的技能,他可以很快地适应,但是在未来我们预计新的工作需要很多的创新能力和技能,比如说,对于一名40岁的中年人,让他去设计VR,就是一件很困难的事情。

记者:"人类是否可以找到一些技能、一些能力,是人工智能无法做到的?"

尤瓦尔·赫拉利:"人类有一些自己的技能、自己的意识,但是这些对于经济领域来说并不重要,就是说,人类这部分的技能很少被使用到。以汽车为例,一个好的驾驶员在经济领域并不重要,因为完全可以被自动驾驶汽车取代,从就业层面来说人工智能完全可以取代人,但是我觉得人工智能更应该朝解放人类的方向发展,给人类时间发展其他新的模型,新的经济和政治上面的模型。"

记者问："未来为什么会出现要么是拥有中高技能的工人、要么就是低级的工人，中间的一部分人变得没有用的两极化状况？"

尤瓦尔·赫拉利："因为比较灵活的高技能工作很难被取代，刚刚举例的医生，诊断的医生容易被取代，做研究的医生不容易被取代。就在百年内，前10%的医生同样存在，但是90%的医生会失业。比较廉价的劳工仍然会存在，因为从经济上面用人工智能不划算，而中间层面的人薪水比较高，性价比最低，最容易被取代。"

记者："如果在未来有80%～90%的人没有用，那我们还能做什么？"

尤瓦尔·赫拉利："这个问题在物质上面来说，可以通过计算一下积累的总财富平均分配一下，不存在问题。真正的问题是，人生活的意义就会成为一个问题。这当中会有不同的方向，其中一个就是人类被解放之后，可以开发不同的潜能，人工智能对人类的潜能研究比较少，我们之前的工作很少做，我们现在有这个机会重新证实一下。另外，人类追求一些娱乐的感受、一些心情的感受，这些实际上是比较容易达到的，可以通过药物，通过游戏，我们现在玩的计算机游戏是3D的，就是虚拟现实，现在的人经常玩手机，大家沉浸在虚拟和现实的游戏当中。以虚拟现实为例，这也可以像各种各样的宗教一样，人类花数千年探索其中的规律，玩游戏每天可以积分，不断去积分，这个也可以消耗你上千年的时间去探索。"

一问一答，真真假假、虚虚实实，都是关于未来的思考，我们无从考证，也可能不完全苟同《未来简史》和尤瓦尔·赫拉利的描述，但一定完全赞同"未来世界，最大的不变就是变化"的理论。

深切感知世界必然的变，这就够了，因为若把变化看作障碍，就等于朝着错误的方向前进。

感知变，会更深刻理解重构建，会产生更多的重构建智慧。

19.2 变化，让万物生命周期骤减

尤瓦尔·赫拉利的"未来巨变"不知是否成真，但我们回到现实，"过去之变"却真真切切地发生和正在发生着，在这变化中，最可度量的是世间万物的生命周期，大到人类社会进化，小到一个产品的"受宠"时间，被强烈地缩短了。

先看人类社会进程。

哥本哈根未来研究院是享誉全球的未来学研究圣殿，一直以犀利敏锐、振聋发聩的预测独树一帜。院长罗尔夫·詹森是世界顶尖的未来学家，在信息社会端倪初现不久，他就出版著作《梦想社会》，宣称信息时代已经日薄西山，人类的发展在历经渔猎文明、农业文明、工业文明和目前以计算机为标志的信息时代之后，即将跨入第五种社会形态，即"梦想社会"。

我在这里提及罗尔夫·詹森，不仅仅是钦佩他几十年前的预言如今一一兑现，比如他提出未来的市场一定是故事和故事讲述者的市场，是"出售冒险经历的市场、亲和力和爱的市场、关怀的市场、我是谁的市场、醇和心境的市场、信念的市场"。我在这里是要融合尤瓦尔·赫拉利的《人类简史》和罗尔夫·詹森的《梦想社会》，按照"变化率递增"看社会形态变化。

渔牧社会，10 000年；

农业社会，3 000年；

工业社会，300年；

信息社会，30年。

梦想社会呢？按照罗尔夫·詹森的预言，可能所谓梦想社会还未成型，就会被强大的"变化率递增"带来的又一种社会形态取代或超越。我们从以下几个因素来看。

第一，知识进步速度。

在如今的大数据时代，现代人每天接收的资讯量是1 000年前古代人的一百万倍，是20纪世50年代的一万倍。知识每两年翻一番，每三年就老化一次。中国联通网络技术研究院研究表明，在2015和2016两年中，全球产生的

信息占到人类整体掌握信息总量的90%，现在每天全球产生的数据相当于国家图书馆整个馆藏总量的1 500倍。利用互联网搜索信息，用微信、QQ维护社交关系，上购物网站买商品，这些行为都产生大量数据。一个普通家庭产生的数据量也非常惊人，预计2020年一个中国的普通家庭一年产生的数据相当于半个国家图书馆的信息储量。"20年前我们刚做互联网时有一句话，在互联网上没有人知道你是一条狗，但今天你是不是一条狗，网络比你更清楚。"

第二，城市经济发展速度。

以深圳为例，GDP实现100亿，用了9年；

达到1 000亿，用了9年；

达到2 000亿，用了5年；

突破3 000亿，用了2年；

达到10 000亿，仅用了5年；

到了2016年达到19 400万亿，仅用了3年。

第三，企业财富积累速度。

美国的GE用106年创造的财富，互联网公司思科以每年40%的速度增长，用20年时间就超越了。

当然，最"牛"的还属雷军的小米，小米实现1 000亿营收，仅仅用了7年，而同样的1 000亿，Google用了9年，Facebook用了12年，苹果用了20年，阿里巴巴用了17年，腾讯用了17年，华为则用了21年。

与企业财富积累速度对应的是企业死亡的概率与速度。世界500强企业今天的死亡率，4倍于20世纪70年代；世界500强平均寿命不到40年；日本80%新建企业存活不到1年，5年以上的企业不超过二十分之一；中国民营企业平均寿命2.9年，100家企业每3年消亡68家。

19.3 应变，以"豹子"般的速度

这样的变的大趋势下，企业重新学习、思考、组织及改革的速度，甚至赶不上变化的速度。技术进步，让人们变得更没有安全感、更不稳定。

如何应对？没有别的绝招，"天下武功，唯快不破"，唯以"君子豹变"来应对变化，才有可能延续企业的生命周期。

——对市场需求进行快速反应；

——对技术进步进行快速创新；

——对知识创造进行快速管理；

——对新显问题必须快速决策。

互联网及传媒的发展，使消费者拥有更丰富的信息，需求越来越难以预测，越来越多样化。消费者今天购买一种产品并不代表明天他仍将购买这一产品。企业提供低价，顾客会希望价格能再降低；企业提供售后服务，顾客会要求更快或者更好；企业提供新型产品，顾客会等待更新颖的产品。企业必须满足消费者永远增长着的对更低廉、更迅速、更优良、更新的产品的需求；同时，企业还应有超越顾客导向的洞察能力，不仅能被动地适应市场的变化，而且能主动满足客户的个性化需求，以更快的速度缩短产品开发周期，生产出更多品种的产品，这样才能不断取得成功。

惠普公司的一份资料表明，一项新产品从创意到商品化的过程是5年，其间若"研究与开发"延误半年，则利润会减少50%。主要原因是，科技产品竞争十分激烈，新产品上市后，市场竞争会使价格每年下跌30%～50%，有的产品甚至下跌70%。新的生产技术使企业比以往任何时候都能够更快、更便宜、更多样化地生产产品。数字化技术创造出新的产业，更诞生出高速发展的新企业。在硅谷每周都有11家新公司成立，毋庸讳言，并不是所有的公司都能成功。令人深思的是，成功者大多数不是那些掌控尖端技术的公司，而是那些高速度成长的公司。世界每1 000家倒闭的大企业，倒闭的原因85%是经营者决策问题，而在这其中，有50%以上是因为决策速度太慢而延误决胜时机。

这个时代，是个比速度的时代。

比速度的时候，稍有拖延就意味着你落后了，落后就要挨打，还可能出局。

慢了一周，竞品上市后快速占领市场，第一轮竞争中一胜一败，结果明了，这有运动手环市场的实例。

慢了一天，技术合伙人决定撤出股份，公司失去最重要的技术支撑，这是创业公司的眼泪。

慢了一小时，投资满仓入口关闭，失去获得一笔较大收入的可能，这是理财投资的常事。

慢了30分钟，好项目被签走，投资人拿着钱被拒之门外，这是投行人士的悲哀。

与之相反，"快速决策、快速行动，打破陈规"是扎克伯格在Facebook成立之初的管理策略，他要求公司快速决策以便尽快发布产品，哪怕发布后会因此感到尴尬，也必须这么做。在扎克伯格看来，要验证决策的正误，就必须把产品放到真实的环境中，得到真实的用户反馈，如此才能不断改进出真正符合用户需要的好产品，而这一切的前提是"快"。

亚马逊创始人兼CEO贝佐斯在2017年致股东的信中说，"不要让外界把你变成'Day 2'公司，快速是避免企业陷入停滞的关键。第二天则是停滞，随之而来的是无关紧要，然后是痛苦的衰落，随之死亡，这就是我为什么说我们总是需要保持在第一天。"

第20节　悖论相生

这是一个广泛流传的故事，说的是有爷孙俩在集市买了一头驴，牵着驴刚走出集市，旁边一人说："这爷孙俩真笨，放着刚买来的驴不骑，傻瓜！"爷爷一听，也对，驴买来就是用的嘛。于是把孙子抱到驴上。爷爷在前面牵着驴，孙子骑着驴在后面跟着。一会儿，一位老知识分子拦住他们说："这小孩子真不孝顺、不懂事。爷爷这么大年纪，不让他骑，自己骑，看来这家缺家教！"连带爷孙的家庭一起骂，这还了得，而且说得不无道理。爷爷赶快停住，把孙子抱了下来。为了表明孙子很孝顺，又有家教，爷爷自己骑上驴，让孙子在前面牵着驴走。刚走一会儿，一位老婆婆嚷道："这爷爷真不知道疼爱后辈。自己骑驴，让小孙子牵驴，哪有这样的爷爷！"爷爷忙把孙子也抱上驴。爷孙俩一起骑在驴上。走了一段后，来了绿色和平人士，指责老人："动物也是生命，我们应该尊重生命。您看，这头驴被您压成这样，这是虐待动物的行为！"爷爷顿时满面通红，赶快和孙子一起跳下驴来。老人一筹莫展，忽然看到地上有根棍子，心生一计，把驴放倒，用绳子把驴的四条腿捆住，然后用棍子穿起，爷孙俩就这样在路人的嘲笑中步履蹒跚地抬着驴向家里走去。

"怎么都不对"的同时，又"怎么都对"。我们周围充斥着许多事物，同时存在着同时正确、又同时错误的多种答案，永远没有简单、确切的肯定与否定。

这就是"悖论"，悖论是表面上同一命题或推理中隐含着两个对立的结论，而这两个结论都能自圆其说。企业运营，充满冲突与意外，两种或多种观点可以同时正确，也可以同时错误，你做出任何选择都是片面的、都是错误的。

悖论相生，就是要运用矛盾的力量，用悖论的方法，强调综合整理彼此矛盾的力量，在同时正确、同时错误的一些思想观念中，寻求你自己所要的东西。

20.1 世界"言尽悖"

有"西方孔子"之称的大哲学家雅典人苏格拉底，曾经与普洛特哥拉斯、哥吉斯等著名诡辩家相争，他建立"定义"以对付诡辩派混淆的修辞。但是他的道德观念不为希腊人所容，竟在70岁的时候被当作诡辩杂说的代表。在普洛特哥拉斯被驱逐、书被焚12年以后，苏格拉底也被处以死刑，但是他的学说得到了柏拉图和亚里士多德的继承。

苏格拉底有一句名言："我只知道一件事，那就是什么都不知道。"

古代中国也有类似的例子，《庄子·齐物论》里说"言尽悖"。"分也者，有不分也，辩也者，有不辩也。……大道不称，大辩不言。……言辩而不及"。这就是说：一切的见解和主张都是片面的，代表这些主张的言论，也必然是错误的。后来墨家反驳，如果"言尽悖"，庄子的这个言难道就不悖吗？

我们常说"世界上没有绝对的真理"，但我们不知道这句话本身是不是"绝对的真理"。

按照量子思维的所谓态叠式原理，就是既强调A，又强调B；既强调打破秩序与结构，又强调重构新秩序与结构；既强调跳出竞争壁垒，又强调在新能级和新结构上形成新竞争壁垒。A与B并不排斥，可以相融，能量可以相互转化和聚合，因此企业在生存中要守恒，使事物与企业回归原点，回归客户价值创造，回归对人性与人的价值的尊重。

古往今来，许多理论、实际都是在悖论（态叠式）语境中存在的。

诸子讲"修身齐家治国平天下"、讲仁爱、讲敬天爱人，但各自观点又大相径庭，充满悖论。

孔子讲仁爱，是仁者爱人，一颗爱心构建和谐社会；

孟子讲仁爱，是浩然正气，一股正气治天下；

墨子讲仁爱，是平等之爱，用自己一腔热血救苦难；

韩非子讲仁爱，是强调内圣外王，讲依法治国的现实主义；

老子讲仁爱，则是无为而治，体现的是生活辩证法；

庄子讲仁爱，是天道无为，体现的是艺术人生观；

荀子讲仁爱，讲天人相分，是"天不吝人，人不感天"的现实观。

当代的企业理念，更是悖论当道，难分对错，难辨真伪，比如下面这些。

1. 多元化与专业化。
2. 集权与授权。
3. 国际化与本土化。
4. 积极变革与构筑稳定。
5. 关注个人与建立团队。
6. 线上与线下。

7. 金融与实体。

……

还有德和才、制度刚性与以人为本、扁平化和层级化、成本和质量、技术和市场、模仿和创新、自建和外包、贴牌与创牌、规模与效益等。

在企业经营中，更是充满悖论。

晋亿集团是专业生产制造螺丝的企业，国标GB、美标ANSI、德标DIN、日标JIS、国际标准ISO各类高品质螺栓、螺母、螺钉及非标准特殊紧固件应有尽有，全球产能第一。

它的成功就是利用悖论的力量，在全球强调零库存和敏捷制造，晋亿"反弹琵琶"，不是教条式的零库存，而是抓住了下游客户的需求特征以及需求的时效性这两大核心。晋亿的超级库存以及通过信息平台对客户的工作进行提前解忧，一方面对客户需求量能快速满足，解决了客户的时效性需求；另一方面降低了客户工作量，使客户的工作效率大幅提高；同时还提高了行业竞争门槛，全方位满足了客户需求，从而获得了强大的竞争力。这种超级库存模式创造的成果是年产量达55.8万吨，生产量占全世界4万种螺丝的一半，每年所使用的钢材，相当于兴建76座埃菲尔铁塔；年营收达13.2亿元人民币，利润约1.56亿，年均增速超过25%。晋亿成为全球最大的单一螺丝生产厂，被评为"中国机械500强企业"和"紧固件10强企业"。

20.2 "以我为主"，杀出一条血路

如何驾驭"怎么都不对"又"怎么都对"的悖论时代？

象牙塔里的专家，可能给出若干理论、若干方法、若干工具。其实，在企业转型升级的实践中，只一招就够，这一招就是"以我为主"。

企业运营，是一道"私房菜"，不可能有那么多的公共菜谱。企业家们很信奉"海纳百川，有容乃大"这句话，四处学习、八方取经。学习是对的，听取他人意见也是对的。但是，我们的企业家常常在这句美丽的格言下，只顾了"海纳百川"，只顾了"容"，忘记了自己，东施效颦，邯郸学

步，把自己搞成了那个买驴的爷爷，左右为难，淹没了自己。

以我为主，就是以中国特色的国情为主，以"一方水土养育一方人"的本地文化为主，以"我的地盘我做主"的企业实际为主，以"人本"为主，以"解决问题"为主。

现代的企业竞争中，国际化不是西方化，更不是美国化。

东方智慧博大精深，西方技法系统务实。二者对立，一事无成；二者相长，无往不利。海尔、华为的成功，其实就是把西方和美国的理论，在实践中做得"很中国"、很"自我"。

转型升级重构建，是本我的。真正的转型升级不是竞争的，而是自我实现的；不是去战胜对手，而是实现我的精神与梦想追求的。重构建一定要从我出发，为我所用。

第一，在确认企业发展方向时以我为主。

华为的企业发展不唯上、不唯书、不媚外，以超强的"战略耐性"，从当初以"基本法"坚定自己的方向，到今天不搞地产、不做金融，从最终客户的眼睛看世界，从生态链的眼睛看世界，从大自然最节俭、最经济的组织方式看世界，从万事万物的真看世界，从混沌灰色的哲学看世界，华为人看到了一个全连接的世界，看到了共建、共有、共享、共赢、共融的宇宙生态链，提出极具华为特色的共建全连接世界的总体战略。

2017年，华为实现销售收入6 036亿元，成为ICT领域的全球领先者，其销售收入也是国内互联网三巨头BAT收入的3倍以上。正如华为轮值CEO郭平所说："28年来，从几百人对准一个城墙口冲锋，到后来，几千人、几万人、十几万人对准同一个城墙口持续冲锋，从不畏惧，决不屈服，英勇奋斗。我们现在每年投入1000多亿人民币（研发500亿、市场服务600亿），仍然对准同一个城墙口：大数据传送，终于取得了突破，处在世界领先位置。"

第二，在确认企业文化风格时以我为主。

我们曾为广西桂林的一家房地产公司做战略变革，这家公司的董事长既强势又民主，在企业事无巨细，身体力行，把"烂"在一个台湾人手中的

"房地产项目部",硬是发展成了广西房地产前三强。变革中,恰逢公司请人在讲合理授权的课程。董事长就找到我说:我太累了,变革中要设计出企业如何分权。公司的两位副总也诉苦:我们是花瓶,企业的最大问题是建立科学的分权机制。但是6个月后我为这家公司做结案报告时,提出公司要加快发展速度,提升运营效率,应进一步集权,并根据集权的理念,制订了公司治理结构和绩效考核方案。

方案出台,从董事长到副职都不理解:我们的需求是要分权,怎么还要进一步集权呢?我指出,当一个企业在价值观没有达到高度统一、工作标准没有达到高度统一、做事规则没有达到高度统一的情况下,企业分权只会带来进一步的混乱与无序。公司目前的要务,是要"三观"一致。在高度集权下,可以有效率地完成企业精神、文化、规则、标准的统一,统一后,分权、授权,才能水到渠成。

所以"以我为主",还不能被笼统的理论所惑、不能为显性问题所迷,要厘清企业问题本质。找到问题本质,就找到了"我"、找到了"主"。

第三,在确认企业方法手段时以我为主。

至于企业运营中的具体策略、方法、手段,更宜"一花一世界,一树一菩提",以我为主。

比如,我们常说的"顾客就是上帝",也是一句不折不扣的骗人"鬼话",它流传了几十年、戕害了无数潜在的企业家。我们过度在意客户的反应,过度强调对客户忠诚,就是掉进了一个大陷阱中。

常规思维是"我听客户的",以我为主的思维,则是"客户听我的"。

赫伯·凯勒尔1967年创立美国西南航空公司,从无到有,从小到大走过的历程,在某种意义上,就是一个以我为主的历程。在西南航空公司的发展过程中,凯勒尔抵制了许多诱惑,坚定不移地坚守低价格的短途航线,避免与其他航空公司在长途航线上展开面对面的竞争。在这个一家接一家公司销声匿迹的行业中,美国西南航空公司却因坚守其核心理念而业务鼎盛。凯勒尔说:"界定你独特的利基,坚持不懈,并且在财务上做好准备,等机会来时好好利用；但是不要弄到时势不利，还在过度延伸。你要保持弹性。我们常常受到引诱，想改变我们的服务方式。我时常听到'你们为什么不飞往伦敦，那儿生意多得很'。这都是旁门左道，不是我们的作风。"

凯勒尔常常自豪："我们的商业模式可能被抄袭，但我们的企业文化难以复制。"凯勒尔谈到美国西南航空公司的企业文化时，也与别人不同，称企业文化是要"发端于心，并非来源于脑。"

最"牛"的是他对待一些常常误机的乘客，他在公司公然讲："客户经常会出错，我们不和那些客户打交道。"更有甚者，他还亲自写信给他们："坐别的航班吧。"正是凯勒尔的智慧和独特个性，把西南航空公司从微不足道的小企业变成了美国超一流的"航空巨舰"，公司曾被《财富》杂志排名"最佳公司"榜首。

第 21 节 简易是金

企业家常常犯这样的错误，一个简单的商业模式与管理体系刚刚获得成功，就人为地把它变得复杂了。

真理，往往都是最简单的。

《易经》通篇阐述的都是"简易、变易、不易"之理。"乾以易知，坤以简能。易则易知，简则易从。易知则有亲，易从则有功。有亲则可久，有功则可大。可久则贤人之德，可大则贤人之业。"

将世间繁杂的现象与人事，归而纳之为极简单的必然之理，称为简易。

互联网世界是多维的，存在着无限的复杂、混沌和不可确定，企业转型升级、企业经营则需要在复杂中寻找简易。

简易就是力量，复杂的东西都没用。

简易产生精彩、简易才能极致、简易便于控制、简易即是永恒……

21.1 简易就是要做"基本"的

工业时代，我们以体系为核心，强调以体系促单品，复杂是基本面；

互联网时代，则以单品为核心，强调以单品带体系，简易是基本面。

量子思维的所谓能级最低原理，指的是企业要聚焦于能级最低的产品市场轨道，能级最低的产品市场轨道是"在产品设计上适合核心技术优势的发挥，同时又能容忍其劣势的存在；在市场定位上最容易打动客户，且在商业结构上推广阻力最小，同时市场容量尽可能大的产品市场领域。能级最低原理讲的就是选择技术实现相对简单、客户需求及使用动机最强，商业结构最容易扩张，市场容量尽可能大的市场。"

把基本的，做成极致，最能展现简易的能量。

2016年，华为手机出货量1.4亿台，而OPPO出货量8 000万台、vivo出货量7 500万台。OV两大阵营加起来1.55亿台，利润率达15%，接近三星，销量和利润率均超过华为手机，成为中国智能手机市场最大赢家。任正非号召并勉励华为内部学习OPPO和vivo。

OPPO、vivo凭什么赢？OV赢在构建了一个真正用户导向的、简单极致的伟大终端网络系统。

第一，客户群定位简单精准。OPPO、vivo的目标客户群定位"80后""90后"年轻打工族、年轻学生，尤其是年轻女性，这一细分市场看似小众、碎片、低端，但在三、四线及以下市场则集聚巨大市场潜力，是智能手机需求的高增长点。

第二，产品做到简单极致。OPPO推广"充电5分钟，通话2小时"。

第三，终端网络简单。OPPO和vivo通过门店、服务中心、体验中心渗透一线到四线城市甚至是五六线城镇。

第四，用户现场体验简单极致。形成迎接→引导体验→产品讲解→议价→成交/售后→跟进服务。

第五，企业文化简单极致。OPPO有36 000多人，价值观共有四条：本分、用户导向、极致、结果导向。

21.2 "直觉"是企业家的稀缺资源

拍脑门，凭的是直觉，这在强调工业化系统思维的时代，往往被理解为随性、简单、无知，被鄙夷、被批判。

如今人性被尊崇，人的觉知、灵性被认可，人们解开了一直困惑的"为什么博士办企业不如目不识丁的庄稼汉"之谜，解开了比尔·盖茨、李嘉诚等并无高等学历，却富可敌国的答案……

同时，人们开始承认直觉是企业家精神的精髓，是企业取胜的重要一环。

伊恩·斯图加特说："直觉是真正的数学家赖以生存的东西。"许多重大的发现都基于直觉。欧几里得几何学的五个公式都是基于直觉，从而建立起欧几里得几何学这栋辉煌的大厦；哈密顿在散步的路上激发构造四元素的火花；阿基米德在浴室里找到了辨别王冠真假的方法；凯库勒发现苯分子环状结构更是一个直觉思维的成功典范。

在企业经营中，直觉，同样是创造的源泉之一。

直觉，对思维对象从整体上考察，调动自己的全部知识经验，通过丰富的想象做出敏锐而迅速的假设、猜想或判断。它省去了一步一步分析推理的中间环节，而采取了"跳跃式"的形式。它是一瞬间的思维火花，是长期积累上的一种升华，是思维者的灵感和顿悟，是思维过程的高度简化，但是它清晰地触及事物的本质。

直觉，直觉思维的无意识性，使想象丰富，具有反常规律的独创性。17世纪法国著名哲学家笛卡儿认为通过直觉可以发现作为推理的起点。亚里士多德干脆说："直觉就是科学知识的创始性根源"。

直觉，让人产生自信力。创造都要从问题开始，而问题的解决，往往有许多种可能性，能否在其中做出正确的抉择就成了解决问题的关键。从多种可能中做出优化的抉择，单单运用逻辑思维，按逻辑规则进行推理是没法完成的，而必须依靠直觉。直觉往往偏爱知识渊博、经验丰富的人。

直觉，有时候类似佛教中的禅悟。

如今企业经常寻求智库、外脑来解决问题。我在长期的咨询策划实践中，常常被人们问及如下问题。

为什么企业三五个月困惑不已的问题，你们可以在三五天一语中的？

为什么企业三五个月不能想到的方法，你们可以在三五天找到路径？

为什么企业三五十人无法办到的事情，你们可以用三五人迎刃而解？

我直言不讳，是直觉，是来自于灵感的人类高维信息、高维智慧。这一点，可以在禅宗思想中得到更直接的解释。

禅宗是中国佛教宗派之一，主张"见性成佛"。传说禅宗创始人为达摩，下传慧可、僧璨、道信，至五祖弘忍下分为南宗慧能，北宗神秀，时称"南能北秀"。北宗神秀是以"坐禅观定法"为依归，渐进禅法，渐修菩提，所以称为"渐悟"。南宗慧能大师是以"即心即佛！""直指人心，见性成佛！"为依归。不拘泥"坐禅""观定"！所以称之为"顿悟"。

南宗慧能、北宗神秀，斗法多年，结果神秀败于慧能。这从南北二宗对"戒定慧"的解释，可见一斑。神秀说："诸恶莫做名为戒，众善奉行名为慧，自净其意名为定。"以"诸恶莫做，众善奉行，自净其意，是诸佛教"之偈语对全部佛教的教、理、行、果进行了高度概括。而六祖慧能对"戒定慧"更直彻本源："心地无非自性戒，心地无痴自性慧，心地无乱自性定。不增不减自金刚，身去身来本三昧。"

慧能主张："无一法可得，方能建立万法""法本法无法，无法法亦法"，只要直下见性，一了百了。六祖千言万语，就是一句话：明心见性，自成佛道。因而唐代《六祖坛经》之《顿渐品第八》有这样的记载："秀之徒众，往往谩南宗祖师不识一字，有何所长？秀曰：他得无师之智，深悟上乘，吾不如也。"是说神秀最终承认，自己虽然有文化，知识多于慧能，却没有"无师之智，深悟上乘"的大智慧，终属下品。

"无师之智"的智慧就是直觉，它远远胜于知识。

一盎司智慧胜于一百磅知识。"神秀的戒定慧三学，劝说的是小根器小智慧的人；慧能的戒定慧三学，劝说的是上等根器、上等智慧的人。"

直觉，正是为"上等根器""上等智慧"。

我曾经提过:"当策划成为科学时,成功便不再是偶然"。

后来我修正为:"咨询策划的最高境界,不是科学,不是艺术,更不是技术,而是哲学,甚至宗教,它的直接呈现就是直觉。"

21.3 在一点突破中体现简易的力量

工业时代的复杂系统与互联网时代的简易单品,是相辅相成的辩证关系,简易是在复杂中产生的。

重构建的"一经六道十八法",是一个复杂的大系统,从重构建思维导图(见第2章)中看,更是涉及能力、方法、内容、工具、智慧、哲学等六个维度。

这样的复杂系统,怎样才能实施、怎样才能有效,策略就是贯穿导图的"系统思考,一点突破"这个焦点,系统思考,讲的是重构建必须具备的关键要素;一点突破,讲的是重构建获得有效实施的核心抓手。没有系统思考,找不到或者找不准一点突破的钥匙;没有一点突破,无法变现系统思考的能量。

一点突破,体现的就是简易。

在哲学上,叫抓主要矛盾;在军事上,叫集中优势兵力;在管理学上,叫解决瓶颈问题。

无论是重构建,还是企业的正常经营管理,要聚焦制约企业生死存亡的大问题,集中力量突破。

如何做到一点突破?

其一,一点突破的前提,是系统思考中的卓越创造力。

其二,一点突破一定要简单、要容易记忆,是一种捷径。

其三,一点突破是非常有力的,是颠覆性的,具有牵一发而动全身的能量。

其四,一点突破不是要让所有的人都能满意。

其五,一点突破不一定完善,突破后总会还有更好的突破。

其六,一点突破是战略的关键一步,在重要领域做导致80%改变的20%。

其八，一点突破不是永恒的，要"君子豹变"，时时保持变革的柔性。

山东迪尔集团公司，是我服务了20年的一家从事建筑电力安装业务的企业。在1998年，我曾为迪尔进行文化战略策划。到2008年，迪尔集团销售收入已经从4 000万元，高速增长至27亿元，10年增长70倍。

迪尔集团董事长刘锡玉是位极具社会责任感的企业家，做梦都想把迪尔做成基业长青的企业。2007年以来，在高速发展的同时，迪尔的生存环境发生了重大变化，原在建筑安装领域里拥有的技术优势、市场优势，由于国家节能减排和严令关停小火电等政策变化，市场萎缩，利润下降，已经风光不再。如何再次变革，完成迪尔的再次跨越？2008年1月，我与迪尔集团再度签约，对迪尔进行产业重构、业务重构、模式重构，启动"新世界长青企业战略变革工程"，也就是重构建。

在设计迪尔的总体变革规划后，我们就聚焦迪尔"股权"问题实施"一点突破"。迪尔国有企业改制遗留下来的"没有大股东、企业实际控制人在法律上缺失、决策层股份偏低、总体股权过度分散"的种种"硬伤"，是打造新世界长青企业的瓶颈。

这样，我与刘锡玉共同设计了解决方案。

一是分拆，根据迪尔未来的发展定位，将未来新业务与迪尔原安装主业剥离，建立现代企业治理结构的新投资集团，原股东在集团参控股资产比例不变，共享迪尔品牌、资质，隶属关系不变。

二是聚权，将集团及各业务单元的股权向法人集中，形成董事会绝对或相对的控股权。通过实缴认购股本、收购散股、增资扩股等方式，实现企业实际控制人、核心管理层、员工三个层面各持有33%股权的"三分天下"。

三是放飞，对安装板块再次进行改制，重新唤回迪尔精干快捷的竞争野性，放数十位管理者出山，把分公司和子公司和有条件的办事处变成能独立面向市场参与竞争的法人。

迪尔集团按照方案，以股权"一点突破"，以模式、业务、文化、团队统筹变革为系统带动，又一次完成了企业生命的嬗变，成为一个多元化的企业集团。

第22节　标杆基准

任何一家企业，都不是独立存在的，它的生命力都是在比较中展现的。这个比较，也是一个充满科学、充满智慧的课题，在企业学中，叫对标管理。

所谓"对标"，就是对比标杆找差距。推行对标管理，就是要把企业的目光紧紧盯住业界最好水平，明确自身与业界最佳的差距，从而指明了工作的总体方向。除了以业界的最好水平作为外部标杆，还可以将企业自身的最好水平作为内部标杆，通过与自身相比较，可以增强自信，不断超越自我，从而能更有效地推动企业向业界最好水平靠齐。

对标，有助于企业博采他人之长为己所用，因为谁也没有足够的时间和资源，谁也没有必要亲身经受各种失败和错误。

对标，有助于组织正确认识与最优秀的组织相比自己究竟做得怎么样。

对标，有助于组织确认自己的优势与劣势。

对标，有助于组织明智排定各种改进活动的先后顺序与轻重缓急。

对标，为组织提供各种已经被实践证明的、正确的行动计划和方案。

企业转型升级重构建，要通过规范且连续的比较分析，帮助企业寻找、确认、跟踪、学习并超越自己的竞争目标。

说到标杆基准，我又风趣地下了个结论："没有标杆的战略，是自恋，也是自戕"。

22.1　对标是成功企业的必修科目

对标管理，由美国施乐公司于1979年首创，世界范围内的MBA、EMBA必读的商科教育中，都将其视为重要科目。对标，在对标、对表、对照的"三对"理念指引下，创新地通过对比标杆找差距，对比表格抓落实，对照标准提问题，从宏观目标、过程控制和微观细节全方位地为企业管理提出了整体解决思路，是一种简单而有效的管理模式，是发达国家企业管理活动中支持企业不断改进和获得竞争优势的最重要的管理方式之一，西方管理学界将对标管理与企业再造、战略联盟一起并称为20世纪90年代三大管理方法。同时，对标管理也越来越成为企业乃至政府的一种流行选择。

对标，最初是人们利用对标寻找与别的公司的差距，把它作为一种调查比较的基准的方法。后来，对标管理逐渐演变成为寻找最佳案例和标准，加强企业内部管理的一种方法。对标管理通常分为四种。

第一种，内部对标。很多大公司内部不同的部门有相似的功能，通过比较这些部门，有助于找出内部业务的运行标准，这是最简单的对标管理。其优点是分享的信息量大，内部知识能立即运用，但同时有造成封闭、忽视其他公司信息的可能性。

第二种，竞争性对标。对企业来说，最明显的对标对象是直接的竞争对手，因为两者有着相似的产品和市场。与竞争对手对标能够看到对标的结果，但不足是竞争对手一般不愿透露最佳案例的信息。

第三种，行业或功能对标。就是公司与处于同一行业但不在一个市场的公司对标。这种对标的好处是，很容易找到愿意分享信息的对标对象，因为彼此不是直接竞争对手。但现在不少大公司受不了太多这样的信息交换请求，开始就此进行收费。

第四种，与不相关的公司就某个工作程序对标，即类属或程序对标。相比而言，这种方法实施最困难。至于公司选择何种对标方式，是由对标的内容决定的。

在企业经营管理中，成功的企业往往通过五大步骤完成对标。

第一步，制定对标计划，确保对标计划与公司的战略一致。

第二步，建立对标团队，根据对标范围的大小、公司规模、对标预算、对标程序和环境等要素，就对标程序、分析工具和技术、交流能力、公司背景对团队人员进行培训。

第三步，收集必要的数据。首先要收集本公司的流程表、客户反馈、程序手册等信息进行自我分析；然后找到适合自己的模仿对象，选择那些获奖公司、在商业杂志或者其他媒体尤其是年度行业报告中得到公认的公司，筛选出3~5家公司作为信息交换和对标合作伙伴。

第四步，分析业绩差距数据，在理解对标对象最佳的方法基础上，衡量自己与别人业绩的差距。可用的指标包括：利润率、投资回报、产品周期、每个员工销售量、每种服务/产品成本，或者如何开发一种新产品或服务等。比较"别人能行，为什么我们不行？"

第五步，持续进行对标管理。企业在减少与最佳案例的差距时，需时常用衡量标准来监测实施的有效性。由于表现最佳的公司本身也会继续发展，所以"找到并实施最好的方法"的对标管理也是一个只要开始就没有结束的过程。

22.2　反弹琵琶的"顶牛"对标

进入互联网时代，对标的理念、方法，也随之产生变异。企业不仅仅用对标方法，向先进看齐，更是应用对标，与竞争对手"顶牛"，通过对标，赢得市场，赢得用户。

小米的雷军，是个这方面的大师，他每推出一个产品，都找到行业的顶尖同类品进行对标，并制成"顶牛表"，用及其过硬的技术指标，硬抗其他产品，以在用户心智中形成小米产品的高性价比。

比如他在刚刚做手机时，发现市场许多智能手机都是"伪智能"，而且价格都在4 000元以上，他就用"把手机当成电脑做"的理念，做出了国内首家配置为双核1.5GB、4英寸屏幕、800万像素、待机450小时、价格仅仅1 999元的小米手机。发布会上，小米没有直接炫耀小米手机，而是先与市场畅销品HTC、三星、MOTO、LG对标，一举撕开了竞争惨烈的手机市场。

小米手机与其他品牌对标

手机	CPU	内存	电池	屏幕	像素	价格
小米	双核1.5GHz	1GB	1930MAH	4.0英寸	800万	1 999元
HTC SENSATION	双核1.2GHz	768MB	1520MAH	4.3英寸	800万	3 575元
三星 GALAXY S2	双核1.0GHz	1GB	1650MAH	4.3英寸	800万	4 999元
MOTO ME860	双核1.5GHz	1GB	1930MAH	4.0英寸	500万	4 298元
LG OPTI 2X	双核1.0GHz	512MB	1500MAH	4.0英寸	800万	2 575元

以后，小米把这种对标形成了方法论，在红米Note1、小米手机4，以及小米智能音箱（小爱同学）、小米路由器、小米净水器等产品的营销中用到极致，成为小米爆款战略的绝招。

对标营销，在传统产业里也玩出了花样，令人叫绝。

有人在汽车营销领域对标互"顶"，非常有趣。

先是奔驰与宝马用自己的历史对标互"顶"，奔驰先致敬宝马："感谢100年来的竞争，没有你的30年，我其实很孤独！"而宝马也回应，并小小地反击了一下："君生我未生，我生君已老"。

梅赛德斯-奔驰E级混合动力车面世，直接用关云长的故事，"顶"向宝马、奥迪等，要"过五关，斩六将"，从而，引发一场对标大战。

宝马先是直面回应，也是拿关云长说事，"大E失荆州，失E走麦城——无宝马，不英雄"！

接着各家全拿这关云长说事，开始了对标。

奥迪："英雄逐鹿——'奥'视天下，岂可无'迪'！"

雷克萨斯："所谓英雄，E路货色——'混'战时代，绝不'雷'同！"

林肯："骑赤兔，失E走麦城——奥悔不已，不如行林肯之道。"

英菲尼迪："过五关，斩六将；大E失荆州，失E走麦城——论'英'雄，'菲'我莫属！"

捷豹："大意失荆州，东方传捷'豹'。"

直接的竞争对手，对标得不亦乐乎，关系不大的车，也不堪寂寞加入战团。

皇冠："三分天下，只为一顶'皇冠'。"

玛莎拉蒂："载者，百兵之魁——三叉海魂，震乾坤！"

法拉利："三军伫立待发——唯猛将，策马先行。"

福特则把曹操拉来："大江东去浪淘沙，百年福特砥中流——操！无'操'不行！"

汽车行业对标正犹酣，九大电视公司就"曲面电视"，也开始大战。

小米以"薄"直面海信："信，听哥的，又薄又弯才够爽。"

海信用ULED回敬小米："米，信叔爽三年了，无U不欢"。

创维："不要'米'恋弯，不要'信'忽U——黑科技，才精彩。"

长虹对上LDR："不'米'弯，不'信'薄，不扯O，画质够硬才叫爽。"

酷开用OLED加入混战团："不要'米信'弯和薄，不带O的都是耍流氓！"

TCL指向量子技术："谁都可以弯，但不要'米信'。食色性也，量子点技术给你更多色彩惊喜。"

乐视指向内容："无'米'之炊，夸下'海'口，信口'开'河"，一无所'长'——拒绝只谈硬件！"

风行指向工厂："你不要'米信'，也不要耍'酷'，你说'长'和硬不够。乐，听我一句劝——无工厂，不生态"。

暴风电视也来"打酱油"："无'米'之炊，夸下'海'口，信口'开'河，'视'而不见——谈笑'风'生！"

如此对标，也是互联网时代的一种社会进步。

22.3　重构建体系与经典对标

在我从事咨询策划的几十年中，学习、对标，是我最喜欢的方法论。

"一经六道十八法"企业重构建体系的确立与推行,也时时刻刻在对标。

不仅对标重构建理论创立者詹姆斯·迈天,对标世界级的优秀企业、对标国际管理大师、对标卓越的同行,甚至对标哲学、军事、宗教,从中汲取智慧的能量。

重构建哲学"实事求效",对标"实事求是",寻找企业发展的启迪,在混沌、复杂、不确定的互联网时代,找到企业的灵魂。

"精神为本"对标的是"人的因素第一";是禅宗"一切万法,尽在自身心中";也是杰克·韦尔奇"帮助别人建立自信心是领导工作中不可或缺的一部分。"

"悖论相生",对标的是彼得·圣吉"心智模式不在于它的对或错,而在于你不了解它是一种简化了的假设,以及它隐藏在人们心中不易被察觉与检视";是量子物理学中"薛定谔的猫"……

"简易是金",对标的不仅仅是《易经》,还有戴维·帕卡德《惠普之道》所言:"在一种真正不拘形式、直呼其名的气氛中进行管理更为有效和自在。我们希望我们的工作人员以一种较为简单和直接的方式彼此进行沟通。"更对标新时代的互联网风格"简单、极致、迭代"。

至于本书后面逐步展开论述的"做一个量子领导者""打赢班长的战争""企业家是首席产品官""驾驭人性的爆品""效100重构建战略执行一体化系统"等,总而言之,重构建思想与体系,都是对标大家,比肩巨人产生的"智慧闪光"和"生命活力",从这一点看,它应该是企业甚至是人类的共同财富。

第23节 咫尺匠心

2016年3月5日、2017年3月6日,在两年的《政府工作报告》中,国务院总理李克强都提出"工匠""工匠精神"。指出"要大力弘扬工匠精神,厚植工匠文化,恪尽职业操守,崇尚精益求精,培育众多'中国工匠',打造更多享誉世界的'中国品牌',推动中国经济发展进入质量时代。"

工匠精神,指工匠以极致的态度对自己的产品精雕细琢,精益求精、追求更完美的精神理念。工匠们喜欢不断雕琢自己的产品,不断改善自己的工艺,享受产品在双手中升华的过程。工匠精神的目标是打造本行业最优质的产品,其他同行无法匹敌的卓越产品。概括起来,工匠精神就是追求卓越的创造精神、精益求精的品质精神、用户至上的服务精神。

工匠精神不仅体现了对产品精心打造、精工制作的理念和追求,更是要不断吸收最前沿的技术,创造出新成果。当今社会心浮气躁,追求"短、平、快"(投资少、周期短、见效快)带来的即时利益,而忽略了产品的品质灵魂。因此企业更需要工匠精神,如此才能在长期的竞争中获得成功。当其他企业热衷于"圈钱、做死某款产品、再出新品、再圈钱"的循环时,坚持工匠精神的企业,依靠信念、信仰,看着产品不断改进、不断完善,最终,通过高标准要求历练之后,成为众多用户的骄傲,无论成功与否,这个过程是他们完完全全的精神享受,是脱俗的、也是正面积极的。

工匠精神落在个人层面,就是一种认真精神、敬业精神。其核心是不仅把工作当作赚钱养家糊口的工具,更是树立起对职业敬畏、对工作执着、对产品负责的态度,极度注重细节,不断追求完美和极致,给客户无可挑剔的体验,将一丝不苟、精益求精的工匠精神融入每一个环节,做出打动人心的一流产品。

工匠精神落在企业家层面,可以是企业家精神:创新、敬业、执着。创新是企业家精神的内核,企业家通过从产品创新到技术创新、市场创新、组织形式创新等全面创新,从创新中寻找新的商业机会,在获得创新红利之后,继续投入、促进创新,形成良性循环。敬业是企业家精神的动力,有了敬业精神,企业家才会有全身心投入企业中的不竭动力,才能够把创新当作自己的使命,才能使产品、企业拥有竞争力。执着是企业家精神的底色,在经济处于低谷时,其他人也许选择退出,唯有企业家不会退出。

重构建，是一场哲学、科学、实学相互交杂的浩瀚企业工程，没有工匠精神，会一事无成。

23.1 工匠精神根基在匠心

工匠精神，关键要有一颗匠心。而匠心，则是最重修炼。

唐代诗人张祜"精华在笔端，咫尺匠心难"，讲的是匠心，表在于匠，根植于心。

匠心，是专业主义的中国式表达。

庄子曾说过："技可进乎道，艺可通乎神。"尽管我们生活的时代追求速度，追求效率，但是最终的评判标准永远不会变，那就是专业二字。

日本著名的管理学家、经济评论家大前研一就在他的《专业主义》一书中倡导，在21世纪激烈的竞争中，我们已无处退缩。个人之间、企业之间、国家之间的竞争已经跨越国界，胜利者与失败者的区分变得更为清晰，唯有专业技能和职业素质兼备的专家才能在全球化经济社会站稳脚跟。

匠心，是理念文化的殊途同归。

日本的工匠精神近年来被追捧得光芒万丈，自从秋山利辉的《匠人精神》盛行以来，野村进的《一千年的志气》、窦少杰的《百年传承的秘密》等都相继被推送到畅销排行榜。很多人急于从书中找到黄金屋、颜如玉，迫切想窥探成功的秘密。可即使是马云，在当下这样的环境，也不可能再重新创造出一个阿里巴巴。每个民族有各自的文化精神，片面的盲从肯定是不得当的。日本人做事细致，有部分原因是因为环境资源匮乏造成的。瑞士手表、德国工业都可以理解为具有工匠精神。用美国当代著名社会学家理查德·桑内特的话说："只要拥有一种纯粹为了把事情做好而好好工作的欲望，我们每个人都是匠人。"真正的匠人出品，是无法被模仿的，它是匠人的个人乃至民族灵魂的表达。

匠心，是爱岗敬业的完美诠释。

三百六十行，行行出状元。作家刘震云说过："能将胡辣汤做得顾客盈门，生意红火，和能让原子弹上天没有什么本质区别。"工作本质上没有优劣之分，有的只是利益不同，喜好不同。如果你必须坐在这里开对你毫无吸引力的会议，那么你就应该认真听，不为了别的，就为了将来有一天当你也有能力站在主导位置的时候，你能知道该如何主持这场会议，如何让别人听进去你的话，如何说得更有条理。泰山不让土壤，故能成其大；河海不择细流，故能就其深。爱岗敬业不仅仅是一句口号，更是工匠精神最基本最核心的东西。只有爱，才能产生能量，只有敬，才能将心奉上。找到甘之如饴的心境，尽全力做好螺丝钉的工作，这才是工匠精神。

匠心，是人生的一场修行。

现代社会的效率观与传统工艺对精雕细琢的强调产生了冲突。在尚未成熟的发展中市场，或是利益驱动，或是人情左右，让我们忘了初心，失了本真，追逐在名利之后。匠心，就是耐住寂寞，抵住诱惑，修炼一生心性。

匠，专于业，心，沉于精。纵然需青灯黄卷苦读，也必然要热血挚情坚韧。

当你足够优秀的时候，成功自然会来找你。

23.2 "守、破、离"与重构建

"守、破、离"来自日本的"合气道"，是一种自卫拳术招式的学习模式。

它包含三个层次。

第一层"守"，跟着师傅修业谓之守。守是模仿，遵循，是无我的过程。守，以理想为基，久久为功而不改初衷，精益求精而臻于至善。守的阶段需要完全开放心智，全盘接受导师的教导。此时应该学习唯一的真理，知道唯一正确的方法，分清对与错。通过长期不辍的练习，将对规则的记忆固化在自己的身体中。所谓效法定石，就是以前人所定之规矩为准，是守的修行，是必须严格学习一种招式。

第二层"破"，在传承中加入自己想法谓之破。破，以思考为底，无思考则无变化，无变化则始终是老样子，学而思才能"芳林新叶催陈叶"。学习到某种程度后，借自己的用功机智等将它突破，此即相当于第二阶段的破的修行。修炼更进步时，想突破的意识，想立异作为的念虑自然脱开，终于不知不觉地升离，但这一切还是不失法不越矩的。

第三层"离"，开创自己的新境界谓之"离"。离，以创新为核，有非同寻常的构想，方能"人无我有，人有我强"。脱离招式的束缚，达到一种"无招胜有招"的境界。

匠心之道，看似无着处，实则有迹可循。当年，法拉第要求弟子每天记录实验结果，弟子觉得这事枯燥乏味没意义，不久就走了。后来，法拉第因电磁学方面的重大发现而获得殊荣，面对一事无成又找上门来的弟子，他说自己不过是把弟子认为没意义的事坚持了10年，在记下数千个"NO"之后，终于写下了一个"YES"。

今天，有的研究者缺少坐"十年冷板凳"的决心和毅力，耐不了寂寞，稳不住心神。有的人在立项资助"诱惑"下，频繁转换"频道"，甲地优惠到甲地，乙地优惠又跑回乙地。心上长草"守不住"，飘移不定，无法把一件事干到极致。正如王石所说："中国无论是互联网还是传统企业都缺少一种东西，就是工匠精神。"

其实在我看来我们并不是缺乏工匠精神，只是在这个追求"短，平，快"的当下，这种精神已经被浮躁的，追求效率化的方式所掩盖，被挤出了历史舞台的前沿。工匠精神，沉浮于世，却平淡于水。

企业转型升级重构建，就是一场"守、破、离"的革命，它需要极具匠心。

在我从事咨询策划行业的近三十年里，朗朗盛世，荡荡乾坤，"遍地英雄下夕烟"，有太多的机遇向我招手。作为体制内的干部，曾有资源和机会在经营人才紧缺的原报业领域再进一步；作为有成绩的"智囊人物"，曾有资源和机会在省以上的政府机关谋得一席之地；作为参与操盘多家企业上市的推手，曾有资源和机会出任上市公司的总裁；作为"战略战术双通"的企业家，曾有资源和机会由虚转实，在房地产、高科技行业里一展身手……

然而，我在诸多"资源和机会"中，没有迷失，没被诱惑，没被牵引。痴守在咨询策划产业，坚持一年、坚持十年、坚持二十年、坚持二十五年，而且还要再坚守下去。2016年3月，我受聘广东博融智库专家团，发表感言时，讲了自己的追求，讲了咨询策划要遵循的"四字三言"。

四字：守正出奇。守正，耐得住寂寞，不被利禄诱惑，不被浮躁干扰，在咨询策划产业的正道上，咬定青山不放松。出奇，是脚踏时代潮头，时时革新自我，修炼"真功绝活"，创建核心竞争力。

三言：一生坚持三做。一是做有意思的事，享受咨询策划；二是做有意义的事，知识分子以智慧报效国家、报效人民；三是做有意境的事，定心广志，活出生命质量。

重构建，是我近三十年的心血凝聚，是我的"匠心"，是我生命的意义。

第24节 知行合一

对于转型升级、对于重构建，知道不重要，重要的是做到。

杰克·韦尔奇来中国演讲，台下众多企业家听后觉得有些失望，好像没取得什么真经，没什么新意，就对杰克·韦尔奇说："你所说的都是我们知道的一些常识而已！"

杰克·韦尔奇淡淡地说："你说得对，这些原则你们都知道，但只有我做到了。"

知道、做到，融合在一起就是"知行合一"。

知行合一，是明朝思想家王阳明提出来的，指客体要顺应主体，知是指科学知识，行是指人的实践。知与行的合一，不仅要认识（知），尤其应当实践（行），只有把知和行统一起来，才能称得上善。明武宗正德三年（1508年），王阳明在贵阳文明书院讲学，首次提出知行合一说。知行合一，是阳明心学的核心。

首先，知中有行，行中有知。王阳明认为知和行是一回事，不能分为"两截"，"知行原是两个字，说一个功夫"。从道德教育上看，王阳明极力反对道德教育上的知行脱节及"知而不行",突出地把一切道德归于个体的自觉行动。这是有积极意义的。因为从道德教育上看,道德意识离不开道德行为,道德行为也离不开道德意识,二者互为表里,不可分离。知必然要表现为行,不行不能算真知,道德认识和道德意识必然表现为道德行为,如果不去行动,不能算是真知。王阳明认为:良知,无不行,而自觉的行,也就是知。这无疑是有其深刻之处的。

其次、以知为行,知决定行。王阳明说:"知是行的主意,行是知的功夫;知是行之始,行是知之成"。意思是说,道德是人行为的指导,按照道德的要求去行动是达到"良知"的功夫。在道德指导下产生的意念活动是行为的开始,符合道德规范要求的行为是"良知"的完成。

在王阳明的心学体系中,"心即理""知行合一""致良知"是三个比较重要的命题。心即理是王阳明哲学的逻辑起点,也可以说是他的宇宙观。他认为心便是天理,是万事万物的根本,又是万事万物变化的归宿。

在此基础上,他提出了知行合一的理论,肯定人的能动作用,认为知和行是相互联系、相互依存的。既然知道这个道理,就要去实践,如果不去实行,就不能算是真正的知道。

在方法论方面,王阳明认为朱熹的"格物致知"是错误的,应该是致良知。人们应当用自我的"心之本体",即"良知",来主宰和支配一切行为,从而实现自己的人生价值。他相信自我的力量和潜在的能力,否定用现成的规范和教条来束缚身心,主张人们将道德准则融入日常的生活中,以良知代替私欲,破除"心中贼"。只有去掉内心世界的恶欲和私欲,才能拯救个人,进而解决现实的社会问题。

知行合一,体现在企业上,就是战略执行一体化,就是强化执行力。

执行力,指的是贯彻战略意图,完成预定目标的操作能力,是把企业战略、规划转化成为效益、成果的关键。执行力包含完成任务的意愿,完成任务的能力,完成任务的程度。对个人而言,执行力就是办事能力;对团队而言,执行力就是战斗力;对企业而言,执行力就是经营能力。而衡量执行力的标准，对个人而言是按时按质按量完成自己的工作任务；对企业而言就是在预定的时间内完成企业的战略目标，其表象在于完成任务的及时性和质量，但其核心在于企业战略的定位与布局，是企业经营的核心内容。

而按照余世维博士的说法，执行力"就是按质按量地完成工作任务"的能力。

转型升级人人知道，重构建也不难理解。如何做到？就是提升执行力。

在转型升级重构建中，提升执行力，要践行"快、实、新"三个字。

第一，要着眼于"快"，只争朝夕行动。

"明日复明日，明日何其多。我生待明日，万事成蹉跎。"要"立即行动、马上就办"。早一天转型升级、早一天重构建，企业就早一天脱离苦海，走向新生。

第二，要着眼于"实"，扎扎实实展开。

天下大事必作于细，古今事业必成于实。重构建涉及企业价值链上的每一个环节，好高骛远、作风漂浮，结果终究是一事无成。必须发扬严谨务实、勤勉刻苦的精神，真正静下心来，从小事做起，从点滴做起。一件一件抓落实，一项一项抓成效，干一件成一件，积小胜为大胜，养成脚踏实地、埋头苦干的良好习惯。

第三，要着眼于"新"，开拓创新推进。

要敢于突破思维定式和传统经验的束缚，不断寻求新的思路和方法，使重构建的力度更大、速度更快、效果更好。

第25节　内圣外王

企业的终极目标、也就是重构建的终极境界是什么？

人们往往会套路般地回答，是跟上新时代，是成为优秀企业、卓越企业、长青企业……

我的答案是：内圣外王。

这是在哲学层面上诠释企业层次。

25.1 内外兼修者胜

审视改革开放四十年的中国企业，在生存与发展的舞台上，大多数是在瘸着腿跳舞。

有的企业一味坚守所谓的"低调"，不谙趋势，不问变化，不研究消费者深层次需求，只按自己的想象研发产品，只按自己的喜好经营企业。结果因被时代、被市场、被用户遗忘，慢慢地或将慢慢地消失。

有的企业一味追求所谓的"形象"，高调营造大势，巨资投放广告，变态地圈钱、融资做资本运营，忽略法规、技术、产品、员工、用户等企业底线要素的修炼，结果停滞、亏损直至大崩盘。如江苏保千里视像科技集团股份有限公司，业务涉及人工智能、虚拟现实、智能驾驶等，2015年完成借壳上市，股价一路飙升，一度逼近30元每股。但是公司上市后因涉嫌信息披露违法违规，被证监会严厉处罚，公司经营也大部分处于半停顿或停滞状态，股票连续几十个交易日跌停，最低只有1.36元，刷新A股跌停的历史记录，股民人均亏损7万元。

内圣外王的修炼，是根治企业"瘸腿症"的良药。

内圣外王最早出现于《庄子·天下篇》："圣有所生，王有所成，皆原于一（道）。此即内圣外王之道。照《天下篇》看，内圣外王是天下之治道术者所追求的。

内圣是人格理想，它表现为："不离于宗，谓之天人，不离于精，谓之神人；不离于真，谓之至人。以天为宗，以德为本，以道为门，兆于变化，谓之圣人，以仁为恩，以义为理，以礼为行，以乐为和，熏然慈仁，谓之君子。"

外王是人的政治理想，它表现为："以法为分，以名为表，以参为验，以稽为决，其数一二三四是也，百官以此相齿；以事为常，以衣食为主，蕃息蓄藏，老弱孤寡为意，皆有以养，民之理也。"

通俗地讲，内圣就是修身养德，要求人做一个有德性的人；外王就是齐家、治国、平天下。内圣外王的统一是儒家学者们追求的最高境界。

在内圣方面，孔子主张："克己复礼为仁。一日克己复礼，天下归仁焉。为仁由己，而由人乎哉？"一个人能不能成为品德高尚的仁人，关键在于自己。正所谓"我欲仁，斯仁至矣"。

在外王方面，儒家以"修己"为起点，而以"治人"为终点。子曰："修己以敬""修己以安人""修己以安百姓"。

在孔子的思想中，内圣和外王是相互统一的，内圣是基础，外王是目的，只有内心不断修养，才能成为"仁人""君子"，才能达到内圣，也只有在内圣的基础之上，才能够安邦治国，达到外王的目的。同样，内圣只有达到外王的目的才有意义，外王实现了，内圣才最终完成。比如孔子说："夫仁者，己欲立而立人，己欲达而达人。"自己立身，通达了，也不要忘记使别人也能立身，通达。也就是说，在满足自身需要的同时，也要满足他人的需要，两者都满足了，才是一个真正的仁者，也才能真正做到"内圣外王之道"。立己，达己是基础，立人，达人是归宿。

孔子内圣外王思想中，体现了道德与政治的直接统一。儒家无不讲道德，也无不谈政治，认为政治只有以道德为指导，才有正确的方向；道德只有落实到政治中，才能产生普遍的影响。没有道德做指导的政治，乃是霸道和暴政，这样的政治是不得人心的，也是难以长久的。

孔子时代并没有明确提出内圣外王这一概念，而是道家思想代表庄子提出，其思想内涵与孔子在《大学》所提到的"大学之道，在明明德，在亲民，在止于至善"这一统治天下的准则，即把个人修身的好坏看成政治好坏的观点相吻合。"格物、致知、诚意、正心、修身、齐家、治国、平天下"八个条目被视为实现儒家内圣外王的途径，其中格物、致知、诚意、正心、修身被视为内圣之业，而齐家、治国、平天下则被视为外王之业。内圣外王这一思想也对中国的政治、伦理、文化以及哲学等产生了重要影响。

在当代企业界，"内强素质，外树品牌"是对内圣外王的一种通俗化解读，它涵盖企业资本循环的每一个节点，按照"价值链"理论，就是包括设计、生产、销售、发送等全过程。管理专家戴万成先生则用"修己安人"来诠释内圣外王，概括为"内圣'六序行'与外王'新五事'"。内圣六序即"人、心、技、智、得、道"，是企业修己的六个方面；外王五事即"态、谋、势、易、善"，是企业安人的五个途径。

事实上，企业重构建的过程，就是修炼内圣外王的过程，重构建体系本身，也体现着内圣外王，比如贯穿着"一经六道十八法"的实施策略："系统思考，一点突破"。

系统思考，是内圣；一点突破，是外王。

25.2 企业的内圣外王

内圣外王在企业的呈现，主要由企业家自身带动。

修正药业董事长修涞贵是国内较早以内圣外王为目标的企业家，他认为，内圣之道是企业家走向卓越的精神内核和原动力，内圣是建德，外王是建功。企业家的内圣是实现外王的基础，外王是内圣的目标。内圣正己，外王修人，是中国是企业家修炼的本质核心。

他把内圣外王作为修正哲学根基，认为"修正"本身就是哲学，就是认识论和方法论。

不修何以为正？所有事情都要修，不修就不正。修正是人类社会最伟大的方法，修正哲学是缔造卓越人生的大智慧。修涞贵把这一理论变成了自己和员工的共同信仰。这些，都体现在修涞贵确认的"修正哲学"中。

"过"与"不及"。世界上的错误只有两种：一个是过，另一个是不及。过错过错，过了也是错，不及就是达不到，也是错误，修正的目的是达到"致中和"，就是中庸之道。中庸之道不是不好，而是非常好！也就是说什么事情都要把握好度的问题。

"自然为是"与"自以为是"。人为什么会犯过和不及的错误呢？主要是没有处理好自然为是和自以为是的问题。自以为是是以主观认识为中心，强调人的主观能动性。它产生了人的信心、欲望、追求、思想，推动了人类的进步。自然为是是以自然为中心，是以自然客观实际为中心，强调客观存在。自然为是以符合客观实践和规律为高表现形式，它是人与人、人与社会之间能够和谐的主要原因。

私心是万恶之源，急私近利的人不配当领导！小气的人也做不了领导，心胸不开阔，当不了领导，有多大的胸怀你就干多大的事。

我们将在大胆构想，谨慎论证，冷静观察的基础上，科学决策，大胆决断，快速启动。大跨度构想、大手笔投入、大步伐前进，坚定地完成战略布局。

干大事就别计较小事；赚大钱就别算小账。

做企业是进易退难，而我们有些时候要学会"以退为进"，即要敢于"舍"，要永远牢记"现金为王、生存第一"的企业信条。企业不要完全依靠金融和股民的输血，而是要学会自身造血，要尽量做"有利润的现金流"，做"有现金流的利润"。企业竞争越激烈，所要求的专注度就越高。

责任起源于良心，来源于敬畏。在修正文化当中，首先要讲的是责任，制药行业的责任，责任是制药企业的本质。敬畏是对生命的敬畏、对法律的敬畏、对自然环境的敬畏。

每一个修正人从事的都是一项造福亿万民众、功德无量的善事，是一项崇高而神圣的事业！"达则兼济天下，穷则独善其身"，这是古代仁人志士的人生准则。企业发展了，应该首先想到的是回报社会、回报人民、"兼济天下"。

修正领导者要天地良心，公平正义。

大胜以德，小胜以智。企业家的道德、思想水准决定了企业的凝聚力。

要始终恪守"做好药，先做人"的传统美德，高举"民族利益高于一切，社会效益高于一切"的旗帜，弘扬"修得正心，开创无限"的企业精神，为实现"产业报国"夙愿而不懈努力！

一名真正的企业家要有企业经营者的敏感和迅捷，更要有企业家的使命感和社会责任感。应当说在这一点上，企业家和单纯的企业经营者是有区别的。所谓大胜以德，做企业家首先要有职业操守和职业追求，要有社会使命感。

所谓"自治者硬,自胜者雄"。其实并不是迈出第一步难,而是去大胆迈出第一步时自己战胜自己的过程比较难。

宁可让口袋贫穷,决不让脑袋贫穷,要敢于抛弃旧的观念,及时更新旧的思维,要改变普通人常有的生活习惯,做一个另类人就行了。

事物发展规律是"亢龙有悔,否极泰来"。企业哲学,就是冷静和理性的企业思考方式。所以做事一定要满怀激情,心如止水。

也正是"内圣正己,外王修人"的修正哲学,使"做良心药、放心药、管用的药"的修正集团,拥有国家级企业技术中心、国家级工程中心、博士后工作站,拥有自主知识产权产品近80个,拥有专利1 000多项,销售收入超过千亿元,企业先后获全国"五一劳动奖状"等近百项荣誉。

25.3 企业家的内圣外王

企业如人,更需要内圣外王。

方太集团董事长兼总裁茅忠群把世界企业分为两种,一种是大多数的普通企业,追求销量、利润,以竞争为目的的企业;另一种是极少数的企业,以使命、愿景、核心价值观为驱动的企业。

茅忠群一直把方太定义为后一种极少数的企业,简称使命型企业。

使命型企业跟普通企业一样也没有天生的蓝海,也同样会遇到竞争。但它们的思维模式有根本的不同。普通企业是红海思维,是"你死我活""赶尽杀绝""清理门户"的思维模式,这类企业通常把狼性精神作为企业文化;而使命型企业则是蓝海思维,是"你活你的""我活我的""共生共赢"的思维模式,是内圣外王的自我修炼,这类企业的文化通常强调人性、道德和社会责任。

茅忠群领导的方太,正是内圣外王的使命型企业,这给方太带来了不俗业绩。2012年以来,方太油烟机一直在高端目标市场占有率保持第一,品牌第一提及率、品牌购买首选率、品牌溢价指数等关键指标均在行业内遥遥领先。

中国石油化工集团有限公司原董事长傅成玉,则从参与国际化竞争角度，鼓励中国企业内圣外王，2016年他先后在凤凰国际论坛、长江商学院2016毕业典礼发表演讲，认为"提升中国企业海外形象要'内圣外王'"。

傅成玉指出，中国企业在海外的投资大幅增长，仅2016年1月到9月，中国企业对外直接投资额就达1 342亿美元，几乎进入各个行业并更多进入发达国家，已成为国际投资和收购兼并市场上一支非常活跃、非常重要的力量。这标志着中国企业的快速成长，但并不意味着这些企业可以长久成功。在国际市场上的可持续发展不仅体现在企业的技术、产品和服务要满足市场的需求上，更要体现在良好的企业形象上。遗憾的是，到目前为止，中国企业的海外形象并不是令人满意的。其中有外在因素，但更多的是中国企业的内在原因。

要打造良好的国际形象，中国企业不仅要在技术、产品和服务上实现超越——这只是"术"的层面的超越，更要在对责任的认知和担当上实现超越——这是"道"的层面的超越，更具根本性、长远性。

之所以要在"道"的层面实现超越，是因为西方的崛起建立在实力基础之上，中国的崛起是以道和德为根基。西方是通过实力的外延，即通过对目标市场占领控制的形式实现利益的掠取，责任则是利益获取后的衍生品、附带物，因此责任是外在的。对中国来说，责任是文化的基因，是内生的。无论是中国五千年传统文化还是当今中国的价值观，在这一点上都是一以贯之的。

在中国传统文化中，老子讲天地以其不自生而长生，也就是说，天地的大道是无私的，是给予的。天地人三道合一，首先是合在无私上，合在给予上。儒家讲克己讲亲民，讲民为重，社稷次之，君为轻，讲立己立人达于至善，讲先内圣后外王。佛家讲以众人之心为心，普度众生，讲自觉觉他德行圆满。今天，中国共产党更把中国优秀的传统道德提升到一个新的境界，要全心全意为人民服务，讲人民对美好生活的向往就是努力方向。从古至今，中国的道德文化都是向内求(克己)，向外予，讲责任，讲利他。所以，责任对中国人、中国企业来说是内生的。

遗憾的是，中国企业做得还不是很好。有些企业丢了道，忘了责，只顾自身利益，不惜伤害社会利益和大众利益。有些企业只是停留在西方企业的水准上，即仅仅做些在社会或资本市场的压力下不得不尽的社会责任。中国的企业家、员工要不断修炼，不断提升内在素质，提升道德水准，不断增强使命感、责任感，先把自己立起来成为"内圣"，然后到社会上、到国际上去打拼，去立人利他，去尽责，成为"外王"。

中国企业如何内圣外王？

一是要有大视野、大情怀。眼界决定境界，境界决定情怀。企业发展是为了个人积累财富，还是为全体员工共同发展？是为企业自身利益，还是为所有利益相关方实现共赢？是与社会争利，还是回馈社会、推动整个社会进步？企业的视野有多远，企业就能走多远。企业对未来世界发展变化的方向、力度和速度能看到多少，其应对这些变化的能力就有多大。中国企业走出去，不能占小便宜，不能靠贿赂当地政府官员拿项目，这些东西都不能使企业长远立足。

二是要有大格局、大担当。格局会决定结局。企业的格局不同，道德水平、使命感就不同，自觉承担的责任也不一样。中国企业要始终把自身利益与各利益关联方、社会大众利益以及生态环境相协调，相统筹，相一致。中国古人曾说"为天地立心，为生民立命，为往圣继绝学，为万世开太平。"那是中国古人的大格局。今天，习近平总书记倡导打造人类命运共同体，这是当代中国的大格局。中国企业是实现这个大格局的实践者、执行者、推动者，要把企业立于道德的制高点。

中国企业无论是在国内发展，还是到国际打拼，都要具备共同的特质。首先是帮助别人成功。你能帮助多少人成功，你的成功就有多大。特别是走向国际，要始终考虑如何帮助当地企业发展，如何让当地社会和大众受益。第二既要讲经济责任，又要讲社会责任和政治责任。无论你意识到与否，客观上这三者是不可分的。第三要自觉融入并服务于国家发展战略。国家发展战略是一个国家的利益所在。融入并服务一个国家的发展战略，就是融入了那个国家与社会的利益，企业就会得到当地政府和社会的支持，就会有市场,有发展空间。有多大的格局就有多大的担当。这些担当,不是来自外部压力,而是来自内心的自觉,这才是"道"的超越。

第 26 节　从智慧走向法则

综上所述,我们一口气罗列、讲述了"精神为本、多维格局、价值链接、君子豹变、悖论相生、简易是金、标杆基准、咫尺匠心、知行合一、内圣外王"等十条(也许还有更多)思维智慧。这些智慧,在中国企业参与市场竞争、从事正常经营管理、推进转型升级重构建中,为企业孕育着巨大的能量,甚至可以说,是指引企业生存与发展的瑰宝。

26.1　十大智慧的内在联系

这十大商业智慧,相互关联、互为促进、共生共有,从认识论、方法论、目标论三个维度,构成了实事求效语境下的综观大系统。

精神为本、多维格局、价值链接,是认识论范畴,指引我们认识企业的本质与结构。

君子豹变、悖论相生、简易是金、标杆基准、咫尺匠心、知行合一,是方法论范畴,是指引我们从事企业运营的方式、方法。

内圣外王,是目标论范畴,指引我们走向要达到的境界或目的。

认识论主要解决企业"是什么"的问题;方法论主要解决企业"怎么办"的问题;目标论解决企业"到哪去"的问题。

十大智慧关联

范畴	认识论			方法论						目标论
条目	精神为本	多维格局	价值链接	君子豹变	悖论相生	简易是金	标杆基准	咫尺匠心	知行合一	内圣外王
作用	本质			方式、方法						境界

26.2　十大智慧就是十大法则

智慧，作为一套严密的知识体系，让人成为一种具备灵魂、充满灵性与情感的生命；使人拥有认知能力、思维能力、判断力、记忆力、想象力、忍耐力与审美能力等高级智能型本质，让人可以高于实践。

法则，是方法、规则、原则、行为规范。

智慧与法则，是天生的一对，密不可分。《黄帝四经》曰："道生法。"

智慧，作为人的无上灵性的体现，当它被人们广泛认同，彼此之间形成一种心理契约时，智慧就转化为人们的共同行为、共同行为准则，乃至一个标准和法规，塑造出强大的精神支柱，形成坚不可摧的生命共同体。

在这个意义上讲，十大智慧，就是十大法则，制约重构建的方向、质量和企业的发展层次、境界。

第27节　案例：区域重构建，中国出了个"民生之都"

2014年12月4日，人民日报记者王乐文、姜峰、方敏在人民日报头版刊发新闻，题目是《陕西秦汉新城打造"民生之都"》，摘要如下：

近年来，陕西西咸新区秦汉新城以打造"民生之都"为总揽，从新区规划到项目建设，始终围绕城镇化过程中百姓的乐居乐业推进。近日，记者走进陕西西咸新区五个组团之一的秦汉新城。今年初，随着西咸新区获批我国首个以创新城市发展方式为主题的国家级新区，其"现代田园城市"的建设理念正在这里"点染着墨"。总面积近2万亩的五陵塬绿化生态治理，在原貌不变的基础上用秦汉建筑风格对遗址区村落进行"穿靴戴帽"的民俗文化改造，秦汉新城在文物保护区坚持"不动一砖一瓦"，充分挖掘帝陵文化资源、大力发展乡村旅游，让农民实现就地城镇化。一座占地1.57平方公里、却能容纳8万常住人口的"立体城"正在秦汉新城加紧建设。这座"微城市"只需传统用地的七分之一，满足的却是"15分钟步行圈"内，居住、教育、医疗、养老、休闲等60种功能的全龄人群一站式生活需求。"田园乐居、文化乐活、健康乐养，其指向是秦汉新城致力打造的'民生之都'，真正使城镇化转变为创造群众幸福生活的过程。"

这篇报道，推出一个响亮的名字"民生之都"，而这"民生之都"，是重构建的产物。近年来，我把重构建的范围，从企业扩展到产业、区域，为政府策划、设计区域发展的重构建。

"民生之都"的重构建，要从人民日报传媒文化公司董事长郑有义说起。郑有义是国内知名的作家、记者，曾与我一起在军队从事新闻报道，至交四十年，相互敬重欣赏，情同管鲍。2006年，郑有义就职人民日报广告部主任，就曾邀请我为广告部授课，我也曾偶尔参与一下郑有义主持的一些策划项目，还曾一起到辽宁阜新，探索"资源枯竭型城市的转型升级"课题。郑有义一直希望我能够"在人民日报的平台上，做些更大的事"，他聘请我出任人民日报文化传媒公司的首席策略官，并与明天策略集团签订了合作协议。在人民日报极度紧张的办公空间里，他还特地为我单设一间办公室，要我静心研究，"琢磨出点大策划"，我因而每月要到人民日报文化传媒公司"签到"，履行"首席策略官"之职。

2014年，国务院批准设立了第七个国家级新区西咸新区，秦汉新城管委会主任杨占文是个极有创新意识的人，他提出秦汉新城要"在最具东方文化底蕴的地区做成代表东方特色的城市，完成对全球城镇化的贡献。"他邀请人民日报文化传媒为其进行形象策划与宣传，郑有义与我一起带领团队赴西咸新区考察。考察中，我们根据大量的第一手资料，建议应抓住"民生"做文章，重构秦汉新城理念、文化和业态，打造中国第一个"民生之都"。

在与秦汉新城管委会领导与干部的考察交流会上，我们从中央赋予西咸新区"探索和实践以人为核心的中国特色新型城镇化"的使命，到"推进'一带一路'建设、创新城市发展方式、以文化促发展"三大改革任务，再到秦汉新城建立以来为老百姓民生做出的"十大代表性事件"，阐述民生之都的概念、意义，论说秦汉新城创建"民生之都"的可行性与迫切性。

都，狭义上是大都市和一国最高行政机关所在，广义上，凡是事物集聚地、凡事物唯一地，均可称为"都"。秦汉新城，是古代丝绸之路的发源地，是现代丝绸之路经济带的重要支点，是秦汉文化的发源地，是西部大开发的新引擎，是中国新型城镇化建设的范例。历史上有厚重的民生文化，现在有丰硕的民生成果，未来将承载民生之都策源、传播、发展重任。定义为"民生之都"，实至名归。

对于创建"民生之都"的意义，我们阐述："西咸新区秦汉新城农业尚处传统，工业基础较弱，第三产业比重低，土地供应量小。不能一夜之间催生农业产业化变革走出贫瘠，也不能一夜之间完善工业化的价值链创造财富，也不能一夜之间建起生意兴隆的热闹街市。但能以共产党人的基本觉悟和精神，践行'人民对美好生活的向往，就是我们的奋斗目标'，扎扎实实为老百姓服务，用不亚于任何人的努力，把'民生'做到极致。"

秦汉新城以创建"民生之都"为目标，是发展区域经济与社会的最佳选择，是功德无量的事业，是党的群众路线教育、是"四个全面"、是伟大民族复兴"中国梦"的最佳实践。秦汉新城创建民生之都的意义与价值，远远超过建设一个实体城区，是对中国乃至世界的最大贡献。

秦汉新城管委会主任杨占文对"民生之都"连连称是，认为创建"民生之都"，说出秦汉新城管委会全体工作人员的心中愿景，是可以付出一生的奋斗目标。他代表管委会表态，请我们为其制订《秦汉新城创建民生之都规划》。

这样，郑有义、我、杨占文三个人的手紧紧握在一起，开始了一场意义非凡的"造都"工程。

在接下来长达一年的"造都"重构建中，"民生之都"使命形成了"为民生影响中国！"这成了秦汉新城人的口号。

"民生之都"的"一三五九综观体系"形成了：一都，民生之都是旗帜，是秦汉新城的中国梦；三城（文化之城、田园之城、健康之城）是主体，是秦汉新城富庶民生的产业支撑；五系（生活质量系统、经济发展系统、公共服务系统、社会管理系统、精神幸福系统）是内容，是秦汉新城民生之都的制度保障；九有（学有所教、业有所就、住有所居、病有所医、老有所养、家有所乐、身有所安、需有所助、心有所归）是结果，是社会对"民生之都"的认知标准。

"民生之都"评价指数形成了：一项一级指标、五项二级指标、十七项三级指标、二百余项四级指标，环环相扣，步步关联，"民生指标"成为秦汉新城干部最"刚性"的考核。

"民生之都"空间布局形成了：一轴二核三带三区三城。

"民生之都"产业安排形成了：主导产业、新兴产业、种子产业，梯次合理，支撑"民生之都"生存发展。

"民生之都"目标、模式、行动方案、突破方向形成了……

秦汉新城的"民生之都"创建活动，没有停留在纸上规划，迅速演变成秦汉新城干部员工的行动。杨占文主任几乎逢会必讲："以更高的标准、更严的要求，审视自身思想观念、精神面貌和工作状态，把思想状态调整好，把纪律执行好，把制度落实好，抢在前，走在前，让'民生之都'在秦汉新城落地生根。"

秦汉新城把"民生之都"的创建体现在"民安、民丰、民康、民强"八个字上。民安：抓保障房、渭河综合治理工程，让群众生活得舒心安心。民丰：抓保障金、就业机遇落实，让群众钱包鼓起来。民康：抓完善的医疗体系，让群众看病不再难。民强：抓优质教育资源，强民智。2015年秦汉新城完成固定资产投资200亿元；招商引资合同资金150亿元，外资到位1 300万美元，融资35亿元。西咸新区生产总值近40亿元，GDP涨幅达到11.7%，高出陕西省增速2%。"民生之都"，开始在三秦大地烁烁闪耀。

"民生之都"创建活动，获得社会广泛认同。中宣部一位副部长闻听后，专门听取了有关情况汇报，指出创建"民生之都"是"惠民、助民、化民、乐民"的壮举。

2016年12月8日，人民日报社主办了"西咸新区秦汉新城创建民生之都专家研讨会"，国务院发展研究中心、国家发展和改革委员会、中国人民大学、西安交通大学等领导与专家百余人出席论坛。

人民日报社副社长张建星在会上发表讲话，称赞"民生之都"走出来一条"以人为核心的新型城市化发展之路"。

在会上，我做主题发言，详尽介绍了秦汉新城创建"民生之都"的规划、结构、做法和对践行"中国梦"的意义。

国务院发展研究中心区域经济研究部部长侯永志博士，在着重指出"民生之都"要发展高质量产业，把文化资源变成文化产品和考虑发展过程的人性化问题后，建议"民生之都"还要提倡邻里经济，在文化之城、田园之城、健康之城的基础上，增加融洽之城。国家发展和改革委员会社会发展研究所所长杨宜勇，提出"民生之都"要有独特的品质，要在机制的复苏上做文章，按照人民的意思办事情。中国人民大学教授陈彦斌、西安交通大学教授杨东朗、西北农林科技大学教授刘天军等纷纷发言，分别从供给侧改革、完善"民生之都"规划布局、建设"民生之都"政策研究体系等方面提出建设性意见。

第 5 章 重构建之法：系统制胜

重构建，作为一个特定时期的特定术语，它是一个连接词，往前对接的是工业化时代的企业，往后对接的是已经到来的，互联网技术兴起后的后工业化时代、物联网、人工智能和真正的互联网化时代。

重构建，是这两个时代之间转化的过程，是企业的一个进化过程。

重构建，突破了企业模式、产品、服务、保障、用户等五个基本层面，渗透在企业、资本循环的全过程，在企业的每一个节点上，都发生着深刻的颠覆与变化，都需要进行深层次的进化。

重构建，以"进化"的"化"为缀，形成环环相扣的制胜系统——六化。

点化、规划、优化、固化、孵化、转化，这"六化"在实施中，以彼此递进、相互循环的逻辑，形成了独特的重构建价值链，呈现了重构建的综观系统，释放着重构建的内在能量。

第 28 节　点化——额头猛击一掌

点化，原指道教传说中神仙使用法术使物变化的过程，后来常常借指用言语或其他方式启发人，使其深思、觉醒、了悟。

历代史学、文学的作品中，记载了有关点化的词句和故事。

唐代刘得仁《送祖山人归山》诗云："不说金丹能点化，空教弟子学长生。"

《西游记》第五十回："西方路上多有妖怪邪魔，善能点化庄宅。""八戒不知是点化出来的幻境，只道是神仙居处的宅第。"

《红楼梦》第一一七回："宝玉本来颖悟，又经点化，早把红尘看破。"

而强调"内向转"，把哲学溶入文学的奥地利小说家弗兰茨·卡夫卡说"一本书，如果我们读了没有感到额头上被猛击一掌，那么读它干什么。"这句话，把点化作用说得最是到位。

28.1　点化经典：庄子言"杀"三千剑客

《庄公说剑》讲述庄子"一言服毙三千剑客"，是点化的一曲绝唱。

赵王喜好剑术，击剑的人蜂拥而至，门下食客三千余人日夜比试剑术，死伤的剑客每年都有百余人，赵文王无心理国。如此三年，国力日益衰退。

庄子受太子之邀，说服赵王停止比试剑术："我听说大王喜好剑术，特地用剑术来参见大王。"赵王说："你的剑术怎样遏阻剑手、战胜对方呢？"庄子说："我的剑术，十步之内可杀一人，行走千里也不会受人阻留。"

赵王听后要庄子暂回馆舍休息，随之让剑士们比武较量，死伤六十多人，从中挑选出五六名高手。七天后召见庄子让剑士们与之比试剑术。

赵王说："先生所习惯使用的宝剑，长短怎么样？"庄子说："我的剑术长短宝剑都适应。不过我有三种剑，任凭大王选用，请让我先做些说明，然后再行比试。"赵王说："愿意听听你介绍三种剑。"

庄子说："有天子之剑，有诸侯之剑，有百姓之剑。"

"天子之剑，以燕溪的石城山做剑尖，以齐国的泰山做剑刃，以晋国和卫国做剑脊，以周王畿和宋国做剑环，以韩国和魏国做剑柄；用中原以外的四境来包扎，用四季来围裹，用渤海来缠绕，用恒山来做系带；靠五行来统驭，靠刑律和德教来论断；遵循阴阳的变化而进退，遵循春秋的时令而持延，遵循秋冬的到来而运行。这种剑，向前直刺一无阻挡，高高举起无物在上，按剑向下所向披靡，挥动起来旁若无物，向上割裂浮云，向下斩断地纪。这种剑一旦使用，可以匡正诸侯，使天下人全都归服。

"诸侯之剑，以智勇之士做剑尖，以清廉之士做剑刃，以贤良之士做剑脊，以忠诚圣明之士做剑环，以豪杰之士做剑柄。这种剑，向前直刺也一无阻挡，高高举起也无物在上，按剑向下也所向披靡，挥动起来也旁若无物；对上效法于天而顺应日月星辰，对下取法于地而顺应四时序列，居中则顺和民意而安定四方。这种剑一旦使用，就好像雷霆震撼四境之内，没有不归服、不听从国君号令的。

"百姓之剑，全都头发蓬乱、鬓毛突出、帽子低垂，帽缨粗实，衣服紧身，瞪大眼睛而且气喘语塞。相互在人前争斗刺杀，上能斩断脖颈，下能剖裂肝肺，这就是百姓之剑，跟斗鸡没有什么不同，一旦命尽气绝，对于国事就什么用处也没有。"

赵王听后茫然若有所思，庄子进而言之："如今大王拥有夺取天下的地位，却喜好百姓之剑，我认为大王应当鄙薄这种做法"。

于是，赵文王三月不出宫门，剑士们都在自己的住处自刎而死。

28.2 点化是摧毁，更是创造

故事是虚幻的，企业是真实的。在真实的世界里，点化同样是咨询策划的灵魂，是让客户掌握事物与问题的本质，就像额头上被人猛击一掌，幡然醒悟一样。"伟大的战略就像卓著的艺术工作或重大的科学发现，设计出来时要求精通技术，起源却是超越理智分析范围的创造力和洞察力。"

点化的范畴，包括思想、技术、方法，甚至工具的运用，存在于企业运营及企业重构建的每一个角落。

点化的方式，可以是语言也可以是行为；可以是直接的，也可以是间接的；成功与否，要看被接受者的"造化"。

点化重要的是抓住要害，点明道理。点化并非高人一等，板起面孔训人，而是留心世事，注意观察，形成一得之见，说出别人一时看不清的问题。点化，要态度诚恳，和蔼对人，浅显明白，讲清道理。

点化是一种创造，其表现形式可以是一句口号，可以是一个方案，可以是一种技术，可以是一句批评，也可以是一句赞美。

点化的核心功效就是让企业重新认识自我、认识世界，抓到事物的本质。点化在重构建中，是重中之重。

点化代表一场革命，代表一种摧毁，代表一种创造，代表一种新生。

许多咨询公司在给企业做战略的时候，往往搬出了一大堆数据分析，无法点到企业的死穴，难以收到实效。

2013年，我为深圳市高福产业集团做战略诊断，针对企业管控方面，提出发展企业应辩证思维，点化企业经营者："价值观零允许（控制），要防堵，即防止堵塞企业人才通道、堵塞社会合作通道；加快战略发展布局（速度），要防断，即防止现金流断裂；市场空间巨大（机会），要防贪，即防止贪多，不会放弃；保持足度成长（绩效），要防躁，即防止焦躁，急于求成；专注每一个细节（标准），要防碎，即防止事无巨细，价值降低。"

句句如醍醐灌顶，声声似暮鼓晨钟，切中企业战略要害，其董事长听后足足沉默了十多分钟。回到企业后，董事长立即调整部署，避免了企业一场危机。

28.3 没有点化，就没有重构建

企业重构建，指企业适应技术进步与文化发展，打破旧有状态，从价值、结构、模式、供应链等要素进行全面彻底改造与进化，是一个成功的管理进化体系。重构建，是一场解构、重构的革命。没有点化，就没有这个颠覆式的过程，就没有重构建。点化，是重构建的独门心法。

点化，需要有一定的理论水平、丰富的知识、相当的说服功力与敏锐的观察力。点化式的咨询策划，是无刺的玫瑰，给人、给企业以美的享受，给人、给企业走上基业长青的有益启示。

我们文化自信的根源就是老祖宗几千年来留下的重要的精神富矿——儒释道。儒家的仁义礼智信，道家的无为自然，佛家的慈悲为怀。应该说儒家解决了人与人的问题，道家解决了人与自然的问题，而佛家则解决了人与内心的问题。儒释道精髓，是点化的源泉。

点化的过程，就是思想产生的过程。

点化的方法，往往有四种。

第一，看别人看不到的，见识差别是人的第一差别。

我们能够看到别人看不到的东西，就是远见。

人的肉眼看东西有一个生理极限，只有用心去悟，用心去看，才会产生远见。人无远见，必然有浅见。浅见，只能看到当下，不能看到未来；只能看到局部，不能看到全局；只能看到自己，不能看到他人。远见，就是前瞻性思考，辩证性思想，全局性思维。《人类简史》《未来简史》《今日简史》之所以畅销世界各地，就在于能够从过去的历史中摆脱出来，发现了不同和想象了各种可能性，是用历史给人类以点化。

第二，想别人不敢想，大胆假设世事皆可能。

没有做不到，只有想不到。想象也是一种点化，人的想象不受已有事物的局限，不受逻辑思维的束缚，是创造力的关键。

想到的未必都能做到，但要做到必须首先想到。往往成功者既不是工作最勤奋的那个，也不是知识最渊博的那个，却是最善于思考的那个人。

思维上的懒惰才是最大的懒惰。平庸者往往并不是不努力，而只是不愿意动脑子。善于想象的人，在不断地思考问题、发现问题中制造机遇，迎来一个又一个事业的拐点。

想别人不敢想的，你已经成功一半。唯有具备高瞻远瞩的目光，才可做出正确的决策。把握不了市场的变化，看不出行情的发展趋势，做出的决策可能就是有问题的。

把别人想不到、不敢想的，告诉他，对他就是点化。

第三，说别人没有说，只有偏执狂才能生存。

英特尔公司总裁安迪·格鲁夫说过许多"离谱"的话，其中"只有偏执狂才能生存"，是他的独有标签。

安迪·格鲁夫的商业哲学和战略思想的贡献在于，他提供了一种新的对付每个领导者所惧怕的噩梦时分的方法。这种被他称为"战略转折点"的灾难，他自己就遭遇了好几次，但在这位颇为警觉的领导者手中，"战略转折点"这种充满威胁的态势被成功地转换为一种强有力的良性力量。格鲁夫研究了各类企业的成败得失，总结了自己从事经营管理的经验教训，认为经营者，尤其是相当成功的经营者，万不能满足于既有的成绩，而要时时警惕，处处留神，随时准备对企业外部环境的剧变即刻做出反应，否则即使你已经取得了成功，也会很快地遭到淘汰。他提出，在新经济时代，企业将产生"10倍速因素"的突变，产业规则就将重新改写，竞争的优劣也将彻底改变，失败和成功都将以10倍速的节奏发生。企业领导人应随时保持某种程度上的"偏激"心态，一旦危机显现，就能够抢占有利地位，捕捉机会或者逃离陷阱。格鲁夫说："我所不惜冒偏执之名而整天疑虑的事情有很多。我担心产品会出岔，也担心在时机未成熟的时候就介绍产品。我怕工厂运转不灵，也怕工厂数目太多。我担心用人的正确与否，也担心员工的士气低落。当然，我还担心竞争对手。我担心有人正在算计如何比人们做得多快好省，从而把人们的客户抢走。我笃信'只有偏执狂才能生存'"。

第四，做别人都想做，成功在共识之中。

做别人都想做的，就是在点化中要引导企业认清趋势、识别风口，驾驭市场与用户的需求。

电子商务的发展，形成了时代性的O2O模式，人们一股脑涌在线上，淡化了线下。但是，每一个商家都十分清楚，线下的市场更大、更坚固，都想做线下市场。特别是中产阶级的崛起，中国的中产阶级将比美国的人口总量还要大。在欧美发达国家，消费对GDP的贡献全部在80%、85%以上。中国百货业的衰落，不是因为马云来了，不是因为受到电商的冲击，而是因为自身发展模式所带来的缺陷。在未来，百货业具有很大的成长空间，人们应该开始做储备和准备。

别人都想做，但只有南京三胞公司行动了。他们无惧电商的冲击，坚守实业，深耕传统零售企业的线下价值。不仅形成了像宏图三胞、南京新百这些传统零售企业。而且"走出去"实施跨国并购，把创立于19世纪上半叶英国老牌的"福莱莎"百货企业并购，在英国形成有63家百货商场的零售网络，并在南京新街口建立了"东方福莱莎"，以它的自由品牌和体验式消费品牌，践行着消费升级。随后，又并购了创始于18世纪的儿童玩具零售品牌"哈姆雷斯"。同时，三胞公司还将触角伸向美国、法国等老牌百货，获取其供应链和成熟的买手制体系，以及所关联的战略合作，未来将把267个品牌带进中国市场，来嫁接和协同三胞商业广场，一起扩张和开发，构建"自由品牌+买手制+场景式和体验式"消费，迎接消费升级的春天。

这是前卫企业以自身实践对社会的间接点化。

第29节 规划——赢在顶层设计

点化，完成了企业的觉知，只是第一步。接着，就需要规划来支撑。

规划是系统，是点化后的必要承接，规划是把企业心目中理想的完整定义描述清楚，把实现目标的关键要素和主要挑战罗列出来后，根据目标去配置资源，倒排时间表，大力执行。

2014年，习近平总书记在北京市规划展览馆考察时指出："规划科学是最大的效益，规划失误是最大的浪费，规划折腾是最大的忌讳"。

这虽然讲的是城市规划，但对于所有的规划，尤其是企业战略规划，都有极强的指导意义。

29.1　规划与计划的异同

规划由"规（法则、章程、标准、谋划，即战略层面）"和"划（合算、刻画，即战术层面）"两部分组成，"规"是起，"划"是落；规划从时间尺度来说侧重于长远，从内容角度来说侧重战略层面，重指导性或原则性。规划具有长远性、全局性、战略性、方向性、概括性和鼓动性的特点。

计划的基本意义为合算、刻画，一般指办事前所拟定的具体内容、步骤和方法；计划从时间尺度来说侧重于短期，从内容角度来说侧重战术层面，重执行性和操作性。

计划是规划的延伸与展开，计划与规划是子集的关系，即规划里面包含着若干个计划。

规划在企业通常以"战略规划"形式存在，有它的独具特性。

1．系统性：是由一系列相互关联、相互作用的因素组成的集合。

2．整体性：它是蓝图，把企业作为一个整体，是按照"整体大于部分之和"来考虑企业资源、能力、专长与非专长以及外部环境的相互匹配，制约、指导着企业经营管理的一切具体活动。

3．层次性：企业规划分为公司级、经营级、职能级。每个级别的战略内容、性质、特征都有所不同。

4．开放性：企业规划随着环境的变化，要不断和外界交换物质、信息、能量，从而具有开放性。

5．稳定性：企业规划在一定时期内保持稳定才能保证企业战略的有效执行。

6．自组织性：在外部环境不断变化时，通过一定范围内的自我调节，保持或恢复所制订战略的有序状态、结构和功能。

7．动态性：企业变化的趋势越来越快，规划和实施也是一个动态过程，应该随机应变，以适应及时赢得竞争优势的需要。

8．工程性：企业规划和实施是一个收集信息、建立信息系统以及运行系统进行加工、产出新目标及新规范的知识工程。

29.2 绘就蓝图无弯路

对于一艘没有航向的船来说，任何方向的风都是逆风。

企业无论生存还是发展，规划都是第一位的，它是运作源头，是决胜先机之所在。制订出科学的航海图，战略上有了谱，倍速增长中就有愿景、有标准、有规则、有方法，任凭风吹浪打都不会迷失方向。

不是战术性的寻找问题，而是战略性的方案。战略一小步，企业一大步！

2009年，我们应邀为山东省青州市做经济发展规划，以企业化思维，将青州作为企业来解剖，以经营企业的思维来经营区域工业竞争力，提出在"创新模式、创新品牌、创新价值"中，创造青州工业经济的"核心竞争力"。

规划中，我们按"扬长避短、突出重点、兼顾一般、远近结合、综合发展"的原则，布局青州市"线、点、面"三维的发展空间布局。

线——实施产业链拉动竞争力提升战略，"三龙腾飞"。一是以山工-卡特彼勒为龙头的机械装备产业链，以山工为核心，以山起、威猛为主导，发展培育机械装备产业链。二是以宏润为龙头的医药化工产业链，围绕医药和化工尧王、弘润两个龙头，组成青州医药化工产业链。三是以青州烟厂为龙头的烟草包装产业链。

点——实施产业园区促进竞争力战略，"五虎盘踞"。加力发展经济开发区、猫山开发区、文化产业园区、物流园区、花卉产业园区等五大工业园区。

面——实施集群促进竞争力战略，"群狼并起"。在产业链、园区基础上全面开花，既"虎踞龙盘"，又"群狼并起"。重点发展优势工业镇、村、组、特色片区，在青州的何官镇、东夏镇、黄楼镇、谭坊镇、邵庄镇、高柳镇、弥河镇、庙子镇、王坟镇，形成工业"镇—乡—村—组"走廊。

同时，又从市场角度，为青州打造工业竞争力设计了突破渠道，把它叫作"七个一"工程。

打造一张名片——中国装备制造业之都。专题创意"中国机械装备制造业之都"规划；政府牵头，组建专门班子，委托专业机构实施；全员参与，协调青州关联企业、中介机构、媒介、科研单位、社会团体参加，形成合力。

构建一个平台——中国北方工程机械市场。在青州形成北方工程机械集散地，建设内连外销的新平建议：以钢铁物流区为中心，整合分散市场形成专业大型市场；利用区位，南通北接，东贯西连，重攻内销服务。

创立一支基金——青州工业竞争力发展基金。在青州集合、私募20亿~100亿人民币用于产业、企业、产品升级以及结构优化。

推广一项奖励——设立市长质量奖。以"卓越绩效模式"为核心内容，设立"市长质量奖"，优化产业结构，从产品质量提升到企业质量，推动青州工业经济综合质量。

形成一支团队——加大企业家培育。以青州现有"海岱书院"为基础平台，选派经济管理干部、优秀企业家、职业经理人参加培训，"请进来、走出去"开阔思路与眼界，促进思想解放，速成企业家能力。

推出一群股企——境内外上市公司。制订、执行青州市关于鼓励企业上市的若干规定，3年内产生5家境内外上市公司。

培育一批名牌——中国名牌、中国驰名商标、省级名牌。按照品牌标准，对全市企业、产品排队，制订培育计划，市政府提供全方位支持，快速打造1~2个中国名牌、1~2个驰名商标、10个以上省级名牌。

在规划的指引下，2009年，青州重回"中国百强县市排行榜"，位列第87位；2016年，青州在"中国百强县市排行榜"上升至第63位。

第 30 节　优化——事求"一次做对"

优化，是从企业流程角度，布局重构建的导入与实施。

流程，指一个或一系列连续有规律的行动，这些行动以确定的方式发生或执行，促使特定结果的实现。在国际标准化组织企业质量管理体系标准中给出的定义是："流程是一组将输入转化为输出的相互关联或相互作用的活动。"

流程具有六要素：资源、过程、结构、结果、对象和价值。

如果说点化是解决为什么的问题，规划是解决做什么的问题，那么优化则解决为什么这样做而不那样做的问题，是解决怎么做的问题。

30.1　优化就是更好

优化，在规划确立之后，从执行的角度把目标执行到位，它不考虑改变组织的规划，要解决的就是怎么更好地实现规划的目标。

优化的目的，是从公司战略出发、从满足客户需求出发、从业务出发，使流程能够适应行业经营环境，能够体现先进实用的管理思想，能够借鉴标杆企业的做法，能够有效融入公司战略要素，能够引入跨部门的协调机制，使公司降低成本、缩减时间、提高质量、方便客户，提升综合竞争力。

一句话，优化就是为了更好。

在企业运营中，优化可以概括为"四更"：一是效率上达到更高；二是质量上达到更好；三是成本上达到最佳；四是风险上达到更低。

30.2　优化的经典范式：一次做对

优化，是精益生产的精髓。

从企业综合运营的角度，优化贯穿企业的每一个环节，而"一次做对"是把企业运营全程的优化做到最佳。

一次做对，是美国质量管理大师菲利浦·克劳士比"零缺陷"管理运用到中国的实践结果，现在已经转化为了一个相对的标准，通过一系列有效措施和方法，优化企业战略、运营和基础管理的方方面面都符合以上要求，从而能快速、全方位、持续地提升企业管理。

深圳清溢光电股份有限公司在企业实施一次做对，企业良品率从以前的80%直接上升到99%，并一直保持下来，成本大大降低。企业的销售额成倍增长，实施前，企业年销售额仅为1 000万元，十年间突破至2亿元。同时企业竞争力不断增强，现已成为行业领跑者，产品远销日本、韩国、新加坡等地，成为飞利浦、精电、日本光王、韩国现代等企业的供应商。

一次做对，顾名思义就是用正确的态度和坚强的决心，第一次就把正确的事情做正确。它系统地继承"零缺陷""卓越绩效模式"和"TQM"的核心思想，经过在中国的长期实践和系统思考，整合的一套行之有效的适合中国的管理体系。

一次做对，"做正确的事"指方向要正确。

一次做对，"正确地做事"指工作方式和方法正确。

一次做对，是要从"心"做起：调整价值观，改变思维方式，纠正不良工作习惯，改善心智。

一次做对，是要从"新"做起：最优流程，标准动作，标准接口，预防差错。

一次做对，是要从"芯"做起：由"好"向"对"发展；由"会"向"准"推进；由"勤"向"精"提高；由"粗"向"细"深化；由"己"向"众"合；由"术"向"道"升华。

一次做对，对企业的任何工作都适用，符合人性化的管理。因为人性化管理的本质是尊重员工，顺应员工的思想行为规律去管理，但绝不是自由化，决不能放纵随心所欲者。真正的人性化，是用恰当的方式引导员工改掉身上的毛病，不断地完善自我，以完美的自我去应对他人和社会，这样的人性化才有社会意义。所以，一次做对不能只看物质，不看精神；只看眼前利益，不看长远利益；只看经济效益，不顾社会效益。只有用综合的眼光来审视，才能找准一次做对的方向。

30.3 一次做对的推进步骤

一次做对的内容十分丰富，其核心是围绕实现客户标准的多种要素的达标到位。就制造业来说，在人才管理方面，就要求找到合适的人，进行适当的培训，以达到工作所需的态度及能力标准；同时，设备、原材料、技术方法、环境及各种保障要素也都要达到标准，贯彻一次做对，实现次次做对。

在企业，推行一次做对有六大步骤，构成一个循环，依此展开。

第一，明确标准。一次做对，首先要求迅速把握客户需求并将其传递到整个运营过程中，以转化成全体员工的行动标准。并通过质量、数量、速度、成本来量化标准，将其细化到每个动作。标准确立之后再用文件进行固化，以支持系统一次做对。

第二，识别差距。通过衡量与标准之间的距离，正确认识差距是一次做对的动力和方向。准确识别差距，时刻以客户的标准作为工作标准，并转化成全体员工的执行标准。通过自我识别、相互识别、自动识别等三种方式来全面进行差距的识别，防止差错流入下一个环节。

第三，预防准备。进行预先防范是一切工作的基础。前提是对潜在问题的挖掘和现有问题的改进，通过差距识别，消除问题和隐患，同时做好预案工作，沉着稳定以不变应万变。

第四，心行到位。需要员工保持心与行的统一，做到想、看、动、察贯穿战略、运营及操作管理的各大小系统和各流程。战略管理明确系统方向，运营管理协调系统动作，操作管理保证个体行为准确无误，三者环环相扣，不可或缺。

第五，衡量分析。一次做对通过员工自评、班组互评、部门、公司、系统、技术六级测评机制对员工进行衡量分析，激发员工内力。

第六，持续改进。持续改善是企业发展的前提，一次做对需要始终坚持做对的，并不断提高水平；改正做错的，并防止再发生，向更高的目标挑战。为此，企业要引导员工提高心智，打造学习型企业。

第 31 节　固化——隔绝传统病毒

点化、规划、优化完成以后，要将其成果贯彻，形成良好的集体记忆，这就要进入第四个环节——固化。

固化，本是指化学上指物质从低分子转变为高分子的过程，后延伸为对事物形成某种固定看法、观点、行为的过程。

固化，应用于企业管理上，有强制之意，却符合人的特性。

人在群体中的行为，往往由三个因素决定。

首先是看"划线"，事物的规则怎么定，人们往往会依法规行事。

第二是随"大流"，个体往往受到群体的影响，朝着与群体大多数人一致的方向变化，随众的"羊群效应"。

第三是跟"榜样"，以标杆人物或事物的立场观点方法来认识问题，形成观念设想，从而指导、支配自身的言行。

固化的作用，就是借助这些人性的特点，把战略的制订与实施法规化、标准化、制度化、程序化、模板化。

固化，也就是让人们达到不违背规则的境界，有三层意思，第一是不想，第二不敢，第三不能。"不想"是固化的最高境界，在现实中往往难求。绝大多数的企业则要在"不敢"和"不能"中寻求固化。

31.1　观念固化——高处也胜寒

观念固化，不是通常所说的观念上顽固不化，而是指人们信念坚定，对未来的向往和追求、对自己的立场和奋斗目标一往无前。

在企业，观念固化，就是要让企业的哲学、使命、宗旨、文化、规则等深入人心，形成共同的集体契约，并在运营中不变形、不走样。

海底捞以经营火锅为主，融会各地火锅特色为一体，形成大型跨省直营餐饮品牌。海底捞在全球开了上百家直营连锁店，更是创造出"夏天排队吃火锅"的奇观。

有人说海底捞学不会，为什么？根本原因是海底捞的关键卖点不是产品（火锅），而是文化，是海底捞把它独特的服务文化、服务理念固化成了每一个员工的行为，并有效地转化成市场核心竞争力。

在海底捞特有文化的固化下，服务的本质升华了，升华为一种体验，一种来源于物质与情感的双重刺激体验。情感刺激比物质刺激对人的影响更为深远，这也就是我们经常提到的口碑效应。在海底捞，顾客从一进门直到用餐结束，体验到的是贯穿始终的服务，海底捞在服务的连贯性上做到了极致。

被理想、文化所固化了的海底捞员工，都有极强的服务意识，努力去做自己看到的所有事情。尊重员工，把服务做到极致，也是海底捞坚持的管理理念。我们都知道，中国的服务业发展缓慢，服务员待遇低，社会地位也比较低，而海底捞却给予了他们较高的待遇以及良好的人文关怀，这种待遇，如何让员工不心存感激？

海底捞的员工考核标准也别树一帜，他们不考核利润、利润率、营业额，而是考核客户满意度、员工满意度、员工积极性、干部培养。一线员工决定了企业成败，海底捞解决了服务的最根本问题：服务产生的根本是人服务于人。服务如同产品，一线员工决定了产品的质量，他们的个人素养则决定了服务水平的高低。海底捞之所以可以提供高质量的服务，根本在于培养了一大批被理想与文化固化了的、具备良好服务意识的员工。

31.2 制度固化——犹抱琵琶"不"遮面

制度固化，就是通过制度来固化企业战略的成果。

通常情况下，企业哲学、使命、宗旨、文化在员工的心目中，往往是虚的、概念性的和抽象的，要使全体员工对这些形而上的东西产生可知可感的切身印象，就必须借助制度来细化、具体化和功利化。如果没有制度的细化、具体化和功利化，企业员工对战略的理解，仍然"像雾像雨又像风"，觉得可有可无、似有似无，缥缈惊鸿，无迹可求，更不用说遵从和实施了。

制度固化的过程，是一个细化和具体化的过程，使战略由幕后走到台前，由不可见变成可见，就像唐宫汉女，歌舞之前，从朦胧的轻纱中摇曳而出，犹抱琵琶"不"遮面。

制度固化的目的在于使企业运作在企业战略的指导下，有章可循、不随主观意志任意改变。关于组织架构，关于事业领域，关于运作流程，关于发展策略，关于长期目标和分步措施，关于企业文化，关于利益分配等，都可以通过制度固定下来。

制度固化的目标在于，使企业员工，甚至包括企业首领，都不敢轻易改变企业战略的一些关键规定。即使当企业首领换人的时候，也不轻易改变这些。

31.3 技术固化——于无声处听惊雷

技术固化，就是通过技术手段来固化企业规划的成果，使企业员工想改变企业规划也没有办法、即"不能"进行。

一方面指运用专业化的技术手段和工具对企业规划进行技术处理。另一方面指在规划的实施过程中，强化技术措施，使员工"不能"轻易改变。这种技术手段或措施，一般员工因为其所处的位置而无法掌握。比如全息化的信息技术，处在各流水线和岗位上的员工，即使掌握了一些实际的信息，也有可能是不全面、不完整的，因此对基于全面信息而制订的企业规划，无法否定或者改变。再比如，调研的手段，行政授权的手段，专业性的战略分析手段等，都有助于企业规划在技术层面上的固化，使员工不能改变之。

如何进行固化，IT技术、企业信息化出色解答了这个难题。

下面的图示表现了企业战略、运营政策与程序、部门职责、能力模型、薪酬体系之间的关系，说明了固化的一般过程。

企业制订出规划后，就有了基本的战略蓝图，并要对战略蓝图进行固化。

首先，流程化处理（优化）。根据战略蓝图设计企业流程图，形成工作手册、绩效考核、档案管理等规范性文本，包括部门绩效考核系统、指标体系、目标值和奖惩制度等。

其次，信息化处理。利用信息系统的支持，将战略蓝图通过流程的形式在各个部门之间进行运作，战略于是在这种流程运作中具体体现为部门职责/岗位职责和工作计划等。

最后，通过薪酬体系，将目标/职责和能力模型联系起来进行绩效考核，推动员工不断提升能力和绩效水平，从而最好、最快捷地实现企业战略蓝图。

基于信息化的战略固化图

第 32 节　孵化——创新生态环境

近几年，企业生态、企业生态体系、企业生态圈、生态型企业等概念，越来越引起关注，成为研究企业的重要课题。

企业生态，说的是企业外部生态和内部生态两种。

企业外部生态，涉及供应商、经销商、外包服务公司、融资机构、关键技术提供商、互补和替代产品制造商，甚至包括竞争对手、客户和监管机构与媒体等企业利益相关者，它们在一起形成综合价值链、产业链、人才链、资金链，为一体的动态体系。与自然生态系统中的物种一样，企业生态体系中的每一家企业最终都要与整个企业生态体系共命运。

企业内部生态，指企业围绕自身价值链而循环的各个相互作用、相互影响、相互依赖的系统，也和生物一样，各个业务板块、各个职能部门、各个人，直接或间接地依赖别的板块或部门而存在，并形成一种有规律的组合。

从转型升级重构建的角度，我们讲的生态侧重于企业内部生态，对内部生态进行干预、改造和变革，以适应技术革命与人性革命的变化，让企业富有生命的活力。

这个有效干预内部生态的过程，在重构建的价值流中，可称为"孵化"。

孵化，一般指卵生动物完成胚胎发育后破壳而出的现象，引入企业管理学界，我们赋予其营造新的、适宜的生态环境以孕育新型企业之意。

孵化的目的是"化"，过程和手段是"孵"。靠什么去孵，关键是生态环境。孵化继点化、规划、优化与固化后再度发力，以保障重构建企业存活与长大。

孵化价值的形成，除点化、规划、优化、固化的要素与能量持续发酵外，更侧重于对于环境本身的变革。说得直白一点，就是把经过点化的觉知、经过规划的系统、经过优化的流程、经过固化的法规，集结在一个有生命力的环境中，进一步发育、成熟、成长。

32.1 以场景力孵化

企业进入了新物种时代、超级平台之后，万物互联崛起，场景革命来临，传统商业模式的品牌、营销、渠道、设计、研发、市场、公关、销售和连接方式正被场景重新塑造。场景力，在移动互联时代的个性化商业上，创造了一个又一个价值奇迹。未来的生活图谱将由场景定义，未来的商业生态也将由场景搭建。

企业，也无法绕开这无所不在的场景。场景，是企业的一种生态环境，特别是企业的一种内部生态环境。

我们新瓶子装旧酒，从场景价值出发，将其应用在企业生态环境的孵化中。将企业的哲学、文化、法规、风格等，渗透到企业的场景中，通过基于空间和基于行为与心理的环境氛围两个方面的内容，促进企业竞争力的提升。

具体方法是，建立场景思维，组合场景的适配能力、场景的内容能力、场景的连接能力，可视化企业哲学，让战略有更强的"可识别度"。

在线下，以传统的装饰技术营造企业空间，通过企业传媒、员工自媒体、VI识别、甚至画廊、展示、标语、企业博物馆等，让员工、用户感知企业的追求、梦想、目标、规则，感知企业的产品、服务与核心竞争力。让受众碎片化的阅听时空和阅听行为，都聚焦、沉浸于企业特定的场景力支配中，像人们在庙宇对神像肃然而拜，不由自主产生神圣感一样。

在线上，以PC端、特别是员工或用户的移动终端设备为基点，通过企业传统网站、APP、小程序等营造虚拟场景，吸引注意力资源，将具有共同情感需求、利益需求的社会个体，借助互联网社交平台聚集起来，创造出更多连接红利与场景价值。通过营造体验场景，激发员工、用户在任何时间、任何地点参与企业内容创造，共同解决问题，实现价值创造。

32.2 以仪式感孵化

企业生态环境，仪式感很重要。很多仪式看上去复杂烦琐却内涵很深，是给员工、用户带来神圣的美感并产生崇敬的有效手段。

仪式感在字典上并没有明确的解释，究其本来含义，是指在做某件事时特别注重程序、形式，以及外观对事情结果所起的作用，以此让人产生一种神圣感与严肃感。

在企业经营中，仪式感是企业文化很重要的一个组成部分，事件因为有了仪式而显得郑重，仪式就像记忆中的珍珠，历久弥新，难以忘却；仪式可以铸成心理契约，在事件之外加上一层防护锁。

仪式感是一种精神洗礼。在企业，饱满的仪式感对员工就像一针强力的兴奋剂，让员工感觉到被认可、被重视。比如员工工作满一年时备一个蛋糕、送一束鲜花，搞一个周年庆典仪式；当员工成交了一个大客户时准备一份特殊的礼物当众送出；当团队完成一个重要项目时举行一个盛大的庆功会……

仪式感是一种心理暗示。2018年2月春节后第一个上班日，马化腾及腾讯高管给员工发红包，员工凌晨3点就来排队，并组成一个"旺"字形。在阿里巴巴的1688电话直销团队里，每个工位上都有一个拍手器，只要有人电话成功签单，就会有人举起来拍手，然后全场响着拍手声，像是开party一样；有人签一个单，就在自己桌上放一瓶旺仔牛奶，那些优秀销售员桌上的旺仔牛奶往往堆积如山，每一个进去参观的人都会被这种有趣的仪式感带来的激情感染。

仪式感让人尊重规则。企业不仅可以通过制度来划线，来固化人们的行为，仪式感也是有力的措施。非洲一个部落惩罚犯了错的人，不是责骂他，而是一圈人围绕着他，每个人都诉说他曾经做过的好事，一个接一个，要讲整整一天。这样的仪式让犯错的人痛哭流涕，为自己辜负大家而悔恨不已，而参与的其他人也同时受到了一次教育。很多公司引入晨会、晚会、茶道和参禅，也是通过庄严的仪式，培养员工对天地的敬畏心，对企业规则的崇尚感。

常见的企业仪式主要有三种：工作仪式，即企业日常经营管理活动中常规性的工作仪式，如工作例会、晨会、培训会、展会等；生活仪式，即企业开展的与员工生活直接相关的各种活动，如联欢会、运动会、演讲比赛等；纪念性仪式，指那些对企业具有重要意义的纪念活动仪式，如周年庆典、年会、企业重要节日等。

32.3 "半部论语治天下"

有人认为最优秀的组织，包括教会、军队、学校和家庭。其中家庭在中华民族最受重视，中国也许是世界上最重视家庭的族群，家庭组织是所有社会组织的基础，家庭关系是所有社会关系的前提，家庭制度是所有文明制度的起点。

孵化企业生态环境，家庭是一面镜子。

当代中国的企业和企业家，承续传统的家文化，企业家把公司当作"家"，把员工当作"家人"，自己则当一名尽职尽责的"大家长"。在这样的互动参与过程中，员工逐渐养成了主人翁精神，对企业产生了依恋和热爱，使劳资关系更为和谐，企业氛围更为融洽。这样的"拟家庭化组织"，既维护了组织的秩序又满足了员工的情感需求，具有强大的生命力。在这样的企业里，领导者不是像有的企业家那样，把女人当男人用，把男人当机器用，把机器往死里用；而工人们也没有把企业仅仅当成提款机。

拟家庭化的企业，生态环境的形成靠人伦道德，人伦道德渗透在企业的组织、教化、管理、经营、品牌塑造、领导方式、战略变革、社会责任等方方面面。

对于人的教育，伦理道德教化最根本；对企业生态的孵化，伦理道德教化最有效。而以伦理道德孵化企业生态，当然要依凭中华文明的瑰宝——儒学。

儒学以"五福"（长寿、富贵、康宁、好德、善终）作为人生圆满的最高追求。而"五福"里最重要的一点就是"好德"，德行是因，长寿、富贵、康宁、善终都是果，有因才有果。我们只要把好德的因种好了，长寿、富贵、康宁、善终就自然会有结果，才有真正的"五福临门"。现在有的人把其他四福丢了，只剩下追求财富，就偏离了富贵、康宁、长寿，丢掉了好德，最后也没有善终。企业不仅仅只是提供给员工工作岗位和工资，最重要的是要给员工营造一个学习成长的环境。员工不能一味沉浸于追求利益，停留在每天获得一点工资上，最重要的是要成长，成长才是大利。

儒学最讲究"德治",孔子指出:"道之以政,齐之以刑,民免而无耻;道之以德,齐之以礼,有耻且格。"他认为,用政令来引导,用刑罚来规范,被管理者只是企求免于犯罪,内心却没有羞耻感;用德教来引导,用礼法来规范,则被管理者不但有羞耻感,并且能够自我改正而真心归服。中国文化的内涵中"德"非常重要。"德"是做人应有的规矩、做人最基本的属性,丢掉了这个根本,人在处理事情、处理人与社会、与自然的关系的时候,无论做官、经商,还是做学问,就会出现大麻烦。以"德"为根本,每个人都会严格要求自己,从而构成企业健行致远的不竭动力。

儒学倡导"义以生利","礼以行义,义以生利,利以平民,政之大节也。"所谓义以生利,是精神价值创造物质价值、精神价值制约物质价值的过程。这一过程,包括价值认识上的"见利思义",行为准则上的"取之有义",实际效果上的"先义后利",以及价值评判上的"义利合一"等各个环节。

"诚信"是儒家表达"内诚于心而外信于人"的一个重要道德标准,是立身之本、交往之道、治国之要和事业之基,更是企业生态环境的灵魂之一。

"人品、企品、产品,三品合一",以员工高品行的人品,形成高品位的企品,生产出高品质的产品。这样的品牌观念,追求的是消费者百分之百的安心,体现的是企业对消费者的承诺与责任,赢得的是消费者对品牌的信赖与赞誉,是一种更为高超的品牌营销学。企业要经营,要生存,要盈利,经营之道是什么?《论语》里面有一句话叫"修己以安人",这就是最根本的经营之道。"修己",修身心、尽本分;然后"安人",让人心安定。如果把自己修炼好,同时把客户、员工安顿好,企业必然成功。

儒家经典中"领导"一词,有着十分丰富的内涵。讲领导者的素质修养,儒家强调由"内圣"达至"外王",通过领导者内在的道德修养实现外在的王道理想。领导活动的风格技巧,儒家主张执经达权,唯变所适,因时制宜、因地制宜、因人制宜、因事制宜,左右而逢源,无往而不利。领导活动的行为方式，儒家主张从"为政以德"而达到"无为而治"，以身作则，因势利导，以最小的领导行为获得最大的管理效果。特别是儒家所主张的"正己正人"的理念，已经成为中国人普遍接受的领导原则。

儒学并非保守，儒家主张与时变化、趋时而动。当代中国企业和企业家，应致力于成为"时代的企业"，随着时代变化而不断变化。

儒学倡导"善行天下"，那么企业就应具有责任意识，倡导"共创财富，公益社会"的企业使命。"穷则独善其身，达则兼济天下。"包括了对自己、对他人、对社会、对自然等四个方面的责任。小胜靠智，大胜靠德，小聪明是小胜，大道德才能大胜。倡导人人公益的理念，在企业当中普及一种慈善文化，让慈善的理念成为绝大多数员工共同的认识，使每个人能够尽可能地保持一颗善心，无愧于社会。

孵化企业生态，聚焦人伦道德、聚焦儒学，有益思想，就是抓住了纲，刚举才能目张。

第33节 转化——价值决定未来

转化，是企业重构建价值流的最后一个环节，也是下一个价值循环活动的第一个环节。转化，就是将企业战略变革、重构建价值流前五个环节的能量聚集，在市场上转化为企业的核心竞争力。

在"六化"价值流中，转化最具革命性，是战略与战术的过渡区。

转化革命性地突破了一个禁区——重构建规划与重构建实施过程中的脱节，使重构建成为一种具有结果的行为。

对于企业核心竞争力，北京大学的张维迎教授做过界定，认为它："偷不去、买不来、拆不开、带不走、流不掉"。

工业化时代，企业的核心竞争力往往体现在产品、技术、人才、品牌或者是管理上；互联网时代，企业的核心竞争力则反映在流量、粉丝、爆品和大数据中。

战略变革、重构建转化成为竞争力的因素。对内包括：哲学、文化、信息、技术研发、资本、人力资源、盈利模式、资源配置、内容、知识管理、互联网+、平台、生态等。对外包括：竞争、并购、广告宣传、营销、通路、服务、联盟、商品（服务）增值、品牌、流量、粉丝等。

如何让战略变革、重构建转化成为企业核心竞争力，根据我们的实践，主要有四个方面。

第一，以哲学去催发。

在互联网社会大环境下，内容为王、价值为先成为大势。然而一般的内容、一般的产品价值已经成为社会疲态，已经失去市场优势。在新的商业竞争下，要想创造出有内容、有价值的信息和产品，必须要有强烈的创新思维引导。一个企业的创新思维，不是平白无故就会出来的，它需要经营哲学的引导、培育和催发。唯有崇尚创新，寻找企业原动力觉醒的企业，才能长久持续创造出为社会为客户热捧的产品和服务，才能具有"无穷大"的创造力。未来的竞争，是信念的竞争，是创新的竞争，是创造价值能力的竞争。

第二，在趋势中创造。

趋势就是优势，在趋势中才能找到并创造出企业核心竞争力。如今网络手机化是趋势，渠道网络化是趋势，服务便利化是趋势，一体多能是趋势，媒体电子化全民化是趋势，城镇化是趋势，农场主是趋势，居民是趋势，随时旅游是趋势，汽车生活是趋势，区块链是趋势，人工智能是趋势。反过来，PC是反趋势，批发分销是反趋势，"巷子深"是反趋势，纸媒是反趋势，"一亩三分田"是反趋势，农民临时工是反趋势，限购是反趋势。

趋势来了，就要抓住。"有花堪折直须折，莫待无花空折枝"，核心竞争力就这样在趋势中产生。

第三，从优势上突破。

工业经济时代，资产、资本、关系是最大的优势资源，然而，在互联网时代，这一切已经变得不是那么重要，很多的模式从一无所有凭空而起。阿里巴巴如此，百度如此，小米也如此。微信公众账号中的"罗辑思维"，凭借到处收罗的微信内容推送，就积累了号称200万的粉丝，为各大传统媒体羡慕，靠的就是对公众兴趣的嗅觉，是对热点搜索能力的挖掘。

每一个企业都有自身的优势，也许我们没有高楼大厦，也许我们没有多少硬资产，也许我们没有顶尖人才，也许我们没有雄厚资金，但是我们的创业激情和市场斗志就是优势，对行业多少年来的直觉、对用户深层次需求的把握、对人性的匹配度适应，都是可以挖掘的优势。探测到这个优势，从这个优势上突破，你就会形成自己的核心竞争力。

第四，靠执行力维护。

在高速变化的时代，速度，成为我们打造核心竞争力的一大有力武器。快，意味着走在前面，被别人模仿，从未被超越，慢，意味着随时被超越。

如何做到快，唯有强力执行。

第34节　重构建价值流

点化、规划、优化、固化、孵化和转化，这企业进化中的"六化"，是一个循环的闭环，环环相扣，每一个环节都是对上下环节的相互作用，缺一不可，由此形成一个价值流。

价值流，就是从开始到结束连续的一组活动，它们共同创造了对客户的价值。

在这个价值流中：

没有点化，就没有灵魂；

没有规划，就失去方向；

没有优化，就损耗效率；

没有固化，就失衡走样；

没有孵化，就缺少活力；

没有转化，就失去价值。

在这个价值流中，"六化"代表着六种或多种管理技术，互为依存。在现代的复合社会中，单一管理技术难以有效解决复合问题。价值流中任何一点的缺失，都会导致重构建和战略变革的失败。

点化：单独出现时易"空"，大有忽悠之嫌；

规划：没有点化的觉知，单独出现时易"呆"，没有生命力；

优化：没有点化、规划成为系统时，单独的流程优化易"软"，疲软无力；

固化：没有点化、规划、优化的前置作用，单独出现太"散"，是无源之水无本之木；

孵化：没有点化、规划、优化、固化支撑，单独出现易"虚"，如海市蜃楼；

转化：没有点化、规划、优化、固化、孵化等各个要素沉淀和赋能，单独出现易"弱"。

唯有"六化"具备，价值才能"流"起来，重构建推进才能扎实，才能有效。

重构建价值流关系

点化	规划	优化	固化	孵化	转化
空	呆	软	散	虚	弱
灵魂	系统	流程	法规	生态	竞争力

由此可见，在重构建价值流中：6−1=0。

6−1=0就是"重构建不等式"，因为在战略变革和重构建中，"六化"缺一不可，6−1不等于5，而是等于0。

第35节　驾驭重构建价值流的基本功

有人曾经与我讨论，怎样才能驾驭好重构建的价值流，以获得最大的价值。

我用了一个字：知！

知，借鉴了"知天地，知众生，知自己"的套路，因为一个知字，蕴含着企业运营、战略变革、重构建的"道法术器"。

其一，知天理。

哲学和高维智慧，可以帮助我们知天适势，进入无上的觉悟空间，可以让我们深刻认识、领悟企业经营的天理与价值，使战略咨询策划具有哲学高度，总能看到事物本质，并找到解决问题最好的、最有效的方法。"此处无声胜有声"，总能给客户惊喜。比如我在为甘肃省黄洋河农工商集团做战略变革时，一句"告别农业"箴言，顺应了我国农垦领域必将消失的天理，在企业引发一场产业、产品"大迁徙"，成为全国农垦领域企业转型升级的标杆。

其二，知政治。

"重构建就是政治"。要站在党和国家的层面与高度思考问题，才能形成感召力，介入主流、影响主流、成为主流。陕西省西咸新区秦汉新城战略变革重构建，我抓住民生这个最大的政治，"以民生影响中国"，使秦汉新城成为舆论关注重点。

其三，知人性。

人类社会的每一次进步，都建立在人性得以进一步解放的基础上。我服务企业与政府，往往从人性的优点、弱点、痛点和热点入手，屡屡获得奇效。为山东凤祥集团规划战略，我突出刘学景"诚信重于生命"的座右铭，击中社会诚信缺失痛点，凤祥集团以德行创造了企业繁荣。

其四，知趋势。

重构建要见微知著，比趋势快半拍。多年前我们就抓住互联网将颠覆世界、颠覆企业这一趋势，创建并运营虚拟咨询策划产业园区"中国问网"；

开发系列策划软件"协同大师"并在上市公司浙江银轮股份公司投入应用；针对互联网对企业的冲击，提出重构建转型模式，并建立中国第一个"企业转型升级促进会"……

其五，知大道。

要有政治家的敏锐、军事家的谋略、企业家的精明，得老子"有道无术，术尚可求也，有术无道，止于术"的真传，在重构建中，企业家要跳出"就问题解决问题"的狭隘，构建大视野、大思维、大格局。比如湖南博恒矿业集团的组织变革，用强化市场、强化经营的大道，淡化两家企业合并及机构调整的不良反应，在"大道至简"中取得了实效。

其六，知方法。

重构建中讲道、讲战略，但从不排斥方法论。我们创建的"企业行为层次划分"理论，从整体行为、个体行为、关系行为三个层面解决企业行为规范策划界定模糊、绩效不清的问题；创立了让企业走向成功的咨询策划方法论，在交付给企业的方案中，解决问题的方法比比皆是。比如为新疆劲旅建材集团做战略，一个"把主人翁从企业赶出去"（股权设计）的方案，从股权结构、集团管控的具体方法上，彻底解决了企业弊端。

其七，知用器。

我常讲，高级动物的人与低级动物的猪，最大的区别是能否使用工具。在2000年，我们就融合现代先进管理理念、信息化技术和中国企业实际，创建了我国第一个现代咨询策划模型"WK策划产业价值链"，《经济日报》等数十家媒体称之为中国咨询策划界成熟的标志。在重构建中，也引导企业要善于使用金融工具，告诫企业家"企业不是做大的，是'融'大的"。我们服务后的企业，有60%以上进行了上市、并购、私募等资本运作，其中有百余家企业登陆中外各类资本市场。

其八，知权变。

重构建，以"君子豹变"作为法则，告诫企业家达尔文之言，"生存下来的，不是四肢最强大的；不是头脑最聪明的；而是最有能力适应变化的物种"。2003年，我们为江苏君安企业做《润滑油产业进入战略规划》，针对高度不确定的市场，为企业设计了"在技术和商业上是否能够取得成功、在差异化的细分市场上的渗透速度快慢、维持利润率能力的高低"三种态势下的六种权变策略，使君安集团顺利度过产品的市场试错期，步入良性发展的轨道。

其九，知要害。

我常讲，"企业要么是利润，要么是死亡。""企业的第一要害是盈利，不赚钱的企业就是'耍流氓'。""咨询策划公司自己不赚钱，就不可能帮助所服务的企业赚钱。"我所经营管理的明天策略集团，之所以能发展26年，与较强的创造利润能力密不可分。为山西鹏宇集团进行服务，其咨询策划费为600万元，成为当年中国咨询策划界的十大新闻之一；为大连新型集团服务，策划费、代理费合计高达3 000多万元。

其十，知自己。

人贵有自知之明，我26年来能抵住各种诱惑，不仅仅是热爱、不仅仅是使命，更是始终都清晰自己的人生目标，知道自己要什么，知道自己"有所为有所不为""定应松柏心无改，自信云龙道不孤"。我为企业服务，从不夸大自己的能力，交付成果，定性定量，一清二楚。企业诉求超出我和明天策略集团的能力范围，宁可放弃合同，也绝不"打肿脸充胖子"，丧失职业底线。

也许，这"十知"维度，并不能概括驾驭重构建（包括咨询策划）价值流的能量，却是有效实施重构建的必备功课。

第36节　案例：宝富20年的四次大重构

深圳宝富高尔夫产业集团有限公司，是我和我的明天策略集团服务20多年的客户，董事长黄锡琼是一位敢于变革、善于变革，并能在变革中不断发展自我、壮大自我的优秀企业家。20年中，宝富进行了四次大的变革，也就是四次重构建。

1997年，宝富当时还叫"金百合"，主要从事城市污泥处理和园林绿化业务。我们就为其导入文化变革，开始了明天与宝富长达20年的合作之旅。

2005年，宝富公司在城市与房地产的绿化工程中，承接了山东栖霞县一个高尔夫球场草坪建造与维护项目，该项目一年的净利润几乎是其他业务5年的总和。另外，广州南湖高尔夫球场草坪维护、山东刘公岛高尔夫球场恢复等也向宝富伸出橄榄枝。市场的新动向，萌生了黄锡琼向高尔夫产业服务转型的动议。但是，高尔夫在我国被"妖魔化"，几乎成了腐败、奢侈的代名词，加之政策障碍，一直让他犹豫徘徊。他再次找到我们明天策略集团，希望得到慰藉与支持。

我们对于高尔夫运动和高尔夫产业，并不陌生。早在1994年高尔夫世界杯第一次在中国举办时，就为世界第一大球会、深圳观澜湖高尔夫球会做过服务，是球会会员。我们许多高尔夫球友都是企业家，常常在绿茵场上聚友挥杆。闻听黄锡琼要进入高尔夫产业，我们马上叫好："高尔夫在我国将是一个'井喷'的产业，要抓住机遇，大干快上"。

我们为宝富提供信心支持。

1．高尔夫符合社会人性解放发展需求，任何阻碍都是暂时的。

2．中国经济与社会发展速度与高尔夫产业发展速度严重失调，恩格尔系数表明高尔夫空间巨大。

3．中国高尔夫产业发展严重滞后于世界平均水平，与美日韩相差更甚。

4．"禁高"是出于稳定的需求，从人性与中国特色上讲，中国高尔夫产业发展会获得再度跃升的机遇。

我们的预判，得到黄锡琼的认可，他创立了深圳市宝富高尔夫产业集团有限公司，也是中国第一个在商号中冠以"高尔夫产业"的新型经济实体。

在构建宝富业态与定位时，我们指出，要走出一般化的高尔夫业态，以满足人们日益增长的高层次、高品位和公众化的高尔夫需求为导向，以高尔夫投资为核心，以高尔夫地产为主导，以高尔夫球场规划设计、施工建造、设备贸易为支柱，以高尔夫运营管理、网络化会员服务、赛事活动和人才培训为依托，以高尔夫会展、传媒和设备用具的生产加工为外延，全面整合高尔夫产业的价值链，做中国第一家"高尔夫产业一体化集成商"，成为中国高尔夫发展的里程碑。

宝富闯入讲究规则、讲究身份、讲究品位的高尔夫江湖，要做中国第一家"高尔夫产业一体化集成商"，如何突破？

我们大胆出奇，为宝富设计了独具特色的"高尔夫追日挑战赛"。

高尔夫追日挑战赛，是我们的创造，源于我在新疆的经历。有一年，我们在为新疆心脑血管医院做战略变革时，董事长鲁新民请我在雪莲山高尔夫球场挥杆畅打，到晚上九点半，太阳还高高挂在空中。鲁新民讲，在新疆的七八月份，每天可以打到晚上十点以后。他邀请我每年选一天，从天亮打到天黑，来个五场拉力赛。当时，说者无意，听者也无心，我们二人只是哈哈大笑一阵了之。如今，宝富要在高尔夫江湖扬名立万，激活了我那个潜藏着的记忆。如果将鲁新民董事长的这个想法优化成一个活动，挑战高尔夫的规则，挑战自然日光的极限，挑战人的体能、信念与心态极限，挑战高尔夫活动局限，足可以引发轰动效应，让宝富一夜之间名扬高尔夫行业与产业。

这样，聚焦于"阳光、运动、挑战"，始于晨曦、止于暮色，追着日光，以个人比杆赛形式，每组2人分18组同时开球，以当日完成72洞、90洞为目标，连续进行15至18个小时的高尔夫马拉松赛就诞生了。

我们借鉴《山海经》中"夸父追日"的传说，将这个赛事命名为"追日"，并报请国家体育总局，由中国高尔夫协会批准成为国家级赛事。赛事由中国高尔夫协会和新疆维吾尔自治区体育局作为主办单位，连续举办五届，中国高尔夫职业男女球手悉数参加。中国高尔夫第一人张连伟成为赛事形象大使。国家体育总局也为这个赛事叫好。

"宝富中国高尔夫追日挑战赛"是一个非常好的特色高尔夫赛事。首先是它的创意好。以"追日"的概念,扩展高尔夫运动的内涵,是对高尔夫"阳光、挑战"这一文化精髓的更高阐述。从古至今、从西至东,无论是太阳神,还是夸父,都在追赶阳光中诠释着人类共同的美好追求。这个赛事,立意于"追日",不仅在运动表层上可以促进中国高尔夫的发展。在"追日挑战"中产生的联想和启迪,在更深、更新的精神层面上,促进了人们思考,使我们能够在从事高尔夫运动中,提升民族的精神品位,提升国民的文明程度。也可以说,这个赛事对创建文明和谐的社会都将产生积极的影响。

其次是它的形式好。高尔夫的本质是体育,它同样需要社会的参与。如果仅仅是行业内、专业内努力,是很难得到发展与进步的。"宝富中国高尔夫追日挑战赛"这种由"协会主导,企业实施"的形式,正是解决全民参与体育产业的好路子,也是推动中国高尔夫运动平民化、公众化的途径之一。在中国发展高尔夫,需要这个形式,需要更多的投身于高尔夫产业的企业。

第三是它的品牌好。目前中国高尔夫领域,非常需要具有广泛影响的品牌赛事,去吸引大众,锻炼和提升运动员的职业水准,并与国际高坛接轨。"宝富中国高尔夫追日挑战赛"在创建品牌赛事上开了个好头,它具备了一个品牌赛事的许多关键元素,有很大的品牌成长空间。

当然,最欣慰的是宝富集团黄锡琼董事长。"追日赛"当年就入选"吉尼斯世界纪录",让宝富一夜之间在高尔夫行业家喻户晓;"追日赛"使宝富在最短时间获得最多的资源,仅在2006年的赛事中,宝富以"一体化集成商"的业态,就与多家球场签订设计、施工、服务合同,总金额高达数亿元人民币。

对于我们中国将现"高尔夫井喷"的分析,至十年后的2015年,市场证实了我们的预判。

十年中国高尔夫市场价格整体飙升,平均涨幅在30%。

十年经国家体育总局批准的中国高尔夫赛事,由2005年的不足10场飙升至2015年的169场。

十年前中国高尔夫职业球员不足120人，2015年已达400余人。

十年前中国高尔夫人口20万人，2015年300万人，以40%~50%速度猛增。

十年前中国高尔夫球场不足200家，2015年已公开营业和建设中的球场近800家。权威的《朝向白皮书——中国高尔夫行业报告》预测，到2020年，中国的高尔夫球场应会达到2 000~3 000家。

2009年10月，国际奥委会会议全票通过决议，确定高尔夫成为奥运会正式项目。宝富公司也在这样的生态中，达到"高尔夫产业一体化集成商"事业巅峰，并以高尔夫产业开始，继续向相关领域渗透、转移和升级。

2013年，宝富决定在保持高尔夫产业强势的基础上，借助高尔夫产业积蓄的企业优势，建立了"宝富花都生态文化旅游产业集团有限公司"，并获得国家甲级资质，开始向园林产业发力。

自然，我们第三次与黄锡琼签约，为宝富提供"中外园林产业及关联系统的分析研究、宝富园林产业发展规划的创意与策划、宝富园林电子商务系统设计规划和宝富园林产业招商引资策略渠道与投资商引荐选择。"也就是第三次通过业务变革，对宝富实施重构建，让宝富真正成为新世界的卓越企业。

重构建中，我们先聚焦，将核心指向宝富在湖南衡阳的"苗木基地"。我们提出，要挖掘衡阳苗木基地的更大价值，它是宝富沿袭高尔夫产业"集群、集产"理念的具象化表现，它具备完整的园林产业特点，是生态文明具象化、园林土地复合化、社区功能集约化发展的结果；是宝富20年从业经验的升华，更可能是宝富厚积薄发跨越发展的最后机遇，是宝富的知识产权和宝贵财富。要把它上升到"园林综合体"，做成以园林产业为核心，苗木种植、科技研发、规划设计、办公、商务、旅游、运动、休闲游憩、展览贸易、电子商务、文化交流、居住等各类功能复合、相互作用、互为价值链的高度集约的园林群体。同时，通过复合作用，实现与外市场空间的有机结合，客户系统的有效联系，成为一个片区甚至一座城市的生态中心，延展园林产业的空间价值。

这样,宝富衡阳苗木基地,升级成了"宝富花都衡阳智慧园林产业城"。随之,我们又为之设计了"扬名立万——建好衡阳旗舰基地;引鸟朝凤——多渠道融资引资;白手夺刃——以私家林场吸纳资金;与云共舞——造园林专业'阿里巴巴';唯我独尊——争创新型城镇化试点"五大战役计划。

一时间,宝富花都衡阳园林产业城成了"爆款产品",在衡阳乃至湖南引起较大反响。衡阳市领导深入产业城进行实地考察,对宝富花都的工作和成绩给予了充分肯定,要求继续做好做细规划工作,加快项目推动,为衡阳市的产业发展及产业升级做出贡献。

在实现宝富花都衡阳园林产业城的"单品突破"后,我们又由点及面,为宝富花都的园林产业战略铺排了做"美丽中国创想者,生态文明服务商"的格局。同时优化创新,把宝富花都的业务,按属性优化为自营、服务两大类。

自营类:园林综合体与高尔夫球场设想合二而一形成宝富花都强势价值点,在新的园林产业战略布局中,与原高尔夫产业战略的"东西南北中"五大"高郡"合为一体,形成宝富花都的基石与资本高地。

服务类:减少产业链上低价值活动,整合、优化为"顶层设计,高端规划,优质施工,卓越运营"四大价值线。

这样,宝富花都围绕"园林综合体",形成了"一点四线"的新型商业模式,尽显市场张力。

园林综合体是核心,是未来价值集聚区,是宝富花都核心品牌。

顶层设计是制高点,是拓展市场的敲门砖,感召其他业务形成份额。

高端规划是连环钩,为顶层设计兑现价值,为优质施工、卓越运营等提供链接基础。

优质施工是定海神针,为顶层设计、高端规划做价值兑现的担保。

卓越运营是增益器,增加价值,增加品牌含金量,更增加放大资产,形成金融产品的砝码。

战略规划确认之后，宝富花都在深圳、上海等四大航空媒体高调亮相，刊发广告。一时间，"美丽中国创想者，生态文明服务商"的定位，成为国内园林及生态旅游企业的标杆，"一点四线"的商业模式更引发人们的参观学习，地方政府、园林上市公司、规划设计机构和用户纷纷前来取经。

宝富花都抓住机会，再次聚集社会资源，乘势兼并收购了相关业务机构，控股了花都智能生态文化科技、高郡投资控股、宝富邦悦城市发展咨询等公司，完善了园林产业价值链。

2015年2月，我们又与宝富签约，实施第四次变革重构建。这次变革，我们聚焦为宝富推进"产融一体化"战略。我们与宝富达成共识：产业巨擘财富暴增的密码就是产业金融化。他们以产业为根本，以金融为工具，撬动了利润，创造了价值。企业不是做大的，而是"买"大的（并购）、"融"大的（直接融资）、"炒"大的（市值与品牌管理）。产业金融化伴随着互联网、云思维以及国家金融改革而诞生，是多层次资本市场的重要内容。利用金融为产业服务是诸多企业研究探索的重点课题，是一种不可逆转的"新常态"。在新的商业环境中，企业做产品、做工程、做服务，越来越艰难，插上产业金融化的翅膀，则柳暗花明，一飞冲天。

本次变革重构建，传承宝富优势，又针对宝富实际，确定了以上市为突破口的又一新的战略方向。

宝富，又在一个新的高度上，蓄势待飞。

第 6 章 重构建之术：内容为王

106岁的IBM靠什么完成了世纪大转型？在"电子商务""智慧地球"后，隆重推出"认知商业"，成为IBM历史上的第三个大愿景。

IBM大中华区董事长陈黎明做了独家揭秘："转型就要有方法论，我的转型方法论，第一要有充分的思想准备，知道要打一场硬仗；第二要有一个远见；第三要制订好自己的战略；第四要有一个强有力的团队；第五就是要做好沟通，大家能够心往一处想、劲往一处使；第六要有早期成功案例；第七要重新回顾战略进行适当调整；最后就是坚定不移地执行战略。"

其实，陈黎明的分享应该归于转型策略范畴。转型升级重构建，真正的方法，是在内容之中，内容往往就是方法。

重构建，生于企业的内容中，流淌在企业生命循环的每一个过程。

第37节　战略重构建，超越"牛顿思维"

战略重构建，是重构建的核心，在一定意义上，甚至可以替代重构建本身，因为重构建的本身，就是一场伟大的战略变革。我们的重构建思想、体系、方法，也是从原战略变革中发展完善的。在许多场合，我们仍然将战略重构建与战略变革放在一起阐述。

但是，战略变革往往又不能完整体现重构建精髓，不能涵盖重构建体系。因此在重构建体系之中，我们把战略变革作为"战略重构建"独立论述，使其在重构建的大盘中，既可以作为带动全局的重构建的重要内容，又可以是一个相对简易、易于见效、单独实施重构建的突破口，是"老虎吃天"的下嘴处。毕竟，中国企业的逻辑，是在熟知的领域内比较容易接受、比较容易做出成效。重构建智慧"简易是金"中，所说的"易知则有亲，易从则有功"，就是这个道理。

战略重构建，要害是走出静态、走出可控的牛顿思维的束缚，以量子思维应对混沌、多变、不确定的未来。

37.1 战略是"迭代"的

对于战略的定义、战略的意义，中国企业可谓无人不知、无人不晓，大家都可以就战略的意义讲出若干条。然而，可叹的是，也就是仅仅能讲出来，或者照猫画虎、浅尝辄止地在企业按照MBA教案做上一通。中国企业谈论战略的能力，远远超过了成功理解、规划、执行战略的能力。中国企业对战略的本质、真谛、精髓，特别是战略从工业化时期到互联网时代有什么变化、有什么升华，并没有像对战略意义那样了悟。

二十多年来，我在国内为数百家企业导入和指导企业战略变革、在各类场合讲战略近千场，对战略、特别是对战略在不同时期、不同地域、不同企业的变化，有着"刻骨铭心"的感悟，其中最大的感悟，就是战略的"变态"，认识到战略随着社会发展在"迭代"前行。

归纳总结，近三十年来，战略的内涵出现过三个阶段的"迭代"跃升。

第一阶段，战略是方向。

这段时间大约是在1992—2000年。

这一阶段中国企业对战略的理解，多数是以自己的想象与本能出发，认为"战略是有关全局的重大筹划和谋略"，战略是组织朝着既定方向的思维与行动，战略的本质是方向。企业的战略，也基本停留在方向、目标和口号层面，是初级与原始的。

第二阶段，战略是系统。

这段时间大约是在2001—2015年。

这一阶段，是中国经济、中国企业高速发展时期，大多数"摸着石头过河"的企业家已经被科学、被现代管理同化，一批高学历、高智商的新生代企业家开始掌管企业。这阶段，国际前沿的战略管理理论随着麦卡锡、毕博等跨国咨询公司进入中国，国内企业家广泛接受MBA、EMBA培训，中国企业的战略素养得到显著提升。目标型、口号式战略，已远远不能满足企业发展的需要。迈克尔·波特的"成本领先、差异化和聚焦"战略思想，亨利·明茨伯格的"战略是一种计划，战略是一种策略，战略是一种模式，战略是一种定位，战略是一种观念"的复合式战略定义，以及后来特劳特的"定位战略"，钱·伯金的"蓝海战略"，被中国企业广泛接受。企业开始从竞争力、从系统性上思考、制订并实施自己的战略。

这阶段，做好战略，必须具备五种能力。

一是要前瞻性预判：让企业从"后知后觉"到"先知先觉"。

二是系统化思考：寻找企业问题的"根本解"，源头做文章。

三是方法论支撑：在商业模式、产品创新、技术研发、人力资源等方面要有方法。

四是数据化分析：在数据化分析中形成企业的科学机制和运营体系。

五是科学化分解：特别强调执行到位，战略执行一体化。

应该说，这一阶段，中国企业享受到了"战略红利"，一大批企业兴起了"战略回归热"，在战略的指引下获得了本质的发展。

第三阶段，战略是精神。

这段时间大约是在2015年以后。

这一阶段，企业生存背景发生了质变，以云技术、大数据、智能化、共享经济、区块链、量子管理为代表的新技术革命左右企业发展，当下变得规律诡异，未来变得难以确定，战略的功能受到质疑。如何高瞻远瞩，洞悉那些正在发生的事情，在已发生的事情中悟出道理，并预置行动计划，成了对战略本身的挑战。

也就是说在此时，基于工业革命产生的战略理论、方法、技术，在互联网时代、在量子化时代，也需要再一次的升华。这个阶段，战略的定义，已经无法从书本中获得。但我们在为企业实施战略变革的活生生的实践中，找到并证实了新的战略定义。中国人民大学教授、华夏基石董事长彭剑锋对战略做了这样的描述。

第一，战略，是对未来趋势的洞察与信念。

如孙正义所说，当迷茫的时候，只管往远处看，就能看到洪流中的未来。战略洞察与预见的核心是企业领导人对产业趋势的前瞻和感知。战略不是一种预先的计划设计，而是来自企业家对未来趋势与发展机会的洞察与感知，是一种面向未来的企业家信念、追求与意识流。如互联网及许多新型产业的发展并不是来自预先的设计，而是来自企业家与投资家的意识与共同感知，大家都相信它，资金和人才就会往互联网里涌，能量集聚到一定程度，开始连接、汇集、交互以后，就会形成不可阻挡的洪流与大势，形成一个全新的产业。不确定时代，洞察与信念是一个社会最稀缺、最宝贵的财富，也是战略的核心要素。

第二，战略，是对未来路径的选择与创新。

工业文明时代，企业的成长路径和成长方式可以精准预测和按模型预先设计，成长曲线是平滑上升的，企业选择战略只要决定是与不是，做加减法，在非此即彼、黑与白之间做出选择。在不确定时代面临一片混沌的世界，一切难以预料，未来难以精准预测和按固化的战略模型进行推演，只能用量子思维对未来进行探索，以超强的战略耐性，进行多种选择，并在不断的选择中创新。量子战略思维不是简单做加减法，而是要基于核心价值，高度发散思维，不事先给自己设定框框、确定毫无根据的目标和框定路径，不排除任何可能的方向，去探索可能性并修正、迭代和确定可能的路径，以敏锐的洞察力，在最有可能和最有希望的战略方向及项目上及时加大投入，并在合适的时候收割。

第三，战略，是对未来能级的确立与培育。

工业化时代制订战略，关注已有的资源与能力禀赋，遵循聚焦、压强原则，集中配置资源，以非对称性竞争，超越竞争对手。如今制订战略，关注和思考的重点，是企业的能量释放与能量聚合、能级轨道与能量场优势。智能文明时代是一个关联、连接、交互大于拥有的时代，战略制胜在于能关联、连接、交互、集聚多少资源与能力，能够吸收多大的宇宙能量与市场能量，进入什么样的增长的能级轨道，形成或进入多大的能量场（生态圈：生态化与被生态化战略思维），形成或进入什么样的以平台为核心的产业生态体系（平台化与被平台化战略思维）。

应该说，这时候的战略，已经超越目标、超越体系，已经成为一种精神。也唯有这种精神，才能在混沌、复杂、高度不确定的今天，给战略以新的生命。

战略重构建，就是要超越牛顿思维，重构建战略定义、重构建战略本质，才能重构建战略系统，重构建战略绩效。

37.2　战略有"智商"

战略智商，指对战略的认知能力，指目标组织通过战略而保持在高速发展的轨道上，避免战略盲目、战略否认、战略无能。

战略智商的概念，是哈佛商学院管理实践课程教授、原瑞士洛桑国际管理学院（IMD）院长约翰·韦尔斯提出的。战略智商是人们认识客观事物并运用知识解决实际问题的能力。战略智商表现在多个方面，如观察力、记忆力、想象力、创造力、分析判断能力、思维能力、应变能力、推理能力等。

战略智商分三个层次。

第一，战略智商位于最底层的公司，处于战略盲目状态，对高速的社会变革价值毫无认识或者认识到了却无力应对。

第二，中等战略智商的公司，可能形成一套明确的战略，但面对变革，却不愿意放弃那些老旧战略，是战略否认。

第三，战略智商高的公司会比外部环境变得更快，从不满足于现状，总是在追求进步，不断改进当前的战略，适应环境，并最终生存下来。

新时代战略智商的核心要素，是想象力。想象力是人类创新的源泉，是头脑中创造一个念头或思想画面的能力，是精神的战略源泉。中国军事科学院专家对人的有关智商因素列出9项，即"观察力""想象力""逻辑分析力""记忆力""实际操作能力""判断力""灵活性""领导能力"和"谋划能力"等。

"想象力比知识更重要。""现实世界是有限的，想象的世界却是无限的。"正如美国未来学家托夫勒所云："我们正处于这样一个困境，一方面，由加速变化导致的不确定性程度不断提高，另一方面，我们需要相当正确的任何时候的最有可能的未来图像。因此，描绘最有可能的未来的可靠图像已是全国甚至是全世界刻不容缓的急事。"战略智商，是创新思维重要的实现形式。战略智商越高，就越能把有限的知识和经验充分调动起来并加以利用，就越能获得别人得不到的东西和难以进入的领域。

战略智商不是空泛的，是存在于企业运营关键要素的感知之中的。在战略重构建中，我常常运用"十二个有没有，十二个能不能"工具对企业进行检测。

看企业有没有清晰的、成文的、激动人心的战略梦想和大格局，能不能在三分钟内清楚地阐述公司定位、使命、愿景、客户价值和未来十年的目标？

看企业有没有知天下、知众生、知自己，能不能应对技术革命与人性发展形成具体的、有针对性的柔性策略？

看企业有没有与众不同的、创新的、独特的商业模式，能不能革命性地突破行业内普遍存在的瓶颈，并能创造倍速利润？

看企业、产品、技术有没有形成高竞争门槛，能不能在市场上保持独特的内容能力并拥有控制力和定价权？

看企业有没有平衡的、健康的业务层阶，能不能在不连续的变化中持续创新业务并保持迭代领先？

看企业有没有合规的、优化的法人治理结构，能不能符合公司上市、并购、联盟和高速发展的标准要求？

看企业有没有职业的、梯次性的中高层经营管理团队，能不能满足未来成长扩张的人才需求？

看企业有没有由政府、金融、财税、司法、社会中介机构、上下游供应商等构成的社会资源体系，能不能在需要时较为方便地见到顶尖的十个人？

看企业有没有健康的、现金流充足的财务体系，能不能借助金融工具融来企业足够花的钱？

看企业有没有50%以上的、服务企业建立时间50%以上的重度粉丝，能不能深层次满足人性发展，保持重复购买率在50%以上？

看企业在所在行业和区域中有没有创造影响力，能不能渗入人心，达到品牌无提示提及率在30%以上？

看企业有没有形成相互关联的、系列的实施计划，能不能上下同欲，始终保持对战略目标的持续性冲击？

"十二个有没有，十二个能不能"，是企业战略、企业运营的若干核心要素，以这些要素来检视，战略智商就从抽象、虚幻的概念，变成具象、实在的运营体系。

37.3 识别"好战略""坏战略"

自从战略从军事上移植到企业竞争领域的那一刻，专家们就为战略贴上各种标签，把战略分形形色色的派别。

比如，把战略形成作为概念过程的设计学派；把战略形成作为正式过程的规划学派；把战略形成作为分析过程的定位学派；把战略形成作为愿景过程的创业学派；把战略形成作为精神过程的认知学派；把战略形成作为浮现过程的学习学派；把战略形成作为谈判过程的权利学派；把战略形成作为集体过程的文化学派；把战略形成作为反应过程的环境学派；把战略形成作为转型过程的构型学派……

其实，企业、企业家们，并不关心战略的派别，派别与他们没有一毛钱关系。企业家们关注的是战略价值，他们按价值，把战略分为"好战略"和"坏战略"。

二十多年来，在中国企业中，战略对企业，是"像雾像雨又像风"；战略对企业家，是"让我欢喜让我忧"。好战略可遇不可求，坏战略绕也绕不过。

好战略和坏战略，不同的角度、不同的位置、不同的理念，有不同的标准。

好战略，不是用"战略报告"编制的真理衡量的，也不仅仅是靠最后的结果来定义的，重要的是战略制订与实施过程中的表现。这样，衡量好战略的标准，聚焦四个字就够了，那就是能不能"知、同、行、达"。好战略一定是一个"知而同、同而行、行而达"的价值过程。

知：战略不是企业领导者抽屉里的"绝密文件"或某种"阴谋"，而是光天化日之下企业全员都知晓的方向、方法和方案，好战略对于员工是要有较高的知道度的，甚至连清洁工都要知晓。

同：企业全员不仅要知，还要认同，形成上下同欲的生态。

行：好战略一定能有可执行性，人人能执行，人人会执行。一个不能执行和员工不会执行的战略，一定不是好战略。

达：好战略会支持、帮助企业实现目标，达成使命。

与好战略一样，坏战略也存在于过程之中，坏战略在企业"员工不认同，经理层难执行，竞争中用不上"。所以，有时候我也对好战略，用"懂、通、用"来界定，就是说，好战略员工能看得懂、通执行，在市场竞争中用得上。

坏战略在企业是"无用"的代名词。我曾玩笑般地套用《红楼梦》中的"好了歌"形容坏战略。

"企业都晓战略好，唯有员工懂不了。苦口婆心求说懂，不待懂时过时了。企业都晓战略好，唯有执行做不了。痛心疾首抓执行，未等执行落伍了。企业都晓战略好，唯有市场用不了。孤注一掷赌大用，不到用时倒闭了。"

坏战略的问题如同"好了歌"戏说的那样，表现在价值过程中，其根源则是战略本身。许多企业在战略制订的初始阶段，就缺乏足够的战略智商，没有深刻感知企业自身的优势，把握企业发展本质，没有正确的目标和一系列的策略与行动。

我也给这些坏战略也做了定义。

虚幻型战略：战略仅仅是口号、是目标，成了"忽悠"人的心灵鸡汤。

八股型战略：按照MBA教案，起承转合，中规中矩，但毫无创造力。

官僚型战略：是官话、套话和空话的集合体。

生涩型战略：效仿国外大咨询机构，罗列一堆数据和SWOT分析、波士顿矩阵等模型，云里雾里，没有人能够看懂，更难以执行。

克隆型战略：在网络下载一些成功企业或咨询公司的战略模板，照猫画虎，改个名、换换数据，就是自己公司的战略了。

这五种坏战略，曾一度充斥在许多企业中，使战略成了毫无生命意义的"垃圾"。

37.4　战略重构建从重构战略本身开始

在长期的咨询策划实践中，我们深感企业的"战略之痛"，针对中国企业战略策划与管理的"员工不认同、经理层难执行、竞争中没有用"三大顽症，将现代国际前沿战略管理理论，融入中国传统文化和国内企业竞争实践中创建"实效战略"模型。

也就是说，对战略本身进行了重构建。

我将重构建了的战略模型，称为实效战略。这是一个多维的立体概念，与传统战略相比，它不仅仅强调环境、资源和计划的"求是"，更注重在此基础之上改变受制于客观的被动心态，积极博取企业的"效能、效率、效益、效果、效应"，是一个以"效"为检验企业兴衰成败唯一标准的企业思维模式。

实效战略系统，与重构建体系在哲学与逻辑上大体相同。实效战略是重构建的前身和基础。实效战略的核心思想、理念，包括方法，在重构建中得以延展、传承。实效战略，我一直是用"一十三六九"来概括的。

一：一项纲领，哲学层面的"实事求效"。（也是重构建体系的灵魂）

十：十大法则，战略制订与执行的原理与方法。（与重构建十大智慧相同）

三：三条标准，衡量战略的标准。（懂、通、用）

六：六种手段，战略成功推进的途径。（重构建中的"点化、规划、优化、固化、孵化、转化"）

九：是工具，即"九宫格战略创想法"。

九宫格，也称为曼陀罗，是东方文明的智慧之根。九宫格最早出现在"洛书"中，后来衍生为周易的后天八卦。印度的梵语称之为曼陀罗，曼陀原义指本质、精髓、了悟；罗，指一切。

曼陀罗（九宫格）将事物聚焦中心，即可向四面八方扩散知识，迈向大宇宙，也可向事物本质的深度来挖掘潜意识，深入微宇宙，是开发智慧、解析智慧和提升智慧的利器。东方神秘主义一直用曼陀罗作为集中思考的辅助工具，借以进入感知敏锐的心灵状态。

采用曼陀罗图，必须将注意力集中在图案的中心点，这个方法能使人迅速涤净杂念，让人臻至轻松而敏锐的状态，此时，人思想的目光凝视在某一个中心主题上，把其他枝微末节全部摆脱，右脑便能尽情地施展想象力，各种想法与深刻的见解也会如泉水般涌现。

在一个小小的九个方格子组成的图谱里，可以勾画出万事万物的清楚轮廓。将思想、创意组织成九宫格结构，抓住每一层的一个中心，逐一对下一层进行概括，按照逻辑顺序推演，可以做无限制的扩充，每一层含有8个元素，二次元的扩展则包括8×8=64个元素，三次元的扩展则包括8×8×8=512个元素……推演下去，可以向四面八方做无限的扩散，以助于无止境的事理探究。所以曼陀罗内含九格，加上时间、地点、人物事件等，可以充分运用到企业战略领域，从小小的空间经过n次元的转化，壮大，8×8，8×8……最终可以得到无穷。

"东为体，西为用"，曼陀罗是很好的选择。它与麦肯锡的树状法有异曲同工之妙，麦肯锡树状法是自下而上的分析，曼陀罗则是将思想组织成九宫格结构，自中心向外畅想扩散，从微观到中观到宏观，拓展无穷世界，直指事物本质。

九宫格创想法，基本型为十字型、放射型、万字型、螺旋型；扩展型与五个W（Who人、What事、When时间、Where地点、Why为什么）结合，有四段技法、八段技法。

九宫格是一种典型的"究天人之际，通古今之变"的东方智慧，对世界、对人的生活力求进行一个"整全的""有意义的"探索和理解。这种智慧，简练而精致，深刻而周全，在如今复杂多变的时代里，有妙不可言的大用。将九宫格工具与国际前沿的战略工具对接起来，用在企业战略的制订与实施上可以收到奇效。

我在为新疆心脑血管医院做战略规划时，采用了九宫格战略推演法。

第一层中心是"战略制订与实施"，周边是战略分析（环境）、战略定位（要素）、战略形成（规划）、战略实施（过程）等配置要素。

第二层是战略定位，周边是如何创建企业——使命定位、如何有所作为——企业边界定位、如何发现利润区——客户体系定位、如何建立利基——核心竞争力定位、如何配置资源——业务链定位、如何选择有效角色——产业位次定位、如何做规则制订者——竞争地位定位、如何超越竞争者——领先地位定位等发散课题。

第三层是发现利润区。

第四层是盈利模型。

第五层则以盈利模型中的"乘数效应"为中心，这时我们惊奇地发现，如果将所有的扩散点填满，将得到262 144个答案，其中"创建新心医吧""建立全疆院长俱乐部""牧区巡医"等战略方案赫然跃于推演之中。

如果继续推演下去，第六层、第七层、第八层，到第九层的时候，已经可以形成2 097 152个战略选择！小小曼陀罗，无穷大世界。

当然，在战略制订与实施中，我们不能、也没有必要将这2 097 152个畅想答案全部填出。但是按照九宫格这种"思维导图"，使我们在战略制订与实施中收获了很多。

看不清的情景，看到了；

想不清的问题，想清了；

复杂的问题，简单了；

简单的东西，实用了。

在实效战略体系中，"伟大的战略就像卓著的艺术工作或重大的科学发现，设计出来时要求精通技术，起源却是超越理智分析范围的创造力和洞察力。"

在实效战略体系中，战略是哲学、是科学，更是实学。战略是科学与艺术的统一；战略是机会与资源的协调；战略是知识与能力的复合；战略是现实与未来的交会。

在实效战略体系中，战略更是一种实用的功夫。战略功夫，是企业家的基本功夫，又是竞争制胜绝学。不懂战略，绝不是卓越的企业家；没有战略功夫，不能成就千秋功业。而战略功夫不是靠简单听课就能够练成的，这是一种企业实战功夫，用最简单实用的方法，让战略成为人的本能。

我一直笃信，战略，是企业家的DNA，是本能。人人都具备，关键是如何通过意念启迪、思维引导、系统梳理、能力整合去激活。

我们创意、设计了"战略功夫修炼堂",要参加的企业家"动耳听、动眼看、动手做、动脑想、动心悟"。

战略功夫修炼堂,共分四个阶段,全程120天。

第一阶段,是破障——正心态,定目标。启发企业家打破思维定式,调动正能量,以超常规心态建立企业目标。

第二阶段,是禅悟——建系统,找方法。引导企业家完成战略系统梳理,确立战略推进的思路、途径与方法。

第三阶段,是入境——做方案,拿成果。企业家自己动手,将哲学、科学、实学融合,制订本企业的战略发展规划。

第四阶段,是出关——寻突破,创价值。在企业各自的战略规划基础上,设计突破方案,学员企业完成战略转化为行动的第一步。

二十几年中,"战略功夫修炼堂"培训企业家数万人,获得了较好口碑。特别是在湖南省,自2013年起,每年长沙市工信委都要委托我们开办"战略功夫修炼堂",对当地企业进行战略升级,有数百家企业在"战略功夫修炼堂"中完成了战略规划。

理念变了、方法变了,实施中的效果也就变了,战略重构建也就这样完成了。比如我们在为名列"中国建筑装饰行业100强"的深圳市嘉信建筑装饰公司做战略发展规划项目时,跳出传统的窠臼,用独特的"七步成诗法"对嘉信业务及业务层阶进行科学梳理,从第一步的业务基本原则、第二步的业务优化标准、第三步的业务能力方向、第四步的业务树设立……到第七步的业务举措与策略,最后形成嘉信装饰的三层"业务层阶"——今天凭什么赚钱、明天凭什么发展、后天凭什么持续,清晰可循。嘉信装饰走出了传统装饰行业思维,放弃低端的家装,大胆突出建筑幕墙、公装等高利润区业务,并在投资、并购从企业经营的手段调整到战略业务层面,同时突出加快进入房地产、高端设计、联营挂靠等,形成嘉信稳固的业务铁三角。到2016年,嘉信执行挺进"中国建筑装饰50强",完成了嘉信装饰五年战略目标,凸显着"中国绿色建筑装饰一体化服务商"的特色定位。

第 38 节　领导力重构建，从优秀到卓越

常言道"大学之大，在于大师；企业之强，在于强人。"强势的企业领袖，是强势企业的根本之一。而这强势领袖的根本则在于强势领导力。一个企业的成败，70%取决于企业领袖的领导力。

领导力，是一种能够激发团队成员热情与想象力的能力，也是一种能够统率团队成员全力以赴去完成目标的能力。正如美国前国务卿基辛格博士所说："领导就是要让他的人们，从他们现在的地方，带领他们去还没有去过的地方。"

领导力重构建，是企业重构建的重要一环。

38.1　领导力的标准

近些年，我国对于领导力的研究，颇有建树。尽管学派不同、理解不同、甚至概念不同，但是都没有脱离领导力的本质。其中比较有代表性的有三种。

第一种是六维领导力，由北京大学领导力专家杨思卓教授倡导。

六维领导力系统认为，领导力是以责任为核心，以目标为导向，激发团队潜能，进而创造组织绩效的能力系统。这个系统将领导力分解为六种能力，并形成六维领导力模型。

1. 学习力，领导人超速的成长能力。
2. 决策力，领导人高瞻远瞩的能力。
3. 组织力，领导人选贤任能的能力。
4. 教导力，领导人带队育人的能力。
5. 推行力，领导人超常的绩效能力。
6. 感召力，领导人的人心所向能力。

决策力 Determination
教导力 Teaching
组织力 Organization
学习力 Learning
感召力 Influence
推行力 Implement

六维领导力模型

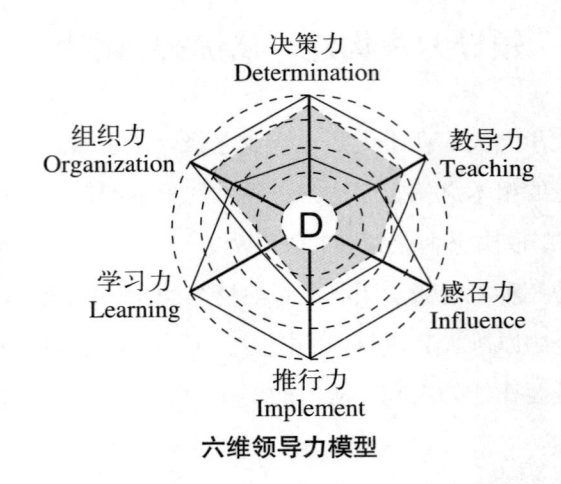

杨思卓教授认为，怎样做领导，涉及怎样认识和处理领导力模型中六种能力之间的关系问题。六种能力构成了三条对角线，在这三条对角线上构成了领导力的六个方面，叫作"一入一出""一上一下""一硬一软"。

学习力和教导力处于一条对角线上，表明学习力和教导力之间有着密切的关系。一个是输入学习力，另一个是输出教导力。取得知识和经验，这只是个人的经验，做得好也只能使一个人成为精英，但是如果能做到输出，具备教导力，就能使千百万人获得智慧。当一个人的能力变成两个人的智慧时，这个人很可能就是一名组长；当变成10个人的智慧时，这个人很可能就是一名部门经理；当变成100个人、甚至于1 000个人的智慧时，这个人很可能就是厂长、总经理、CEO了；当变成千百万人的智慧时，这个人肯定就是领袖。所以，领袖人物总是能把自己的智慧、自己的思想变成别人的智慧、别人的思想。由此可见，学习力和教导力处在一条对角线上，而且两者的关系表现为：学习力是教导力之源，教导力是学习力之领悟。

决策力与推行力在一条对角线上，表明推行的前提是决策，不是推行决定成败，而是在决策正确的前提下，这个命题才成立。如果没有正确的决策，推行力越好，犯的错误就越大、越严重。所以推行力是以决策力为前提的，而决策力又是以推行力为结果的。想创造绩效必须要有推行力，没有推行力的决策只是一个规划。

组织力与感召力在一条对角线上，说明企业会用组织手段、业务流程、组织制度来管理员工，把员工整合为有机的团队。但是仅仅靠制度、靠流程、靠组织还不能够让团队拥有强大的凝聚力，还需要企业的文化，领导人的个人魅力和感召力等等。

这六种能力，对不同领导会存在着不同方面的强和弱，扬长补短，六力合一，才能推动企业从优秀走向卓越。

第二种是九点领导力，由著名领导力专家、原汇才总裁黄荣华女士倡导。

这个体系中的领导力，主要表现在以下9个方面。

1. 激情：激情具有很强的感染力。"激情的出发点是自己有选择，激情的外在表现是活出真我。"

2. 承诺：承诺就是说到做到，说了不去做的是空话。

3. 负责任：愿意为所发生的事情担当一切。

4. 欣赏：包含爱、珍惜、接纳。

5. 付出：付出是自愿和主动的，付出的人是快乐的。

6. 信任：信任自己，信任他人。

7. 共赢：有众乐乐的气度和天人合一的胸怀。

8. 感召：激发他人的理想，从而自愿采取行动。

9. 可能性：拓展思想，一切都有可能。

九点领导力中，起点是激情，然后做出承诺，本着负责任的态度，欣赏身边的一切，心甘情愿地付出，信任他人，开创共赢的局面，感召更多的人，去发掘去创造更多的可能性。

九点领导力，是"企业教练技术"的核心，在原深圳汇才的推动下，在中国形成极大的影响，据说自1998年至今，至少有1 000万不同层次的企业家接受其培训，许多耳熟能详的著名企业家，都曾经是汇才或汇才派生出来机构的学员。如今许多培训公司，要么是汇才学员创办，要么是借鉴汇才"培训环节"，平心而论，汇才在中国企业家领导力的培养上，具有不可磨灭的功劳。

第三种是领导者五力模型，由中国科学院领导力课题组倡导。

这个研究认为，领导力是支撑领导行为的各种领导能力的总称，其着力点是领导过程。领导力是为确保领导过程的进行或者说领导目标的顺利实现服务的。领导者必须具备以下几项领导能力。

1. 前瞻力，对应于群体或组织目标的目标和战略制订能力。
2. 感召力，对应于或来源于被领导者的能力，包括吸引被领导者的能力。
3. 影响力，对应于影响被领导者和情境的能力。
4. 决断力，对应于群体或组织目标实现过程的正确而果断的决策能力。
5. 控制力，对应于领导并控制目标实现过程的能力。

这领导力五力，对领导者而言都非常重要，感召力是最本色的领导能力，一个人如果没有坚定的信念、崇高的使命感、令人肃然起敬的道德修养、充沛的激情、宽广的知识面、超人的能力和独特的个人形象，他就只能成为一个管理者而不能修炼为一个领导者，因此，感召力是处于顶层的领导能力。但是，一个领导者不能仅仅追求自己成为"完人"，领导者的天职是带领群体或组织实现其使命。这样就要求领导者能够看清组织的发展方向和路径，并能够通过影响被领导者实现团队的目标，就此而言，前瞻力和影响力是感召力的延伸或发展，是处于中间层面的领导能力。同时，领导者不能仅仅指明方向就万事大吉，在实现目标的过程中随时都会出现新的意想不到的危机和挑战，这就要求领导者具备超强的决断力和控制力，在重大危急关头能够果断决策、控制局面、力挽狂澜，也就是说，作为前瞻力和影响力的延伸和发展，决断力和控制力是处于实施层面的领导能力。

38.2 能力、能量与能量场

我对企业的领导力，也曾做过专门研究，认为现代企业的领导力，无论是概念，还是体系，都要走出单维、一个平面、一个方向或者一个范畴，要走向更多维。也就是要从能力走向能量，从能量走向能量场。

能力，是一种平面的领导力，是单维的。这种领导力，往往是由一个人的职位和专业决定，领导力的影响范畴，仅局限在职位所及、专业所涉范围内。

能量，是一种立体的领导力。在职位、专业之上，又有了一种极具人格魅力的能力，使领导力形成了立体。具有这种领导力的人，对他人脱离了纯粹的领导与被领导的关系，他所从事的领域、所领导的人群、所规划的愿景、所生产的产品、所提供的服务、所倡导的文化等等，不是由命令，而是由影响力传递给周围的人。他是一个赋能者，正像美国前国务卿基辛格博士所说："领袖的任务就是带领人们从所在之处到达他们从未到达之处。他做了一个远大的决策，树立了一个宏大的愿景，他还要把他的决策和愿景一一分享给他人，让他人了解到他所做的事业有多么伟大。因此他选择了一条捷径，那就是通过'传道分享'去教育他们。"

深圳市芭田生态工程股份有限公司董事长黄培钊，一直把传道、分享、赋能，作为企业领导者最大的能量，作为领导者必须承载的一个功能性特征。他很少批评员工，而是把批评转化成一种教育的方式，让员工从中得到启发和成长。他重视挖掘员工思想中的先进成分，大力提倡敬业爱岗精神，引导员工把个人理想与公司发展目标相结合，培养员工的集体荣誉感，以此激发员工的高度责任心。他鼓励员工争做"知识型人才"，并根据员工的特点和集团的需要，采取各种方式，对员工进行专业水平和技能的培训。黄培钊在企业导入知识管理、孝文化、"师徒我模式"，通过这些赋能，芭田集团有了更多的可用之才，形成了强大的凝聚力和竞争力。黄培钊在二十年中先后与我及其他不下于二十家咨询机构合作，我至今仍担任芭田的独立董事。短短二十年余年，芭田就从一个承包的复合肥车间，发展成为一家市值百亿的上市公司，成为中国复合肥第一阵营品牌。

能量场，则是一种时空间的领导力，是将个人能力、能量，转化为"组织能量"和"社会能量"，形成一个巨大的"场"。具有这种领导力的企业领袖，不是随意施加操控的人，而是在特定的"组织－社会－生态"中，以影响塑造出一个场。这样的场，会自动孵化卓越之人、卓越之事，转化不良之为、不良之事。人性的特点，决定特定的场产生的能量，直接作用在人的思想、感知、情绪、动机及行为中，远远大于个人的影响力。企业是一个社会－生态场。场的力量，具有大雄宝殿的震慑力，让人敬畏。在场的力量下，参与人的态度、个性（人格）、意愿等所产生的力量，经常是第二位的，有时甚至是微不足道的。"场力"，影响人们的态度，进而影响人们的思想，主导人们的行为。这就是通过"事与人"造场，然后通过场来造"人与事"。拥有这样的能量场，返回来再借用具体能力的方法工具时，不会失之偏颇。先有"大格局"，后有"工具"，以"道"统"术"才是成就领导力的高境界。

38.3 做一个量子领导者

互联网世界，每一个人都成了中心，成了世界的创造者。

互联网+，可以说是正在演绎着即将到来（事实已经到了）的量子时代。哈佛大学教授丹娜·左哈尔认为，量子时代的商业思维，只有转换了思维的"范式"才能把自己提升到更高的层次。这转换中的重要一点，就是打造具备"量子"特性的领导者和组织。她以量子管理理论和东方式的管理哲学为基础，以中国海尔的小微组织化运作为研究对象，提出量子时代的领导力，就是要向"量子组织""量子领导者"转型。

丹娜·左哈尔描绘了量子领导者的形象。

第一，要具有自觉的意识，去了解组织是一个自组织的形态。要知道公司的信仰是什么，愿景是什么，价值观是什么，优势是什么，公司为什么存在，公司目前存在着什么样的问题，如果存在问题，又该如何去改善。

第二，要具有自己的愿景和价值观，不应该唯利是图。公司诚然是需要盈利的，但是要明白为什么要盈利，要成为一个具有愿景的和服务型的公司，服务也是需要有质量的。

第三，要足够的灵活。一个量子型公司，就像一只小鸟一样非常灵活，它不会用过去的解决方案去解决今天的问题，而是时刻准备好去解决未来的问题。它随时准备着为了消费者的改变而改变，为了市场的改变而改变，为了经济形式的改变而改变。

第四，要有多样的方法解决问题。要欢迎来自不同背景、不同文化的人，我们要欢迎有人向我们提出质疑，多样化代表着我们要迎接或者随时准备好迎接不同的声音。

第五，遵循海森伯格的不确定性理论，要勇于提问。领导者需要能够倾听周围的声音和建议，甚至是批评。

第六，一个量子型的领导者是虚心的，会尊重周围的人，随时准备接受周围人的意见。

第七，要不怕犯错。能够发现自己犯了错误，能够了解到问题之所在，才是企业进步的源泉。

第八，要具有同情心、同理心，站在他人角度考虑问题。要立志于做一个服务型公司，服务周围每个人乃至服务社会。

第九，可能也是最重要的一点原则，就是我们要有自己的信仰，要有自己的职业操守。我们之所以成为领导者是因为我们从自身认为需要为这个社会、为整个世界去付出，去服务。

第 39 节　组织重构建，打赢"班长"的战争

领导力重构，成为量子领导者。组织呢？毋庸置疑，一定是量子组织，量子组织的核心是"班长"。

军事界有一种说法，第二次世界大战的机械化战场是师长的战场；20世纪80年代的空地一体化战场是营长的战场；21世纪的信息化战场是以士官为主的班长的战场。

据说，美军正致力研究"班长的战争"，并在几场局部战争中付诸实践。阿富汗战争，美军最先派去的是"三角洲"和"绿色贝雷帽"的特种小

分队。伊拉克战争中，这种特征更为明显。许多战斗中，唱主角的不是过去的师团，而是连排甚至班一级的小分队，这些小分队的士官们深入敌后，携带着卫星定位仪和激光指示器，随时可以下载卫星画面，根据画面寻找敌人的踪迹，也可以通过卫星呼唤战机进行轰炸。

鉴于士官在信息化战场上的重要作用，世界各国军队都非常重视士官队伍建设。在建设信息化军队、打赢信息化战争这一战略目标牵引下，我军士官制度改革不断深化，从全军"士官优秀人才奖"正式设立，到将享受国务院颁发的政府特殊津贴人员选拔范围扩大到士官，士官的主体地位得以充分凸显，福利待遇得以明显提高。目前，我军士官编制数量达80余万，一些关键性岗位均由士官担任，士官队伍覆盖所有专业技术和指挥班长的岗位。

著名军事家杜黑曾言："胜利总是向那些预见战争特性变化的人微笑，而不会向那些等待变化发生后才去适应的人微笑。在战争模式迅速变化的时代，谁敢于先走新路，谁就能获得用新战争手段克服旧战争手段所带来的无可估量的利益。"在以新军事变革为核心的角逐中，面对下一场"班长的战争"，你准备好了吗？

战争与军队，在过去百年，给企业运营、管理带来太多的启发和借鉴，未来，班长的战争，同样也值得我们深思。

39.1 让听得见炮声的人来呼唤炮火

任正非总是用军事术语来描述华为公司的运行，他所说的"一线炮声"，其实"一线"就是指来自市场一线的客户需求，而"炮火"指的是华为的各种资源。任正非写《让一线直接呼唤炮火》，意思就是告诉华为的员工，要让真正了解客户需求的一线员工直接从总部配置人力、物力等资源，更好、更直接地为客户服务，满足客户提出的要求。

近几年，任正非不断地提到这个观点："我们在这困难的一年，同步展开了组织结构以及人力资源机制的改革，改革的宗旨是，从过去的集权管理，过渡到分权制衡管理，让一线拥有更多的决策权，以适应情况千变万化中的及时决策。让听得见炮声的人来呼唤炮声,已让绝大多数华为人理解并付诸行动。我们确定了以代表处系统部铁三角为基础的,轻装及能力综合化的海军陆战队式的作战队形,培育机会,发现机会并咬住机会,在小范围完成对合同获取、合同交付的作战组织以及重大项目支持的规划与请求,地区部重装旅在一线的呼唤炮火的命令下,以高度专业化的能力支持一线的项目成功。

"地区部是要集中一批专业精英,给前线的指挥官提供及时、有效、低成本的支持。我们同时借用了美军参谋长联席会议的组织模式,提出了片区的改革方案。片区联席会议要用全球化的视野,完成战略的规划,并对战略实施组织与协调,灵活地调配全球资源对重大项目的支持。'蜂群'的迅速集结与撤离的一窝蜂战术,将会成为新一年工作的亮点,并以此推动各地区部、代表处、产品线、后方平台的进步。市场服务的组织变革,一定会促进我们成为全球最主流的电信解决方案供应商,也一定会提升竞争力,形成利润能力,实现各级组织向利润中心为目标的组织及机制的转移和建设,以适应让听得见炮声的人来呼唤炮火的管理模式的转变。

"为了保证这种授权机制制度的运行,我们要加强流程化和职业化建设,同时加强监控体系科学合理的运用。IFS给我们最大的收益是,支持我们这种以前线指挥后方的作战模式成为可能,随着大量有使命感、责任感的CFO被派往前方、前线,作战部队的作战会更加的科学合理。为了实现我们的远大理想,我们要抛弃狭隘,敞开胸怀,广纳天下英才,以成功吸引更多有能力的人加入我们奋斗的队伍。我们要加强本地化建设,提升优秀员工本地化的任职能力。我们自身要英勇奋斗,不怕艰苦勇于牺牲,天降大任于你们,机会对任何人都是平等的。对内我们要允许有不同意见、不同见解的人存在,基层干部要学会善待员工,不一凶二恶。我们选择更多的人加入各级管理队伍,只有我们的队伍雄壮,才会有成绩的伟大。"

这些年,华为从一家小的民营企业发展到如今这么大的规模,成绩越来越显著,但是问题也暴露了出来。任正非提道:"华为的官僚化虽然还不重,但是苗头已经不少。企业缩小规模就会失去竞争力,扩大规模,不能有效管理,又面临死亡。"

对于华为这个拥有十几万员工的大企业来说,解决规模和效率的矛盾是重中之重,如何能够在扩大规模的同时,让经营效率不降低,这就需要管理者在管理方面提出解决方法了。任正非向西方大公司学习的方法,加强了企业的管理模式。"数据流量越来越大,公司也可能会越来越大。公司可以越来越大,管理绝不允许越来越复杂。公司管控目标要逐步从中央集权式,到让听得见炮声的人来呼唤炮火,让前方组织有责、有权;后方组织赋能及监管,必须建立在一个有效的管理平台上,包括流程、数据、信息、权利等,逐步实现决策前移及行权支撑。"

39.2 阿米巴为什么"火"

具有量子组织基因、具有"海豹突击队"特性的"阿米巴模式",自2013年起"火"遍了各行各业,据不完全数据统计,珠三角、苏浙沪地区每年外出参加培训的企业有85.4%,其中学习阿米巴经营模式的企业占93.1%。

阿米巴是一种单体细胞微生物,它能通过自身不断分裂复制,而且能为了适应外在条件发生变形。稻盛和夫根据其特点,创立阿米巴经营模式。

阿米巴经营模式,简而言之,即把公司分成多个自主经营单元(即阿米巴),每个经营单元均需独立核算、承担盈亏;持抱利他共赢理念之下,鼓励员工增加收入、降低费用;最后利益共享,同创幸福企业。

稻盛和夫创立、践行阿米巴,取得巨大成就。他先是以阿米巴创办京瓷,在人数区区不过半百、厂房区区不过三间的起始条件下,业绩持续翻番,荣登世界500强榜;而后他以阿米巴组建日本第二电信,整合多方人才资金,打破垄断、冲出重围,业务从零开始,再攀世界500强榜;日本航空巨亏,濒临倒闭,鸠山首相三顾茅庐请年近80高龄的稻盛出山,他同样以阿米巴,一年扭亏为盈。

在中国,阿米巴被应用到企业中,上海大众力推"经营体";海尔集团奉行"自主经营体""SBU（战略事业单元）"；阿里巴巴内分多个"经济单元"，都取得了显著成效。

阿米巴经营模式为何能够产生极高收益？

首先，阿米巴经营模式符合人性。

它从人性方面思考，形成经营哲学，正确引导经营方法，而非舍本求末，以为某种管理方法即是"绝招"。

为何只有企业经营者关注经营利润，然而员工却只关注做事本身？因为员工的工作距离利润太远，没法关注！

为何部门之间总爱扯皮推诿，最终只有企业经营者才能协调解决？因为他们互是同事关系，而非买卖关系！

为何员工总是觉得工资不够满意，把原因归在企业经营者小气？因为工资是由企业给的，不是员工做买卖赚来的！

这三个问题与答案，让阿米巴超越管理学科，升华到人性命题。

其次，阿米巴经营模式能够满足时代需要。

当下员工多数不为生存安全而去工作，他们需求人格尊重、精神自由，满足这种心理需求之举，莫过"我有地盘，我能做主！"好吧，给你一个阿米巴，你去做主！

互联网+已让千万草根创业成功；国家号召大众创业、万众创新，哪个不曾蠢蠢欲动？企业经营者若不内部满足员工创业冲动，员工必将外出创业。好吧，给你一个阿米巴，你去创业！

再次，阿米巴经营模式提供了技术保障。

好心未必办成好事，皆因方法不对；慈悲未必修得善果，全是智慧不足。一味符合人性、一味满足员工当然也就未必成功。

阿米巴经营模式则不然，分、算、奖，包含如何分巴？如何内部定价？如何建立内部交易规则？如何核算收入、成本？如何分析本巴盈亏？如何改善不良？如何分享收益……唯一所剩，就是你的行动。

阿米巴经营模式如何落地中国企业？

其一，中国企业经营的外在空间广阔，开源与发展仍是中国企业之主流旋律，而日企则不然。因此，阿米巴落地中国，首在理清战略，继而开源节流。

其二，中国企业管理的内在基础较弱，建制与完善乃是中国企业之必修内功，而日企则不然。因此，阿米巴落地中国，首在架构重组，继而分巴交易。

其三，中国社会环境的客观影响很大，物质与精神总在中国企业之中动态平衡，而日企则不然。因此，阿米巴落地中国，首在提升经营，继而转变人文。

39.3 以人为核心的组织

企业组织，是企业的流程运转、部门设置及职能规划等最基本的结构依据。

传统企业的组织，是建立在分工与目标的基础上的形态，其最重要的特点就是管理、是控制。往往利用人性之中的弱点，或者人生存时必要的条件，对组织内的人进行管理控制。传统企业的组织，更多的是高层负责决策，中层负责控制，底层负责执行，是一种中央控制模型。而传统企业组织的弱点是反应速度很慢。这种慢不是信息传播速度慢造成的，而是因为决策速度慢。它需要由底层反馈，中层传导，高层进行决策，然后再原路返回，由底层执行。且不说信息在传导的过程当中可能发生变异，单是决策速度就已经慢很多拍了。

在互联网背景下，企业是一种无中心化组织，一种网状的模型，没有决策中心，而是顺态势发展而做出决定。这样的反应速度无疑大大加快，当然，这对组织内部的人员要求也高很多，以至于可以出现分工的模糊化，每个人的多角色协作化。所以我心中真正的互联网公司，往往人数不是太多，并且分散成小团队，单点负责，迅速决策，需要组合时，立即自由联合，任务完成后，自动解散。他们并不依靠什么层级管理，更没有什么ERP或者什么KPI，完全是一种任务驱动式的协作方式。

因此，互联网时代的企业组织，应该是一种以人为网络节点，各小团体相互连接的拓扑组织结构。从全局来看，即是无中心化，无权威化，无固定组织形态的结构。

一句话，现代的组织，不是以"事"为基点，而是以"人"为核心。

第一，组织必须是平等的，由所有参与者共同拥有，组织最后的所有竞争力都来自成员的独立创新。

第二，权力和功能必须最大限度做到分布型，也就是分权化或分散化。

第三，组织的治理必须是分散的，没有哪一家或几家联合起来可以控制这个组织。

第四，组织的可塑性必须非常强，即永远在不断地变化。

互联网的企业社会，这种以人为网络节点、各个小社群互相连接的拓扑组织结构改变了僵化的科层结构、直线职能结构，发展为扁平化、去中心化、自组织化、无边界化、简单化、平台化，逐渐形成以客户、产品为中心的组织，围绕客户和产品形成组织生态圈。企业和社会之间、各个利益相关者之间、组织内各价值创造体之间形成彼此独立、互相依存、相互影响和互动交流的有机生命体。

第40节　团队重构建，员工与企业一起"嗨"

组织与团队，并非一个概念。

组织重构建是企业的连接形式，解决的是怎样以人为中心；而团队重构建则是企业连接的内容，解决的是人怎么"嗨"起来。

管理学家斯蒂芬·P.罗宾斯认为，团队就是由两个或者两个以上的，相互作用、相互依赖的个体，为了特定目标而按照一定规则结合在一起的组织。这个组织，以目标为导向；以协作为基础；有共同的规范和方法；成员在技术或技能上形成互补。团队的类型分为：问题解决型团队、自我管理型团队、多功能型团队、共同目标型团队、正面默契型团队。

好的团队是铁血之师。铁，是指坚强的意志、坚定的忠诚、坚实的技能；血，是指激情、真情、亲情。

如何通过重构建打造一支铁血团队？

40.1　甄别人比培训人重要

曾有人用一个强排比句，强调人在企业中的位置，曰："企业所有的问题都是绩效问题、所有的绩效问题都是团队问题、所有的团队问题都是文化问题、所有的文化问题都是人的问题。"可见，人是一切的根源。

近些年来，企业为了解决人的问题，颇费心机，给高薪、给股权、旅游、培训，应有尽有。然而，许多企业心血白费，最终因"三观不和"，员工无法与企业形成和谐共振。其实，这都是因为企业在给这些福利之前，忽略了对人才的甄别、对团队的甄别，导致强雕朽木，缘木求鱼。

甄别人才，比培训人才更重要。我在几十年咨询策划服务中，常常以"三四规则"来支持企业甄别人才。

三指寻找"三种人"。

1．独立做成事的人。

2．有创造性做成事的人。

3．带领团队有创造性做成事的人。

四指消灭"四种人"。

1．不讲道义的"小人"。

2．不守规则的"能人"。

3．不出结果的"好人"。

4．不懂常理的"怪人"。

40.2　谨防美丽的"真理鸡汤"

甄别人，寻找志同道合的人构建团队后，若有直接影响团队建设的言行不难防范，难防范的是一些"道理"，如果不能有效区别并正确处理，会给团队构建造成的危害更大。

下面列举几个所谓"真理"。

1. 团队利益高于一切。

"团队利益高于一切"的说法本身无可厚非，但是，对其过分推崇和强调，会导致弊端。

一方面是极易滋生小团体主义。团队利益对其成员而言是整体利益，而对整个企业来说，又是局部利益。过分强调团队利益，处处从维护团队自身利益的角度出发常常会打破企业内部固有的利益均衡，侵害其他团队乃至企业整体的利益，从而造成团队与团队、团队与企业之间的价值目标错位，造成资源的严重浪费。还容易造成游离于企业之外，另立山头或架空母体。

另一方面，过分强调团队利益容易导致个体的应得利益被忽视和践踏。从人性角度，利益驱动是推动团队运转的一个重要机制。作为团队的组成部分，如果个体的应得利益长期被漠视甚至被侵害，那么他们的积极性和创造性无疑会遭受重创，从而影响整个团队的竞争力和战斗力的发挥，团队的总体利益也会因此受损。团队的价值是由团队全体成员共同创造的，团队个体的应得利益也必须得到维护，否则团队原有的凝聚力就会分化成离心力。所以，不恰当地过分强调团队利益，反而会导致团队利益的完全丧失。

2. 牺牲小我，换取大我。

很多企业要求团队成员"牺牲小我，换取大我"，放弃个性，追求趋同，否则就有违团队精神，就是个人主义在作祟。

诚然，团队精神的核心在于协同合作，应当强调团队合力，注重整体优势，远离个人英雄主义，但追求趋同的结果必然导致团队成员的个性创造和个性发挥被扭曲和湮没。而没有个性，就意味着没有创造，这样的团队只有简单复制功能，而不具备持续创新能力。其实团队不仅是人的集合，更是能量的结合。团队精神的实质，不是要团队成员牺牲自我去完成工作，而是要充分利用和发挥团队所有成员的个体优势去做好工作。只有营造一种适宜的氛围，不断地鼓励和刺激团队成员充分展现自我，最大程度地发挥个体潜能，团队才能迸发出如原子裂变般的能量。

3．低头不见抬头见。

在团队中，常常有不同意见，许多人对于冲突讳莫如深，会采取种种措施避免。一些管理者把冲突视为对领导权威的挑战，因为担心失去对团队的控制，对于拍板和讨论他们往往会果断地选择前者；另外，认为过于激烈的冲突会引发团队内部的分裂，带来不和谐音符；还有，认为在冲突中受打击的一方不仅自尊受伤，同时自信心也会受到很大的影响，而这些都不利于团队整体工作效率的保持和提升。这是一种误解，要避免被团队内部虚伪的和谐气氛误导，要采取种种措施，努力引导和鼓励适当的、有建设性的良性冲突。将被掩盖的问题和不同意见摆到桌面上，通过讨论和合理决策将其解决，把隐患消灭在萌芽中。

4．1+1一定大于等于2。

2018年的美国职业篮球联赛，最亮丽的一道风景线，莫过于雷霆组建"三巨头"，威斯布鲁克、杜兰特、哈登组成历史上最豪华的"超级团队"，每一个位置上的球员都是全联盟最优秀的，球队因而成为总冠军的最有力挑战者。然而，最终的结果却出乎所有人的意料，雷霆被挤出四强。原因是，明星内耗和冲突使整个团队变得平庸，1+1不仅没有大于或等于2，甚至小于了2。在团队构建中，管理层往往竭力在每一个工作岗位上都安排最优秀的员工，期望能够通过团队的整合使其实现个人能力简单叠加所无法达到的成就。然而，在实际的操作过程中，众多的精英共处一个团队之中反而会产生太多的冲突和内耗，最终的效果还不如个人的单打独斗。

5．……

在团队构建中，类似的"真理"还有许多，有的冠冕堂皇、有的理直气壮，但是，所有的"真理"，都要放在团队这个整体上度量，不能就理论理，否则，"真理"也会成为损耗团队的破窗。

40.3 从"个体的人"到"整体的人"

成大业者都有一个共同点，就是能将千百万人的心连在一起，这是十分独特的能力。我们跟随一名领导者，就是希望他能创造一个环境，结合众人的力量，营造一个未来。正是这种凝聚力，创造着人类的历史。

这样的团队，"个体的人"都变成了"整体的人"，统一的目标、统一的思想、统一的规则、统一的行动、统一的声音。

具体说来，这样的团队有7个特征。

1．明确的团队目标。一个好的团队，一定有共同的、明确的目标是大家都认可的，这是一面旗帜，大家都朝着旗帜的方向前进。

2．共享。一个好的团队，就在于团队成员之间，能够把为了达成团队共同目标的资源、知识、信息及时地在团队成员中间传递，以便大家共享经验和教训。

3．不同的角色。好的团队的特点就是大家的角色都不一样，每一个团队成员要扮演好自己特定的角色，角色互补才会形成好的团队。

4．良好的沟通。好的团队首先能够进行良好的沟通，成员沟通的障碍越少，团队就越好，这也是每一个处在企业中的人深刻体会。

5．共同的价值观和行为规范。现在所倡导的企业文化实际上是要求企业中要有共同的价值观，企业的价值观指导整个企业员工的行为。

6．归属感。归属感是团队非常重要的一个特征，当成员产生对团队的归属感，他们就会自觉地维护这个团队，愿意为团队做很多事情，不愿意离开团队。

7．有效的授权。这是一个非常重要的因素，通过有效的授权，才能够把成员之间的关系确定下来，形成良好的团队。

第41节　文化重构建，让"软实力"硬起来

企业文化，应该是近三十年来企业中的一个"极度热词"，多种概念、多种方法、多种体系，不一而足。而企业导入实施企业文化，却大多数停留

在口号、活动，甚至员工游玩上，被称之为企业"软实力"的企业文化，没有形成企业发展的"硬"支撑。

企业文化作为特定人群普遍的、当下的、自觉的观念和方式系统，是群族性的、是当下的、是普遍的、是以心理与精神状态存在于心的、有差异性的，具有自我整合走向系统与完整的种种特性。

我先后为百余家企业进行过企业文化的咨询策划，都力图摆脱肤浅的表层概念，寻求在本质、要害、体系三个层面让企业文化"硬"起来。

41.1 追求本质"硬"

我每到一家企业，都会与企业家就企业文化的本质究竟是什么，它在企业的本质表现又是什么进行碰撞，以我的感悟、研究，获得企业的共识。这一点，在广东省纺织品进出口集团公司（简称粤纺出）的企业文化建设中，收到了成效。

粤纺出曾是中国最大的纺织品进出口企业，年营收过百亿。在其导入企业文化中，我们如下定义了粤纺出要追求的企业文化本质。

1. 粤纺出追求的企业文化，就是要普及企业内外沟通的"母语"，在共同信仰中交流思想、碰撞激情，沟通产生精彩。

2. 粤纺出追求的企业文化，就是要建立企业与员工统一的"生活方式"，在统一的规则下激活潜能，统一就是力量。

3. 粤纺出追求的企业文化，就是要构建企业平衡的"生态环境"，建设企业与社会、企业与员工、员工与客户间的崭新空间关系，平衡才能发展。

这样从"母语""生活方式""生态环境"这三大本质，也就是企业文化要达到的境界出发，我们制订了体现这本质的《广东省纺织品进出口集团公司企业文化纲要》，又具体从"企业文化观、企业文化元素、企业文化品格、企业文化运行、企业文化发展规划、企业文化预警及变革和管理、企业文化纲领应用与修订"等七个章节界定粤纺出企业文化。该项目获得了中国企业联合会"企业文化金奖"。尔后，这套系统，又先后在广西玉柴股份、中国联通广东公司等企业全面推广，深受企业好评。

41.2 "硬"在每一个价值点上

企业文化，凸显企业哲学，更是企业实学，是一门促进企业发展的实用技术。在企业，构建完成"母语""生活方式""生态环境"的本质后，还要将本质渗透、应用到企业价值链的每一个节点上。我们针对企业在文化建设方面的弊端，对应设计了解决方案，在实施中旗帜鲜明地昭告企业文化"要什么、不要什么"，把焦点引导到促进企业发展的"硬"功夫上。在实施的企业，将之概括为"五基于、五不是"。

第一，企业文化要基于企业独特个性与精神魅力，而不是天下企业文化一大抄的"克隆"！

1. 整合企业家的意志、直觉、创新精神和敏锐的思想，将其转化成为成文的企业宗旨和政策，使之能够明确地、系统地传递给员工与社会，并进行规范性的运作。

2. 阐述企业在发展中，处理经营管理的基本矛盾和企业内外重大关系的原则和优先次序，建立调整统一公司矛盾和关系的心理契约。

3. 指导企业体系的组织建设、业务流程建设和管理制度化建设，实现系统化管理和推动管理达到现代企业标准，并使其具有可移植性。

第二，企业文化要基于企业结构、流程的贯穿与融合，而不是游离企业运营之外的"散仙"！

第三，企业文化要基于实施中方法、手段的操作，而非花样"摆设"！

第四，企业文化要基于社会趋势、人性与科技前沿，而不是被时代发展遗弃的"小脚"！

第五，企业文化要基于创造企业核心竞争力和提升员工能力，而不是只图一时热闹的"兴奋剂"！

这样，企业文化从本质认知到价值链接，直接作用、渗透于企业经营管理全过程，直逼企业核心竞争力这个"硬实力"。

41.3 以文化构建"心房子"

有人曾用类似拆字的方法,来诠释文化。

文:总结前人成功与失败的经验教训的"文字",重在成文;

化:应用前人总结的"文字"来教化后人,重点在"化"。

在企业,人的行为,可以通过"管"来约束与纠正。而人的思想、人心,是没有任何办法来管的,唯一的出路是以"教"来"化"。这道出了企业文化"外化于形、内化于心"的真谛,企业文化在企业就是要"化于心",在员工的精神世界搭建起一座"心房子"。

员工企业文化的"心房子",是这样构成的。

地基:道德观,是企业文化的基础。

柱子:责任感,是企业文化的支撑。

大梁:正气,是企业文化的承载。

墙面:制度与行为准则,是企业文化的广而告之。

窗户:见识,是企业文化对世界的觉察。

大门:环境,是企业文化的界限。

房顶:愿景目标,是企业文化的定位。

我们常常为企业打造这样的"心房子"。

山东龙力生物科技股份有限公司是一家上市公司,这家公司以玉米芯、玉米为原料,采用现代生物工程技术生产功能糖、淀粉及淀粉糖等产品,并循环利用功能糖生产中产生的玉米芯废渣生产第二代燃料乙醇等新能源产品及木质素等高分子材料产品的生物质,被列入"国家高技术产业化示范工程项目"。公司先后获得四项国家技术发明大奖。

2010年,我受邀为这家企业实施战略变革,发现"低调务实"是龙力的核心文化,也是龙力的宝贵品质。但在"眼球经济""注意力经济"时代,低调也容易导致企业价值被"低估"。我们建议龙力调整企业文化,要从弘扬企业大格局入手,以崇高的使命意识,号令市场,感召人心。在企业搭建"心房子"。

这样，龙力企业文化的核心定义为：用"芯"改变世界。

第一个用芯，是芯。指龙力以玉米芯为基础的玉米全株原料，借助生物技术手段，改变农林废弃物用途，践行发展循环经济，改变了环境、改变了生态，从而推进改变世界进程。

第二个用新，是新。指龙力以创新精神经营企业，革新产业，获得国家发明奖，通过对技术的创造和革新，从而践行改变世界的企业使命。

第三个用心，是心。指龙力人以感恩情怀，履行社会责任，通过改变员工收入，改变社会就业，改变政府税收，创造财富，让社会更和谐，家庭更幸福，从而实现改变世界的愿景。

我们还指出，用"芯"改变世界，是龙力十年发展的精准概括。龙力十年发展史，就是一部用"芯"改变世界的历史。无论是董事长程少博先生高瞻远瞩的博大胸怀，还是普通员工脚踏实地的细微付出；无论是国家级发明奖突破，还是企业内价值链的创新，点点滴滴、方方面面，都化为了一种改变世界的力量，绘制出龙力人从我做起，从当下做起，实现改变世界的愿景。面向未来，龙力创建世界级生物制造产业市场领导者战略起航，更是要志存高远，比肩巨人，用芯、用新、用心改变世界，义无反顾，勇往直前。

如今，用"芯"改变世界，已经成为龙力人的血液。可喜的是，2016年，龙力人又在"用芯、用新、用心"的基础上，创造性地增加了"用欣"，即用"欣"改变世界，昭示着龙力欣欣向荣，永续发展的前程。而更可喜的是，大格局造就了龙力的大产业，这一年，龙力大手笔并购兆荣联合和快云科技两家互联网公司，完成了"互联网+生物+新能源+新材料+大健康"的产业大布局。龙力以高达42.49亿元的品牌价值，居全国自主创新品牌第七位。

第42节　产品重构建，螺旋式的跃迁

也许是受"到日本去买马桶盖"的刺激，也许是企业自身的觉知，近几年，中国企业终于从"营销为王""品牌为王""渠道为王""公关为王"和"资本为王"的折腾中醒来，老老实实地信奉"产品主义"，并坚定地以"产品为王"。

重新定义"产品为王"，不是倒退，不是重回"只埋头造产品"的初始企业阶段，而是新时代、新矛盾下企业的一次"螺旋式"跃迁，是一场伟大的社会进步。

产品是企业生存之本。产品指企业能够供给市场，被人们使用和消费，并能满足人们某种需求的任何东西，包括有形的物品，无形的服务、组织、观念或它们的组合，是"一组将输入转化为输出的相互关联或相互作用的活动"的结果。

在企业，产品是1，营销、品牌、渠道，甚至至高无上的用户，都是1后边的无数个0。没有这个1，有一万个0，终究还是0。

产品重构建，有单品突围、系统推进和生态发力三个层次。

42.1 单品突围：在黑暗森林中打造"爆品"

单品，指的是包含特定自然属性与社会属性的产品种类，也可以简单从字面上理解为企业某一种单一的产品或单一的服务。

中国经历过长时期的"产品紧缺"、长时期的"产品过剩"，现在到了长时期的"产品泛滥"时代。无数企业的无数单品聚成一个无规则矩阵，在信息爆炸的纵容下，演变成一个巨大的"黑暗森林"。

科幻小说《三体2：黑暗森林》中提到了"黑暗森林"概念。黑暗森林，是一幅异常黑暗的宇宙图景。宇宙就是一座黑暗森林，每个文明都是带枪的猎人，像幽灵般潜行于林间，轻轻拨开挡路的树枝，竭力不让脚步发出一点儿声音，连呼吸都必须小心翼翼；他必须小心，因为林中到处都有与他

一样潜行的猎人，一旦被发现，能生存下来的只有一方，或者都不能生存。如果发现了别的生命，能做的只有一件事：开枪消灭之。在这片森林中，他人就是地狱，就是永恒的威胁，任何暴露自己存在的生命都将很快被消灭，这就是宇宙文明的图景。

《三体》描述的黑暗森林，有严酷的法则，也有生存的希望，带给人们震撼、感触和思考，使人上升到了一个新的维度。

产品如何在黑暗森林中突围，企业如何在黑暗森林中发展。小米找到了思路并卓有成效地付诸现实，那就是"打造爆品"。

"爆品"，顾名思义，就是引爆市场的产品。爆品是一个极致的单品，把一个卖点、一款产品卖到极致，基准线是一个单品在一年卖出10亿美元；爆品有杀手级应用，不仅仅聚焦产品功能，而是要"一剑封喉"，直击用户的体验应用；爆品有爆炸级的口碑效应，以口碑引发链式反应，产品达到几何级数倍增。

在小米，几乎每一款单品，都是爆品。不仅是小米手机，小米移动电源、小米手环、小米插线板、小米净水器、小米电池、小米音响、小米机器人，甚至是小米的签字笔，每款单品，出台即为爆品，形成了爆品生态链。仅小米手机，就已经卖掉了1亿部。

在小米，爆品已经是一种极端的意志力，是一种信仰，是整个企业运转的灵魂。小米的企业战略变革、企业架构重组和企业文化重建，都是围绕爆品进行的。套用广告体就是"无爆品，不小米"。

爆品正成为这个时代的商业法则，爆品是每家企业都要面对的生死抉择，爆品是企业重构建重要的"突破口"。正如爆品战略专家金错刀所言："在这种无尽黑暗中，只有爆品才能绽放一朵烟花，被更多的用户看到。几朵小烟火都不行，都会很快被黑暗吞噬。"是的，在当今的互联网时代，要想成功，必须要做出爆品，有引爆市场的产品和策略。温水哪怕烧到99°C，也没啥用，唯有沸腾之后，才有推动历史进步的力量。在互联网时代，只有产品够"尖叫"，才有通过营销将之放大10倍、100倍的威力。靠渠道、靠营销引爆市场的时代已经结束，如果产品本身不够"尖叫"，在互联网时代一切皆会归零。

如何打造爆品？金错刀先生同样给出了方法论，他梳理自福特T型车以来，全球100多年的爆品发展史，总结出苹果、腾讯、小米等39个超级爆品背后一套经过实践检验的系统性方法——爆品研发"金三角法则"。

第一，痛点法则。

这是做爆品的基础。

找风口，风口就是国民性痛点，就是大多数国民最痛的需求点。

找一级痛点，找到大规模饥饿的用户，就是找到了一级痛点。

从大局观来看，寻找新兴空白市场是解决没有爆品可用的痛点。

从人性来看，贪、嗔、痴是痛点。"贪"的是高性价比，"嗔"的是格调，"痴"则指粉丝。以小米手机为例，小米手机1定价1 999元，同期同等配置手机竞品4 000元以上，绝对的高性价比，这是满足"贪"；小米号称是年轻人的第一部手机，营造了一种还不错的格调，使能用上小米手机成为一种时尚与前卫，这是满足"嗔"；小米初期靠100个铁杆粉丝持续对产品提出改进意见，并逐步扩大粉丝数量，粉丝自发给小米手机做宣传，成为基本不花钱将产品推荐给大众的营销典范，这是满足"痴"。

从技术角度来看，大数据分析寻找痛点是个必备方法，通过用户行为数据分析可找到产品中的问题及解决方案，网上约车服务商就是在不断通过大数据分析提高打车成功率，例如上下班高峰期司机不爱接单，就通过给补助提高司机积极性。

第二，尖叫点法则。

痛点法则讲的是用户思维，如何深度理解、洞察、挖掘用户。找到痛点远远不够，要把这种痛点变成产品的尖叫点，这便是尖叫点法则。

1. 流量产品。流量产品的王道就是低价，甚至是免费。

2. 打造产品口碑。口碑的核心是超预期的，就是做的哪些事情能超越预期。

3．快速迭代。就是不断地听论坛，听用户反馈，然后决定后面的方向。

第三，爆点法则。

这个法则说的是主要用互联网社交媒体的途径快速将产品推向市场的营销方式。

1．一个核心族群。通过小众影响大众，通过大众引爆互联网，引爆小众就是引爆一个核心族群。

2．用户参与感。小米联合创始人黎万强总结了一个参与感"三三法则"——三个战略：做爆品、做粉丝、做自媒体；三个战术：开放参与节点、设计互动方式、扩散口碑事件。

3．事件营销。把一个营销做成事件。造病毒（营销）的方法：一是创意；二是支点；三是杠杆。

人们都抱怨传统产业难出爆品，但有一款叫"大圣"的传统得不能再传统的工艺品，一个老套得不能再老套的题材，并非刚需、没有高科技也没有什么实用功能的全手工制作的铜工艺品却在淘宝上掀起众筹巨浪，上线23天，众筹额突破500万，不仅创下最高的工艺品众筹纪录，也创造了中国现代铜工艺品单品销售的最高纪录，创造了淘宝众筹平台的最高纪录（包括农业、动漫、设计、公益、娱乐、影音、书籍、游戏、其他等类目）。

究其原因，也是"小米系"的奇迹。杭州玺匠文化创意有限公司是小米参股的企业，董事长俞光披露，"大圣"成功在爆品思维。"大圣"以六小龄童为原型，26公斤黄铜，纯手工铸造，打磨成净重15公斤的成品，又用纯手工绘制，一位熟练技师三天画不了一个，仅黄铜用料就是近千元，铸造、打磨、彩绘的人工远超千元，还有包装盒、布袋、原装进口防震材料、顺丰包邮。这么一尊高大上的铜工艺品，传统市场上售价至少数万元，铜师傅却把它定价为2666元。"大圣"，从产品设计、卖点创意、价格确立、推广方式，包括由六小龄童主演的"短视频"，无一不是爆品思维。"大圣"的成功，让我们看到了传统产业的希望，看到了产品重构建的标杆。

42.2 系统推进：人间正道是沧桑

爆品，具有强大的营销力。但是，爆品毕竟是单品的一种，毕竟不能仅仅依靠单品、爆品，产品的范畴还有技术、服务、企业自身。做爆品，仅是产品的一个层面，甚至可以说是一个初级阶段。大时代的大产品，是一个系统，也必须进行系统的推进、系统的重构建。

在中国，最强的产品专家不仅有小米，还有华为。小米刚刚达到1 000亿元，而且是"市值"，而华为的营收已经远远超过6 000亿，是BAT总和的一倍以上。

华为的产品，聚焦全连接网络、智能计算、创新终端三大领域。从手机、笔记本与平板电脑、移动宽带、可穿戴设备、路由器、程控交换机，到云数据中心、企业网络、行业解决方案，致力于把数字世界带入每个人、每个家庭、每个组织，构建万物互联的智能世界。华为18万员工，业务遍及全球170多个国家和地区，在全球建设了1 500多张网络，拥有世界超过三分之一人口的用户。

构建如此庞大、复杂、尖端的"产品帝国"，华为靠的是系统，是一个叫"集成产品开发"的"IPD模式"。

集成产品开发，简称IPD，是一套产品开发的模式、理念与方法，是成就华为至宝之一。

IPD的思想来源于产品周期优化法，IPD强调以市场和客户需求作为产品开发的驱动力，在产品设计中就构建产品质量、成本、可制造性和可服务性等方面的优势。更为重要的是，IPD将产品开发作为一项投资进行管理。在产品开发的每一个阶段，都从商业的角度而不是从技术的角度进行评估，以确保产品投资回报的实现或尽可能减少投资失败造成的损失。

最先将IPD付诸实践的是IBM公司，1992年，在激烈的竞争中，IBM遭受了巨大的经营挫折，公司收入减少，年亏损额接近80亿美元，IBM正在失去市场，失去客户。经过分析，IBM发现自己在研发费用、研发损失和产品上市时间等几个方面远远落后于业界最佳。为了重新获得市场竞争优势，

IBM提出了在不影响产品开发结果的情况下，将研发费用减少一半，将产品上市时间压缩一半的目标。为了达到这个目标，郭士纳操刀，让技术强大但缺乏章法的IBM引进PRTM公司的PACE，重构了IBM技术研发的商业逻辑，在综合了许多业界最佳实践要素的框架指导下，从流程重组和产品重组两个方面实现了从技术导向向市场导向的转化，达到了缩短产品上市时间、减少研发支出、提高产品利润的目标。IBM并由此提炼出了一套行之有效的集成产品开发模式(IPD)。

IBM实施IPD模式3年之后，产品开发过程得到了重大改善，多项指标得到了刷新。

产品上市时间：高端产品上市时间从70个月减少到20个月，中端产品从50个月减少到10个月，低端产品降低到6个月以下。

研发费用占总收入的百分比：从12%减少到6%。

研发损失：从25%减少到6%。

在研发周期缩短、研发支出减少的同时，却带来了产品质量的提高，以及人均产出率的大幅提高和产品成本的降低。

华为从1998年开始系统向IBM公司学习管理方法，导入IPD，提升内部运作效率。任正非强调，在年营业收入没有超过1 000亿美元前都要坚持向IBM学习，并且只学习IBM这个老师。任正非要求华为人慎谈"华为式管理"，慎谈"中国式管理"。任正非说："认真推行IPD，就是在摆脱企业对个人的依赖，使要做的事，从输入到输出，直接端到端，简洁并控制有效地连通，尽可能地减少层级，使成本最低，效率最高。"

在某种意义上讲，也正是有了IPD，华为才能长期坚持将年营业收入10%以上的费用和公司40%以上的人员投入研发，将研发投入的10%（即年营业收入的1%）以上投入基础研究。2017年，华为研发人数超过8万人，从创办到2017年，华为研发总投入超过4 000亿元。也正是有了IPD这个强大系统的支撑，加之ISC（集成供应链管理）和IFS（集成财经管理）等管理体系的辅助，华为才有今天，才能在通信领域全球"三分天下有其一"，才能始终对准通信领域这个"城墙口"，聚焦资源，采用密集炮火，实施饱和攻击，终于走向了全球引领地位。

42.3 生态发力：人人都做"产品官"

产品重构建，单品突破，适合于中小微企业；系统推进，适合于大中型企业。不管是单品突破，还是系统推进，都要"杀人诛心"，在生态上发力。这生态，就是人人都做"产品官"。

人人都做"产品官"，就是在企业要人人关注产品、研发产品、精雕产品，特别是董事长、CEO更应该是"首席产品官"。

乔布斯任苹果公司CEO时，大刀阔斧地砍掉了70%的型号和产品，并开始按照自己的思维策划新品。

马化腾在所有的头衔职位中，最喜欢称呼自己为"软件工程师"，说自己花大量时间做产品，他认为这是种本能，也因此实现了对公司生态的带动。

在小米，雷军的第一定位不是CEO，而是首席产品经理，他拿出80%的时间参加各种产品会议，喜欢和工程师们一起确定产品细节。雷军不喜欢开管理会议，小米只有每周一次、每次1小时的公司级例会，也没有什么季度总结会、半年总结会。但雷军每周都会定期和MIUI、米聊、硬件和营销部门的基层同事坐下来，举行产品层面的讨论会。很多小米公司的产品细节，就是在此过程中决定的。雷军曾公开表示："小米销售的是参与感。"因此不仅他自己做产品经理，还力邀粉丝做用户体验评测员。小米每周二会开放粉丝参与的四格体验报告，由用户选出最喜欢和最不喜欢的更新程序，而小米内部会据此为获奖员工颁一个"爆米花奖"。此外，雷军常亲自为小米产品摇旗呐喊，带动台下的听众们一起为产品欢呼。2015年，他在印度演讲的内容，被网友神剪辑编成一段神曲《Are You OK》，由于音乐押韵且雷军神态可掬，歌曲迅速走红。

而柳传志则用信誉为产品担保，2012年8月，联想佳沃集团成立，聚焦水果、茶叶等细分领域，不仅为农业项目提供资金支持，还试图从种植技术、管理和营销等方面全面介入原产品。2013年，佳沃选择了蒲江猕猴桃作为首推产品，品牌设计方提出希望使用联想集团创始人柳传志的名字命名，叫作"柳桃"。其实，这一举措有较大风险，如果产品不尽人意，企业家本人的信誉也会受到影响，尤其是农产品这样的非标准化产品。但柳传志一口答应了这个提议，"柳桃"自此诞生。之后，柳传志不管走到哪里，都会提到"柳桃"，把它介绍给公众。2014年，他在罗辑思维上发"英雄帖"，点名向雕爷、白鸦、王兴、同道大叔、王珂五位互联网精英求教"柳桃"的电商营销之道。"柳传志卖柳桃"累计点击超过500万次，被网友转载至各大社交媒体刷屏，10 000个预售礼盒在5个小时内销售一空。几天之后，项目组收到了来自全国各地网友的4 000份策划案，他们将其建立微信群，诞生了"柳桃"的第一批铁杆粉丝和智囊团。

人人都是"产品官"，这是趋势。正如周鸿祎所说："优秀的CEO往往都是一流的产品经理。"多年的技术经验和产品经历，使他们能够快速地找到产品问题，调整产品走向，优化用户体验，并由此为入口把握企业的经营。

消费者对产品和服务需求的不断迭代，使产品成为商业竞争的核心要素，其重要性甚至超越了战略、运营和成本。作为CEO，他们的首要任务变成了——让产品、服务更加高效和具有创新性。正因为此，过去动辄谈战略、谈文化的CEO们，如今谈最多的是产品。这不仅是创新企业的标签，也是企业转型的重要表现之一。

怎样才能成为一个"产品经理型"的CEO？

第一，领导者要做"匠人"。"产品经理型"的领导者应当是一个专业型人才，做互联网的要懂技术，做养殖业的要追求产出更优质的农产品，比如乔布斯从研发电脑开始发家，马化腾是软件开发者出身。

第二，热爱产品，做产品的"发烧友"。比如，董明珠就是一位产品型管理者，她不仅对格力的发展史、对格力的每一款产品都如数家珍，甚至能够细数竞争对手的产品特征，掌握整个行业的发展脉络。

第三，"煽动"员工和客户的情绪。领导者对于产品的热爱和激情，能够调动员工积极性，刺激技术人员的创造力，同时还能感染消费者。在雷军的带动下，调查论坛粉丝的意见——泡论坛、刷微博，成为小米员工非常重要的工作，一方面追问用户问题，改进产品，另一方面营销出小米具有亲和力的"品牌参与感"。

第43节　用户体系重构建，打造"企业命运共同体"

互联网时代，是用户主权时代。

用户体系在互联网企业格外走红，它们以各种形态出现，有"成就体系""财富体系""社交体系"等。比如，腾讯视频根据用户的观看次数，授予用户勋章或者称号，将用户划分为不同的等级，在用户钱包里有钻石、卡券等虚拟货币，可以兑换实物奖品或参与抽奖活动。还通过用户之间的互动行为搭建，包括赞、发帖、弹幕、分享、关注等，构建起社交体系从情感上维系和激励用户的行为。通过精神激励、利益激励、情感激励的手段，形成流动闭环，促进用户成长。

当然，用户体系不是互联网企业的专利，也不应该仅仅是积分等级的"小玩闹"。用户体系，是一种经营理念，它是以客户数据的管理为核心，利用信息科学技术，实现市场营销、销售、服务等活动自动化，并建立一个客户信息的收集、管理、分析、利用的系统，以数值化用户行为，帮助企业实现以客户为中心的模式，是企业的核心竞争力之一。

用户体系，据说起源于英国，商人为了促进销售，设计了奖励体系，消费者完成一次消费，就可以获得一定数量的铜板，当累积到一定数量之后，就可以在店内兑换礼品。这一做法在后来被许多企业、商家采用，用来获取长期的消费客户，银行、航空、会所的会员卡之类，就是较为原始的会员体系。而可口可乐的用户体系，把用户分成装瓶商、食品店、饭店、自动售货机、消费者等五大类，每大类又细分成三个小类，并针对各类用户的特点、贡献，设计了不同的对待标准和营销策略，可以说，可口可乐的用户体系更直击本质。

我们讲的用户体系，应该兼顾互联网企业用户体系与传统企业用户体系特点，有效相融，互为借力，形成一个"大用户体系"。

43.1 用户"变态"：产消合一再扩展

谈到用户体系，不得不再一次提及世界著名未来学家阿尔文·托夫勒。托夫勒1970年出版《未来的冲击》，1980年出版《第三次浪潮》，1990年出版《权力的转移》等未来三部曲，享誉全球，成为未来学巨擘，对当今社会思潮有广泛而深远的影响。

我是"托粉"，耳闻目睹世界四十年在托夫勒的"未来学"预设中的发展。他的未来学三部曲，也渗透入我的基因中，成为我研究社会、研究经济、研究企业的思想理论基础。

2006年5月，托夫勒打破每十年出版一部未来学巨著的"定律"，在《权力的转移》问世15年后，才又一次发布新作品《财富的革命》。这部著作中，托夫勒从微观人的变迁，阐述未来的趋势，并创造了一个新的概念——产消合一，亦称生产性消费者，指可以自行生产所需商品和劳务的消费者，结合了专业生产者和消费者的角色，托夫勒预言他们是形塑未来经济的新主角。"即将到来的'产消合一'大爆炸，不仅仍然被那些报道商业和金融的各种媒体所低估，还被学术机构和政府所低估。"

托夫勒将生产消费同期行为者命名为产消者，按他的说法，产消者所创造的经济量至少相当于甚至超过了非正式生产部门所提供的产值。

产消合一，揭示一个时代的本质或者表达这个时代的潮流，提醒我们站到另外一个高度审视消费者。产品经济时代只要求我们去接近消费者；炫耀性的奢侈品消费时代开始要求我们去取悦和讨好消费者；体验经济时代则要求我们尊重消费者；而产消合一时代则再次对我们的消费者态度提出了全新的要求——我们需要发自内心地喜欢和热爱消费者，把自己看作是他们的一部分。今天已经开始，未来更是如此：任何一种企业价值都不再可能由企业单独完成，只有发挥消费者自身的创造性，我们才能获得财富。

牛奶行业就可以运用产消合一进行一场新创富革命。比如，伊利可以发动有经济能力的人自己买自己的牛，放在郊区由伊利管理。拥有者就喝自家牛产的奶，节假日的时候可以带着孩子去照顾这头牛。另外，奶牛产的奶自己消费不了，伊利可以帮助拥有者卖给别人。也就是说，拥有者既满足了自己消费的需求，又进行了一次投资。利润区发生了转移，赢利模式发生了变化，在整个产业链中，拥有者满足了自己的消费，又赚了钱。而经营者伊利卖牛、管理牛、协助卖牛奶，也赚了一笔钱。

产消合一结束了传统意义上的社会分工，使原本基于分工的生产和消费形态变得更加丰富多彩，孕育更多的商业机会。

在中国，互联网+、大众创业、万众创新、消费升级、供给侧改革的快速发展，让"消费者"的概念发生了根本性的变化，用户体系也严重"变态"。

消费者（用户）开始"五位一体"，企业与其发生关系的要义也随之变化。

第一个角色是购买者，消费产品或服务。作为企业的要义是，要知道促使用户产生购买的关键性理由。

第二个角色是体验者，好产品是有感知的。作为企业的要义是，做好产品的品质以及使用的操作感知和难易程度，不需要用户看说明书就可以顺畅操作。

第三个角色是传播者，口碑效应的渠道。作为企业的要义是，设置更多便于用户传播的环节。

第四个角色是生产者，主要提供信息介入研发。作为企业的要义是，掌控痛点，精准设计尖叫点、爆点。

第五个角色是投资者，融资、众筹等模式。作为企业的要义是，让产品、企业具有"市值"。

传统的商业活动中，仅有投资者、生产者、消费者三个常见的角色。一般意义上来说，这三者是分开的，各司其职。但在互联网时代，三者的关系发生了很大的变化，从投资者到生产者到消费者的线性模式被打破，并分化升级为五者，相互重叠、相互参与，消费者参与到产品生产的全过程中，并在过程中充当重要角色，从而形成了独特的"综合体"。

小米熟谙产消合一之道，在市场上应用得可谓炉火纯青。小米手机通过四个核心通道"论坛、微博、微信和QQ空间"广泛"吸粉"，同时又通过四个步骤，完成产消合一。

第一步，选择论坛作为社交平台。让用户习惯来这里"泡"，就像泡吧一样，粉丝们没事就去论坛转转，和别人聊聊天，向版主也就是作为生产者的小米工作人员提提意见，这样就很好地把用户沉淀了下来。

第二步，让"米粉"参与研发生产。一般情况下，手机在上市后，性能和操作系统均已固化，发现任何问题只能到下一款手机里解决。苹果系统一年有一次大的升级，安卓基本上是半年一次，小米手机却创造了操作系统MIUI每周升级一次的奇迹。小米改变了传统手机系统"闭门造车"的模式，MIUI团队的一项非常重要的工作就是泡论坛，收集来自微博、论坛等各个平台的用户反馈，解决bug，推动升级。米粉们积极参与到小米手机的系统更新当中，将自己幻想成生产者的角色。MIUI还拥有更深度参与的"荣誉开发组"，让用户在每次的反馈过程中获得成就感，小米手机在以用户需求为导向的同时，间接地让消费者成了手机生产过程中的重要角色。

第三步，用户在参与过程中，对小米手机有了更加深入的了解，包括款式、手感、界面、价格乃至系统研发等，实现了手机在消费者面前的透明化，积攒了用户的良好口碑。接着，用户就扮演了传播者的角色，每个粉丝都是一个传播源，粉丝群体内部又有很强的群体趋同意识，彼此之间推荐销售，这也使得产品的销售渠道更加简单且多元化。

第四步，众筹，实现价值共享。小米的每一个活动，其本质都是一次内容的众筹。筹粉丝智慧、筹用户、筹人。先让自己的产品有了用户，有了群众基础，在事先了解用户需求的前提下，极大地降低了企业的风险。

产消合一概念下的众筹，已经远远超出普通金融存贷生息循环的单一模式，众筹的触角已经延伸到了社会的方方面面，为科技、工业、文化、医疗乃至众多的传统领域提供了无穷的可能和创意。

众筹的本质是筹人。有人说："一切不以筹人为目的的众筹都是'耍流氓'。"此话不无道理，小米的聚粉实质就是在筹人，接下来才是粉丝的集思广益。筹人意味着可以筹到被筹人身上的所有东西，包括知识、人脉、金钱、渠道、智慧等。

众筹是实现产消合一的最佳渠道，体验者、制造者、设计者、研发者、传播者、销售者、消费者在众筹的旗帜下集结，将所有的身份标签集中在同一个人身上，形成强大的商业力量。

43.2 用户体系本质是社群经济

从腾讯到小米，用户体系都离不开"社群"。小米围绕核心社群，建起了庞大的"用户帝国"，一经发动，任何产品、服务都可以在这个族群中迅速扩张蔓延。

互联网的发展，使人们获得信息的方式越来越多，有着共同想法的人有机会聚在一起形成社群。互联网将散落在各处的好玩事情聚拢在一个平台上，这基于时间、空间、兴趣、内容的重新聚合，形成新的共同需求，形成了规模，解决了重聚的价值。以往按照地域、教育程度、收入、年龄、阶层来划分受众群体；如今按照兴趣、价值观、娱乐和生活方式等来重新划分人群。人们在社群中重构彼此的关系，而企业的生存机会恰恰在于参与并组织社群的构建，从中重构用户关系，让交易在关系中自然发生。这样的关联，着眼于构建、深化企业与用户两个主体之间的关系，而不是产品的买卖关系。因此，未来商业边界的核心是社群，而不是产品，每个行业中的商业创新都源自对同质性的消费族群的痛点挖掘，以及在此基础上构建的产品与服务要素的重新组合。

企业想在互联网+时代占得一席之地，就要重构建用户体系，形成"用户帝国"。"工具+社区+电商"三位一体化的混合模式已经大行其道，成为移动互联网时代的主流模式，比如"大姨妈""美妆心得""妈妈帮""陌陌"等最开始就是一个工具，都是通过各自工具属性和社交属性的核心功能过滤并得到大批目标用户，然后培养出自己的社群。

现代商业模式，有的以产品为中心，有的以平台为中心，有的以社群为中心。

用户体系，就是一种社群经济——内容+社区+商业。

内容是媒体属性，用来做流量的入口。

社群是关系属性，用来沉淀流量。

商业是交易属性，用来变现流量价值。

用户因为好的产品、内容、工具而聚合，然后通过社群来沉淀，通过参与式的互动、共同的价值观和兴趣形成社群，从而有了深度连接，用定制化C2B交易来满足需求，盈利水到渠成。

用户群体重构建的本质是"满足人的需求"，对于相同爱好、共同趣味的人，深度挖掘其需求及体验感，进而为用户群体重构建提供基础和依据，颠覆了传统工业时代产品导向的产业思维。生活中，每个消费者都可能和数位未谋面的消费者，在某个购物社交网络中相互交流，分享消费主张，形成志趣相投的消费社群。他们自我意识强烈，对产品和服务的需求不再停留于功能层面，更想借此表达自己的情感。用户群体重构建的基础是建立共同的价值观，并深化这种关系，在这个过程中产品仅仅是一种媒介而已。

用户群体实际上是在分享经济基础上，是以分享自己的生存状态、兴趣、爱好为基础而建立起来的，分享经济模式在移动互联网世界中将逐渐延伸，甚至最终影响整个社会。在这个过程中，各种商业模式创新将不断涌动，推动社群经济走向成熟。

"米聊"带来的社群体验是，你苦苦寻找的大学同窗或一起拼搏过的同事，可能某天会在"米聊"上偶遇。简单的语音群聊和自媒体分享已经不能再满足需求，"米聊"无与伦比的个性化体验，再加上绚丽的主题背景，相信你的生活将会从此改变。文本、语音、图片信息发送给朋友和群；广播墙一次与所有朋友分享生活点滴；个性化主题随心选择；找可靠的朋友，了解他们更多些，加强你们之间的关系；随时和附近的知心人交心，交更多志同道合的朋友；简洁、流畅、快速，不一样的体验。

小米围绕"米聊""小米互娱"等核心社群，重构了产品定位、研发设计、产品迭代更新、营销推广、客户关系、售后服务等整个商业模式。小米手机通过小米社区和线上线下的活动，聚合了大量手机发烧友，这些发烧友通过社会化媒体源源不断地给小米手机的产品迭代提供建议，同时也在不断地帮助小米做口碑，这群人就是小米的粉丝社群。这是以兴趣和相同价值观集结起来的固定群组，是"臭味相投"的用户，其特质是去中心化、兴趣化，并且具有中心固定和边缘分散的特性。

43.3 企业的"命运共同体"

用户体系、社群经济，让企业有了更高层次的形式——命运共同体。

命运共同体的理念，是习近平所倡导的。2013年，习近平在莫斯科国际关系学院演讲时说："这个世界，各国相互联系、相互依存的程度空前加深，人类生活在同一个地球村里，生活在历史和现实交汇的同一个时空里，越来越成为你中有我、我中有你的命运共同体。"此后，习近平在多种场合多次提出命运共同体。这一理念越来越得到世界各国的认同。

共同体指人们在共同条件下结成的集体。共同体真正被人们熟知是在1965年欧洲经济共同体成立的时候。共同体包含了四个层次：利益共同体、责任共同体、发展共同体和命运共同体，命运共同体是共同体发展的最高形态。命运共同体是人类未来发展的趋势，世界上的许多地区都已经成立了区域性的共同体。欧洲联盟，就是一个集政治实体和经济实体于一身，在世界上具有重要影响的区域一体化组织。亚洲太平洋经济合作组织（APEC），其宗旨是"保持经济的增长和发展，促进成员间经济的相互依存，加强开放的多边贸易体制，减少区域贸易和投资壁垒，维护本地区人民的共同利益。"另外，北美自由贸易区、西非经济共同体、上海合作组织等，都是区域命运共同体，体现了世界各国都在追求相互合作、共同发展的愿望，同时也为全人类建立命运共同体奠定了基础。我国的"一带一路"倡议，也是要通过合作共赢、互惠互利构建不可分割的命运共同体。

命运共同体的理念，对企业发展具有极强的指导意义。

对内发展命运共同体，企业与员工成为生死与共的整体，能提高企业的凝聚力、向心力、竞争力。

对外发展命运共同体，减少企业之间无谓竞争，做到合作共赢，促进共同发展。

命运共同体，不仅仅产生在传统的、单边的企业与员工之间，更产生于企业与用户、企业与社会，甚至企业与世界之间。

应该说，企业与用户，一直是一种天然的共同体关系，这种关系是分三个层次逐步确立的。

第一个层次：需求共同体。消费者对产品或者服务，只是要一个解决方案，企业提供的产品，满足其使用需求就行了。但随着经济水平提高，有钱了就要提高生活质量，企业想卖货，就得提供高品质的产品。同时，消费者的需求也会开始理性，现在互联网发达，信息都是透明的，很容易做对比，购买也非常便利，产品实惠优质，才会更受青睐。比如"网易严选""顺丰优选"，都是以用比较实惠的价格让消费者买到好品牌的好产品为策略。这是建立在需求基础上的共同体。

第二个层次：情感共同体。消费者开始寻求一种关联度，就是寻求自己与别人，或者自己与自己的一种关联。比如现在"体验式消费"很火，原因就是，在消费过程中，有人与人的互动，也有情感的交流。有研究发现，体验给人带来的幸福感，甚至已经高于物质的购买。中国泛"90后"这一代人，大多是独生子女，情感上是比较孤独的，他们希望通过消费，与有相同爱好的，类似趣味的，以及价值观相符的朋友进行更深层次的情感沟通。

第三个层次：价值共同体。在前两个层次的基础上，用户希望在消费中达到"自我实现"，这是价值观、道德观层面的需求。比如很多年轻消费者，都渴望参与感，想知道产品背后的故事，它用了什么材料，企业生产环境如何，员工待遇好不好等。相应的，企业要想达到好的营销效果，就得学会公开更多的信息，让这些消费者参与进来，满足他们精神层面的、价值观层面的、道德观层面的需求。同时，用户走出单一消费者境地，开始"五位一体"，又收获边际利益，也是价值。

对于这一点，由360奇虎和酷派二者的首字组成的品牌手机"奇酷"有深切的体会，李旺从企业与用户关系的变迁，用三个阶段，佐证命运共同体在不同阶段的不同关系。

1.0关系阶段，标志是"企业定义产品+线下渠道强势+传统媒体"。

此阶段，普遍都以企业为中心来开发和传播产品。企业供给产品，要通过代理商，才能到达用户。比如华为企业业务的渠道体系。一些企业逐渐开始自建渠道，通过打掉中间环节，将商品直接从品牌商送到消费者手中，让成本和流通包括客服更可控。比如海尔的专卖店，比如阿里巴巴从"永远不做物流"到建立"菜鸟"物流。这一阶段的企业与用户的沟通方式，也以占据垄断地位的传统媒体为主。企业必须通过媒体发声，才能被用户听见。戴尔比较特殊，它以直销模式掀起个人电脑行业一次革命，戴尔与客户之间没有中间商、可以直接控制与客户的关系，以此，戴尔成就了全球个人电脑销量第一。但其后它也与全球主要的销售商签署了合作协议。

在这个阶段，企业与用户处于被追随与追随的关系状态，企业和用户之间边界分明。

2.0关系阶段，标志是"用户定义产品+电子商务+社会化媒体"。

随着企业产品的极大丰富和同质化，以及信息社会的到来，企业为了竞争更多的用户，开始围绕用户来开发生产产品。利用电子化的方式传递价值成为企业的选择。电子商务节省了客户与企业的时间和空间，大大提高了交易效率。电商为消费者提供质优价廉的商品，为消费者的购买行为提供物流和服务等保障。此时企业的传播方式，越来越多数字化网络化，尤其以社会化媒体的爆发为表征。企业自身变成媒体，用户也变身企业传播的媒体，甚至连渠道自身也成为媒介和讯息。周鸿祎说，未来一切皆媒体。三只松鼠定位于做"互联网顾客体验的第一品牌"，利用互联网的速度让产品更新鲜、更快到达，在消费者购买行为的每一步进行引导，用"主人"称呼来沟通感情；通过软件提取数据改进产品。

这个阶段，企业与用户的关系进入了企业追随取悦用户、以用户为中心的时代。用户相对于企业仍是从属位置，企业仍然只是把用户作为赚钱对象来看待。

3.0关系阶段，标志是"用户成为股东+免费+共享经济"。

360的周鸿祎在全球首次将股权众筹模式引入手机行业，奇酷通过股权众筹实现了与用户利益绑定和共享，而用户从普通的粉丝身份，转变成奇酷公司的股东，用户参与度加深这种关系更加具有黏性。这种模式下研发出来的产品，经过用户深度参与，必然拥有极佳的用户体验，受到目标用户群的欢迎。企业从以前赚粉丝的钱，提升到让粉丝赚钱的阶段。在企业与用户的关系上，360就是以免费战略建立了安全市场的垄断地位。周鸿祎认为互联网时代，不仅软件应该免费，硬件也应该免费。免费让企业和用户之间的距离消弭，从而以近乎零门槛的状态融为一体，共存共生。让一个个的个体用户成为价值的生产者和提供者，同时也是消费者的Uber也是此类代表。共享经济重新建立了一种商业模式，重塑了人与人之间的关系。

在这个全连接的时代，奇酷代表了企业与用户关系3.0模式。奇酷模式，正是实践大众创业精神的最佳实践模式之一。一方面降低了民众参与创业的门槛和创业风险，同时也降低了企业创业门槛，提高了创业成功率。这种关系模式，以大众创业为形式，将塑造中国乃至全球的全新经济模式。

人人可以为企业、为这个社会畅通无阻地贡献自己的智本和资本，个人和企业的智本和资本前所未有地实现了融合，智本和资本的配置新模式将成为驱动互联网+时代的信息社会前进的动力，从而构建崭新的商业文明体系——命运共同体！

企业如何构建命运共同体？我们在为企业咨询策划服务中，引导企业从三个方面去构建命运共同体。

第一是精准画像，寻找"共"。也就是精准地找到企业核心用户，寻找共同的热点、痛点、难点。我们每次与企业做"用户画像"，都从以下4个角度做深度的战略检视。

1. 在用户选择上：谁是我的用户？我的用户的偏好如何变化？谁还应当是我的用户？能够为哪些用户创造价值？哪些用户可以让我赚钱？我希望放弃哪些用户？如何让用户首先选择我？

2. 在价值获取上：如何才能为我的用户增加价值，从而获取其中的一部分作为我的利润？我采用什么盈利模型？

3. 在差别化/战略控制上：为什么我选择的用户要向我购买？我的价值判断与竞争对手有何不同？特点何在？哪些战略控制手段能够抵消变化的力量？谁是我真正的竞争对手？我最难对付的竞争对手的用户体系是什么样的？

4. 业务范围上：我希望向用户提供何种产品和服务？我希望自己从事哪些辅助性业务？我打算将哪些业务进行转包或者外购？我目前的企业设计是什么类型的？我的公司的价值是多少？

今日头条在做用户画像方面非常成功。截至2017年底，今日头条已经累计有6亿激活用户，1.4亿活跃用户。有超过100万人或组织开设头条号，其中包括约60万自媒体头条号，媒体、公司等其他类型的头条号约9万个，每天每个用户使用76分钟"头条号"。

今日头条流行的主要原因之一，是其精准地用户画像，它抓住了受众对个性化需求的心理，精准画像，根据画像精准定点推送，进一步增加黏度，让用户离不开。用户选择今日头条的动机，其中"个性化推荐"占60.79%，"更新速度快"占60%，"推送内容多"占45.26%。

精准画像为今日头条带来三个方面的好处。

1. 频道定制：用户可以订阅自己感兴趣的频道，今日头条提供了社会、娱乐、政治、热点等48个频道，同时用户提供位置信息可享受本地化新闻服务，而且今日头条也和微信一样开辟了自媒体平台，用户可关注自己感兴趣的自媒体账号。

2. 个性化推荐：今日头条若在新闻标题最左标注一个蓝色的"荐"字，则表示这是根据用户兴趣专门推荐的内容。今日头条的信息分发完全基于智能推荐，用户浏览、收藏、转发、评论每一条新闻的行为都会被记录，用户的阅读习惯、阅读时间、阅读位置也会被分析，两者结合形成"用户模型"。通过绑定社交媒体账号和大数据挖掘，后续还会根据用户使用产品的信息反馈，不断进行算法的演进，用户分析越精准，推荐内容越精确。

3. 个性化体验：服务性功能如"离线阅读""同步收藏""我的话题""摘要模式""阅读模式""字体设置"等都可以根据自己的需求定制，体现了良好的用户体验。

根据《今日头条年度数据报告》，衡量用户阅读习惯有两个指标：一是平均停留时长，二是跳出率。1 000字的文章跳出率是22.1%，平均停留时长是48.3秒。4 000字的文章则刚好相反，跳出率高达65.8%，就是说超过一半以上的人打开一篇文章发现太长后会选择跳出。可见1 000字以内的文章的传播率会更高。头条还加入视频新闻，但并未像搜狐或是新浪客户端那样做成单独的功能，而是将其嵌入频道中。视频内容长度在1分钟以内，以减少流量的消耗，主要以轻松、搞笑内容为主。

无论是提供商品还是服务，用户画像都是数据挖掘工作的重要一环。一个准确和完整的用户画像甚至可以说是许多互联网公司赖以生存的宝贵财富。

传统企业对用户精准画像，也会带来神奇效果。知名体育用品品牌361°和百度、联发科一起研发推出了一款带有GPS定位功能的智能童鞋，在市场大行其道。它的用户画像，透视出了一款鞋背后每年超过20万的失散儿童问题，用户画出的是保险公司、是幼儿园园长。

第二是均衡利益，分享"同"。也就是除"三观"相同外，还要有共同的利益。

前面已述，用户体系的本质是社群经济，而社群经济的主要特征又囊括了分享经济的精髓。用户体系的最终，是让企业与用户出现"分享"，分享利益，分享价值。

中国的分享经济，处在世界最前列。

数据显示，2016年，我国分享经济市场交易额约为34 520亿元，比上年增长103%；融资规模约1 710亿元，同比增长130%；参与分享经济活动的人数超过6亿，比上年增加1亿人左右；参与提供服务人数约为6 000万，比上年增加了1 000万人。

除了体量与规模的领先，我国分享经济渗透的领域之广也超过了世界上绝大多数国家。目前，分享经济已经覆盖了生活服务、生产能力、交通出行、知识技能、房屋住宿、医疗分享、资金分享等领域。如果说2016年是共享单车、知识付费和网络直播的元年，2017年，又出现了共享充电宝、共享雨伞、共享篮球、共享汽车等一系列新的创新实践。

随着全球信息化从技术驱动转向应用驱动和融合发展，我国企业的本土化创新越来越活跃，有的创新模式已经具有了全球范围的引领作用。比如，Wi-Fi万能钥匙已在近50个国家和地区的Google Play工具榜上排名第一，用户覆盖223个国家和地区。

国务院常务会议指出，发展分享经济，依托互联网平台对分散资源实行优化配置，化解过剩产能，培育壮大新动能，是推进供给侧结构性改革的重要举措，有利于把大众创业万众创新推向更广范围和更高层次，以创造更多就业岗位，为群众生产生活提供更经济、更多样、更便捷的服务。

我国发展分享经济具有得天独厚的优势。一是企业转型升级的强大需求，分享经济是解决交易成本高、资源效率低、产品不对路、服务水平差等供给侧问题的重要突破口。二是网民大国优势，2017年中国网民规模达到7.51亿，占全球网民总数的五分之一；互联网普及率为54.3%，超过全球平均水平4.6个百分点；其中手机上网人数6.95亿人，众多分享领域都可轻松在全球排名中拔得头筹。三是中国互联网领先企业的成长路径为分享经济初创企业提供了经验和信心。此外，我国历来崇尚节俭，这也为分享经济发展提供了重要的文化认同。

有人担忧，用户体系与分享经济是不是有点远，有点牵强。热爱未来学、喜欢从未来趋势审视今天的我不这么认为，用户体系的未来，就是分享经济。因为我确信，一个不能与人、与社会、与世界分享利益和价值的体系，不会有任何的生命力。

第三是走向和合，创造"体"。和合，是用户体系的最高境界。

命运共同体根植于中国传统的和合文化。

和合观是中国传统文化的基本精神之一，也是一种具有普遍意义的哲学概念，对中国文化的发展具有广泛而久远的影响。

中国的和合文化，坚持的是"以和为贵""有容乃大"格局；追求的是"致中和，天地位焉，万物育焉"的"太平和合"境界；秉持的是"天下为公""万邦和谐""万国咸宁"的政治理念；讲究的是"和而不同""执其两端而用其中"的哲学思想。这种独特的思维方法就是和合的文化，延伸到当代就是"命运共同体"理念。

命运共同体理念，是吸收和合文化精髓，内化新时代要求，提炼升华而形成的一种价值观。"礼之用，和为贵，先王之道斯为美"。

企业命运共同体的"美"，最大的魅力就在于把企业与用户之间的关系，由"你"和"我"，变成了"我们"。

企业命运共同体是人类命运共同体的微观实践，是站在世界和人类的高度，高屋建瓴地提出来的一份超越民族、国家和意识形态的中国方略。

第44节 商业模式重构建，占领价值制高点

现代商业竞争，是商业模式的竞争，这一点已无人质疑。

商业模式在转型升级中，设计成本低、转移代价低、易达成度高，即"两低一高"的特征，成为企业重构建中的关键突破口。绝大多数企业的转型升级重构建，是选择商业模式为切入点进入的。

然而，"愁望春归，春归更无绪"，在商业模式的具体设计与实施中，却又不尽人意。听人家、看人家的商业模式都很好，到了自己的企业却行不通。

究其原因，是我们对商业模式的本质尚未掌握，尽管商业模式已经

"火"了十几年，但在一些企业依然停留在比较肤浅、原始的初级阶段。

商业模式重构建，要拨乱反正，寻找、驾驭商业模式的本质。

44.1 商业模式不是"点子"，是一组"群居"系统

对商业模式认识的肤浅，是从定义开始的。商业模式的定义，不下几十种，但是在普遍浮躁的现代，浮躁的企业也只是一直对"商业模式就是赚钱的方法""商业模式就是市场竞争的高招"情有独钟，认为这些是商业模式的要害。

事实上，赚钱的方法、竞争的高招，仅仅是商业模式的体现，仅仅偶尔存在于少部分小微企业中，绝不是商业模式的全部，更不是精髓。

我研究总结了中外成功企业的近百种商业模式，又结合自己在为企业设计、筹划商业模式的感知，认为真正的、具有核能力的商业模式，是一个大的系统。

具体说来，商业模式是一个企业满足用户需求的系统，这个系统组织管理企业的各种资源，包括资金、原材料、人力资源、作业方式、销售方式、信息、品牌和知识产权、企业所处的环境、创新力等，并把这些资源创造出能够提供用户无法自力而必须购买的产品和服务的体系，并具有市场优势地位。

一个好的商业模式，是"自身要素"和"关联支撑"两个方面形成的"价值簇"。

在自身要素上，好的商业模式，至少要包含十个基本点。

1．商业模式价值主张，即公司通过其产品和服务所能向用户提供的价值，确认了公司对用户的实用意义。

2．用户目标群体，即公司所瞄准的用户群体，从而使公司能够针对这些共性创造价值。

3．分销渠道，即公司用来接触用户的各种途径，阐述公司如何开拓市场。

4．客户关系，即公司同其用户群体之间建立的联系。

5．价值配置，即资源和活动的配置。

6. 核心能力，即公司执行其商业模式所需的能力和资格。

7. 价值链，为了向用户提供产品和服务的价值，相互之间具有关联性的支持性活动。

8. 成本结构，即所使用的工具和方法的货币描述。

9. 收入模型，即公司通过各种收入流来创造财富的途径。

10. 裂变模式，公司商业模式转变的方式、转变的方向。

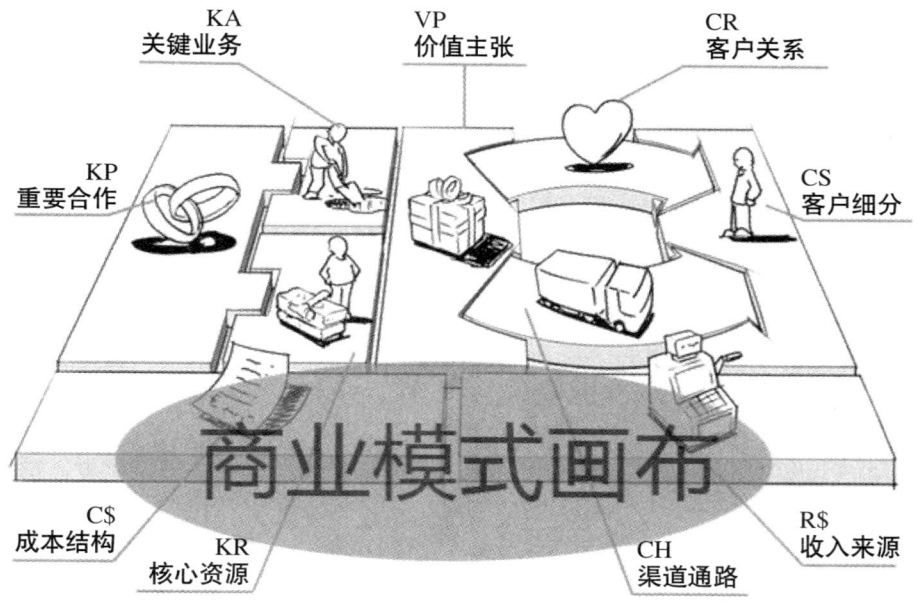

商业模式画布

在关联支撑上，好的商业模式，至少要包含"道"与"术"两个层面，即"道"层面上的策略性商业模式和"术"层面上的运营性商业模式。

策略性商业模式：表现企业动态中改变自身达到持续盈利目的哲学，体现的是企业的思维模式，创造企业的核心优势、能力、关系和知识。

运营性商业模式：保证企业运营成功的独特能力和手段，体现为企业的资本模式、运营模式、品牌模式、产品模式、管理模式，是对策略性商业模式的扩展和利用。

中国互联网三大巨擘BAT的商业模式，表面上是一个概念，其背后则是一组组的"模式群"在强力支撑。

比如，百度的商业模式是"冰山生态"。百度自喻为冰山，海面上是手机百度和百度地图两大入口，中部是核心业务搜索，海底则是O2O（线上线下连接）的3 600行。从产业价值链上，力求"让人们最便捷地获取信息，找到所求"，为网民提供基于搜索引擎的系列产品与服务，全面覆盖了中文网络世界所有的搜索需求。采用以效果付费的网络推广方式实现营收。借助超大流量的平台优势，联合所有优质的各类网站建立了世界上最大的网络联盟，使各类企业的搜索推广、品牌营销的价值、覆盖面均大面积提升，并从中扩大盈利来源。

腾讯则要做"亚马逊森林"，森林中央是腾讯自己的线上内容，以微信和手Q两大社交平台输血投资领地，最终实现连接一切树木。它从产业价值链上抓住由互联网对人们生活方式的改变形成的新的业态的机遇，通过建立中国规模最大的网络社区"为用户提供一站式在线生活服务"，通过影响人们的生活方式嵌入主营业务。在一个巨大的便捷沟通平台上影响和改变数以亿计网民的沟通方式和生活习惯，并借助这种影响嵌入各类增值服务。借互联网对人们生活方式改变之力切入市场，通过免费的方式提供基础服务而将增值服务作为价值输出和盈利来源的实现方式。

阿里巴巴的商业模式则是做商业社会的"水电煤"，打通云和端，控制各条战线，最终落地金融支付和数据变现，形成闭环的移动电商生态体系。它从产业价值链上，抓住互联网与企业营销相结合的机遇，将电子商务业务主要集中于B2B的信息流，为所有人创造便捷的网上交易渠道。通过在自己的网站上向国内外供应商提供展示空间以换取固定报酬，将展示空间的信息流转变为强大的收入流并强调增值服务。通过互联网向客户提供国内外分销渠道和市场机会，使中小企业降低对传统市场中主要客户的依赖及营销等费用并从互联网中获益。

BAT的商业模式，"道"与"术"俱全。

道：要做"冰山""森林""水电煤"，在哲学与使命层面占据社会心理高地。

术：有O2O、电商闭环生态等具体措施牢牢绑定用户。

44.2 商业模式不仅要"一阳指"，更是"六脉神剑"

"道"与"术"两个层面的商业模式设计，在实施中则随场景、对象和内容而变，见招拆招，信手拈来，灵活运用，我常常把它称为"六脉神剑"。

1．"杀手级"洞穿客户深层次需求。
2．"精准度"把握自身价值定位。
3．"革命性"掌控成本与绩效。
4．"爆炸式"实现持续倍速增长。
5．"排他性"模式的快速复制。
6．"价值链"上下游的融会贯通。

如何"杀手级"洞穿客户深层次需求？

洞穿客户深层次需求，是指要洞悉和创造用户潜在的、无声的、连他自己都不知道的需求，进而"一剑封喉"。用户的深层需求，就是无限的潜在商机。就像微信没有出现的时候，任何一个如今的微信用户，都不知道自己最大需求之一居然是"微信"。

商机就是用户的需求，谁抓住了用户的需求，谁就抓住了商机，尤其是能发现用户潜在的需求，并第一时间建立新型的商业模式予以满足，那就是抓住了财富。

巧克力的生产厂家，考虑的常常是巧克力好吃、包装好看，就能满足客户品尝或者送人的需求。然而这仅仅是表层需求，用户还有一些看不见的需求，比如，想吃又不想一次吃太多；送人自己又想尝尝。

圣诞节，美国的Godiva推出了一款非常特别的巧克力礼盒，风靡全国。礼盒并不复杂，却意味深藏。它是一个"盒中盒"，当你揭开一个盒子，会发现里面一半是巧克力，写着"to keep"（留着），另一半是个未开封的新盒子，写着"to give"（送出去）。盒子一共有四层，每一层都有一个新的巧克力礼盒，这样能极大满足客户复杂的心情和需求。可以满足你既想自己吃一口，但又不想吃太多；或者虽然是买来送人，但自己也想尝一尝的念头。Godiva就这样把设计产品，变成了设计商业模式，并满足了用户深层次的需求。

如何"精准度"把握自身价值定位？

这是解决"我是谁，我带来什么价值"的企业定位。用户购买产品和服务时，有三个价值点决定购买的成功与否，一是理性价值；二是感性价值；三是承诺价值。

理性价值是顾客产生需求的最直接原因，也是顾客选购产品的首要因素，例如在不同经济时期，客户对产品有着不同的要求，构成产品价值的要素以及各种要素的相对重要程度也会有所不同，这就要求企业根据客户的需求来定制产品。

感性价值就是要给客户造成一种心理上的依赖，营造一种价值归属感，例如品牌核心价值，价值归属感，甚至是购买过程中的感觉。随着人们生活水平的提高，以及自我价值观的提升，感性价值已经远远超越理性价值成为拉动消费的主要因素。

承诺价值，也就是后端服务价值，包括物流、系统、支付、客服等。承诺价值是影响用户重复购买的关键因素。

如何"革命性"掌控成本与绩效？

成本控制，这一点比较难，但又无法回避。什么是"革命性"，成本降低1%、5%，都不能称为"革命性"。中国企业的显性成本，如原材料、人工等，已经近乎降无可降。

好的商业模式，可以令这降无可降的成本消失。服装定制已经算不上什么新生行业，传统的服装定制采用的是门店经营模式，位于租金极高的核心商圈，租金成本几乎占据总成本的30%。

杭州的衣邦人，则不开设线下门店，采用O2O方式，即用户通过天猫旗舰店、微信、衣邦人APP、电话等多种方式预约，然后由专业顾问免费上门量体，再交由合作工厂按客人需求进行定制生产，最后再寄送到家。借助于这样的商业模式，衣邦人的价格不到传统定制价格的一半。同时，衣邦人的专业顾问形象极佳，开着特斯拉，带上样衣、iPad、面料册、皮尺、中腰水平带和肩斜测量仪，上门为顾客提供量身服务。现在衣邦人已经完成5 000万元人民币B轮融资，在全国拥有35家分公司，服务近200个大中城市用户，累计服务国内高端精英用户已达100万人次。

云足疗，让用户通过APP、微信、电话预约，可以随时随地享受足疗、修脚、理疗服务，并且客户可根据价格、距离、籍贯等信息，选择符合自己要求的服务项目、服务师傅。云足疗砍掉了足疗店等中间环节，让技师和顾客实现无缝对接，不仅解放了长期局限在足疗店的技师们，让他们获得了比同行更高的薪资，同时也让顾客体验到低价便捷的优质上门养生服务。

其实，设计好的商业模式，还可以帮助企业消灭那些久治不愈、挥之不去的隐形成本。

会议成本：很多企业有"会前无准备，会中无主题，会后无执行，与会无必要，会间无控制，发言无边际"的六无现象。有人说，一般的中小企业，每年的会议成本，就占1%~2%。

沟通成本：很多企业没有沟通能力，沟通中出现严重失真，或词不达意、或答非所问、或百人百解……

加班成本：员工加班隐含着很高的成本。因为，加班不一定是因为工作任务太重，而是员工的工作效率低下造成的，加班意味着低效率。加班耗费更多的精力和体力，严重透支员工的健康，重要员工不能长期发挥其效能。有些员工以加班为理由，利用公司资源从事个人事务，同时还领取加班补贴，很多企业的数据丢失等重要损失都发生在"加班"中。

人才流动成本：员工离职是一笔不小的成本流失，特别是老员工的流失无疑会给企业带来高出其收入几倍的支出。

岗位错位成本：正确的人，没有放到正确的位置。

用户维护成本:"无限满足客户就会破产",劣质用户要坚决封杀,对欠款用户要毫不留情,否则,应收款不小心就成了"阴收款"。

怎样"排他性"模式的快速复制?

卓越的商业模式之所以卓越,一方面是企业成功的模式可以快速复制,实现企业的高速增长,另一方面,卓越商业模式通过优异的价值保护系统,构筑了较高的竞争壁垒,使竞争者难以模仿。直销模式,几乎人人都知道其如何运作,也都知道戴尔等公司是直销的标杆,但很难复制出它们的模式,原因在于直销的背后,是一整套完整的极难复制的文化、资源和生产流程。

现在国内企业效仿阿米巴经营模式比较热,我在一场阿米巴研讨中曾毫不客气地指出"盲目导入阿米巴,是中国企业的又一场'灾难'"。因为我们缺乏实施阿米巴的相应文化,更缺乏相应的专业素养。再比如海尔,张瑞敏提出"干掉中层",让80 000员工组成数千个小微实体,"自己当CEO",每个小微企业都是独立核算,自负盈亏的。这种模式是对传统的组织结构的颠覆,在海尔能成功,是因为几十年来海尔的"人单合一",是源于强势的企业文化。说实在的,如此创新在中国,几乎找不出第二家企业,海尔这个模式极难复制。

44.3　商业模式不靠复制,要靠创新

商业模式的"排他性",引发我们必须创新。这或多或少带有一定的"被动性",而商业模式的"主动性",是发自内心的大幅度创新。创新,是商业模式的灵魂,也是商业模式价值的唯一来源。

商业模式的重构建,从以下三点推进。

第一是要敢于"无中生有"。以满足客户需求为中心,重新构建企业产品结构,把自发行为转变成自觉行为。

"无人机",应该是一个典型的无中生有模式。传统意义上的无人机,是应用的军事上的,与今日的无人机基本不是一种类型。现在的无人机,说白一点,有点像过去中小学生的航空模型。但是在新时代,创造者将这玩具

加以创新,将航模飞行平台、动力系统、视距内遥控系统改造升级,使其具有飞控导航、链路和任务系统、地面站等功能,科技含量高,可执行超视距任务,最大任务半径上万公里。从航空模型到无人机,不仅仅是技术与概念的颠覆,更是商业模式的创新。

深圳市大疆创新科技有限公司无中生有,是较早将无人机投入商业运营的公司,作为全球较为顶尖的无人机飞行平台和影像系统自主研发和制造商,大疆的创新始终以领先的技术和尖端的产品为发展核心。从最早的商用飞行控制系统起步,逐步地研发推出了ACE系列直升机飞控系统、多旋翼飞控系统、筋斗云系列专业级飞行平台S1000、S900、多旋翼一体机Phantom、Ronin三轴手持云台系统等产品。这些产品广泛应用在军事、农业、新闻报道等方面,填补了国内外多项技术空白,成为全球同行业中的领军企业,用户遍布全球100多个国家,占据着全球70%的无人机市场份额。

第二是要敢于颠覆传统。以价值创造为标准,重新构建企业内部运行体系。

招商银行的"轻型银行"模式,在这一方面做出了积极尝试。

轻运营,降低资本消耗,打造极致体验。招商银行联手韩国连锁品牌"咖啡陪你"共同创建"咖啡银行",把银行网点开到了咖啡厅。在"咖啡陪你"的连锁店里,放置招商银行的自动存取款机,旁边是一间面积不大的招商银行金葵花理财室,室内陈设也很简单:一台电脑,几张桌子,桌子上放着办卡和公司宣传的资料。理财室外面有可视柜台,一片透明珠帘将这个微型银行与欧式风格的咖啡馆分隔开来。除了建设物理网点,招商银行加大了电子银行和互联网布局,力争作业变轻。一方面利用新媒体、新平台创建多层次、多样化的轻型智能客服模式;另一方面,用专业的知识、优质的产品、极致的服务体验吸引客户。招商银行的"小企业E家投融资平台",专门面向中小企业客户,意在打造一个开放式、综合化的新型金融服务平台,目前平台注册的企业用户超过100万家。

轻资产,规避不良资产,做生态圈核心。招商银行"向零售资源持续倾斜,力推资产证券化,取消规模意识;对公全面转向核心客户和资本市场对接"的资产布局,带来的是较低的负债成本。2015年第一季度,招商银行零售贷款增长537亿元,余额突破万亿大关,零售贷款增量居股份制商业银行之首。零售贷款占比高达42%,比年初提升近4%。招商银行高层人士称零售贷款增量结构中,绝大部分为住房按揭贷款,实现了"轻"者更"轻"。在传统公司金融和同业金融方面,招商银行更多地向专业银行、精品银行转型,用专业能力、金融智慧赚钱。通过金融市场和资产管理带动,与私人银行业务打通,对公核心客户将"全面转向经营核心对公客户,集中存量客户。存量客户有很多优质客户。"

招商银行强调要做资源的组织者,而不是一味地强调自己规模做大。招商银行与银行、券商、保险、信托及私募等机构开展密切合作,合作共赢。招商银行同业客户部在2014年就开发上线同业金融合作平台,签约合作包括区域性银行、券商、资金清算机构、电商平台、第三方支付公司、财富公司、收单机构等7大类机构。

轻组织:一体两翼,集约扁平。招商银行"最大限度地压缩管理层级,减少中间环节。总分行两级不只是履行管理职能,而是根据客户和业务特性,组建专业团队直接'下地耕种',形成覆盖总分支行三级、三维式的客户服务体系和利润中心。"在架构"骨架"搭建完成之后,招商银行继续改革流程与机制,全面、系统地梳理流程机制,管理变革解决专业化问题,流程业务化解决效率问题。

轻文化:以客户为中心,因势而变。招商银行"轻型银行"转型的支撑文化是"以客户为中心,以市场化、去行政化为导向,因势而变"。截至2017年上半年,招商银行境内外分支机构逾1 800家,在中国大陆的130余个城市设立了服务网点,拥有5家境外分行和3家境外代表处,员工7万余人。此外,招商银行还在境内全资拥有招银金融租赁有限公司,控股招商基金管理有限公司,持有招商信诺人寿保险有限公司50%股份。资产总额居于国内股份制银行的首位。

第三是要敢于耦合出新。以价值实现为原则,在价值链上耦合多种生产要素，重新构建企业盈利模式。

携程抓住互联网与传统旅行业相结合的机遇，耦合航空公司、酒店双重要素，力求扮演它们的"渠道商"，以发放会员卡吸纳目标商务客户、依赖庞大的电话呼叫中心等方式将机票预订、酒店预订、度假预订、商旅管理、特约商户及旅游资讯在内的全方位旅行服务作为核心业务。通过与全国各地众多酒店、各大航空公司合作以规模采购大幅降低成本，同时通过消费者在网上订客房、订机票积累客流，客流越多携程的议价能力越强，其成本就越低，客流就会更多，最终形成良性增长的盈利模式。

苏宁电器以家电连锁的方式加强对市场后端的控制，同时加强与全球近万家知名家电供应商的合作，打造价值共创、利益共享的高效供应链，强化自身在整个产业价值链中的主导地位，进而打通整个产业价值链以谋求更高价值回报。

第45节 业务层阶重构建，赚钱永远不"断档"

中国鲜有百年企业，有据可查的是几瓶酒（张裕等）、几副药（同仁堂等）、几个饭馆（全聚德等），在当代，企业的平均寿命更是仅有7~8年，小企业的平均寿命才2.9年。

企业死亡，如同列夫·托尔斯泰所说"幸福的家庭都是相似的；不幸的家庭各有各的不幸。"在若干缘由中，仁者见仁智者见智，常常引发不同的讨论。但不管观点如何不同，有一条原因是毋庸置疑的，那就是，"没有生意做了、没有钱了"。

从古到今的业务"断代"，现金流"断档"，为什么？

45.1 可怕又可爱的"不连续性"

"断代""断档"，都是"不连续"惹的祸。

昨天、今天、明天，在时间世界是连续的，但在空间世界，连续的时间中，发生着不连续的事件，仿佛一切都是割裂的。

通信，指人与人、人与自然之间通过某种行为或媒介进行的信息交流与传递，这个需求亘古未变，但满足这种需求的媒介、行为、技术、方式，却从来没有连续，一直是在一种种方式的替代与跨越中延续着。

形体时代，人们通过身体、眼神、手势与山石树木等自然媒体相结合传递信息。

口语时代，直立行走使人类对信息传递方式的需求提高，催生了语言。

文字书写时代，随着生产力的发展，人类对信息记录有了需求，文字随之产生。

工业时代，人们开始用电子信号传送信息，发明了电报、电话、传真、广播、电视。

信息时代，移动电话、互联网、移动互联网，通信技术拉近了人与人之间的距离，提高了经济的效率，深刻地改变了人类的生活方式和社会面貌。

这种现象，社会学家与经济学家把它称为"不连续性"。

所谓不连续性，顾名思义就是一件事物不再遵循从前的规律，而是从一种状态跨越到另外一种状态，规律不再适用，优势不再延续。

不连续性是人类社会发展的本质，渔牧社会、农业社会、工业社会、信息社会，它们之间都是不连续的。然而，从古到今的科学家和思想家却南辕北辙，反反复复地做一件事：在不连续的基础上，帮你建立连续性假象。这使我们总是生存在连续性假象之上，习惯着连续性的生活，往往用归纳法总结规律，并用规律决定自己的行为，无法自我突破。

不连续性，是企业兴衰成败的第一原因。

过去，社会发展缓慢，一家企业的产品可以畅销几十年，一个人所学的知识可以适用很久，一份工作可以坚守一辈子。而现在，平均一个行业存活的时间仅十年左右，一个产品受宠周期不过三年上下，适用一辈子的知识已经没有。这种市场的快速发展，技术的快速迭代，业务的快速淘汰，使企业自身的发展速度，远远低于社会发展速度。这种速度不对称中，企业往往呈现一种"断崖式"的衰亡，昨天还红红火火人人赞，今日就关门闭户家家嫌。这突然间的"猝死"，一条最重要的原因，是企业的某种优势、某种业务在变化中失宠，却没有后续业务、后续优势承接延续。这种业务断层，如同宇宙飞船在飞向太空的过程中，需要几级火箭的持续推动，一级火箭的能量消耗殆尽时，二级火箭开始点火；二级火箭的动力全部释放后，三级火箭迅速启动，如果不能恰如其分首尾相连，宇宙飞船必将摔得粉身碎骨。

诺基亚在功能机领域连续14年领先，在智能手机时代"草标卖身"；雅虎当年几乎等于互联网，而今核心业务仅以48亿美元出售……

不连续性，让人们津津乐道的基业长青成为一种幻觉。

如今，1987年首期福布斯百强，61家已经消失了，剩下的39家，只有18家还在百强中，尽管它们称得上基业长青，但它们的发展速度，比整个市场的平均投资回报率还低20%。

不连续性中，社会发展能够跨越非连续性，而企业却不能，旧企业被新企业打击、破坏，直至破产。

在"不连续性"中，企业仅仅靠对原有产品、业务、员工、市场、能力的坚守，是难以基业长青的。出路只有一条：像不连续性破坏企业一样，去破坏自己。如英特尔从起家的存储器过渡到芯片业务；如IBM完成了从硬件到服务业的跨越；如苹果从iMac到iPod，再转到iPhone。iPhone是对iPod很大的打击。当年，乔布斯与团队讨论每人每天出门必须要带的东西，大家提到的有钥匙、钱包、手机，而没有iPod。乔布斯认为iPod不是必需品，即使当时iPod占了苹果48%的利润，市场份额为70%，乔布斯依然决定做iPhone。而今天的手机，真的就变成了出门必带的东西，这当中就有iPhone。

不连续性，是企业重构建切入的好机会，中外著名企业，几乎都是利用不连续性切入重构建以及其他变革的。苹果在功能机转向智能机时切入；Google从搜索到安卓；Netflix从邮寄DVD到流媒体到自制剧；华为从2B到2C；腾讯在QQ发展如火如荼的时候，投入各种精力资源发展产品，最终找到了微信；阿里巴巴从2B到淘宝、到天猫、到支付宝、到蚂蚁金服，一次一次地跨越了不连续性。

不连续性的到来，不是突兀的，它来临时，总是先从技术、市场、组织三个维度显露某些征兆的。

技术征兆：当一种产品的技术性能增加，用户却毫无感觉，说明技术已经到达极限。比如当初诺基亚的功能机，无论怎么改善通话质量，用户还是抛弃了它。

市场征兆：市场的背后是用户，当用户使用习惯已经发生变化时，企业即使降价也没有用户增长，而且不再具有定价能力，一旦涨价，用户就离开了。

组织征兆：组织的背后是人才，行业人才开始出现净流出，就意味着不连续性已经来临。

45.2　应需而生的"业务层阶"

企业驾驭、应对不连续性的冲击，最简捷有效的办法，是构建多维度的"业务层阶"。

业务层阶是企业维持现金流和正常经营业务的链条，它回答和解决企业今天凭什么赚钱，明天凭什么发展，后天凭什么持续这个底线问题。三级业务层阶的理论基础，出于北京锡恩管理咨询公司的姜汝祥博士，他称之为"业务链"，但因在使用时企业常常与供应链、价值链混淆，因而我们将其修正为业务层阶。

一般情况下，企业的业务层阶有三个级别，即主营业务、新兴业务和种子业务。每一个层阶的业务，都有不同的特征、作用、重点、策略和不同的人力资源安排。

1. 主营业务，是"今天凭什么赚钱"的业务。

特征：占公司业务比重高，是公司现金流量的重要来源，具有优势的市场地位，但成长性有局限。

作用：是公司目前的经营支柱，为其他业务发展提供技能支持及资源支持。

重点：维持现有市场地位，巩固竞争优势，通过成本优化、产品重组及管理优化来发掘利润潜力。

策略：稳扎稳打。

2．新兴业务，是"明天凭什么发展"的业务。

特征：成长迅速，且有很大的发展空间，形成可行的业务模式，但目前尚未成为企业利润点。

作用：公司未来几年的品牌支柱。

重点：追加投资，在关键成功要素上加大投入，追求收入的成长以利于市场份额的提升。

策略：激流勇进。

3．种子业务，是"后天凭什么持续"的业务。

特征：有巨大的成长潜力，但市场尚未明朗，风险高，尚没有成形的业务模式。

作用：公司明天的业务并可能成为未来的业务支柱。

重点：广泛的点子筛选，业务模式的尝试及完善，寻求市场机遇。

策略：海底寻宝。

三级业务层阶，是企业的"生命线"，平衡、健康才能让企业生机勃勃。姜汝祥博士曾用一张表，明示了不同的业务层阶组合，企业的不同境地。

业务层阶组合

主营业务	新兴业务	种子业务	基本评价
▲	▲	▲	稳健发展
▲	▼	▼	出局危机
▲	▼	▲	权力丧失
▲	▲	▼	断层警示
▼	▲	▲	预支未来
▼	▼	▼	基本死亡

三级业务层阶，是企业一条产品的流水线，不同的产品承载不同价值，满足着企业在不同阶段的不同需求。

三级业务层阶的设计，要结合企业自身的能力与现状，考虑将用什么样的产品来满足用户的需求，而且还要根据用户需求变化的未来预期提前准备好自己的价值呈现形式。

三级业务层阶的落实，需要"吃着碗里的、看着锅里的、想着田里的"。一个接一个的解决掉之后，我们也就一步近一步地走到了未来。

45.3 不连续中的"不务正业"

不连续性，让中国的企业发生一种"变异"，"不务正业"似乎成了普遍的状态。

按照企业注册法，中国的企业，通常要有四个要素，地区+字号+行业（业务）+组织形式。

如今，不连续性把这个惯例被打破了，市场上出现许多无地域、无行业（无明显业务）的企业，仅在A股市场，起码有5%以上这样的"双无企业"。

雅戈尔是做什么的，每个人都会抢答"服装"。但是雅戈尔集团董事长李如成否认："不要把雅戈尔仅仅看作一个服装企业。说不定造卫星也是有可能的。"

雅戈尔集团创建于1979年，经过近40年的发展，逐步确立了品牌服装、地产开发、金融投资三大业务领域，多元并进，成为拥有员工5万余人的大型跨国集团公司。截至2017年底，集团总资产831亿元，净资产273亿元；2017年度实现销售收入665亿元，利润总额45亿元，实缴税收24亿元，位于中国民营企业500强前列。

雅戈尔走到今天，一直是在"不务正业"的质疑声中发展的。作为中国服装产业的龙头，事实上，雅戈尔从1999年就建立了三级业务层阶："纺织服装产业是雅戈尔的第一层阶。房地产是第二个层阶。第三个层阶是投资，这是一个新兴的产业，还在摸索和塑型当中，但这是最高的层次。"雅戈尔人这样诠释。现在雅戈尔纺织业务利润约占33%，地产利润占47%以上，一度达到53%，明显高于传统主业，掩盖了主业的光芒。

李如成的愿望是建立三个阶层的增长方式：纺织服装的现金流，可以用于反哺资本密集型的房地产业，金融投资则是为整个集团提供"金融蓄水池"式的保障和发展空间，三者之间可以形成良性互动。

如今，雅戈尔成了宁波首屈一指的房地产企业，房地产收入由5亿元增加到100亿元，增长了20倍。

在第三层次的资本市场上，雅戈尔在早期就一夜间从"服装大王"俨然变成了风险投资专家。当年雅戈尔持有的交通银行、宜科科技、广博股份、上海九百、百联股份和中国远洋等上市公司的股份，总市值一度达到近200亿元。后来出现在雅戈尔投资名单上的，还包括宁波杭州湾大桥投资开发有限公司、山西阳光焦化(集团)有限公司、深圳中欧创业投资合伙企业、天一证券有限责任公司、杭州创业软件科技有限公司等。李如成本人被描述为"怀揣100亿元资金，带着20个人的团队，全国各地找项目"的雅戈尔董事长。

2016年4月，雅戈尔发布了资金募集公告，募集资金总额不超过50亿元，募集资金扣除发行相关费用后用于投入"O2O营销平台项目""雅戈尔珲春服装生产基地项目""苏州紫玉花园项目""明洲水乡邻里二期项目"和"补充流动资金项目"。而截至2016年12月30日，雅戈尔发布关于募集资金临时补充流动资金的公告显示募集资金的使用情况，称将使用不超过人民币5亿元的闲置募集资金暂时补充流动资金，仅限于与主营业务相关的生产经营使用，不会变相改变募集资金用途，不会影响募集资金投资计划的正常进行。

2017年1月9日，雅戈尔则公告称，已经动用了80多亿元购买理财产品，实际获得收益950.13万元。两年雅戈尔购买理财产品的金额和改为大额存单吃利息的金额相加，合计超过百亿规模。

有券商分析师表示，上市公司青睐理财产品，多半是因为理财产品收益较稳定、获利快，再则公司的主业增长空间有限，经营性盈利艰难。雅戈尔动用百亿资产之巨购理财产品和存银行吃利息，可以说是一家"非常善于理财"的上市公司。

第 46 节　资本重构建，走向产融合一

资本，是人类经济活动的真正血脉，是企业经营的最高级形式。对企业资本的思考与重构建，是转型升级绕不开的课题。

传统的以自有资本、银行贷款和结算资金发展企业的时代已经一去不复返。重构建中要补足企业金融化这堂课，去识别多层次资本市场，善用资本，使企业从产品价值、品牌价值，走向更高级的资本价值。

走向产融合一，探索金融资本、商业资本、产业资本、智力资本、管理资本的新融合之道，成为一种必然。

46.1　产融合一的概念、范畴与方法

产融合一，也称产业金融化，是由企业证券化、产业金融化引发的新概念。

产融合一的主要表现为：金融工具与活动在企业、产业发展中比重不断上升，直接融资的发展速度大大高于间接金融。

产融合一直接颠覆了企业、产业发展的一般价值规律，企业与产业演化成了一种新的金融工具，直接创造资本价值。

如今，经济已进入全球化，企业金融服务的需求不断在扩大，尤其是针对企业发展的特色化、个性化金融服务推出不足，金融业的规模及创新发展往往不能及时满足，因此，产融合一作为一种可高效快速匹配资源的经营模式受到越来越多的企业及学者关注。那么，我们可以从以下几点去分析产融合一模式的特点。

第一，产融合一模式发展优势。

产融合一模式为集团的发展提供的助力，通观当前的产融合一实践来看，不外乎以下两种。

1. 通过金融产业的持续发展，构筑多元业务。在金融市场上获得一席之位，也成为很多公司主要业务板块之一，为公司效益增长贡献。

2. 通过金融产业的发展，可直接整合集团内部的金融资源，并针对集

团主业需求展开金融服务，提高主业竞争力，比如中石化、西门子、中亚硅谷集团。

第二，产融合一模式本质分析。

目前对于产融合一模式的阐述和研究较多，但在相关学者看来，一个产业集团的产融合一发展本质上其实就是一种业务多元化战略，由于兼具不相关多元化与相关多元化的属性而倍受大型企业集团青睐，从这点来看，我们可以从中发现两个直观的因素。

1. 不相关多元化属性。不处于同一行业，可以有效分散行业系统性风险，同时具有不同行业特性，通过业务的统筹，可以形成规模、效益、周期的互补。

2. 相关多元化属性。大型企业集团的金融服务具有规模大、频率高、数量多、个性化要求高等特点，设立所需金融企业可以有效为集团业务服务，提高集团主业的竞争力。

第三，温氏集团的产融合一之路。

广东温氏食品集团股份有限公司是一家以养鸡业、养猪业为主导、兼营生物制药和食品加工的多元化、跨行业、跨地区发展的现代大型畜牧企业集团，集团销售收入335亿元；在福布斯全球企业榜单中排名第973位；中国企业500强位列第332名；集团2015年在深交所挂牌整体上市。

温氏集团产融合一成绩亮眼，在整个温氏企业中的地位举足轻重。

1. 战略布局，顺势而为发展金融业务。

温氏股份成为行业龙头企业，主营业务盈利稳步增长的同时，开始着手布局金融业务板块，实业和投资并驾齐驱。通过实业与金融业的结合，让资源得到全局性的配置，让主业与上下游产业多方面平衡发展，也是渗透到其他行业最直接的方式。

金融投资的布局是防御畜牧行业周期性风险的良好策略。温氏靠养鸡起家，鸡猪并举，实施产融合一除了可以直接带来收益外，更重要的作用是抵御农业周期性风险。多元化的经营模式能够减轻行业周期带来的影响，平抑行业周期对企业经营业绩的影响。2017年,温氏投资贡献利润占温氏股份净利润总额的近四成,对温氏主业周期性波动起到很好的平抑作用。

目前温氏投资管理的自有资金资产规模超过70亿元,业务方向覆盖了股权、证券、定增、长期资产配置等方面,形成了一级、一级半、二级市场联动的业务发展模式。

2. 稳打稳扎,自成一套产融合一逻辑。

温氏的产融合一,边摸索边实践,业务发展逐步稳健,建立起了一套相对完善的投资管理制度体系和业务流程。

其一是股权投资因时而动、因势而变。温氏投资的PE投资刚开始起步,主要倾向于农业和食品等行业,完成了千禾味业、杨氏果业等IPO项目投资。2015年之后,温氏投资开始转向并购重组和新三板市场的投资,战略性加码布局PE投资,投资了起步股份、盈趣科技、宏川智慧等项目。目前,温氏投资在业界已小有名气。

其二是证券投资主攻定增,分享制度红利。在证券市场,温氏投资深入分析一级半市场的定向增发存在投资机会,一方面定增投资有市价打折的制度红利,另一方面筛选后的投资标的具有一定的价值成长空间,主攻定向增发投资业务。温氏投资以1.5亿元参与认购光明乳业定向增发项目,从定增到退出,实现投资收益2.03亿元。

其三是优化投资结构,长远布局战略投资。面对复杂多变的证券市场形势,温氏投资适时控制二级市场投资,提出了开展战略持股业务投资。通过价值判断,利用股市低迷期间好标的被错杀的机会,重点布局战略持股类项目投资,对价值成长型企业进行了组合配置投资。温氏价值投资的核心:一看企业所处的行业发展前景;二看区域,优质企业往往诞生在珠三角、长三角等经济较为发达的地区;三看团队,包括管理人格局、个人信用和团队氛围等。总结来说,靠的是"天时、地利、人和"。

3. 厚积薄发,成果显著。

截至目前,温氏投资累计投资项目110多个,投资本金99亿元,其中已退出的项目投资金额44.27亿元，实现收益率26.59%。

股权投资成果逐步显现。经过六年的业务拓展，在温氏投资已投项目企业中，已有2家IPO成功，2家完成上市公司并购，7家IPO排队，10余家已在新三板挂牌。温氏投资的股权投资业务有超过65%的投资资金可以通过IPO或并购退出，实现了良好收益。其中，定向增发投资项目光明乳业退出收益138.73%、森源电气退出收益135.20%、华纺股份退出收益108.27%；战略持股投资项目碧桂园退出收益117.29%、永安药业退出收益76.37%、铁汉生态退出收益74.97%。

温氏投资依靠母公司行业特点和实力背景，从成立之初多在大农业领域发力，如上海新农、唐人神、大北农等，到现在已经逐步覆盖了大消费、大健康、大农业、高端智造、文化旅游等业务板块。在大消费领域，温氏投资偏好与百姓日常生活密切相关的企业，如跨境通、金百万餐饮、美团与大众点评等；文化旅游领域投资了包括文投控股、南湖国旅、华强方特、华夏航空、郎琴传媒、怡美假日等优秀企业；高端智造领域，则参与了盈趣科技、三角防务、森麒麟轮胎、松正新能源汽车技术等项目的投资；生物医药领域的投资案例则包括康盛生物、康达医疗、圣和药业、贝斯达医疗、山外山血液净化技术等。2018年8月，温氏股份发布公告斥资10亿元参与中粮资本增资，实现温氏股份与行业领先企业的业务协同，拓宽产业链，实现强强联合。

46.2 遵循"铁律"，绕开"雷区"

中国的金融监管十分严格，产融合一，也是在钢丝绳上跳舞，既有风光无限，也有风险重重。

遵循我国金融法规，绕过雷区，是保障企业产融合一，实现资本重构建的关键，否则，就是自掘坟墓。

何为铁律、何为雷区，对产融合一具有深度研究与实践的上海华彩咨询集团董事长白万纲曾告诫，企业进入产融合一需要绕过"十大误区"、遵循"二十条定律"，极具指导意义。

产融合一"十大误区"。

误区一,把金融业务看成产融合一,如小额贷款、担保、互联网金融、融资租赁、信托、期货,甚至小城市的城商行、农村的农村信用社,其实,这不是产融合一,只能叫作投资和金融板块。

误区二,产融分家,产做产的,融做融的。有财务收益,无战略收益,融的也只是获取财务收益。

误区三,财务导向的绩效管理倒逼产融分离,大多数金融从业者脑子里想的就是钱与钱的增值,无法与实业企业家对话,产融不能有效融合。

误区四,专业人员做金融,有专业视野,无产业格局,往往导致产融合一效率不高。

误区五,无产产协调,无融融协同,只是浅表的产融合一,没有形成产融价值链。

误区六,产融层次低,单一业务观点,只是发生式的结合,无体系性、无创新性,没有形成战略性的产融布局。

误区七,全牌照思维左右金融,只为牌照刷存在感,没有在本质上推进产融合一。

误区八,金融思维左右产业,缺乏产融互为服务的框架。

误区九,把产融合一当作业务,没有把它当成一种思想,一种哲学,一种发展境界。

误区十,产融合一停滞在初始阶段,单一讲产融合一,已经是"老土"了,是低档次的。产融合一必须是产业、金融、服务、贸易、投资、研发、创新等融为一体的大格局。

产融合一"二十大定律"。

定律一,产融合一的目标是创造价值与资本增值,这就要求反应过程要有度的限制。重融轻产,则会脱离本质,过度追求短期资本积累,严重者会扰乱破坏经济秩序;重产而轻融,会导致低流动性,限制和阻碍产业发展,影响社会生产整体进步。

定律二，产融合一，伴随着生产力与生产关系的出现而产生，从功能上讲，可分为被动和主动两种，我们所研究的是脱离被动与主动的外壳，能够在空间与时间上发生化学变化，进行价值转化，价值创造的过程，不是存款与贷款，也不是金融牌照与产业板块。

定律三，产融合一的现实操作是不可复制的，因为每一个场景都有其自身的特质，但我们可以放大复制的概率，放大准确的概率，加深融对产的了解，提高产融合一效率。

定律四，无论由产而融，还是由融而产，都是回归本质的过程，基于货币不可能是最终财务凭证，因此产融合一会成为主流趋势，整个现实过程中的推进，可能会经历漫长的波折与迷茫，但这一行为会变得越来越简单与透彻。

定律五，狭义的产融合一的核心，是"四金促四资"，即金融工具、金融产品、金融信息、金融人才促进资金、资源、资产、资本的流动与增值。

定律六，实现资金、资源、资产、资本高效运转的途径，是融入金融板块、资产控制杠杆、加快金融创新。通过整合进入金融板块，利用杠杆效应进行放大，通过互联网金融、科技金融、小微金融等金融创新，推动产融合一的更好实现。

定律七，从管理现金流到创造现金流，是产融合一的最基本应用。现金流不应该仅仅是被管理，更应该被创造，创造性地设计好商业模式，利用这种独特性实现现金流的源源流入。

定律八，企业发展逐步生态链化，自身融入生态圈发展，生态圈中你中有我，我中有你，边界模糊。商帮、联盟、生态链平台、协会、园区、朋友圈，都是未来形成生态圈的重要形式。

定律九，广义产融合一是以金融产品、金融信息、金融人才、金融服务的"四金"来服务实体运作，企业可以有效通过金融产品和金融工具的有效衔接，实现其价值链、供应链，乃至产业链、生态链的重构建。

定律十，"四金促四资"是产融合一的微积分，将产融合一动态过程进行范式化，掌控产融结合的本质，凝聚关键要素，以助于产融合一向规律无限靠拢。

定律十一，广义产融合一是动态的，要遵循整体的经济环境与时代背景，它在不同时期有不同的打法，在经济景气、平稳或衰退时，呈现出不同状态，同时也起到不同的功能和作用。

定律十二，产融合一的重点在于共享平台的搭建，物理平台、外部服务平台、战略联盟平台、供应链平台、产业链平台、生态链平台是真正做好产融合一的核心要素。

定律十三，企业不只是要做好产融合一，更要构建高产融合一能力的集团。设计现金流、多元融资、财务资源高效管理、金融服务对接产业、资产证券化能力、产融互动、产融服贸投研的组合、大金融对接大供应链、大金融对接产业链和大集中对接生态链等十大条件需要由集团稳步完成。

定律十四，主动产融结合时代已经到来，作为企业要了解产融合一的含义，明确产融合一的关系，把握产融合一的关键要素，基于自身的社会角色，谋划这一无形之中的配电盘，实现高效运作。

定律十五，企业运作是承载产融合一的一个完整单元，作为产融合一的主体，又决定产融合一的载体、环境与时间，企业也能够通过产融合一，更好地掌握自身的行走路线。

定律十六，超级产融合一与狭义、广义产融合一相比，存在一些先进的地方，就是超范围、超时间、大集成、抽离化、连横、多项经营。

定律十七，超级产融合一具有9个方面的不同境界。第一是克服危机；第二是抓住机遇；第三形成即强化竞争优势；第四是对产品与服务进行革命性创新；第五是对公司发展路径进行颠覆性创新；第六是产业再造性创新；第七是引领和创造未来；第八是对产业及社会环境关系的再造；第九是对理念、影响力、领导力更高境界的驾驭。

定律十八，超级产融合一的方案来自商业模式，来自发展瓶颈中的痛点，来自同行、敌人、榜样，超级产业融合方案的来源是产中找融的机会与服务空间，从生态圈及其动态发展层面来发现融的机会与空间。

定律十九，把握好产融合一的趋势是一个大课题，但总离不开几个方面，第一是把握国家战略，把握新常态趋势；第二是金融布局是基础，产业服务是重点；第三是战略导向、问题导向的集成、融合、创新，是产融合一的关键；第四是形成模式，复制尤为重要；第五是平台优势的构筑是最高境界。

定律二十，产融合一之路，就是探索驾驭金融资本、商业资本、产业资本、智力资本、管理资本的新融合之道。

46.3　走向超级产融合一层次

狭义的产融合一，主要是运用金融技术、金融思维、金融产品、金融信息服务于企业的资金、资产、资源与资本。

广义的产融合一，是金融如何服务于产业链、价值链、生态链。

超级产融合一，是产产结合、融融结合，组成超级产融合一。

超级产融合一，并非是简单地将产业资本与金融资本共同置入一个主体控制之下就可以产生经济效益，有效的超级产融合一应当使金融资本有效促使产业资本提高，产生正的产业效益，使产业资本的发展带动金融资本的升值，两者是螺旋上升的过程。

网络上一署名为"全球上市孵化器"的专家称，未来中国超级产融合一将出现四大趋势。

第一，超音速。

指金融资本和产业资本的转移速率会大大加快，产业资本和金融资本将更加有效地结合起来，当产业资本遇到大量的发展机遇，大量的金融资本注入产业资本中去，产品供给成倍、甚至几何倍数的增长，金融资本和商业资本将超音速般抓住商业机遇，迅速提扩大自身规模。

第二，超隐形。

指超级产融合一的方式将更加隐蔽，甚至可以产生一定的产业壁垒。社会上有很多企业利用自己的产业运作特征，通过异化设计，形成一种类金融产品，比如蛋糕店发蛋糕卡，健身馆发健身卡，事实上形成了一种非法集资现象。客观上来看，很多实业机构都在努力地通过产品的销售过程、服务的完成过程，发掘各种金融机会。

第三，超机动。

指超级产融合一的方式将更加多样化，更加灵敏。超级产融合一主要有信用型、股权型、咨询型。信用型，就是通过债权债务实现超级产融合一，简单地说就是"融"把钱借贷给"产"，中间尽管有审贷程序，但内部总是较便利，所以很多企业愿意积极成为商业银行的股东。股权型，就是通过股权联系来实现超级产融合一，包括项目之间交叉持股，或者一方持有另外一方股权。其中区别在于，信用型连接有可能未必是股东。咨询型，即金融不直接为产业提供资金，而是提供相关的咨询服务，咨询服务非常广泛，包括小到一般的企业税、财务处理，大到资本运作等。现在还涌现出了许多企业通过金融信息、金融工具、金融人才等方式进行超级产融合一，甚至可以多种方式组合起来，企业进行超级产融合一的方式变得更加灵活、多变。

第四，超智能。

指由现代通信与信息技术、计算机网络技术、智能控制技术汇集而成的技术在金融信息系统中得到了深刻的应用，随着信息技术的不断发展，金融信息系统技术含量及复杂程度也越来越高。智能的资金管理信息系统建设是实施资金集中管理和有效监督控制的重要工具，智能资金管理信息系统将资金预算管理和资金实时监控相结合，及时准确反映资金的运行状况和风险。若要保障资金的健康、有序运转，一套科学、完善的资金管理系统似乎成为在超级产融合一背景之下大展拳脚的企业兵家必备。超级产融合一的智能化依靠金融系统的强大信息收集和分析功能也必将得以实现。

目前，已有为数不少的中国企业集团进行了产融合一布局，既有综合性集团，也有垄断产业的集团，甚至是完全竞争行业的。未来将有更多的企业进入这一范畴，超级产融合一的环境将进一步被拓开。

不同企业所处行业与竞争地位不同，实施超级产融合一的动因和价值也各不相同。大致有如下因素：多元化投资，实现产业突围；培育利润增长点，获取高回报；降低交易成本；金融与产业互动，获取协同优势；超级产融合一是消除企业与银行之间信息不对称的要求；集团金融资本控制的需求。

中国的超级产融合一环境空间既存在不利因素，也有利好消息。根据对国内外现实形势的分析，近几年企业发展金融业务的政策逐渐放松，对超级产融合一，政府逐渐鼓励支持。在中国企业的股权结构中，国有股占据主导，法人股仅次于国有股，员工内部持股比重较小。超级产融合一需要和国家的政策体系紧密相连。

第47节 公司治理重构建，从敬畏开始

公司治理，又称为法人治理结构，是现代企业制度中最重要的组织结构。

公司治理，是研究企业权力安排的一门科学。

狭义的公司治理，主要指公司内部股东、董事、监事及经理层之间的关系；广义的公司治理，还包括与利益相关者（如员工、用户、社会公众等）之间的关系。公司作为法人，也就是作为由法律赋予了人格的团体人、实体人，需要有相适应的组织体制和管理机构，使之具有决策能力、管理能力，可行使权利，承担责任。

现代公司法人治理结构是由高级经理、监事会、董事会和股东大会之间权、利、责的相互制衡关系，高级经理与董事会的委托代理关系，董事会与股东大会的信任托管关系所组成的。现代公司法人治理结构是一种组织结构体系，是自然人管理公司的一种人员机构。公司法人治理机构包括执行机构、高级经理、监事会、董事会、股东大会等。各个部门机构都负相应的责任，工作中相互之间协调是公司法人治理结构建立的关键。公司治理作用于公司股东、经理、债权人和有相关利益的人之间的资源分配，每个结构组织之间不但能够制约权力不均，还能相互配合，协调工作。

公司治理重构建，是重构建的重要一环，根据我们多年在企业的实践，

应该从三个方面做起。

47.1　根本：建立对公司治理结构的敬畏之心

公司治理，是企业的"天理""天道"。

我们的大部分企业、甚至大部分上市公司，治理结构一直未得到根本完善，制约了企业的发展。

可谓是天道不公、天理不存。

大致有以下5种现象。

一是股权结构不合理，一股独大现象占上市公司30%以上，大股东随意侵占小股东权益。

二是投资主体与上市公司关系不明晰，母公司"掏空"上市公司丑闻时有发生。

三是"多级法人制"，存在资金分散、内部利益冲突、"利益输送"的弊病。

四是董事会、监事会形同虚设。

五是董事会与执行层之间关系不顺，董事会与执行层高度重合，导致"内部人控制"。

湖北宜昌猴王股份有限公司是我国最早的上市公司之一。它的母公司猴王集团和猴王股份的董事长、总经理，甚至党委书记都由同一个人担任，集团和公司的人、财、物是搅在一起的。母公司利用大股东的地位，或者直接从股份公司拿钱，或者以股份公司名义贷款而集团拿去用，或者是股份公司为集团提供担保贷款，从股份公司调走大量资金。其中投资在外地办30个电焊条联营厂损失4.87亿元；投资办5个酒店损失0.7亿元；投资19个其他企业和单位，损失1.31亿元。炒股直接亏损达2.596亿元，向各证券公司透支达2.4亿元。猴王集团公司累计欠猴王股份有限公司债务10亿元。后来猴王集团破产，猴王股份有限公司的10亿元债权化为乌有。

究其原因，有人说是不懂公司治理结构常识，有人说是不知公司治理结构规则，有人说是不会公司治理结构方法。

其实，此类的不懂、不知、不会，只是表象上的、浅层次的。大多数公司治理结构混乱，是实际控制人"揣着明白装糊涂"，是灵魂深处的"不敬"，是缺乏对公司治理结构的敬畏之心。

解决公司治理结构问题，要从解决意识做起，那就是要有对"天道"的敬畏。

敬畏，是一个神圣的字眼，敬畏祖先、敬畏神灵、敬畏自然、敬畏公平正义……

何为敬畏之心？孔子说："君子有三畏，畏天命，畏大人，畏圣人之言。"意思是说，君子要有三种敬畏，敬畏天命，敬畏尊长，敬畏圣人的教导。一个人只有常怀敬畏之心，才能成为一个君子。朱熹说："然敬有甚物，只如畏字相似，不是块然兀坐，耳无闻目无见，全不省事之谓，只收敛身心，整齐纯一，不恁地放纵，便是敬。"

"君子三畏"主要是对自然、法规、道德的敬畏，这种敬畏在民间通常表现为"举头三尺有神明"的对神灵和天地的敬畏。

在企业中，应该有对治理结构的敬畏。

近年来，在金钱和利益的冲击下，人们开始出现了信仰缺失和道德滑坡，很多人缺乏敬畏之心。一个人一旦没有了敬畏之心，也就没有了行为底线，一个失去了底线的人会变得异常可怕。

敬畏之心很重要，敬畏什么更重要。当下，我们要有"五种敬畏"，即敬畏法律、敬畏道德、敬畏生命、敬畏自然、敬畏事业。在企业，仅有上述"五种敬畏"还不够，还要有敬畏权力。这权力，就是法人治理结构中赋予股东、董事、监事及经理层的关系和权益。

"法者，天下之公器也。"敬畏公司治理结构，首先是敬畏法律，要从内心深处遵守《中华人民共和国公司法》。很多人不是不懂法律，而是对法律没有敬畏之心。

对道德的敬畏应紧随敬畏法律之后，法律是红线，道德就是黄线。法律和道德好比是一个天平的两端，二者共同托起公司治理结构的公平正义。敬畏规则是敬畏的底线，在社会经济生活中，按规则出牌，是每一个人的基本准则。

有了敬畏之心，才能把公司治理结构奉为"至尊"，才能在企业发展中平衡股东各方的利益，增加管理的透明度，发挥董事会的作用，建立高效运营机制。也就是说，在敬畏中，才能完善、优化企业治理结构。

优化产权结构。优化企业产权结构并进行调整，明确各个机构应有的权力，使法人治理结构发挥作用。公司经营者之间的产权关系非常复杂，需要对产权结构进行调整并且理清公司的发展方向和发展思路，协调好企业里各个层面的关系。

优化管理体制。优化管理体制才能确保企业正常经营，监督会是一个独立部门，充分发挥自己的职能，有利于经营体制改革和资产管理。

优化投资成员。公司股权和投资主体，借助市场经济体制的多元化，提高了企业经营的效率。严格遵循股权平等的原则，协调好各个股东之间的利益分配，从而避免股东利益受损。

优化出资主体。

优化治理模式。

优化监督模式。优化监督模式对公司法人治理结构是最关键的，科学的监督方案有助于及时发现法人治理结构存在的问题和企业的经营管理问题。

47.2 核心：优化股权设计

公司治理结构的核心，是股权结构。

股权结构指股份公司总股本中，不同性质的股份所占的比例及其相互关系。股权即股票持有者所具有的与其拥有的股票比例相应的权益及承担一定责任的权力。基于股东地位而可对公司主张的权力，是股权。

股权结构是公司治理结构的基础，公司治理结构则是股权结构的具体运行形式。不同的股权结构决定了不同的企业组织结构，从而决定了不同的企业治理结构，最终决定了企业的行为和绩效。

股权结构的形成决定了企业的类型。股权结构中资本、自然资源、技术和知识、市场、管理经验等所占的比重受到科学技术发展和经济全球化的冲击。随着全球网络的形成和新型企业的出现，技术和知识在企业股权结构中所占的比重越来越大。社会的发展最终会由"资本雇佣劳动"走向"劳动雇佣资本"。人力资本在企业中以其独特的身份享有经营成果，与资本拥有者共享剩余索取权。这就是科技力量的巨大威力，它使知识资本成为决定企业命运的最重要的资本。

股权结构是可以变动的，但是变动的内在动力是科学技术的发展和生产方式的变化，选择好适合企业发展的股权结构对企业来说具有深远意义。

简而言之，健全、完善、优秀的股权架构，有三大好处。

能将创始人、合伙人、投资人、经理人的利益绑定在一起。

能将组织变革中的合伙模式、创客模式、众筹模式落地。

能将股权价值作为唯一的战略坐标，建立竞争优势，获得指数级增长。

怎样设计公司股权结构？目前，市场上关于股权设计、股权激励的培训最火，不同的机构、不同的专家，都有不同的看法、做法。进行股权结构设计之前，应该清楚认识到股权结构不是简单的股权比例或投资比例，应该以股东股权比例为基础，通过对股东权利、股东会及董事会职权与表决程序等进行一系列调整，形成股东权利结构体系。核心是掌握以下5点。

第一，掌握好股权比例、公司管理、公司决策关系。

股权是一种基于投资而产生的所有权。公司管理权来源于股权或基于股权的授权。公司决策来源于股权，同时又影响公司管理的方向与规模。股东只要有投资，就会产生一定的决策权力，差别在于决策参与程度和影响力。

第二，掌握好控股股东持股比例。

取得决策权的股东是法律上的控股股东。成为控股股东的方式有两种：一是直接实际出资达50%以上；二是直接实际出资没有达到50%，但股权比例最大，再通过吸收关联公司股东、密切朋友股东、近亲属股东等形式，以联盟形式在公司形成控股局势。

第三，掌握好表决权的取得。

没能通过以上两种方式成为公司的控股股东,如何对公司进行控股呢?这种情况下,需要在公司成立之初,在公司章程的起草方面下功夫,以此扩大己方的表决权数。要实现这个股权设计的目的,一般情况下是己方有一定的市场优势、技术优势或管理优势,通过这些优势弥补投资资金上的不足,来换取表决权。

第四,掌握好股权的弱化或强化。

股权的弱化或强化是出于对实际投资人的利益的保护,以及对吸引优秀人才的考虑。常规的股权设计遵循的是同等出资同等权力,但遇有隐名股东、干股等情况,一旦有人诉求其完整股东权利或要求解散公司并要求分配剩余资产时,就会将公司推向危险的境地。因此,应在实践中运用章程、股东合同等形式予以约束,明确相关股东之间的权力取舍,才可以有效地避免未来产生纠纷。

第五,掌握好表决程序。

股东会与董事会是常见的公司重大事宜表决部门,但如何设计表决的形式及程序需要依据公司的实际情况而定。有些封闭式的公司规定股东对外转让股权时,要求全体股东三分之二的表决权通过才可以;有些公司对股东死亡后其继承人进入公司决策层及管理层的表决比例或时限做出特别限制。

总之,投资者应充分考虑自己的投资目的、投资额、投资所占公司比例,结各项优势对股权结构进行深入的分析考虑,才能更好地维护自身利益,为公司稳健发展奠定基础。

47.3 关键:建立成功的董事会

在公司治理结构中,董事会更是关键一环,在某种意义上,甚至超越股权的作用。因为,任何事情的决定因素都是人,人决定公司治理的质量。马云持股比例不足5%、柳传志持股仅0.28%、马化腾只占有12%的股权、比尔·盖茨在微软的持股比例也仅9.48%,他们却能掌控企业命脉,原因之一是他们掌控了一个强势、健康的董事会。

管理董事会有四个层次：有效管理董事会、高效管理董事会、科学管理董事会、成功管理董事会。

我在为新疆天和树仁有限公司做战略变革时，就针对该公司实际，提出了对董事会进行重构建的设计方案。

天和树仁是一家房地产公司，企业发展十年，形成了具有特色的法人治理结构，初步形成了"各负其责，协调运转，有效制衡"的运行机制，为公司的快速发展提供了体制保障。从表层看，是健康的，实际运营中却"矛盾"着，健康与分裂同时存在，影响了公司更高更快的发展。

一是渴望做大，但不确定清晰的企业发展目标，导致项目公司思维与惯性如影随形，没有长远规划。

二是开明民主，但无公开透明的监督机制，导致常常猜测怀疑，公司文化生态弱化。

三是充分授权，但基本职责也未履行，导致"资本影子"让经理层左右为难，只好借管委会决策，董事会成为表决机器。

四是重情重义，但友谊与做事混淆，对公司经营无问责、无质询，导致出现分歧不能有效沟通，影响公司长远利益。

我尖锐地指出，这是一个好好董事会、无作为董事会，整合、优化、重构势在必行，并提出了通过"董事会层次模型"分四个阶段完成重构。

第一阶段，成为有效管理董事会，核心是"选择正确的人"。

1．首先建立规范董事会。

2．让董事会真正发挥作用。

3．把董事会和经营管理层的责权利、作用、功能分开来。

4．明确、规范董事会决策体系。

第二阶段，成为高效管理董事会，核心是"拥有充分的信息"。

1．理念趋同过程：董事会成员在企业发展战略等各方面有相同或相近的价值观，这是董事会决策快，没有根本性争吵和分歧的关键因素。

2．信息对称过程：为了开好董事会，必须让董事会成员拥有决策需要的充分的各种信息，包括管理信息、市场竞争信息、人才竞争信息和财务细分信息。

3．非正式沟通过程：为了使正式决策过程更加高效，必须有与之相补充的非正式沟通，让董事会每个成员都能对决策事件的脉络大致了解。

4．议决组合过程：有的议题"议而不决"，强调"议"；有的则"议而有决"，强调"决"。每季度一次董事会，就是各种议题议和决的不同组合。

第三阶段，成为科学管理董事会，核心是"坚持高标准"。

1．战略监控：对公司战略制订和实施的动态跟进检查，及时分析新情况，据此适当调整战略内容和实施方式。

2．财务监控：对财务状况从收入结构、成本结构、资金运用结构等各方面进行详细分析。

3．人才监控：对公司高层管理人员进行素质判断，在对其实施战略能力、改变公司经营状况能力产生怀疑时，要把这种素质判断扩大到公司中层。

4．风险监控：对战略推进过程中可能出现的来自政府、资金提供者（股东或银行）、竞争对手、用户、管理层、员工、战略合作方的各种风险充分估计，并及时反应。

第四阶段，成为成功管理董事会，核心是"努力到永远"。

1．战略管理改造：把董事会从操作性管理改造为战略性管理。

2．资本经营改造：把董事会从关注产品经营改造成关注资本经营。

3．制度创新改造：解决资本经营改造中出现的与原企业制度的冲突。

4．文化再造改造：由制度创新改造带来的企业文化再造。

按照这个设计方案，天和树仁公司以董事会重构为突破口健全公司治理结构，股东会、董事会各司其职，确立《股东会、董事会工作条例》，保障理念趋同、决策科学、信息沟通畅顺；聘请专家、管理者代表进入董事会，担任独立董事、外部董事，优化公司治理结构组成；设立监事会，选举监事长。强化对公司战略、财务、人力资源、风险的监控功能，让公司在透明、公开的环境下发展。

当年，天和树仁的地产开发与在建面积、营业收入与利润、净资产收益率与增长率，都超越该公司建立十年的总和。

第 48 节 管理制度重构建，走出"软化"误区

企业管理制度，是企业为求得最大效益，在生产管理实践活动中制订的、带有强制性义务、并能保障一定权利的规定或条例。包括企业的人事制度、生产管理制度、民主管理制度等一切规章制度。

企业管理制度是实现企业目标的有力措施和手段，它作为员工行为规范的模式，能使员工个人的活动得以合理进行，同时又成为维护员工共同利益的一种强制手段。

科学、完善、实用的企业管理制度，是企业进行正常的经营管理所必需的，它是一种强有力的保证。

互联网时代，企业的传统管理制度遭遇颠覆性挑战，一些企业的管理制度形同虚设，一些互联网公司甚至直接叫嚣"取消制度管理"，一些专家也提出以"以人为本"为依据，让管理制度"软化"。

然而，这是一个"误区"，也是"陷阱"。

48.1 永恒的真理：没有规矩不成方圆

哈佛大学有一项校规：学生借阅的珍贵图书只能在图书馆阅览，不得带出图书馆一步。曾有一名学生借阅了两本珍贵图书，因没有看完，就偷偷带出了图书馆。当天夜里，图书馆发生大火，图书被焚烧一空，这两本书却因此幸存下来。事后，这名学生将书还给学校。学校召开大会，校长在对他表示感谢后，当众宣布将他开除。校长说："你保留了学校最珍贵的图书，理应得到赞赏；你违反了学校校规，理应被开除。"这种对制度刚性的坚持，令人敬佩，引人深思。

企业制度的形成，可以追溯到罗马帝国时代，原始的企业制度的主要形

式为康枚达和索塞特以及特许公司的雏形"条例管理公司"等。

16世纪末到19世纪30、40年代是企业制度形成和发展的阶段，也是原始企业制度向现代企业制度过渡的阶段。

工业革命标志着人类社会发展史上一个全新时代的开始，一个多世纪以来，企业制度发生了三次革命性的转换。

第一次是以麦格雷戈的"X理论"以及泰勒的"经济人"假设为基础，认为人天生是懒惰的，没有责任心，只为了自己的经济利益而劳动，甚至不愿意工作。在这种理论的影响下，管理者在制订管理制度时，只会考虑到以怎样的方法强迫员工进行劳动。所以，在工业经济初期，管理制度是强制性的"硬"要求，严格规定员工在日常工作中应该做什么，不该做什么，甚至对员工完成某项工作的动作都有要求。这种程序化的管理制度完全没有对员工的关心，只是一味地以提高生产效率为目的，员工迫于自身利益的考虑也只能服从。这阶段的企业制度，是"强制制度"。

第二次是随着时代的发展和周围环境的改变，员工渐渐开始反抗过于苛刻的制度，争取自己的权利。相应地，管理者也在一定程度上修改制度，出现了"软化"的趋势。正如"人际关系之父"罗伯特·欧文提出的改善工作条件、缩短工作时间等管理方法，都是前所未见的。可以明显地看到，这些措施的提出，已经不再把人当作"经济人"，而是当作"社会人"来看待了。此时的管理制度，已经开始对人本身有了关心和思考，是"约束制度"。

第三次是人类社会已进入互联网时代，"胡萝卜加大棒"式的管理制度已经明显不适应时代要求，管理者不再把人和机器等同，管理制度也不会像机器的使用说明书那样严格教条了。员工劳动欲望等级向高层次集中，更多的是关注自我实现、自我超越，强制制度、约束制度往往会扼杀员工心性，管理制度开始以"激励制度"为主线，更多追求激发员工的创新性、创造性。

综观企业发展史，管理制度是企业发展的基石之一，正所谓"制度面前没有特权，制度管理没有例外"。正是在这逐渐迭代进化的制度中，形成了企业的集体记忆，员工将职业化转化为个体的习惯，自然而然地在制度范围内活动，而不轻易越轨。

制度，是本质。无论社会怎么变，无论人怎么存在，制度是不能缺失的，用一句低俗的江湖语言，那就是"出来混，是要讲规矩的。"

48.2 执行是制度的"真谛"

制度是刚性的，是以执行力为保障的。

制度之所以对个人行为起到约束的作用，是以有效的执行力为前提的，即有强制力保证制度执行和实施，否则制度的约束力将无从实现，对人们的行为也将起不到任何的规范作用。

只有通过执行的过程，制度才成为现实的制度。就像是一把标尺，如果没有被用来划线、测量，它将无异于普通的木条或钢板，只能是可能性的标尺，而不是现实的标尺。

制度亦并非单纯的规则条文，规则条文是死板的，静态的，而制度是对人们的行为发生作用的，动态的，而且是操作灵活，时常变化的。是执行力将规则条文由静态转变为了动态，赋予了其能动性，使其在执行中得以实现其约束作用，证明了其规范、调节能力，从而得以被人们遵守，最终真正成了制度。

制度没有刚性，就形同虚设。"法善而不循，法亦虚器耳。"一个得不到执行的制度，还不如没有。

刚性的软化，会破坏制度的严肃性，妨害制度的公正性，降低制度的权威性，削弱制度的执行力。

违反制度的行为，是对制度刚性的公然蔑视和挑战，是对制度最大的伤害，因而绝不允许发生；一旦发生，就不能轻易放过。

刚性软化的缺口，往往是在不经意间打开的。"破窗理论"告诉我们，必须及时修复"第一扇被打破的玻璃窗户"，否则，会危及整个制度大厦。因此，企业要时时警惕，第一时间发现"破窗"。同时，要"亡羊补牢"，举一反三，健全完善制度。

制订符合人性、适合企业发展的管理制度，还要掌握以下要点。

1．制度之基，在于符合实际、科学严密。

不能抱残守缺，脱离社会发展，否则制度出台之日，就是落伍之时。

不能"牛栏关猫"，留有暗门、漏有缝隙，否则制度会徒具形式。

不能脱离系统，要与企业哲学、文化、风格衔接配套，否则会徒增执行难度。

2．制度之要，在于能够解决问题，紧盯企业至关重要的环节，突出问题易发、多发领域，不仅是要规范能不能做，还要明晰怎么做。

3．制度之威，在于行必果、违必究，哪些事能干、哪些事不能干、违反了怎么办，尽可能量化细化具体化，规定得清清楚楚。

4．制度之生命，在于执行。"令之以文、齐之以武"才能令行禁止。如果执行不力，嘴上硬、手上软，搞选择、有弹性、瞧来头、看风向，手下留情、法外开恩，就会产生"破窗效应"，使制度刚性钝化、功能软化、权威弱化，成为一只没有锋牙利爪的"纸老虎"。更为严重的是，明规则不彰，潜规则必盛，不良风气必然蔓延。

48.3　制度重构建的途径与要点

企业管理制度重构建，实质上是要求企业引入一种"引导"机制。"强制"也好，"约束""激励"也罢，都是对员工行为的引导。管理者扮演的角色既不是指挥者、调度者，也不是调节者，而是一个引导者、领路人，他们的主要任务在于向员工说明企业的总体目标和发展方向，引导员工向规范的行为方向发展。

制度重构建的途径如下。

第一，以道德为导向，倡导人文精神，实现人性化的制度。

管理不仅是一门科学，更是一门艺术。管理中不仅有理有法，更要体现情的存在。正如现在倡导坚持以法治国和以德治国相结合，企业的管理制度也应坚持道德导向。

在管理过程中，人是最重要的因素，没有人，任何工作都无法进行，更谈不上管理。正如日本著名企业家松下幸之助所说："企业是否对社会有所贡献，从而蓬勃发展下去，关键取决于人。"所以，人的作用是万不可忽视的。在倡导人文理念的今天，对企业的管理更要提倡一种人文精神，强调人性化管理的方法，甚至可以说，人本管理意识是企业的制度之本。

制度建设是企业的一种综合管理，它必须调动人各方面的积极性，通过对人的关注去有效地实现管理目标。人性化管理便要求管理者在工作中制订新的管理制度，将现有的"约束制度""强制制度"转化为"激励制度"，让员工在企业中切实感受到有"人情味"的管理制度，真正发挥自己的才干。

现在许多公司都会在员工生日时送上一份礼物，这一小小的举动会让员工倍感温暖，因为他收到的不仅是公司给予的礼物与祝福，更是公司对自己的肯定，在日后的工作中定会更加努力回报公司。相反，强制的硬制度会让员工对工作失去耐心，甚至对企业失去信心。

第二，让员工参与制度的制订，实行自我管理。

现代企业中，员工地位日益提升，这种地位的提升，一方面是企业倡导的，另一方面是员工希望得到的。这种变化不应仅仅是口头上说说就了事的，员工的确从内心希望在企业具有参与权、话语权，获得对自身价值的肯定。因此，让员工参与制度的制订是大有裨益的，这也是"让一线听见炮火的人做决策"。

企业以往的制度由管理者制订，往往与一线工作存在错位，使员工对制度产生抵触情绪。让员工参与到制度的制订中，便可以消除错位，制度制订也会更恰如其分，更便于员工自我管理。

我们在为企业制订制度时，常常向企业员工发放问卷，召开座谈会，成立由员工组成的制度委员会，及时了解员工对制度的感受。这样制订出来的制度，既让员工容易接受，又可以保证执行落地。

第三，营造良好的制度文化。

企业文化是企业的核心竞争力，制度文化是企业文化的重要组成部分。制度文化不单单指企业制订的条例、规定和流程一类的表层符号，更应该是一种深入人心的精神。

制度文化，倡导通过明确员工的职责，引导员工遵章守纪推动企业的进步，形成良好的文化氛围，使员工形成共同的价值观，形成一致的行为规范，即良好制度产生。

第四，要及时修正不合时宜的制度。

企业是在发展的，是不断变化着的，制度也不可能是静止的。用新的情况去套用旧的制度，必然会约束企业的发展。只有按照企业发展的需要，及时更新管理制度，才能使之与企业的运行相适应。

企业的制度化生存，崇尚的是制度，提倡的却是创新，任何员工如果发现制度有不合理的地方，都可以提出修正意见。这种制度的改变也是人本管理的一种，更新制度的过程体现出的是企业民主管理方式和随机应变的管理方法。这样，才能真正实现企业制度的创新和变革。

第五，不能脱离科学管理的大前提。

科学管理，是一切管理工作必须遵循的前提。

从现代企业的角度看，科学管理理论可能有一定的弊端，比如它过于忽视人本身的感受等，但其提出的企业管理、组织管理等许多理论，当今的管理工作中仍应严格遵循。抛开科学管理谈"人性化管理制度"或是"自我管理制度"，无异于不打地基直接建高楼，其结果是不言自明的。

因而，制度重构建，必须符合时代发展，符合科学规律，才能促进企业的全面进步。

第49节 流程重构建，支撑每一个有价值的活动

互联网+浪潮来袭，与制度管理一样，流程管理也曾遭遇"不幸"，被质疑过时，被质疑是束缚人的主动性和创新意识的枷锁。

这种误解的本身，反倒是一种过时，是在用典型的工业时代流程认知来

诠释互联网时代的流程思想。

49.1 与时俱进：永不衰退的流程

传统概念与印象中，流程作为制度的一种图形化替代品，表达着开展某项工作的刚性步骤和要求。同时，流程也是对业务的模型化表达，是对业务规律的有效提炼。

实践中，流程的作用远远不止如此。流程不仅是一种文件形式，更是一种管理思维、管理要素和管理工具。

战略、流程、绩效，被人们誉为企业成功的"铁三角"。

战略是"做正确的事"。

绩效是"把事情做正确"。

流程，则意味着正确的工作过程和方法，是"正确地做事"。

企业流程按其功能，分为业务流程与管理流程。

业务流程主外，以面向用户，以提高用户满意度和公司市场竞争能力，并达到提高企业绩效为目的。

管理流程主内，是为了控制风险、降低成本、提高服务质量、提高工作效率、提高对市场的反应速度，平衡企业各方资源（各项业务线平衡），控制总体效率的平衡，实现企业总体绩效，最终达到利润最大化和提高经营效益的目的。

一切流程都应以企业目标为根本依据。依据企业的发展时期来决定流程改善的总体目标。在总体目标的指导下，再制订每类业务或单位流程的改善目标。

流程除了推进标准化之外，还是一种业务分析优化的工具。不管是订单提前期的缩短、运作成本的控制、质量问题的追溯，还是优化组织结构和人员配置、提升人才培养效果，都可以借助流程分析来实现。

流程即过程，是工作流转的过程，一个单位的工作需要多个部门、多个岗位的参与和配合，这些部门、岗位之间会有工作的承接、流转，因此流程也可以说是"跨部门、跨岗位工作流转的过程"。通俗一点讲，流程就是业务的"接力赛跑"。实施了流程管理的单位，在工作中贯彻"以终为始"的理念，利用一条"流转的线"，把"流程"作为管理对象，而不是把部门和个人作为管理对象，强调流程最终要实现什么目标，要怎么优化改进，每个部门在流程上要做到什么程度，最终以流程创造价值。

在企业，流程具有六大价值，包括战略落地、组织协同、价值聚焦、细节管控、知识积累和标准统一。

流程并不等同于墨守成规和简单复制，所以流程与创新之间并不是对立的关系，好的创新流程（如研发流程）致力于促进创意与需求的匹配，防范无节制的成本增加，吸收已有经验并能预防风险，从而真正保障创新的实效性和成功率。

流程是企业从粗放型管理，进化到规范化管理、精细化管理的重要手段，利用流程化管理可大幅缩短流程周期和降低成本，并可改善工作质量和固化企业流程、实现流程自动化、促进团队合作以及优化企业流程，最终实现职能的统一和集中、职能的合并、职能的转换，让企业负责人不用担心有令不行、执行不力，让管理人员不用事事请示、相互推诿，让所有的员工懂得企业的所有事务工作分别由谁做、怎么做以及如何做好的标准，使企业管理标准化和程序化。

流程重构建是一种以规范化的、构造端到端的卓越业务流程为中心，以持续地提高组织业务绩效为目的系统化的方法。流程管理强调规范化、持续性和系统化。

与早期的业务流程重组不同，流程管理理论规范化、系统化的理念指出，不一定彻底地重新设计业务流程，而是应该规范地对流程进行设计，需要进行重新设计的就进行重新设计，不需要的就进行改进。同时，强调流程管理是一种系统化的方法，是持续的、不断提升的一种方法，放弃了原来"戏剧性"的提法。

随着互联网技术的发展，流程正在成为现代企业核心竞争力的重要组成部分。基于互联网的流程管理在现有的网络功能层次上增加了新的抽象功能层，要建立基于流程管理的信息系统，新的开发语言和方式是流程管理层技术的特点和新标准及其发展趋势，揭示了流程管理前沿技术的特征和定位，还进一步分析了流程管理在企业中扮演的越来越重要的第一角色。流程管理渗透到了企业管理的每一个环节，任何一项业务战略的实施都肯定有其有形或无形的相应操作流程。

传统金字塔型的组织结构和环节复杂的业务流程已无法应付未来业务的挑战。

互联网时代，流程管理的作用比任何时候都更加重要，作用也更加突出。互联网思维的很多核心观点，如用户至上、体验为王、免费经济、迭代创新都与流程管理的核心思想密切相关，是流程管理的精髓。

用户至上和体验为王，是指围绕着用户组织生产，进行营销，这直接脱胎于流程管理的"用户创造价值"的观点。流程管理要求压缩组织等级，实现扁平化管理、柔性化生产，就是为用户创造更多价值。

所谓免费经济，从流程管理的角度去分析就会发现，免费就是对原有价值链进行了延伸。可以从产品的角度操作，如用B产品的利润去弥补A产品的亏损；也可以从用户角度操作，如对大部分用户免费，只对少部分高端用户收费。

迭代创新如何实现？它必须建立在扁平化组织和柔性化生产基础上，要对原有流程体系进行根本变更，这就是流程再造。

互联网时代的很多商业模式和管理形式，如无边界组织、京东大数据平台、ZARA的15天供应链神话等，都是基于流程组织而来的。

互联网时代，流程管理不是变得陈旧，而是获得了新生。

互联网时代谈流程管理，不仅不会显得过时，而且非常有必要。流程管理的目的就是使企业高效运行，以最低的成本创造更高的价值，这也是大家用互联网思维改造企业的终极目标。

在企业管理理论史上，很多曾经流行的理论可能会陈旧，但流程管理永远不会过时。流程管理不是单纯的理论，它是一套历久弥新的管理体系，它立足于各种管理理论发展而来，而且本身就是一个"大容器"——能够容纳并提炼各种新理论、新观念。

在这种提炼过程中，流程管理也获得了与时俱进的发展。

工业时代，流程管理提高生产效率。

信息化时代，流程管理融合IT技术实施ERP。

互联网时代，流程管理实现商业模式创新。

工业4.0时代，流程管理实现开放创新、协同创新、用户创新。

在任何时代，流程管理都不会过时，而且非常有必要。在喧嚣的互联网时代，如果你想静心创立一份基业长青的事业，运营一家健康发展的企业，那么你就需要引入流程管理。

49.2 标杆：红领集团的流程大创新

青岛红领集团有限公司是一家面向全球定制高档西装、衬衣等服装产品的传统企业，在美国、加拿大、澳大利亚、英国、法国、德国、瑞士、瑞典等国家设有分支机构，主要运营酷特智能C2M（客户对生产者）系统个性化定制服务客户。自2015年以来，定制业务收入及净利润收入均同比增长连年超过100%，利润率达到25%以上。海尔集团董事局主席张瑞敏曾经率高管7次走进红领集团学习，还特别规定所有集团中高层都必须分批到红领研学。

对于红领集团的成功，仁者见仁，智者见智。但是，有一条是普遍认可的，那就是红领集团与时俱进的流程创新。

第一，流程数据化。

随着消费水平和消费观念的提升，用户的个性化、差异化的需求日益增多，定制服装重新赢得人们的青睐。但是传统的服装定制需要量体师以手工的方式量体、打版、制作毛坯，并在用户试穿后反复修改。一方面，定制服装的量体方法需要量体师有长时间的经验积累，且量体经验不可复制；另一方面，工厂难以找到数量众多、经验丰富的量体师，这样不仅人工成本高昂，而且每位量体师量出的数据不能用于标准化的工业生产。

面对这一问题，红领集团基于过去在服装行业十多年的累积，采用数据建模和标准化信息采集的方式，将用户分散、个性化的需求，转变为生产数据，创新打版和量体方式。

在数据建模方面，红领集团结合积累的数百万用户个性化定制的版型、款式、工艺等数据，包括各类领型、袖型、扣型、口袋、衣片组合等设计元素，构建了海量版型的数据库。基于数据库分析，将人体三维数据与布片二维数据在数据库中构建——对应关系；同时整理出包括技术、材料、生产等所需的数据信息，如不同的版型对材料的消耗量，不同面料的裁剪方式，以及部分工艺的具体实现方法等；进而将总结出来的信息与规则数字化、模型化，并储存在专用的数据库中，以备生产使用。同时，由于定制化数据的极大丰富，模型会随着更多版型数据的输入不断优化。例如，在早期的数据库中，腰围和立裆的数据相关联，设计的规则是腰围加大立裆随之加长，但是随着数据的逐渐丰富，红领集团修改了模型，使关联更加准确。

在数据采集方面，红领集团自主研发专利量体工具和量体方法，采用3D激光量体仪对人体19个部位的22个尺寸进行数据采集。采集的数据和版型数据库相匹配，客户只需在定制平台上填写或选择自己的量体信息、特体信息和款式工艺信息等数据，后台的智能系统就会根据客户提交的数据，自动将其与数据库中存储的模型进行比对，输出客户的尺码、规格号、衣片、排料图、生产工艺指导书以及订单物料清单等标准化信息，把个性化的信息变成标准化数据。与此同时，网页上会展示给客户一个3D模型，通过模型，用户可以立体、细致地观察款式颜色、细节设计、布料材质等。用户体型数据的输入能够驱动系统内近10 000个数据的同步变化，能够满足驼背、凸肚、坠臀等特殊体型特征的定制，覆盖用户个性化设计需求。

目前，红领集团的数据库覆盖男装、女装和童装三大类目，每个类目又细分为西装、外套、衬衣、裤子和马甲五个子类目，可对服装提供1 000万亿种设计组合和100万亿种款式组合供用户自由搭配，满足用户对领型、口袋、面料、里料、拼接、个性刺绣及品牌标识等个性化的需求。

第二，流程模块化。

传统的定制过程，为满足用户个性化需求，通过手工的方式进行量体、打版、剪裁、缝制、熨烫等，无法避免生产效率低、制作周期长、人工成本高等问题；工业化流水线的生产大幅提升了生产效率，降低了成本，但只能生产类型化的成衣，无法满足用户的个性化需求，产品的附加值也大大降低。

为提高效率、降低成本并满足个性需求，红领集团在完成采集信息的数据化之后，将用户的订单信息进行模块化分解，自主研发了在线定制直销C2M平台，以数据为生产驱动，网络设计、下单、定制数据传输全部数字化。为了使复杂的订单信息能在标准化的流水线上运作，一方面红领集团将成衣过程合理地拆解为每道工序具体执行的工作，另一方面，红领集团通过严密的算法，测算出大批量个性化生产环节应该安排的合理工作量，每道工序的工作时间等，以保证每一个工序的相互衔接，避免造成产能浪费。

用户定制需求通过C2M平台提交，系统自动生成订单信息，订单数据进入红领自主研发的版型数据库、工艺数据库、款式数据库、原料数据库进行数据建模。C2M平台在生产节点进行任务分解，以指令推送的方式将订单信息转换成生产任务并分解推送给各工位。生产过程中，每一件定制产品都有其专属的电子芯片，并伴随生产的全流程。每一个工位都有专用终端设备，从互联网云端下载和读取电子芯片上的订单信息。

目前，红领集团个性化定制系统使工厂从接单到出货最长只需7个工作日，服装价格根据面料质量不同，最低只需2 000元/套。通过酷特智能C2M系统，红领集团的生产成本降低了40%，利润率提高了100%以上，提高了工厂的生产效率和企业资产、资金周转能力。

第三，流程平台化。

未来，红领集团将聚焦于企业大平台的搭建，形成以酷特智能C2M系统平台为主体的战略架构，将旗下酷特科技、酷特金融、酷特工厂及酷特电商平台四大板块紧密结合，以企业大平台承载各类平台的发展，同时逐步完善数字化云服务平台，通过云计算、大数据优化商业生态，形成行业产业链的聚合、复制、协同，建立一整套的客服诚信保障体系。

在拓展酷特智能C2M模式方面，红领集团拟吸收更多的制造企业，形成拥有庞大产业体系的C2M生态圈。酷特智能C2M模式将以"定制"为核心拓展多领域跨界合作，为C端和M端提供数字化、智能化、全球化、全产业链协同解决方案。其中，电商平台将持续在"定制式生活"的战略目标上发力，将定制扩展到服装以外的各生活场景。

49.3 持续练好流程的"真功夫"

大多数企业对于流程的误解，是因为他们自己尚在流程的误区之中。

误区一，流程管理内容形同虚设。

大部分企业制订了详细的流程管理内容，却没有执行力度，导致流程管理形同虚设。

误区二，流程管理与企业实际运作脱节。

企业的运作是随着外部环境的变化而变化的，但是流程管理的规范内容还停留在旧状态，这样会导致流程管理与企业实际运作脱节。

误区三，流程繁多。

企业制订了大量的流程管理内容，但没有对流程管理进行体系化的分层和分级管理。

误区四，流程与流程之间的割裂。

特别集中在跨部门和跨业务单元的流程上，由于流程之间的割裂，导致企业内部存在大量的界面冲突，于是只好借助大量的会议、更多和更复杂的流程来试图解决。

误区五，流程停留在工业化、标准化时期，没有链接大数据、没有链接智能化。

误区六，流程是个"孤岛"，没有与发展战略、商业模式形成分享与共振。

存在以上流程管理的问题，导致企业无法快速适应当前市场和经营环境的变化。因此，企业必须通过更加高效的运作系统来不断提高自身的应变能力和适应能力，其中最为重要和有效的方式之一，就是流程重构建。

流程重构建，是一门真功夫，必须要扎扎实实地修炼。近些年来，我国企业在流程管理中做了许多有益的尝试，诞生了许多理论、模型、方法和工具，有力地推动了企业转型升级。五花八门中，"各村地道都有许多高招"，但以流程重构建的角度，我认为下面的"七段法"，简洁实用，值得效仿。

流程重构建第一阶段，设定基本方向，分五步进行。

一是明确组织战略目标，将目标分解。

二是成立再造流程的组织机构。

三是设定改造流程的出发点。

四是确定流程再造的基本方针。

五是给出流程再造的可行性分析。

流程重构建第二阶段，现状分析，分五步进行。

一是组织外部环境分析。

二是用户满意度调查。

三是现行流程状态分析。

四是改造的基本设想与目标。

五是改造成功的判别标准。

流程重构建第三阶段，确定再造方案，分六步进行。

一是流程设计创立。

二是流程设计方案。

三是改造的基本路径确定。

四是设定先后工作顺序和重点。

五是宣传流程再造。

六是人员配备。

流程重构建第四阶段，解决问题计划，分三步进行。

首先是挑选出应该解决的问题。

其次是制订解决此问题的计划。

最后是成立一个新小组负责实施。

流程重构建第五阶段,制订详细再造工作计划,分五步进行。

一是工作计划目标、时间等的确认。

二是预算计划。

三是责任、任务分解。

四是监督与考核办法。

五是具体的行动策略与计划。

流程重构建第六阶段,实施再造流程方案,分五步进行。

一是成立实施小组。

二是对参加人员进行培训。

三是发动全员配合。

四是新流程试验性启动、检验。

五是全面开展新流程。

流程重构建第七阶段,继续改善的行为,分三步进行。

首先是观察流程运作状态。

其次是与预定改造目标比较分析。

最后是对不足之处进行修正改善。

第50节 绩效重构建,让"商品"说话

绩效考核是什么?

有人说是管理工具,有人说是考核手段。

我说,绩效考核是一种力量,是企业人与生俱来的、并可以无限迸发的力量。这力量,是企业新产品得以源源问世的内推力,是企业人茁壮成长的拉

力，更是企业自身的发展力，是人的原力觉醒后产生的旺盛生命力。

在为企业进行战略咨询与管理推进中，我称绩效管理为"绩效力"，并以"赤裸裸、能感知、可跃迁"的本质定义，来确立企业的绩效体系，自以为是一次跨越。

50.1 赤裸裸：真理有时是"丑陋"的

自古至今，绩效考核这种行为就一直存在，只是在开始之初它并未被系统化、完善化而已。今天，无论是企业界，还是管理界，仍在研究绩效考核，它已经成为理论界一个专门的研究领域，是企业管理中一个必不可少的科学化工具。

在我国，我们甚至可以把绩效考核的历史追溯到三皇五帝时期。《尚书·尧典》中说的"纳于大麓，暴风骤雨弗迷"就是指尧将帝位禅让给舜之前，对其进行的绩效考核。

在西方工业领域，罗伯特·欧文斯最先于19世纪初将绩效考核引入苏格兰。美国军方于1813年开始采用绩效考核，美国联邦政府则于1842年开始对政府公务员进行绩效考核。

20世纪是绩效考核发展创新的重要的时段，第三次工业革命后高新技术企业迅速发展，企业迫切需要更有效的方法来提高员工的积极性进而提高公司的整体绩效。描述性评价、目标管理、关键绩效指标、平衡计分卡等愈来愈高效的绩效考核工具正是在这一背景下先后应运而生的。

第一，目标管理。

1954年，管理大师彼得·德鲁克在其著作《管理的实践》中提出了目标管理的概念。其主要内容是，组织的最高领导者根据组织所面临的形势和社会需要，制订出一定时期内组织经营活动需要达到的目标，形成一个目标体系，并将目标体系有效分解为各个部门以及各个人的分目标，管理者根据分目标的完成情况对下级进行考核、评价和奖惩。

目标管理的主要理论基础是道格拉斯·M·麦格雷戈提出的Y理论，即在组织目标或个人目标明确的情况下人们在工作中愿意负责任，且员工个人的自我实现要求与组织的要求并不矛盾。

目标管理的特殊之处是评价员工绩效时的关注点从员工的工作态度转移到工作业绩上，强调工作的结果，这正是企业所需要的一种参与的、民主的、自我控制的管理制度。

相对于其他绩效管理工具，目标管理重视上下级沟通，通过目标设计体系把目标分解到员工个人，领导则通过适当的授权让员工能够在一定程度上自主配置资源并根据自己的工作习惯完成目标，所以员工工作自主空间大。在整个目标分解过程中，监督的成分少，但是目标实现与否与员工的切身利益相关。不足之处是目标管理法没有在不同部门之间设立统一目标，因此难以对员工在不同部门之间的工作绩效进行横向比较，因而难以为以后的晋升决策提供依据。

第二，关键绩效指标。

关键绩效指标（简称KPI），指通过对组织内部流程的输入端、输出端的关键参数进行设置、取样、计算、分析，衡量流程绩效的一种目标式量化管理指标，是把企业的战略目标分解为可操作的工作目标的工具。简单来说就是把企业战略总目标分解成一个个小目标，再找出与每个小目标相关的流程，提炼出流程中的重要可量化指标来进行考核的方法。通过这种方式，可以不断增强企业的核心竞争力，实现经济效益的持续增长。

需要强调的是，同一企业中不同的部门，关键绩效领域存在很大的区别，这样就可以最大限度地在考核员工业绩的过程中得到最公平有效的结果。比如，财务部门的关键绩效领域包括资产管理、资本获得、现金流管理、成本控制、财务报告和信息披露、财务分析与内部审计、现金管理与投资分析、风险控制、合理避税等；而人力资源部门的关键绩效领域则主要包括薪酬方案设计、员工绩效考核、员工招聘与培训、劳动关系管理、组织结构与岗位设计。

关键绩效指标体系建立的关键在于合理选取关键绩效指标。首先，它要么是定量化的，要么是行为化的。其次，关键绩效指标要能够体现出对企业目标的增值，用这些指标对工作绩效进行管理才能够确保对企业发展真正有贡献的行为得到奖励。最后，关键绩效指标能够强化企业内部的沟通和协调，有助于实现上下级之间对工作表现、工作期望和职业发展等方面的沟通。

第三，平衡计分卡。

20世纪90年代，随着知识经济和信息技术的兴起，无形资产的重要性日益凸显，人们对以财务指标为主的传统绩效考核模式提出了质疑。在此背景下，哈佛大学商学院教授罗伯·卡普兰及RSI公司总裁戴维·诺顿针对企业的绩效评价创建了平衡计分卡（Balanced Score Card，简称BSC）。虽然其最早的用意在于解决传统的绩效评核制度过于偏重财务层面的问题，但在后来的运用中逐渐发现，平衡计分卡要与企业的营运策略相结合，才能发挥企业绩效衡量的真正效益与目的，因此平衡计分卡不仅是一个绩效管理工具，更是一个企业管理工具。平衡计分卡强调把战略而不是控制置于中心地位，重视财务指标与客户、人力资源、信息管理、组织发展等非财务指标的系统性联系与有效平衡，因而它不仅仅是一种测评体系，还是一种有利于企业赢得突破性竞争优势的管理体系。

平衡计分卡诞生以后，通过在各种组织中的应用实施，经历了从绩效考核到绩效管理再到战略实施的几个发展阶段，其理论内涵和实践应用都获得了极大的丰富。它把管理者考核绩效的视角从单一的财务维度扩展到了包括学习与成长、内部流程和客户等维度的非财务视角，不仅丰富了绩效考核的内容，也提供了一个清晰的便于操作的框架。

日益成熟、完善的平衡计分卡已成为众多企业管理者青睐的绩效管理方法，其强调的平衡魅力在于财务指标与非财务指标之间的平衡、长期目标与短期目标之间的平衡、外部评价指标与内部评价指标的平衡、客观指标与主观判断指标之间的平衡、结果和过程的平衡、管理业绩和经营业绩的平衡等多个方面，避免了传统考核方式的短期性、滞后性和片面性。然而平衡计分卡的实施条件要求高，实施难度大，要求应用对象要具备较高的管理层级和扎实的专业功底，从而有能力有条件对战略进行层层解码。同时由于平衡计分卡力求多维度完整性的特点，实施中会带来较大的工作量和较高的操作专业度，这就要求应用企业必须具备完整规范的管理平台。

第四，360度考核法，又称全方位考核法。

考核的信息来源包括：上级监督者的自上而下的反馈（上级）；下属的自下而上的反馈（下属）；平级同事的反馈（同事）；企业内部的协作部门和供应部门的反馈；企业内部和客户以及本人的反馈。360度考核适用于管理成熟度高、员工职业化素质高的企业。

第五，EVA考核法。

这是公司业绩的一个重要的综合性评价方法，多使用于大型企业、上市集团公司。EVA(经济增加值)，就是税后净营运利润减去投入资本的机会成本后的所得。

注重资本费用是EVA的明显特征，管理人员在运用资本时，必须为资本付费，就像付工资一样。由于考虑到了包括权益资本在内的所有资本的成本，EVA体现了企业在某个时期创造或损坏了的财富价值量，真正成了股东所定义的利润。假如股东希望得到10%的投资回报率，那么只有当他们所分享的税后营运利润超出10%的资本金的时候，他们才是在"赚钱"。而在此之前的任何事情，都只是为了达到企业投资可接受的最低回报而努力。

与西方管理界相比，我国的绩效管理大致经历了四个发展阶段，分别是2000年前后德、能、勤、绩考核阶段；2002年前后360度评估阶段；2003~2005年目标KPI考核阶段；2005年之后到现在的战略绩效管理阶段。

而如今，无论是国际，还是国内，一系列的绩效考核模式，其应用场景并不十分理想。过度量化和制订物质激励政策，使那些应有的员工创造力和从公司愿景出发的行动力，被压抑成了短视和小心翼翼的工作模式，甚至会触发信任危机和不合理责任分摊。绩效考核标准被不断分拆和量化，每个员工都在为细分的指标忙得焦头烂额，在这种趋于短视的行动目标驱使下，员工长期被压迫感笼罩，很难激发内在的动力和满足感。

2007年1月，索尼常务理事、机器人研发负责人土井利忠在《绩效主义毁了索尼》一文中认为，绩效主义让员工眼光停留在金钱、升职等方面，过度关注绩效，失去了内在动机，因此也失去了激情和挑战精神、创新精神与团队精神。

2015年，GE全球大部分公司完全抛弃正式的年度绩效考核及其遗留下来的绩效管理系统，甚至对部分员工，在较小的试验范围内不设置任何数字式的排名。

此后，包括互联网公司在内的广大IT科技及IT服务公司（微软、Adobe、埃森哲等）、创意型公司及卓越的制造与综合型企业等都开始改良甚至抛弃传统的绩效考核模式。

2016年1月，小米召开名为"2016小米闹天宫"的年会，雷军宣称："我们决定继续坚持'去KPI'的战略，放下包袱，解掉绳索，开开心心地做事。"

百度掌门人李彦宏也出了反思："因为从管理层到员工对短期KPI的追逐，我们的价值观被挤压变形了，业绩增长凌驾于用户体验，简单经营替代了简单可依赖，我们与用户渐行渐远。"

微信创始人，腾讯公司高级执行副总裁张小龙也指出："我们的KPI是我们产品的副产品。所谓副产品就是说，我们真的把这件事情做好以后，我们的KPI自然就达到了。"

绩效考核错了吗？

无数企业家在探讨，有没有一个更为直接、很实用的体系。

实践，总是为理论的创立提供鲜活的元素。

我们在近年的咨询策划中，似乎触摸到了那道光。我们在与深圳某高科技企业一位"90后"董事长讨论该公司的KPI指标时，这名曾留学美国的董事长认为："没必要那么绕，要直接，要赤裸裸。"

我追问："何为赤裸裸？"

"90后"董事长："从本质出发。"

"90后"董事长进一步阐述，企业与员工关系的本质，也是商品经济的本质。企业与员工的关系，是交换关系，是商品"等价交换"。

企业用工资、福利、成长机会交换员工的劳动成果，劳动成果就是员工售卖给企业的商品；员工拿劳动成果（售卖给企业的商品）来和企业交换工资、福利、成长机会。

彼此的交换，构筑了企业在商品经济下生存、员工在商品经济下成长的底线。

面对露骨的比喻，赤裸裸的真实，我不免愕然，在普遍"精神、文化、使命、愿景、付出、奉献"的美丽语境中，如此无情地剥开面纱，颠覆了我们数年奉行的认知。但同时，又与我们一贯倡导的实事求效哲学暗中吻合。我们随即选择30家高科技企业、300名企业高管，以企业与员工关系为题进行问卷调查，结果大跌眼镜，在"关系本质"一栏中，竟有87.8%选择了"交换关系"，选择"主人翁""合作""家人"的，不到15%。

交换关系，一下把绩效考核"剥了皮"。

而在这样定义下的潜台词则是："把商品给我！"

有商品，开工；没商品，拜拜。

人的本质、企业的本质，企业与员工关系的本质，在"交换"的概念下，一切都是那么透彻。绩效考核，如果以"交换"的认知底线出发，也会变得清澈、简洁、实效。

真理有点丑陋，但那是真理，没有经过任何修饰。

"商品交换"是绩效考核赤裸裸的真理，是做好绩效考核赤裸裸的坐标。失去这个坐标，任何目标、指标、数据、方法、方案都是苍白无力的。

因为它，是从人性本质出发的，是企业的一条"天理"。

这赤裸裸，从阳明心学中可以找到解读。

王阳明的"致良知"，讲的就是遵循"天理"，首要条件就是承认人的"天生自利心"。

利他的前提，是自利。企业"以人为本"爱员工，就要为员工提供其需要的合格商品（薪资、福利、成长机会），而企业能够拥有这些商品的基础，是有这些商品（有价值、可以换来利润的劳动成果）；员工"以企为家"爱企业，就要提供企业需要的商品（有价值、可以换来利润的劳动成果）。

企业与员工讲"交换"不低俗、不丢人；

员工向企业要"交换"不自私、不可耻。

一切都是"天理""天道"使然，与道德、与崇高无关。

这赤裸裸，可以从任正非的灰度哲学中找到答案。

现在许多企业对员工的私欲都很恐惧，试图通过学习国学、弘扬文化来让员工提高心性，多干活少拿钱。而华为却旗帜鲜明地运用"商品交换"思维，建立了严格的绩效考核体系，让员工少一点狭隘的主人翁意识，多一点雇佣感。通过激发员工对财富自由、更多发展机会、更多精神的生命欲望，去战胜怠惰，进而追求"超越自我"。

任正非公开承认"我在私欲上与华为员工同流合污！"当然，任正非的私欲很大，远不是员工多干活、多挣钱、多有发展机会、多赢得荣誉那么简单。他是"以众人之私，成众人之公"，让华为18万人力出一孔、利出一孔，不断创造高收益的神话，造就华为。华为，不是任正非的，是华为员工的，更是中国的。

"以众人之私，成众人之公"，是企业生存"天理"，是赤裸裸"交换关系"在绩效考核中的创造。

50.2　能感知：绩效是你用来交易的"商品"

以"交换关系"定义绩效考核，是一次企业管理的认知革命。

商品，教科书中的定义是用于交换的劳动产品。商品的基本属性是价值和使用价值。价值是商品的本质属性，使用价值是商品的自然属性。

沿着商品这个命题，企业的绩效可以这样描述：从市场学的角度，绩效是一种商品，是企业与员工用来进行价值交换的筹码。商品，是一种结果，是可以满足客户需求的一种价值，是用户愿意用钱来交换的东西。

从管理学的角度看，绩就是业绩，体现企业的利润目标；效就是效率、效果、态度、品行、行为、方法、方式。绩效，同样是一种结果，是企业为实现其目标而展现在不同层面上的有效输出，包括个人绩效和组织绩效两个方面。企业绩效实现应在个人绩效实现的基础之上，企业的绩效按一定的逻辑关系层层分解到每一个工作岗位以及每一个人的时候，只要每一个人达成了企业的要求，企业的绩效就实现了。企业的绩效，受多方面因素影响，包括：技能，即员工的天赋、智力、教育水平等个人特点；激励，即员工工作的积极性，员工的需要结构、感知、价值观等；机会，即承担某种工作任务的机会；环境，即工作环境，包括文化环境、客观环境等。

绩效，无论是作为商品，还是作为结果，都具有三个基本特性。

第一是有价值：是能够满足用户需求的。

第二是能交换：是用户愿意掏钱购买的。

第三是可量化：大小多少有规格、有标准，由用户来定义价值。

绩效，无论是作为商品，还是作为结果，都是用来交换的。

员工劳动的商品（绩效）：交换来个人的薪酬、福利、机会、个人发展……

企业经营的商品（绩效）：交换来公司的利润、销售额、客户尊重、客户忠诚……

学习的商品（绩效）：交换来渊博的知识和人生阅历……

生活的商品（绩效）：交换来快乐、幸福……

绩效，无论是作为商品，还是作为结果，体现的都是一种价值，没有价值的东西就不是结果，仅仅是表象，越是巨大，越是浪费！

绩效，无论是作为商品，还是作为结果，一定是要满足SMART原则的，要能够被充分感知。

Specific：明确性，商品（绩效）必须是明确的，不能是模棱两可或含糊不清的，比如"优化用户服务意识"就不是一个明确的商品（绩效）。

Measurable：可衡量，商品（绩效）必须是可衡量的，可用于衡量的方法包括基线法、里程碑法、正向度量法、负向度量法等，比如"用户留存时间从60分钟提升为80分钟"就是一个可衡量的商品（绩效）。

Attainable：可实现，设定商品（绩效）时要具有一定的野心，但也要考虑可实现，不能天马行空设定一个无法实现的无意义商品（绩效）。

Relevant：相关性，公司级商品（绩效）要跟公司战略对齐，部门级商品（绩效）要跟公司商品（绩效）对齐，个人商品（绩效）要跟部门商品（绩效）对齐，这样才能确保全员商品（绩效）实现。

Time-bound：时限性，没有时间限制，商品（绩效）就失去了意义，商品（绩效）时限性体现在具体时间的设定上。

按照这样的逻辑，企业中每一个人都有相应的商品。

董事长的商品：不是企业活着，而是股东的投资回报、是政府的税收、是员工的生存与成长。

总经理的商品：不是完成董事会的委托，而是企业的利润，企业没有利润，总经理就没有产品、没有商品。

财务总监的商品：不是账务清楚，而是企业的现金流。

人力资源总监的商品：不是招聘、考核、培训，而是公司拥有合格并优秀的员工。

销售总监的商品：不是营销方法和市场努力，而是订单和拿到应收款。

秘书的商品、文员的商品、车间操作工人的商品……

以商品定义绩效，混沌、复杂、纠纷不断的绩效考核就变得"小葱拌豆腐，一清二白"。

以商品定义绩效，与一些世界级企业的"通过识别出目标和关键结果提升企业的经营业绩"的新时代绩效观，竟有异曲同工之妙。这个体系称作OKR，即目标和关键结果方法。就是企业当用目标（Objective）描绘出足够鼓舞人心、定性，并能代表组织所期望的方向后，将这个目标转换成一组可衡量的关键结果（Key Results）。

OKR体系尽管没有直接表述绩效是商品，但其KR（关键结果），就带有鲜明的商品属性。

OKR，是一套明确和跟踪目标及其完成情况的管理工具和方法。

OKR是"一个重要的思考框架与不断发展的学科,旨在确保员工共同工作,并集中精力做出可衡量的贡献(商品)。"

本·拉莫尔特是一名资深管理顾问,有家公司曾找到他,希望他帮助实施一个KPI(关键绩效指标)项目。本·拉莫尔特接受了这个任务,他发现相关战略材料中,包含很多好的想法和意图,但把公司的重点工作、核心价值观、商业指标混淆在了一起。他将相关的战略材料压缩成了一页,把公司重点工作转换成了目标,并给每个目标设定了一些关键结果。第二天,他就用这份组织好的OKR框架去分享他对公司战略的理解。在他做完简要介绍之后,高管们一片沉默,然后要求他暂时回避,以便他们能单独讨论。他以为自己误解了公司战略,并可能很快就被打发回去。但当他再次回到会议室时,看到了CEO脸上的笑容,CEO对他说:"我们想请你为公司每一个业务单元和部门创建类似的文档!"这样,本·拉莫尔特帮助该公司50个团队起草并精炼出它们的OKR后,公司获得了巨大成功。自此,他正式开启了OKR职业生涯并把方法、内容整理成书。

本·拉莫尔特原来是平衡计分卡的专家。平衡计分卡从4个不同但相关的维度(财务、客户、内部流程、学习与成长),将战略转换成目标、措施、指标和战略举措。该模型被全球众多公司采用,但很多公司一直苦于如何才能很好地实行它,以最大化其所能带来的收益。这些企业面临的一个主要挑战是该模型与日俱增的复杂度,自从20世纪90年代平衡计分卡提出以来,其种类扩展了很多,本来简单易用的战略评估方法,被很多专家加入了极其复杂的新组件,从而给平衡计分卡增加了更多的不确定性。其结果就是过于笨重,难以在整个组织中运转起来。每一家企业都希望有一种同样有效但更简单的方法,以确保它们始终聚焦在最重要的工作上,并促成战略的执行。OKR,正是这种轻量级的系统方法。看上去简单,却能提升企业的专注度(更聚焦)、促进战略实施和员工敬业度。现在,英特尔、Google、LinkedIn、Facebook、Uber都使用OKR来做绩效评估,OKR成为世界级企业管理的理念和工具。

相比于KPI对于数据和指标的罗列，OKR以一个简单的方式，对目标关键成果（商品）进行高效呈现，不仅描述不需要太多文字，还让参与者十分清楚自己的分工和实现团队目标所承担的责任。同时，OKR调动参与者们短期内快速协作，聚焦一两个核心目标，将组织长期愿景转化为单个任务，逐个击破。

KPCB风险投资公司合伙人、Google公司董事、全世界最具传奇色彩的风险投资家之一约翰·多尔曾评价OKR："想法是珍贵的，相对简单，但执行才是一切。"科技巨头思科，在实行员工绩效管理的过程中，取消了传统的年度员工敬业度、满意度调查，增加了实时、双向的沟通与反馈，实施OKR，为公司带来了营业收入5%的同比增长，市值也增长了15%。

50.3　可跃迁：提高劳动欲望等级是最美好的绩效

赤裸裸的"交换关系"和可感知的商品观，将绩效变得简单有效。

人，作为富有追求的"精神体"，在底线问题清晰后，一定会有更高的、更美好的向往，去寻求更崇高的精神满足。

我常常用中国古语"仓廪实而知礼节，衣食足而知荣辱"来解释这个现象与过程。

这句话，出自春秋时期的《管子·牧民》。原文是"仓廪实则知礼节，衣食足则知荣辱"。西汉史学家司马迁在《史记·管晏列传》将"则"改成了"而"。原文为"仓廪实而知礼节，衣食足而知荣辱，上服度则六亲固。四维不张，国乃灭亡。下令如流水之源，令顺民心。"意思是，粮仓充实就知道礼节；衣食饱暖就懂得荣辱；君王的享用有一定制度，六亲就紧紧依附。礼、义、廉、耻的伦理不大加宣扬，国家就会灭亡。颁布政令就好像流水的源头，要能顺乎民心。

春秋时期，管仲担任齐相主持政务，与百姓同好恶，流通货物，积累资财，使齐国很快走上国富兵强的道路。"仓廪实则知礼节，衣食足则知荣辱"是齐国自强求富的指导思想。后世孔子感叹说："微管仲，吾披发左衽已!"孟子在与齐宣王的对话中这样说:"是故明君制民之产,必使仰足以事父母,俯足以畜妻子,乐岁终身饱,凶年免于死亡。然后驱而之善,故民之从之也轻。今也制民之产,仰不足以事父母,俯不足以畜妻子,乐岁终身苦,凶年不免于死亡。此唯救死而恐不赡,奚暇治礼义哉?"从正反两方面向君王充分论证了经济基础对上层建筑的决定作用。

司马迁敏锐洞察到了"仓廪实""衣食足"与"知礼节""知荣辱"之间的联系,并把"则"改为了"而"。用今天的话来说就是,"仓廪实""衣食足"是"知礼节""知荣辱"的必要条件,是前提和基础。在那个诸侯纷争的年代,适用、管用的政策就是最好的,注重经济、反对空谈主义的管仲先生就是这样精准地抓住了关键。从人类曲折的文明发展历程看,"仓廪实而知礼节,衣食足而知荣辱",经济的发展衍生文明的进步,文明的进步依仗经济的发展,是大趋势、大规律、大方向,二者水涨船高、相生相随。

如今,在企业的绩效管理中,"交换关系"就是企业员工的仓廪与衣食,"交换关系"清晰了、理顺了,员工就自然会知礼节、知荣辱。

企业绩效,没有"交换关系"这个底线,知礼节、知荣辱的崇高精神,就是建立在虚无与假象中,是不可能实现的。

这个关系如何转换,员工的层次如何跃迁?

任正非从心理学的角度,分析劳动者欲望的五个层面,认为华为正是抓住了人的五个欲望,企业才获得成功。

任正非讲:"经常听到一种说法,叫作无欲则刚,这个说法,第一违背人性,第二无欲者很难做到所谓刚强、有力量。欲望其实是中性的,很大程度上,欲望是企业、组织、社会进步的一种动力。

"是欲望的激发和控制,构成了一部华为的发展史,构成了人类任何组织的管理史。一家企业管理的成与败、好与坏,背后所展示的逻辑,都是人性的逻辑、欲望的逻辑。

"从心理学的角度分析,知识型劳动者的欲望可以被分为五个层面。

"第一层面,物质的饥饿感。绝大多数人、甚至可以说每个人都有最基础层面的对物质的诉求，员工加入企业，最直接、最朴素的诉求就是财富的自由度。企业、组织能不能给员工提供相对的物质满足，实际上是企业人力资源最基础的部分。

"第二层面，安全感。这是人类与生俱来的一种本能性的需求，人的一生多数都处于一种不安全状态，越是杰出人物、领袖人物，内心的不安全感越强烈。华为正是因为拥有充满了危机意识的优秀管理者，又拥有十几万内心有强大不安全感的人，大家抱团取暖，共同面对充满了风险、未知、恐惧的世界，才有了华为的'胜则举杯相庆、败则拼死相救'的文化。

"第三层面，成长的愿望与野心。越是智力层面高的人，领袖欲望、野心的张力越强大。怎么能够把这些人人要出人头地，人人要做领袖，人人想拥有权力的人凝聚在一起？公司的价值评价和价值分配体系至关重要。当这些人的权力，跟他的欲望、雄心、野心相称的时候，他自然愿意在这样一个平台去发挥自己的才能，发挥自己的智慧。组织说到底就是要张扬队伍中每个人的雄心，同时又要遏制过度的野心，张扬雄心、遏制野心是所有管理者每时每刻都要面对的问题。

"第四层面，成就感。被社会认可，被大众认可的欲望等等。华为成功有各种各样的因素，其中重要因素之一就是两个字——共享，共享发展的财富成果，同时也分享安全感，分享权力，分享成就感。把钱分好，把权分好，把名分好，这是相当重要的。做老板的人，一定要把最基本的东西想明白。第一，财富这个东西越散越多；第二，权力、名声都是你的追随者赋予你的，假使哪一天你的追随者抛弃你，你的权力，你的所谓成就感，你的所谓聚光灯下的那些形象，乃至于财富，都会烟消云散，乃至于灰飞烟灭。

"第五层面，使命主义。只有极少数人是拥有超我意识的使命主义者，乔布斯是，我任正非大概也属于这一类人。"

任正非的思想体现了马斯洛人的需求层次论，在他看来，企业绩效管理遵循的是人性和欲望的逻辑，激发欲望，控制欲望。人的欲望不断提高的过程，也是人的境界不断跃迁的过程。

我在为企业咨询策划的服务中，经常引导企业采用在日本非常成熟的工具"劳动者欲望指数"，强调对不同阶段的员工，以不同的商品要求，把绩效重构建落到实处。

员工的劳动欲望水准，一共有7个，如下表所示，可以对应不同的"商品"要求。

劳动欲望水准及绩效重构建要点

	劳动欲望水准	物质追求	索取心态	工作能力	贡献范畴	物质获取	应有水准 高层	应有水准 中层	应有水准 基层	所处阶段	重构建要义
7	为社会做贡献	低	弱	强	宽	多				能跃迁	定性为主
6	为企业做贡献										
5	自我价值实现										
4	职务的提高										定量为主 定性为辅
3	收入的提高									可感知	
2	团队认可										价值定量
1	基本生存	高	强	弱	窄	少				赤裸裸	

从这张表中看出，企业员工的劳动欲望共计分7个层次。

1. 基本生存：员工个人、家庭及家族的基本生存。
2. 团队认可：组织里感觉到我的存在、对我的认可。
3. 收入的提高：受到认可后，员工下一步想要的是收入提高。
4. 职务的提高：收入提高后，下一步是职位提升。

上述4点中，前3项强调物质的追求，仅是一个打工者的延长线，从第4项开始员工就有了精神的追求。

5. 自我价值实现：有了职位，凭自己的责任，实现自己的主张，做自己想做的事，"我的地盘我做主"。
6. 为企业做贡献：从关注自我价值和部门利益，到关注整个企业。
7. 为社会做贡献：从为企业到为社会，为人类，甚至为世界。

越往上走，物质追求越低，越往上走，精神追求越高。同时，得到的物质回报，越往上走越高，当一个人越追求精神的时候，其得到的物质回报可能会越高。

越往上走，能力越高，因此，越往上走能够得到的回报也越高。

提高员工的劳动欲望，是提高员工能力的重要条件，更是提高绩效管理、创造员工商品能力的关键。

企业员工劳动欲望应有的水准，基层大部分停留在1～4层，中层停留在4～5层，高层停留在5层和6层。

基层员工应有的劳动欲望的水准是1～4层，核心在4层（职务的提高）。我们招一个员工进来，人事部要做的是让员工有提高职务的欲望。拿破仑说，不想当将军的士兵不是好士兵。现在很多企业员工的流动性很大，因为他们没有看到第4层职务的提高，只看收入的提高，所以工资提不上去时，就走了。好不容易培养一个员工并得到团队的认可，就这样走了太可惜了。

中层员工应有的劳动欲望的水准是4～6层，其核心是自我价值实现的欲望。如果你任命一个营销部长，如果他没有自我价值实现的愿望，你让他做什么他就做什么，那么实际上他就是一个庸才，他没有自己的主张，不敢承担责任。

接下来的中心就是第6层对企业的贡献。对部门经理而言，从自我价值的实现过渡到为企业做贡献是一个蜕变。引导中层完成这个蜕变，是企业重要的职责。

企业有必要走在员工的前面。因此企业高层的核心欲望，要从为企业做贡献转变到第7层为社会做贡献。

老总看懂一名员工要两年，一名员工看懂老总只要两天。如果老总没有为社会做贡献的愿望，员工就不可能有为社会做贡献的愿望。所以高层的劳动欲望也要完成蜕变。一个人从进入企业，到形成为社会做贡献的愿望要完成四个蜕变。

有了劳动欲望的合理引导和激发，员工对绩效（创造商品）会存在一定内在兴趣，可以转化为很好的学习与分享能力，在企业发挥潜在价值。

如果企业的价值（绩效考核的标准）能够被员工个人能力和商品取代，简单的物质激励能够换成对员工长期发展的持续关注，管理者的重点放在发掘员工的学习能力、分享能力和协作能力上，可以避免金钱等奖励机制带来的短期效能依赖感，进而从长远角度提高组织的活力和动力。

绩效（商品）就这样，悄悄地促使着人，向更高的精神境界跃迁。

第51节 品牌重构建，做"超级"的自己

2017年5月，国务院批准，将每年5月10日设立为"中国品牌日"。中国民间四十年的呼唤，终于在"大雅之堂"有了一席之地，品牌成为国家战略。

尽管有些姗姗来迟，尽管"体制内"与"市场化"对品牌的理解与认知还有一定差距，但欣喜它还是来了。

中国品牌日的设立，体现出国家对品牌建设的高度重视，展示了国家实施品牌战略的坚定决心。经济强国历来是品牌强国。如果说用户通过苹果、波音认识了美国，通过奔驰、西门子熟悉了德国，那么世界也正通过海尔、华为、阿里巴巴、中国银行等一批闪亮的中国品牌了解快速发展的中国。十多年来，中国的品牌建设取得了骄人的成绩：2005年，世界品牌实验室发布的"世界品牌500强"中，我国只有4个品牌入选；2016年，已有36个品牌入选，与美、日等国的差距逐渐缩小。

我是从品牌初心（CIS）入口进入中国咨询策划领域的，历经了中国品牌从概念提出、体系确立、方法跃迁，到品牌日创建的各个发展阶段，至今还担任中国品牌联盟、广东省品牌促进会的荣誉会长，对品牌不仅情有独钟，还有透彻心骨的体验感。

2018年，中国品牌日的主题是"深化供给侧结构性改革，全面开启自主品牌发展新时代"。"品牌发展新时代"，就是品牌重构建时代。

品牌重构建，意味着品牌从认知到践行的升级，意味着品牌的新生。

51.1 品牌一招鲜：源于产品高于产品

产品与品牌的关系，如先有鸡还是先有蛋，是多年来一直争论不休的问题。

产品中心论：产品是核，品牌是表；先做产品，再谈品牌。依据是，产品好是品牌响的基础。摩托罗拉曾是手机第一品牌，但产品功能落伍了，照样被智能手机赶出市场。

品牌中心论：品牌是核，产品是表；先做品牌，再谈产品。依据是，用户购买的是品牌，不是产品。买电饭煲，市场有1 000多种产品，凭什么只选择美的呢？

这是一对悖论。

产品与品牌的重要性不言而喻，得者王世界，败者失天下。但两者的关系可谓是剪不断、理还乱，甚至是越理越乱。

德鲁克说："企业的目的是创造用户并满足用户需求。"企业拿什么来满足用户需求呢？必然是产品（服务）与品牌。

产品与品牌的关系，不像产品与资金、品牌与传播、人力资源与企业实力那样有相对同一的理论支撑，产品与品牌关系并没有大家一致认可的理论体系。两者同样重要，两者结合最为紧密，两者缺一不可，中国人信奉"名不正言不顺"，两者关系说不清，打造品牌就会晕头转向，无所适从。因而，纷争不断，城头变幻大王旗，今天是产品中心论占了上风，明天又是品牌中心论占了上风。

事实上，产品与品牌谁是中心之争，表面上是方法之争，本质上则是思维之争、意识之争，甚至是智慧之争，映射着工业化思维与互联网思维在同一问题上的两种反应。

在工业化时代，世界是稳定的、有序的，唯中心化。任何事物都有一个中心，中心决定节点。节点必须依赖中心，节点离开了中心就无法生存，事物没有中心就无法展开，一切都有条不紊，在一个有序的状态中发展。

互联网时代，世界是变化的、混沌的，去中心化。与工业化时代恰恰相反，在一个分布有众多节点的系统中，每个节点都具有高度自治的特征，每一个节点都是一个"小中心"。

任何事物，都可能没有中心；任何事件，都可能成为中心。一只南美洲亚马孙河流域热带雨林中的蝴蝶，偶尔扇动几下翅膀，可以引起美国得克萨斯州的一场龙卷风。蝴蝶效应，成为普适的真理；小概率事件，成为大变革的爆点。

如今，是工业化和互联网的交叉时代，辅导企业实施品牌重构建，我们基本把握着以下三个要点，先对人的品牌意识、概念重构建。

第一，不争论，执拗对错害死人。

在企业，遇到产品与品牌之争，我喜欢讲混沌的故事。

《庄子·应帝王》中记载了这样一个故事，南海之帝为倏，北海之帝为忽，中央之帝为混沌。南海北海之帝，代表了人世间的人们，整天忙碌。混沌大帝无眼、无耳、无鼻、无嘴，对谁都有无尽的爱，对谁都包容，南北两帝说话出格，办事欠考虑，混沌大帝还是谦下包容。南北两帝，深受其恩惠，就聚在一起商量怎么报答混沌大帝。他们想人人都长了七窍，有双眼、双耳、鼻子、嘴巴、肛门，可以呼吸吃拉。可是混沌大帝一样都没有，为了让混沌大帝可以像他们一样，能够体验到有双眼、双耳、双鼻孔、一张嘴和一个肛门的乐趣，他们排除万难，开始给混沌大帝每天凿一窍，凿了七天终于完工。结果也是在第七天，混沌大帝死了。

谁害死了混沌大帝？

是"倏忽"二帝的一念之仁、区分之心，是他们那有着预设的"应该与不应该""对与错"的头脑。按照他们的预设，混沌大帝不应该精神意志不健全，黑白不分，善恶不明。他们想让混沌大帝同他们一样耳聪目明，拥有大爱与智慧，却杀死了混沌大帝。

现实中，正是人们各种各样的预设判断，还有各种各样的经验、理论、教条、成功范例，让我们经常背离鲜活的实践，跑到枯死的理论中去，常常做着给混沌开七窍的傻事，结果遭遇死路一条。

新时代做好品牌，不是要争论谁是中心，也不是要凿出产品、品牌轮廓分明的"七窍"。处理品牌与产品的关系，要走出"中心论"的束缚，摒弃表面文章，在本质上寻找突破。淡化产品、品牌的概念区分，谁为用户创造价值，谁获得用户认同、追随、拥戴，谁就是中心。

产品向左，品牌向右；

左右逢源，殊途同归。

第二，换脑筋，产品思维创不出大品牌。

换什么脑筋？

1. 不能用工业化意识造品牌。

工业化时代，市场是卖方市场，产品是核，品牌要围绕产品来打造，根据产品特征，提炼一个好的品牌卖点即可。

互联网时代，是买方市场，商品严重过剩。用户要购买产品，无论是线上还是线下，有上千、上万种选择，决定购买要素的再也不是哪个产品，而是哪个品牌。互联网时代，产品，是要围绕品牌来打造的。

企业进入汽车行业，以前是把汽车造好，然后把品牌形象做好，就可以有市场，有用户购买。现在的运作思路是：企业想进入汽车行业，要先确定好用户想要什么样的汽车，用户能够接受什么样的汽车。确定好方向，再通过创意、传播、广告、视频、故事等手段塑造用户想要的样子，最后再用合适的销售体系完成产品销售。这样的模式显然是先有了品牌，再去生产符合品牌定位的产品，这样才更具有竞争力，更符合用户的期望。最典型的莫过于小米，先有品牌定位，后有产品制造。包括无印良品、特斯拉、天猫、良品铺子、京东商城，都是先依据用户需求确定品牌定位，然后再去整合生产链制造产品。

2. 不能用造产品方法造品牌。

现在，产品制造已不是问题，只要市场需要，一夜之间可以出现数不清的产品，而能够进入用户心灵空间的却是品牌。造品牌，不同于造产品。我们的企业谙熟于产品制造，常常用造产品的方法去造品牌，结果一败涂地。

比如，做产品要"实"，要有某种功能、能满足用户某种需求、规格大小都要扎扎实实。而做品牌则要"虚"，要找到让用户相信的"意义"。

再如，做产品要"全"，每一个节点都要过硬，不能有任何的偷工减料，不能有任何疏忽、遗漏，要像药品说明书一样，成分、用量、服法、副作用都要一清二楚。而做品牌则要"单"，聚焦用户的强吸引要素，抓住一点，不及其余。有一家手机厂商，为了强调自己的手机产品功能齐全、质量过硬，电视广告的创意是，用一辆载重汽车压过放在水泥路上的手机，汽车碾过，手机完好无损。这样的手机，有人买吗？无疑，这样的"全面质量"，在OPPO手机"充电5分钟通话2小时"的单点杀伤力面前，会败得一塌糊涂。

3．不能凭一己之力做品牌。

互联网社会，是一个广袤的生态圈。做品牌不能局限在企业自身的流水线上，不是上道工序与下道工序结合，就可以完成。做品牌，不仅是"技术活"，更是"大智慧活"。企业单凭自身的智力、经验、技术无法适应市场竞争要求，要敢于请"外脑"，在品牌价值链的每一个节点上，购买专业服务。

第三，多维度，让品牌源于产品高于产品。

品牌源于产品，但必须高于产品。iPhone品牌，一出生就是颠覆性的，颠覆了手机、颠覆了音乐，改变了世界。因为iPhone强大的品牌，苹果的产品自带品牌基因：与众不同，生来即为改变世界。

品牌高于产品，先要有一颗高于产品的心，你的品牌出来即与众不同，即拥有强大的竞争力，即使今天不是第一，早晚有一天也会是第一。即使不在这个领域是第一，在其他领域也会是第一。

品牌颜值要高于产品，好看了，才有价值，才值钱。不能指望用户个个都是火眼金睛，琳琅满目的品牌世界，用户不可能选中品质最好的，只会选择自己认为好看的。不是用户俗气，消费本身就不是高尚的行为，本身就是欲望的一种体现。

品牌价值要高于产品。同样一件T恤衫，在淘宝上的品牌大多卖几十元一件，但要印上阿玛尼品牌商标，就能卖上千元。因为，那是品牌在用户心中的价值。

品牌覆盖力要高于产品。

品牌的用户忠诚度要高于产品。

……

总之，高于产品，是品牌的基本属性和资格，是品牌的"一招鲜"。没有这个"高于"，品牌就是"废牌"。

51.2　品牌三剑客：一个都不能少

新时代品牌重构建，要重构品牌的三个"超级力"。

第一，超级符号力。

什么是超级符号力？

就是品牌的一个超级符号，能够产生让成千上万的用户看它，听它，记住它，熟悉它，喜欢它，并愿意为它付出代价的力量。

超级符号力，让人们记忆、知道、喜欢和倾听，是隐藏在人类文化中的力量，它隐藏在人脑深处。

这种超级符号力，在集体的潜意识中积累，积累为能量，嫁接到品牌，进而创造出超级创意、超级产品、超级品牌和超级企业。

苹果的符号力，来自一个被啃了一口的苹果，那力量已经富可敌国。2016年，美国财政账面上有448亿美元，苹果公司账面上的资产高达463亿美元。

华为的符号力，来自"任正非"三个字，承载着民族的尊严与希望，那位73岁老人带着拉杆箱等车的图片一出现在网络上，短短几小时，转载量就超过2亿人次。

超级符号力，可以是一个图形、一个人物、一句话、一个画面，即使完全陌生或第一次听到，也会让人立刻感到熟悉，感觉亲密。

超级符号力，能让人理解它的价值，有了这个符号，品牌之门立刻就会打开，就会为产品、企业带来无尽的宝藏。

第二，超级IP力。

互联网时代，IP化成为品牌塑造的利器。

IP，Intellectual Property，原译为"知识产权"，于20世纪90年代兴起于美国动漫产业。在品牌层面，IP还有一个新兴的意思"特别指具有长期生命力以及商业价值的内容营运"。

一个品牌的超级IP力，是通过IP，让用户对品牌产生文化与情感上的共鸣。

安徽芜湖的三只松鼠电子商务有限公司，2017年的销售额已经突破了70亿元，成为零食行业中的一个传奇。为了打造坚果品牌，三只松鼠的创始人在创立品牌之初就锁定IP手段，用"三只松鼠"命名品牌，塑造了松鼠小贱、松鼠小美、松鼠小酷3个卡通松鼠形象，以具有拟人化色彩和娱乐属性的超级IP，形成IP产业链延展空间。三只松鼠除了积极布局线下实体体验店外，还进行跨产业规划，把运作IP当作企业的一个重要发展方向，通过"电商业务+投食店业务+松鼠小镇"，围绕IP进行品牌经营，逐步形成吃、喝、玩、乐、买、住的消费闭环，打造了一种娱乐化的零售。

从三只松鼠品牌IP模式来看，它是一个以文化情感价值为驱动的人物外化模式，其核心品牌价值和购买理由，在于受众与动漫形象之间能够进行精神交流，最后通过物化的周边授权和娱乐产品开发完成商业模式的增值，打造"三只松鼠+"的战略。简单来说，三只松鼠IP模式的价值在于三只松鼠动漫形象在用户心中"拟人故事的共鸣"，即在用户心中，它并非"物类"，而是"人类"。这种"人类"的设定，最终创造了三只松鼠的商业传奇。

超级IP力，从IP的表层到核心，可以分为呈现形式、故事、世界观和价值观4个层级。

第一层：表现形式和流行元素。这是IP力的最表层，对用户是最直观感受的层面。

第二层：故事，也是品牌的内容力。品牌有个好故事的重要性不言自明。好故事也有章可循。好莱坞早就总结过人类历史上的经典故事，归纳出

"十个故事引擎",所有的长短故事都可以被归类入这十个故事引擎之中。《琅琊榜》初看是一个关于复仇的故事,其实相当符合"超级英雄"的故事引擎。这个故事的内核其实是神算子梅长苏凭借超越常人的智力和情商,通过发挥不同于大众的超常价值,完成人生使命了。

海尔张瑞敏砸冰箱的故事在中国被传诵了三十多年,是海尔、是企业,甚至成为民族的一种图腾。

第三层:推动故事发展的普世元素。普世元素,指人们对世间美好事物的追求,如爱情、亲情、正义、尊严。这样的元素使超级IP力进入核心,成为IP力深层内核。

第四层:价值观。IP最核心的要素,包括风格选择、人物设定、故事发展等都是可被替换的因素,真正的IP力有自己的价值观和哲学,不只是故事层面的快感,也不是短平快消费后的短暂狂热,而是以价值观面向用户,使其产生根深蒂固的认同感,跨越文化、政治、人种、时空,跨越一切媒介形式。品牌的超级IP力,通过价值观的沉淀可对全球用户产生审美影响和文化层面的持久影响。

2015年以来,中国进入品牌IP化时期,企业用IP思维和运作方式开展品牌建设,借势IP、打造自主IP。

超级IP力,创造超级品牌力。伊利看准美国英雄电影巨大的故事属性、话题属性及粉丝效应,投入大量资金进行花式借势营销,利用好莱坞超级IP锁定目标消费群,通过中国元素引发热议,同时利用IP为产品背书,在实现高曝光的同时提高品牌形象。蒙牛也是通过与电影《独立日:卷土重来》的IP紧密结合,将电影的热度和话题引流到品牌,吸引更多年轻消费群体的关注,推进蒙牛品牌年轻化,刷新年轻用户心目中的蒙牛品牌形象,产生更大的情感溢价。

超级IP力,让品牌产生极限超越。品牌往往始终依托于某一个具体的产品或服务,讲产品满足用户的利益点,先说要做什么产品,基于什么样的用户痛点,做什么样的服务,然后在这个基础上才发展出品牌理念和品牌精神。而IP设定品牌的人格、三观、形象、背景、故事，讲的一个价值观，IP的终极目的是追求价值和文化的认同，它是可以跨形态跨时代跨行业的。

打造品牌的超级IP力，可以使品牌应对越来越多的挑战：日益碎片化的媒介环境；多元化的消费场景；独立而割裂的单次营销活动效果差强人意；非原创性内容在市场上传播很难具有穿透力；碎片化的内容不清晰，难以被用户记住，难以形成品牌的记忆点……

超级IP力，可以将一个品牌述说不出来的情感和想象空间述说出来。它的内容力，能持续产生差异化的内容；它的人格化，具有独特而鲜明的人设与性格；它的亚文化，参与感强、有温度、有仪式感……有持续生产优质内容的能力，有持续的号召力和影响力。

超级IP力，总是自带流量的。在海量信息时代，IP力可以在信息过剩的环境中强化自身识别度，从而使品牌降低用户选择成本，最大限度地加大流量转化。

第三，超级精神力。

对于品牌，人们相信"意味"、相信"意义"，那是一种精神力。

强大的品牌一定是有精神力的，这种力，可以强大到让用户信仰、崇拜，就像对我们崇拜的神明所做的事情一样，这就是我们所说的将"品牌宗教化"。

美国著名品牌咨询师马汀·林德斯特罗姆曾通过核磁共振扫描苹果粉丝的大脑，发现他们的大脑对苹果公司的反应与信徒对耶稣非常相似。林德斯特罗姆说："苹果的品牌力量如此强大，以至于人们已经把它视为一个宗教。"

营销大师马丁林斯特龙在他的《买的学问——用户为什么买？如何购买？买的真相！》一书中说："宗教是庄严高贵的传道，神秘的符号和仪式。"他认为，宗教和品牌具有共同特征。而苹果和宗教确有一个共同的特征：将忠实信徒们紧密地团结起来，以主动宣布挑战的策略吸引忠实客户，引发争议，提高忠诚度，使用户展开思考、争论，引起购买行为。

苹果努力培养粉丝的宗教热情，包括极力维护其神秘性以及暗示用户是

"被选定的"。林德斯特罗姆指出，苹果最有效的营销方式都被整合到了他们自己的产品中。iPod的白色耳机、白色耳机线、开机声音以及与众不同的后盖。苹果理解这种持续性感知、暗示的力量，并且不遗余力地将所有能够增强用户记忆的方法都用于品牌。与产品的神秘性相配合，苹果产品的品牌标志、色调、材质、造型、用户界面无一不具宗教式的符号意义，而其只由乔布斯一人唱独角戏的产品发布会已经俨然宗教式的年度仪式，其全球统一的旗舰店也俨然成为宗教式的会所。

将一个品牌打造成具有宗教般的精神力，就需要做到像真正的宗教一样，有自己的哲学、信仰、内核，同时要有代表形象、聚会场所等。

关于品牌的精神力，我们将上述内容总结为四个载体，即：形象载体、组织载体、物质载体、精神载体。

形象载体：上帝、耶稣、牧师、佛祖、Logo、代言人、代表性图案。

组织载体：教堂、团契、聚会、活动、寺庙、生产组织、渠道组织、营销组织。

物质载体：圣经、佛经、独特个性的产品及包装、有竞争力的价格、促销。

精神载体：教义、精神。

关于品牌建设，从USP竞争理论、到CIS理论、到定位理论、到整合行销理论、到蓝海策略等，品牌理论层出不穷，但无外乎是"以用户为中心、影响用户的心智"，从而达到提升企业竞争力的目的。

不同的理论体系，在不同的时期、针对不同阶段的品类，有着不同的效用，如USP在品类发展的成长期，通过独特的卖点影响用户颇具实效；而在品类竞争的成熟期，独特的品牌形象则能够在竞争中脱颖而出。

但是，一个常青的品牌、一个百年老品牌，则一定是个深入人心的、直指用户灵魂的品牌，这就是品牌的精神力。

可口可乐是世界上最成功的品牌之一，哪怕是在信息技术高速发展、IT企业几何级成长的今天，可口可乐也当仁不让成为全球最有价值的品牌，仅仅依靠品牌形象理论或定位理论很难解释这一现象。经典的红色、经典的可乐瓶一直传承至今，可口可乐秘密配方被严密保护着，可口可乐依靠强大的营销组织把产品销往全球超过200个国家和地区，而可口可乐代表的"经典""享受""美国化的生活方式"更是影响了一代又一代的用户。

世界进入互联网时代，但是内容为王的事实永远不会变。尽管社会化媒体不断影响我们的生活，改变着企业的品牌建设方式，尽管O2O、O2M改变着我们的消费方式，颠覆了企业的商业运营模式，但是我们一定要记住的是：商业越是繁华，内心越是浮躁。

用户越来越不缺少外在的物质满足，相反的，只有更接近内心、更接近真实，才能真正打动用户、与用户一路同行。

组织载体、物质载体满足了用户的便利性、功能性、服务和体验的需求，形象载体能以最直接的感官刺激影响用户，而只有精神载体才能真正影响用户的内心。

精神力，是最大的品牌力。

51.3 "七步成诗"：总把新桃换旧符

品牌方法论，总是伴随时代发展而发展，不断迭代，不断与时俱进的。

第一，中国品牌发展的阶段梳理。

1. 品牌1.0时代，是产品时代。人们关心产品的功能性消费。打造品牌，在于突显产品差异，塑造更好的产品。

品牌方法是"独特销售主张（USP）"，其要点是：每个品牌必须向用户提出一个主张（卖点）；这个主张必须是竞争对手所不能或不曾提出的；这个主张必须有足够促销力，能打动用户购买。

2. 品牌2.0时代，是形象时代。当产品趋向同质化，用户经验增加，人们开始注重产品使用中的感性利益超出功能要求。打造品牌，在于形成独特的形象，附加更多感性利益。

品牌方法是"品牌形象"，其要点是：随着产品同质化的加强，用户对品牌的理性选择减弱；人们同时追求功能及感性利益，广告应着重赋予品牌更多感性利益；任何一则宣传，都是对品牌形象的长程投资。

比如纯净水都说自己的纯净，用户不知道哪个品牌的水是真的纯净或者更纯净的时候，乐百氏纯净水在各种媒介推出"27层净化"卖点统一的广告，突出乐百氏纯净水经过27层净化，对其纯净水的纯净提出了一个有力的支持点，乐百氏纯净水由此从众多同类产品中迅速脱颖而出，家喻户晓，并带给用户一种"很纯净可以信赖"的品牌印记。万宝路香烟、太阳神等品牌，也分别打造了"西部牛仔自由精神""当太阳升起的时候，我们的爱地久天长"一类独特形象。

3．品牌3.0时代，是定位时代。品牌形象同样出现同质化，社会商品激增、信息爆炸，用户对品牌形象无暇顾及，对感性利益关心减少。打造品牌，取决于品牌在用户心智中以价值定位实现区隔，占取心智资源。

品牌方法是"心智模式"，其要点是：成为某类产品的代表，方便用户识别、记忆与购买。

典型的代表莫过于王老吉。王老吉发现饮料行业里面有一个空白点——没有一个品牌代表祛火饮料，于是最先提出"怕上火就喝王老吉"。现在王老吉已成为祛火凉茶的代名词，品牌占据了用户的心智资源。同样。高露洁发现牙膏类别中最大的心智资源"防止蛀牙"没有品牌抢占，就在中国市场开始了十多年单一而集中的诉求：防止蛀牙。这令用户一想到防蛀牙牙膏，就能迅速想到高露洁。

4．品牌4.0时代，是价值时代。互联网的发展，让过去少数人拥有的信息，而今变成普罗大众的资产，随着用户对信息的占有，品牌打造的独特USP、形象和定位的优势被淡化，品牌成功，不再是某一点，而是一个全面系统的价值感知。

品牌方法是"价值占有"，其要点是：流量、体验、虔诚、佳誉、认知、独占与共生。

如"海底捞你为什么学不会"是一个"爱"的价值，爱员工、爱用户、爱社会，用爱打造的品牌基因，使一切品牌方法、品牌技巧都黯然失色。阿里巴巴一句"让天下没有难做的生意"，独有价值渗透了全世界，品牌价值高达3 000亿元，在2018年世界品牌实验室排行榜中，与国家电网、华为、海尔、腾讯等并居中国前十名。

第二，不变的品牌基本功：七步成诗法。

品牌的打造方法，也和品牌定义与内涵一样，随着时代的变化而变化。但其基本功，是品牌本质所决定的，像人们生活"柴米油盐酱醋茶"开门七件事，像社会生活的"水电煤"，是基本的，不变的。

改革开放四十年，品牌方法论如过江之鲫，但我和我的明天策略集团在为企业打造品牌时，聚焦企业品牌设计、确立、传播与形成的各个阶段，步步莲花，一气呵成，定义为"七步成诗的品牌方法论"。

第一步——寻找品牌驱动力。

品牌是产品、用户与企业三者之间复杂的关系复合。不仅仅是产品（服务）的层次，还有价值层次、情感层次。我们在分析这种复杂的关系时，要找到促进用户购买并持续消费该品牌的动力要素，包括用户驱动力和企业核心驱动力。

如万宝路香烟，让人有豪放、阳刚、魅力联想的品牌。用户驱动力要素有粗犷、力量、自由、独立和叛逆；企业核心驱动力要素则是热情、强健、独立、自由和力量。

第二步——建立品牌核心价值。

品牌的核心价值，是品牌拥有者核心价值观的体现，是由用户驱动力与企业核心驱动力共同创造的。用户驱动力，是用户最关注的；企业核心驱动力，是企业最擅长的。两者重叠、对接与提炼，就是品牌价值中的核心。

万宝路香烟的力量、自由和独立构成了两者关联互动的价值基础。万宝路最终的品牌核心价值理念则锁定为力量和独立，是万宝路企业内在精神和价值观的体现，也是推进万宝路品牌永续发展的内在动力。

第三步——形成品牌核心战略。

品牌核心战略包括：品牌定位、品牌系统（组合架构）和延伸规划。品牌核心战略，确定的是要传达给用户的区别优势，旨在建立新秩序，确立新价值，从更长远的角度实现长久占领市场的目标。

第四步——搭筑品牌平台。

建构全方位品牌平台，让品牌核心价值、品牌核心战略、品牌定位及品牌主张在企业的不同产品、不同区域、不同目标用户中呈现不同的特点，从而形成不同的品牌主张，再结合具体的产品分类，针对该分类用户群体做更有效的品牌诉求与推广，从而达到品牌管理的最优化与品牌价值的最大化。

第五步——确立品牌认知模式。

品牌认知模式有两个层面：风格与感知、主题与体验，是用户认知品牌的两条通道。换一种更形象的说法，风格是外表特征，通过感觉活动树立用户对品牌的认同度与忠诚度；主题是内涵本质，通过市场行动激发用户对品牌的购买与拥有欲望。为了让用户对品牌的认知更客观更真实更丰满，企业应该在品牌创建与维护中发挥风格与主题的双重作用。

第六步——制订品牌整合计划。

对外整合激活用户品牌认同的综合要素：品牌传奇——发生和正在发生的品牌故事；公共关系——亲和、秩序化的品牌亮相；广告——紧锣密鼓的品牌推广作业；营销——设身处地的一对一品牌问候；促销——形神兼备的品牌直面行动。

对内整合策略，是盘活推进企业发展的功能要素，从企业价值链中做出最明智的决策。

第七步——实施品牌管理与价值监控。

品牌管理，指建立在企业内外两个行为圈的品牌平台上，在品牌与用户接触的任何点线面上有效整合与控制所有沟通层面的元素，使其充分反映品牌的核心价值与战略，也就是对每一项可能影响用户对品牌的体验或对品牌看法的活动与决策，都要实行严格的管理控制。

品牌管理的关键，是品牌的价值监控。对于用户驱动力、竞争者驱动力、企业驱动力，要适时做出评估，形成动态的品牌监测数据库，不断发现用户认知品牌的市场变动，保证品牌不偏离市场目标。

当品牌成为一个完整的商业系统，品牌管理与品牌监控，就不能仅仅由广告、公关或营销部门独立担当。企业的首席品牌官，应该是企业的TOP，是董事长、是总经理。如此才能保证品牌战略与企业战略的一致性；品牌风格与主题的持续一致性；品牌定位与策略执行的统一性；有效整合企业内外的互动与协调性；才能让企业品牌之树长青。

第三，飞得更高的品牌核能：新七步成诗法。

在品牌的1.0、2.0和3.0时代，品牌发展的社会基础是工业化，一切基于可控性，品牌方法是稳中求异、稳中求优。

品牌的4.0时代，是价值时代。品牌发展的社会基础是互联网化，一切基于不确定性，品牌方法则是变中求存、变中求胜。

互联网和移动互联网的发展背景下，品牌的本质并没有变，照样需要我们掌握驱动力、掌握核心战略、掌握平台、掌握管控等基本功。但是，打造品牌的理念、对象、顺序、办法和手段却已经变迁。以前按部就班、循规蹈矩的定位、广告、受众模式，在互联网移民与土著的世界里，已经捉襟见肘、毫无效率、毫无效益。

品牌的价值时代，产生了新的品牌打造的核能技术，我同样将它称为"七步成诗"，不过冠以了"品牌方法新七步成诗"之名。

新七步成诗品牌方法，从七个维度，围绕品牌的价值，营造品牌的粉丝，步步为营，梯次推进。

第一步——品牌口碑度：营造一级粉丝。

口碑是产品的产物，是互联网时代做品牌的重要手段。

小米在起步的时候，雷军希望能少花钱做好营销、做出品牌。于是满世界跑论坛注册账号宣传小米，逐渐积累起一批对小米的口碑传诵的用户，开始有的叫"米友"，有的叫"米饭"，后来逐步自发统一为"米粉"。后来，这批用户转化为高黏性的粉丝，让小米手机赢得了发展的机会。

同样，国内财经界及企业咨询培训界，媒体人出身的吴晓波、罗振宇的名头最响,"地球人都知道",论讲课,比他俩技巧高的演讲家不在少数;论理论,比他俩功底厚的经济学家不计其数;论方法,比他俩实操能力强的企业家也比比皆是。但唯有这二人火,其他人讲课费一天万元以下也无人问津,他俩身价超高还要等"排期"。原因只有一个,他俩有口碑,口碑形成了品牌,品牌聚集了无数粉丝。

一级粉丝的特征是"有兴趣",是对象的"注意力"。

互联网时代,注意力是品牌的稀缺资源,打造品牌第一位的是拥有一定的口碑度,拥有一定的粉丝。

第二步——品牌参与度:营造二级粉丝。

品牌吸引了社会关注,有注意,就有参与。

"米粉"是小米活跃用户群体的总称,他们积极参与小米的产品研发和品牌塑造等各个环节中。MIUI基于用户意见每周更新的"橙色星期五",小米网开放购买的"红色星期二",还有,小米线下活动的"爆米花",每年的公司庆典"米粉节",都是为粉丝提供的参与感。在小米公司成立两周年时,把公司的庆典定义为一年一度的"米粉节",做活动回馈用户,和用户同乐。每年小米的"爆米花"线下活动,都是由米粉志愿者完成的。

这是品牌的二级粉丝,他们要的是与企业(品牌)"一起嗨"。

第三步——品牌炫耀度:营造三级粉丝。

炫耀与存在感,这是后工业时代和数字时代交融期品牌对受众最显性的群体意识特征。

用户对品牌的参与度增加后,进而产生的就是炫耀度和存在感。百度魔图手机图片软件,曾经做过一个活动,告诉用户自拍照跟哪个明星最像,让用户把自己的脸和明星的脸放在一起,炫耀感非常强,满足了用户的强心理欲望。

小米刚刚做手机时,整个市场对小米一无所知。如何让更多用户还没有见到小米手机,就先对小米的品牌有认知呢?小米发起了"我是手机控"活动,将"我是手机控"的页面生成工具,用户只需要在其中的机型列表进行选择,就可自动生成一张图片和微博文案,用户再点一下按钮就能把他使用手机的历史分享到微博上去了，就可以向朋友展示曾经玩过的手机。小米手机要"为发烧而生"，发烧友的炫耀活动，让小米手机"山雨欲来风满楼"，赢得了大量品牌拥戴。

此时品牌对应的粉丝是三级，特征是"我拥有"。一个品牌的价值，往往是到了这一阶段才真正产生。

第四步——品牌虔诚度：营造四级粉丝。

有人说，互联网化就是去中心化、去权威化、去崇拜化，没有任何虔诚，人人都是权威。

这是一种假象，互联网化仍旧有品牌虔诚，甚至比过往有过之而无不及。

苹果在全世界都有无数狂热粉丝，他们自称"果粉"，在他们眼中，苹果如宗教般神圣。为了买到最新上市的苹果产品，苹果的粉丝宁愿在专卖店前通宵排队。对于苹果，"果粉"有着信徒般的虔诚，跨越了国家、年龄、种族的界限。哪怕iPad不过是个iTouch升级版鸡肋，哪怕iPhone设计存在缺陷，哪怕Mac出了名的不兼容，一样全球大卖特卖。他们对品牌的忠实犹如宗教信徒般虔诚，并身体力行地充当品牌的卫道士，对来自他人的任何诋毁都极力辩解甚至回击；他们有意和其他品牌的拥护者区别开来，甚至对其他消费群嗤之以鼻；他们积极参加该品牌举办的各种活动，并为自己是该品牌的追随者感到骄傲；这群信徒同时也是传教士，将该品牌提供的一系列满足，包括物质和精神的，不遗余力地向其他用户推荐。这就是"品牌崇拜"，苹果手机就是这样一个让无数用户为之膜拜的"宗教化品牌"。

《100个梦想的赞助商》是小米推出的一部微电影，故事原型来自小米成立之初的真实经历，讲述了一个小镇年轻人坚持赛车梦想的故事。MIUI发布第一个内测版本时，第一批用户只有100人。当时小米籍籍无名，也没任何推广，这最初的100名用户成了小米最珍贵的种子用户。小米把他们称为"100个梦想的赞助商"，把这100名用户的论坛ID写在了开机页面上。这100个梦想的赞助商以狂热精神，对小米口口相传，为小米迎来了倍增的新用户。

《基业长青》中有一句话：坚持以一种宗教般的热情和信仰来经营企业、完成工作，那么，试看天下谁能敌？伟大的企业都把自己活成了一种"宗教"，让员工成了坚定的信徒。制造品牌的虔诚度，由内而外打造品牌，更有爆发力和穿透性。让用户成为信徒，由铁杆粉丝、"骨灰级"玩家形成的口碑度、参与度、炫耀度，转化为虔诚度，去带动更多最焦点的目的用户，完成最关键的用户群（圈子）建立，并进一步进行向外的辐射和影响其他用户。这种从被动型粉丝到主动型粉丝的转变，是品牌打造的又一次质变。

具有虔诚度的粉丝，属四级粉丝，特征是"我的眼里只有你"。

第五步——品牌美誉度：营造五级粉丝。

种子用户积聚到一定水平，就必需向更大规模的用户群进行扩容。这是最关键的一环，口碑度、参与度、炫耀度、虔诚度的群体，是小规模的。如小米的"100个梦想的赞助商"，要从一百人成长到一万人、一百万人、甚至到一千万人，乃至一两亿人，就要依靠品牌美誉度实现。

社会化传播的展开。传统媒体与互联网媒体的融合，消灭传播的死角，让品牌成为社会公器。

引流到目标用户群上。一般通过活动形式开展，如微博的抽奖，关注转发有奖等手段，在内容上有趣好玩。

更广泛的社会认知。褚橙怎么成为"励志橙"的？就是经过前期周密的策划、褚时健的曲折、励志人生、微博大V的自动转发，褚时健的名人效应迅速放大并跟褚橙建立了联系，也迅速成为微博热点事件，传统媒体快速跟进，一场免费的报道扑面而来。产品还没上市，新媒体上已经沸腾了，柳传志、王石、潘石屹、韩寒等都转发微博和对《褚橙进京》新闻进行免费的"推广"，潘石屹和柳传志还适时推出了潘苹果和柳桃（猕猴桃）。

柳传志说："有佳果与梦想相伴，就是生活本来的样子。"

王石在微博上转发《褚橙进京》新闻报道，并引用巴顿将军的话评价褚时健："衡量一个人的成功标志，不是看他登到顶峰的高度，而是看他跌到低谷的反弹力。"

此时品牌的粉丝级别当属第五级，特征是："心连心"。

第六步——品牌渗透度：营造六级粉丝。

实现前述五个步骤，基本完成了互联网时代的品牌打造，但还没有完成"最后的一跳"。品牌是产品、企业进入市场的"敲门砖"。完成上述五步，只是完成了"敲门"，而在用户心中"登堂入室"成为座上宾，还必须具备强势的"渗透度"，也就是品牌（产品）的市场占有率。

没有市场占有率的品牌，是虚假品牌。品牌渗透、笼罩、垄断达不到一定规模的目标受众，就不会成为一个有影响力的品牌，只有让更多人知道，渗透到更广袤的市场，才有更多的价值兑现机遇。

华为手机品牌之所以强大，是因为自2010年到2017年的7年间，华为手机的销量增长达到51倍。在用户手机品牌满意度调查上，华为品牌占据第一位置。2017年，华为手机出货量达到1.53亿台，稳居全球第三、接近第二位置，在部分重点国家如西班牙、意大利、波兰已跃居第一，在俄罗斯、法国、奥地利、匈牙利、泰国、芬兰、巴基斯坦、沙特阿拉伯、捷克、希腊、罗马尼亚、马来西亚、埃及、哥伦比亚等14个国家位居第二。2018年，全年华为手机销量可达2亿台，可能超过苹果，成为全球第一。

品牌粉丝到了第六级，就已经不再是个体，而是一个区域、一个国家；也不再是产品，而是一种意识，一种精神。

第七步——品牌共生度：营造七级粉丝。

品牌的至高境界，是一种共生。

这种共生，把与品牌相关的、不相关的万物万事融合在一体，恰似绝世武功，飞花摘叶皆是利器，品牌价值彰显在无形之中。

产品与品牌的共生。这是概念的共生，是二者你中有我，我中有你的极致。如"冰淇凌中的劳斯莱斯"，我们无法辨别这是产品，还是品牌。

企业与用户的共生。这是主体的共生，企业与用户形成命运共同体，用户对品牌虔诚到了"死了都要买，不买就得死"的地步；企业对用户的虔诚到了"我为伊生"地步。如小米"因为米粉，所以小米"。

理念与手段的共生。这是方法的共生，品牌打造进入哲学意境。现在，天变了、地变了、道变了，术也得变。许多品牌打造的理念与手段脱节，要么理念陈旧、要么手段落后。心里明白要以互联网思维打造品牌，思路与结果却是工业化、标准化的产物。

线上与线下的共生。这是形式的共生，万物互联时代，打通线上线下的品牌通路。腾讯搭建起O2O品牌的生态链条，以微信平台为大入口，后端有腾讯地图、微信支付等做支撑，中间整合本地生活服务，比如餐饮由大众点评进行承接，这样就构建起线上线下互动的闭环，形成了品牌通吃的局面。

品牌共生阶段的第七级粉丝，是自己，是创造无穷的"我"。

"我"的原力觉醒，不仅仅是人生，也是企业品牌打造的至高存在。

第52节　营销重构建，得人心者得市场

近两年，中国消费市场有一个热词就是"消费升级"。

研究显示，消费升级的重点是新兴生活方式的出现。根据《2017消费升级营销趋势研究报告》，发现中国用户增加的新形态生活消费中，购买视频网站会员、购买有机食材、出境旅游、购买进口生鲜、付费购买内容产品等成为排在前面的类型。从这些现象可以看出什么？消费升级不是"价格升级"，而是追求消费能力范围内的生活品质最优。

新时代研究营销重构建，消费升级是个起点。

52.1　消费升级，时代营销大趋势

消费升级的时代，用户正在发生族群式的裂变，消费呈现出新的"二元市场"，营销既要满足基本大众化生活消费的市场，又要创造新需求精众型消费市场。

知名趋势营销专家肖明超，曾总结消费升级下的营销基本趋势。

趋势一，超越产品，要思考新的消费意义。

今天，企业想要聚集用户的注意力，需要考虑如何增强场景体验和仪式感。通过制造出一些消费的仪式感，能让大家在共同的时间点形成消费能量的聚集。"双十一""双十二"的购物节，都是制造出来的。要对人们的消费欲望刺激和满足，让很多用户计划购买的东西提前获得了，变成了实时的购买，而这些需求是要被制造出来的。企业升级战已经发生了改变，从制造产品到制造"新消费主义"。

在这样一个时代，我们要去思考如何去构建营销的新的场景，而新的场景带来的是一种新的语境。例如，你每天上班走进写字楼，会看到农夫山泉在讲述"你可能不知道，你正在品尝的是长白山的春夏秋冬"的故事，农夫山泉长达几分钟在电梯电视上不断滚动播出的广告，将其产品研发及设计过程，包括工厂建造过程，都娓娓道来，告诉你农夫山泉不是一瓶简单的水。而农夫山泉新瓶装的设计，有麋鹿，有滑雪的孩子，还有树林的形象，这些原生态的画面和设计，让所有用户在饮水的同时，感受到自然的魅力，这也让这个营销超越了产品本身的意义。

趋势二，营销传播不再是冰冷的媒介界面，而是要让情感在不同时空得以流动。

在移动互联网环境下，传播已不再是冰冷的媒介。用户具有高感性和高卷入两种特征。高感性指的是用户会基于移动互联网场景和氛围触发实时化行为；高卷入指的是在使用不同的应用中，用户所倾注的自己更深度的情感元素，而这种卷入度比PC端的卷入度要高。这种背景下，为激发用户更多元化的情感卷入和情感流动，营销的内容创意就要以触发情感流动为目标。

例如，里约奥运会，可口可乐以日常生活中的成功时刻为切入点，让奥运精神回归日常点滴，聚焦时代背景下每一个为实现梦想而努力拼搏的平凡人和他们背后的支持者。通过重新诠释奥运金牌的含义，发掘奥运蕴藏的人文情怀，将"金"与人类最珍贵的情感连接起来。还有，伊利牛奶发起了一个"你是不是父母的陌生人"的活动，其概念是要引起思考——你有多长时间没有真正关心过自己的父母。基于这样一个概念，引出"一杯热牛奶，温暖的意义——陌生人"。这种"情景互换"所激发的感情共鸣深深地揭开了当今中国社会年轻一代与长辈一代之间存在情感"伤疤"，我们可能和父母的距离看起来很近，但是实际上我们彼此很少去传递温暖。伊利这个活动，因为这样一个情感化和温度化的场景，让大家觉得这个品牌更有"爱"，更有"关怀"。

趋势三，营销进入情景时代，从场景到情景的价值升维。

如今，大家都在讲场景，实际上我们要思考，场景如何去和情感进行更深层次的结合。营销从产品为导向，到用户为导向，再到场景为导向，现在是体验为导向，就需要更多的情感卷入与社交分享。场景是基于特定的时间、空间环境对用户原生需求的满足；情景是在时间、空间环境、用户的情感卷入以及社交分享行为下，对用户触发需求的满足。如今的营销就需要思考场景营销到情景营销价值的升级。

例如，过去一直主打翻译和查词的有道词典，它的价值已经发生了变化。过去大家用它的时候，可能更多的是因为它是一个自己需要的工具。但是当我们去想象，用户可以在出国旅游的时候使用它，可以在海淘的时候使用它，可以在跨国社交的时候使用它，可以在工作学习的时候使用它，我们就会发现这样一个应用有了新的情景化的用意。基于这样的背景，有道词典新的营销口号是"有道词典，陪你看世界"，这是对于有道词典情景化的价值提升，也使用户更容易找到和品牌的共鸣点。

趋势四，领军者抢位占位，引领消费文化。

中国在品质消费和精众消费的领域蕴藏着品类细分的机会，而在很多的行业，已经不简单是品牌之争，而是品类之争。比如，功能饮料和果汁饮料的竞争，碳酸饮料和非碳酸饮料的竞争。这就需要去定义一种新的品类，定义一种新的消费文化。

新能源汽车如何赢得市场？新能源不仅是品牌和品牌的竞争，更是油车和新能源车市场的品类竞争。因此，新能源品牌要能够脱颖而出就需要新的定义。例如，知豆电动车，是一个微型交通工具品牌。这样的品牌要想赢得市场，单从消费群的争夺很难做到。所以，知豆构建的是微型生活方式，打造微型的产业联盟。还有摩拜单车、ofo等，和知豆其实属于同一个品类，这样就会形成一种新的、微型的生活圈，这是一种新的消费的文化。

趋势五，从去中心化到中心化的聚合传播，从传递信息到输出内容。

我们处在一个去中心化的时代，人人都想成为网红，人人的朋友圈都有雪花般的各种莫名其妙的热点。很多人都在谈各种信息、消费各种信息，但很少有人去思考信息背后深层次的内容价值。

内容是去中心化的一个焦点，通过更深刻的内容，更多的跟用户共鸣的内容，会让你重新跟用户建立关系，让你重新聚合更多的用户。优质的内容，让营销站在制高点。慕思床垫举办全球睡眠文化之旅，用这样的活动诠释品牌的"生活之慢"，向大众传递放慢脚步、享受生活的人生态度，这种高品质的优质内容也给慕思品牌带来了新的内涵和意义。

趋势六，营销萌宠化，娱乐成为一种姿态。

营销要接地气，能不能娱乐是一种姿态。一些看起来很严肃的话题，可以用诙谐幽默的创意方式进行展现。2016年11月20日，中国气象局官方微博信誓旦旦预测北京这个冬天的第一场雪正在匆忙赶来的路上，预计21日早帝都就将是一片白茫茫，但是说好的白茫茫没有到来。随后，中国气象局发出一条微博道歉，气象预报本是严肃的事情，但气象局官微选择以卖萌的形式来道歉有误差的预报，引发了大家对其的好感度和亲和度。

一向正儿八经的故宫博物院，也走上了卖萌的"不归路"，推出"宫廷娃娃"系列产品，之后各种萌物新品的推出都会引起轰动。从全面推行网络预约购票和网络社交平台藏品展览，到上线"故宫淘宝店"推出系列文化创意产品，古老的故宫似乎正焕发出青春的活力，让传统文化活了起来。颐和园开了一个皇家买卖街，经营宫廷家居饰品、皇家生活用品、图书音像、服装箱包、办公文具、旅游纪念、皇家生日礼物、艺术品等8个类型的商品。这都是娱乐的心态，也是萌宠化的心态。

趋势七，应用新技术，创造品牌的超现实体验。

虚拟现实之所以火爆，是因为很多用户可以直接用到虚拟现实的这个产品，它带来新的机会，带来新的融合的体验，带来一种更深层次的沉浸感。

VR营销不是简单在VR设备上做营销，而是在不同的移动互联网场景中融入VR，让品牌体验更具沉浸感。如果同时还能够创造出一些特别容易扩散的话题，那么VR的营销就能够成为创造社交媒体内容的源头。VR营销的核心就是要制造超越现实的品牌体验。

神州联手暴风打造VR+专车的创新体验，利用超越现实的VR体验凸显神州的安全理念与服务创新，线上病毒视频紧随其后，形成传播热点，通过VR自带的营销热点催化专车市场，制造行业影响力，打造跨界合作新案例，形成1+1＞2的品牌合力。

52.2 消费升级，互联网巨头有妙论

网易严选，是网易公司CEO丁磊一手打造的，高品质生活类自营电商品牌，于2016年4月正式面世，是国内首家ODM（原始设计制造商）模式的电商，通过ODM模式与大牌制造商直连，剔除品牌溢价和中间环节，为国人甄选高品质、高性价比的天下优品。目前，网易严选的商品分居家、餐厨、配件、服装、洗护、母婴、原生态饮食等几大类目，未来会开发更多家具、玩具等，打造成全品类的生活类电商品牌。网易严选上线后得到众多用户和业内人士的拥护和肯定，截至2017年底，网易严选已拥有超过5 000万注册用户，月流水6 000万元。网易严选首次参加"618"和"双十一"大促便取得叫好又叫座的成绩，其中，618期间，流水翻了20倍；双十一期间，流水超平时100倍。有报告称：网易严选正日益成为网易电商业务重要的GMV（商品交易总额）增长驱动力。

2018年6月21日，中国零售百强榜单发布，网易严选排名第63位。

营创实验室，是创新型数字营销解决方案提供商——营创科技旗下的创新型数字营销实践社群，覆盖数万名国内一线品牌经理、数字营销经理、

优秀广告公司创意人员和策略人员。它倡导用科技和创造力改变营销，依靠社群的力量，每周攻克一个营销难题。它将网易严选营销方法论总结为七句话，对消费升级下的营销重构建极具启发意义。

第一，从用户出发是一切商业逻辑的原点，消费升级要抓新中产用户。

消费升级的核心用户是30岁左右，白领为主的年轻人，高知，较高收入，但未到传统意义上的中产，是所谓新中产群体。这群新中产用户随着学识学历、个人阅历和经济能力的提升，开始追求好看一点好用一点的商品。无论你是卖咖啡，卖花，卖水果生鲜，还是卖日用家居杂货，一定要抓这个群体的特质。

第二，消费升级，是购物体验的升级&理念和消费习惯的升级。

购物体验的升级。拼多多的用户从挤集市和农贸市场升级为用手机通过互联网买商品，这是一种升级。

理念和消费习惯的升级。大部分新中产用户，或者说一线城市的白领用户，从以前非常注重logo，非常注重品牌，从认同"十分价钱一分货+一个logo"，到现在需要两分价钱三分货，也是一种消费升级。

网易严选走的是精选电商，或者说品牌电商的路线，所以认为性价比、高品质是这轮消费升级进阶的门票。

第三，消费升级环境下，品牌更重要。

消费升级中，品牌溢价不重要了，品牌属地不重要了，但品牌更重要了，品牌会带来理念认同的需求和效率消费的需求。

物质极大丰富下，用户有了理念认同的需求；选择极大丰富下，用户有了效率消费的需求；新中产用户希望好看一点，好用一点，省心一点，可以闭着眼睛买。

第四，消费升级时代，从渠道为核心转为用户为核心。

营创实验室，列出了两个公式。

GMV=流量×转化率

GMV=用户触达×知名度转化率×购买转化率

这两个公式就是以渠道为中心和以用户为中心的区别。阿里巴巴是一个以流量起家的公司，现在也在讨论用户，讨论超级用户。

第五，市场定位的方法，核心用户→核心价值→商业模式。

品牌没有办法跟所有的用户做朋友，市场定位的方法是先找到核心用户，找到能对核心用户提供的核心价值，再到商业模式。

不是用对手的缺点去定位，而是要找到对手优点下的固有缺陷。网易严选相对于淘宝去做定位，如果用淘宝的缺点做定位，很可能做出来的是一个长得好看的淘宝，长得好看的淘宝还是淘宝。如果用淘宝优点下的固有缺陷做定位就截然不同，淘宝的优点是万能，万能的淘宝固有的缺陷是复杂、多，用户需要花大量的时间搜索。

所以，网易严选针对30岁左右的新中产用户（核心用户），提供的核心价值是省心，提供给用户简约的、环保的、舒适的、自然的商品。

第六，品牌策略要从用户洞悉中来。

物质匮乏时代，奢靡和丰富代表美好生活。

物质丰盛时代，克制和简约才代表美好生活。

所以网易严选是克制的，不是张扬的；平和的，不是奢靡的；素雅的，不是奔放的。

第七，营销策划要遵循12字决——环境、渠道、事实、去我、利好、无碍。

这是对营销策划的多维视觉审视。

环境和渠道，是客观角度，用户如何触及你策划的基本环境。环境指用户会在什么氛围下看到你的策划；渠道指用户会在什么地方看到你的策划。

事实和去我，是策划者角度，走出营销人最容易犯的错误。事实指策划者不能发明用户洞悉，只能发现用户洞悉；去我指策划者应该注重用户想要什么而不是我想告知用户什么。

获利和无碍，是用户角度，用户触及营销策划时的基本感受。获利指用户本身会不会在你的策划中获利；无碍指你的营销策划是否打扰用户当下的任务。

52.3 五花八门"新营销"

在中国乃至世界的营销界，最不缺乏的就是营销理论与营销方法。

营销宗师科特勒曾将营销划分为三个阶段。

一是"以产品为中心的时代"，在这个时代，营销被认为是一种纯粹的销售，一种关于说服的艺术。

二是"以用户为中心的时代"，企业追求与用户建立紧密联系，不但继续提供产品使用功能，更要为用户提供情感价值，因此公司与产品都追求独特的市场定位，以期望为用户带来独一无二的价值组合。

三是"人文中心主义的时代"，在这个新的时代中，营销者不再仅仅把用户视为消费的人，而是把他们看作具有独立思想、心灵和精神的完整的人类个体，企业的盈利能力和它的企业责任感息息相关。

进入互联网时代，面对消费升级的大趋势，科特勒的营销学说被无数个新的范式、方法、工具继承与肢解，演化成"数字营销新思维"。

阿里巴巴集团在消费升级、新零售下，以用户运营为核心，以数据为能源，实现"全链路""全媒体""全数据""全渠道"的全域营销方法论。将营销的概念延伸至线下甚至更广，以Uni ID为支撑，了解每一个人的个体需求，探寻每一个用户对品牌的终身价值。

据介绍，不同于以往的抽样调查和统计学结果，这是基于阿里巴巴大数据每个Uni ID背后实实在在的每个用户。在阿里巴巴全域营销生态系统中，每一个Uni ID是打通的，无论是在天猫、淘宝，是在UC、高德，还是在优酷、土豆，无论出现在哪里，都可以还原这个ID背后代表的真实用户，了解这个用户的行为和诉求。

阿里妈妈，是阿里巴巴这个全域营销的大平台。它依托阿里巴巴集团的核心商业数据和超级媒体矩阵，赋能商家、品牌及合作伙伴，提供兼具品牌与电商广告的产品及营销平台，帮助客户以用户运营为核心打通品效全链路，实现数字媒体（PC端+无线端+多媒体终端）的一站式全域传播。从单一的电商效果广告升级为大数据营销平台，推动数字营销往前迈出一大步，让天下没有难做的营销。

阿里妈妈的媒体矩阵,覆盖了用户日常生活的众多场景。包括以淘宝、天猫、聚划算、口碑为代表的电商消费类媒体;以优酷、土豆为代表的视频媒体;以新浪微博、陌陌、钉钉为代表的信息流媒体;以UC、高德为代表的移动信息流与搜索引擎媒体等。这也意味着,打通Uni ID 的超级媒体矩阵可以使品牌营销在不同属性的媒体上影响用户,并随着媒体的不断增加,逐步覆盖并触达更多用户。

阿里妈妈的品销产品矩阵,改变了目前品牌营销领域品销分离的现状,使品销联动;数据的沉淀和打通,实现了贯通用户生命周期的品销全链路。以"一夜霸屏""品牌雷达""品牌专区"为先导的品销宝系列产品的打造,助力"新零售"时代下的品牌与营销革新,支撑"新营销"的落地,推进"新品牌"的构建。

事实上,全球数字化营销发展到今天,已不再是传统营销的数字化展现,而是以数据化的思维去做营销——用户在拥抱互联网的过程中逐步产生了数据沉淀,并随着数据处理技术和运算能力的提升,生发数据思维,进而催生智能营销。目前,阿里巴巴对自己的定位早已不是电商公司,而是数据公司,阿里巴巴的电商、支付、金融、文化娱乐等业务都是产生数据的应用场景,而现在到了用数据去催生新业务,反哺现有业务的阶段。

如果说阿里巴巴全域营销是大开大合的"大家闺秀",那么,一些企业针对消费升级和用户变化也不断创新的营销方法,可称为"小家碧玉"。

饥饿营销。企业有意调低产量,以期达到调控供求关系,制造供不应求"假象",以维护产品形象并维持商品较高售价和利润率的营销策略。

口碑营销。在品牌建立过程中,通过客户间的相互交流将自己的产品信息或者品牌传播开来。

借势营销。通过创意将产品附着在有巨大传播力,大家众所周知的热点事件上,很容易就会获得大量传播。

病毒营销。利用公众的积极性和人际网络,让营销信息像病毒一样传播和扩散，营销信息被快速复制传向数以万计、数以百万计的用户，它能够像病毒一样深入人脑，快速复制，迅速传播。

跨界营销。两个或多个看似毫不相干的品牌，根据各自的特点和优势，相互契合渗透，优势互补，达到1+1>2的效果。

新媒体营销。借助新媒体的互动传播提升品牌知名度和美誉度，利用专业网站、个人网站、BBS、网络游戏、博客、QQ群、微信、贴吧、短信平台以及音频和视频等多种形式结合的动漫广泛传播商品信息。

体验式营销。强调产品的真切体验，追求产品或服务与情感体验的一致性，激发用户购买欲望，刺激消费，引导消费。

个性化营销。挖掘用户消费特点和个性化元素，并将这些个性化元素与企业的品牌诉求及产品研发密切融合，强力塑造产品及品牌的个性化特点，创造用户在精神上的契合和心灵上的共鸣。

……

52.4　万法归宗：得人心者得市场

无论营销理论、模型、方法有多少种，无论是工业化时期，还是互联网时代，营销的原点亘古不变，那就是任何产品、任何服务，最终都是为人，由人感知，由人消费，由人买单，由人点赞。

营销原点："营"的是人，"销"的是心。

得人心者得市场！

正像美国营销学者拿破仑·希尔曾说过的名言："我销售的不只是产品，是一种服务，更是一种理想"。

美国城市大学的市场营销教授玛闰拉女士提示："新市场营销思想是，我们一旦理解了人们的思想以及他们生活的环境（和他们如何使用我们的产品），他们如何定义他们的生活，那么人们将把我们的方案纳入他们的生活中。因此市场营销管理者的目标和业务也将发生巨大的变化"。

营销就是"从市场份额到思想份额到内心份额。""把焦点从分析产品中移到分析人们的思想、动机和情感。"

综合玛闰拉教授的论点，营销的中心不再是产品，而是"人心"。因此营销从产品到市场到客户最终回归到人心，正是消费升级中营销管理的主要论题。

中国文化最伟大的宗旨是"以人为本""以心为本"，诸如"天人合一""参天地而化育"。

西方一些有良知、德性的各个事业领域的学者都认识或觉悟到西方二元式的思维法则已经日趋僵化、分化，尤其是人与物，人与自然的平衡关系，遇到瓶颈走到对立，无法回归到和谐。比如，两极分化的理念引导之下，促使了重商主义的抬头，只取利而不言义，也就是只重经济效应，而漠视社会效益。玛闰拉教授新的营销理念，可以说正是西方当代精英学者从物化到人性乃至到心性的一种回归。

当西方理性遇到中国文化精致的智慧和精神时，必然会使西方从理性的梏困中超越，从而更人性化，更心性化，回归到天人合一的伟大文明中。营销将企业精神与人的利益相结合，才能占领"人心"，从而产生经济利益。

互联网之所以伟大，首先是对人的彻底解放，对人的功能进行无限延伸。通过计算机将所有人脑的脑力延伸到无边界，并将全球的脑力互相相连。其次，是互联网对人性的解放，自由、平等、人的自主权、个体的差异性和个体价值，在今天被充分释放了出来。在工业时代，人像铆钉一样，是一个组织体里的一小块，我们从中体现价值，但有囚笼、铁笼效应。互联网时代，所有独特的人，自由、紧密地联系在一起，这就是人性，人因此能够成为更完美的人。再次，互联网令所有准入门槛都被降低，个体的人被赋予更强大的力量，个体的才华和能力被充分释放出来。互联网让创新更容易，让任何地方的任何人变得更具有创造力。互联网是真正的以人为本的经济，是一种人性的回归，互联网思维的本质，是商业回归人性。

传统营销是以"物"即产品为核心的，新时代的营销重心已经逐渐向"人"即用户转移，以人为本的观念已经是一种共识。

得人心者得市场，是营销的出发点。

用户之心。不仅要满足用户对产品与服务的功能需要，也要满足用户的心理需求，更能提供一种精神的享受。

企业之心。用心做产品，用心提供服务。

心与心的沟通。打开心扉，才能得到心，才能留住人。

在出发点得人心，要从最简易的三点做起。

一是商品的易得性。保证用户在需要某商品时，可以及时获得信息，并能在其希望的时间、地点方便地购买到该商品，使用户的信息搜寻成本和购买过程成本降至最低。

二是产品线宽度和深度。要发展灵活制造，保证商品的可选择性。在网络时代，用户的消费个性呈明显上升趋势，需求日趋多元化、个人化。这就要求产品线的宽度和深度都应适当拉长，让不同需求的用户都能够在企业的产品线中找到自己满意的产品。

三是用户参与度。企业可以提供灵活制造服务，为不同需求的用户量身定做，最大限度为他们提供个性化、人性化服务。另外用户可参与企业决策，比如定价，以此使用户意见转化为企业经营行为，满足用户自尊的需要，控制消费过程，培养用户的忠诚度。

得人心者得市场，是营销的归宿点。

华为，如今是"无人不知，无人不晓"的世界级企业。

华为的营销"润物细无声"，通过"以客户为中心，以奋斗者为本"而深得人心。

一是内得员工之心，以奋斗者为本。

任正非在华为常讲："创造价值的主体是员工，是人！一切自然资源都有枯竭的时候，但人是永远开发不尽的宝藏。让人能创造更多、更重要的价值，需要以奋斗者为本。

"很多年我们都羞于谈论奋斗的动力。其实，动力很简单，那就是利益。

"动物的本能，要为生存而奋斗，狮子要奋斗去追逐猎物，猎物要奋斗着提高奔跑的速度。人，也一样，要为生存奋斗，为生存得更好奋斗，为买房买车奋斗，为让孩子接受良好的教育而奋斗……

"以奋斗者为本正是基于人们奋斗的动力，坦然承认奋斗的动力就是利益驱动。利益驱动就是经济行为的原动力。

"华为的管理核心就是建立起了这种利益驱动机制。有了这种机制，就有了无数奋斗者，就有了无数从优秀到卓越的奋斗者，他们争先恐后地提交成为奋斗者申请书，他们能吃各种苦，能胜任各种攻坚战，能去世界任何艰苦的地方，能成为无坚不摧的铁人，能攻克任何技术难题……

"'以奋斗者为本'，是'以人为本'的升华。关爱员工，不仅仅是关爱员工的工作和生活，更重要的是关爱员工的成长与发展，这样才能更好地激发员工的创造力。关爱奋斗者，才能够让员工中的奋斗者、奉献者、创造者不吃亏，得到其应得的利益和发展空间，以及展示才华的平台。也只有这样，才能获得源源不断的发展动力和创新源泉，从而屹立于世界品牌之林。"

二是外得用户之心，以客户为中心。

任正非多次指出："公司迈向新的管理高度，以什么来确定我们的组织、流程、干部的发展方向呢？以什么作为工作成绩的标尺呢？我们要以为客户提供有效服务，来作为我们工作的方向，作为价值评价的标尺，当然是包括了直接价值与间接价值。不能为客户创造价值的部门为多余部门，不能为客户创造价值的流程为多余流程，不能为客户创造价值的人为多余的人，不管他多么辛苦，也许他花在内部公关上的力气也是很大的，但他还是要被精简的。

"企业要长期研究的问题是如何活下去，积极寻找活下去的理由和活下去的价值。

"华为存在理由的定位是，为客户服务是华为存在的唯一理由。我们要为客户利益最大化奋斗，质量好、服务好、价格最低，那么客户利益就最大化了，客户利益大了，他有再多的钱就会再买公司的设备，我们也就活下来了。"

三是综观得社会之心，履行社会责任。

华为在2000年起，每年纳税就超过200亿元，2017年华为纳税更是高达

1 100亿元。华为为社会提供就业机会，员工总数高达20万人。华为是全球最有影响力的环保行业组织GeSI（全球电子可持续发展推进协会）亚洲唯一会员，所有产品都采用健康、环保的原材料。华为还获得上下游合作伙伴之心，只赚取合理的利润，要让上下游的企业有合理的利润，实现企业的供应链客户、合作者、供应商、制造商多赢。

第53节　供应链重构建，打造企业生态圈

党的十九大提出，要在现代供应链等领域，培育新增长点、形成新动能。

2018年4月，国家商务部等八部门下发了《关于开展供应链创新与应用试点的通知》，5月，财政部办公厅、商务部办公厅又联合发布《关于开展2018年流通领域现代供应链体系建设的通知》。这是继2017年国务院发布《关于积极推进供应链创新与应用的指导意见》后的又一次关于供应链的政策波，供应链到了"风口"。中央财政重点明确了采用政府补助、以奖代补、贷款贴息等实质性的支持型政策，一波波利好传出，如一夜春风带动供应链提升，标志着传统流通领域的散、乱、小向标准化、智能化、协同化、绿色化的现代流通供应链体系转型正式拉开序幕。

以重构建维度研究供应链，要跳出技术与方法层面，在理念、思维上发力，唯如此，才能创造供应链的势能。

53.1　供应链不仅是物流，更是经营思想

供应链指围绕核心企业，从配套零件开始制成中间产品以及最终产品，最后由销售网络把产品送到用户手中的，将供应商、制造商、分销商直到最终用户连成一个整体的功能网链结构。供应链的概念是从扩大生产概念发展来的，它将企业的生产活动进行了前伸和后延。

日本丰田公司的精益方式中，将供应商的活动视为生产活动的有机组

成部分而加以控制和协调。美国学者史蒂文斯认为："通过增值过程和分销渠道控制从供应商到用户的流就是供应链，它开始于供应的源点，结束于消费的终点。"可见，供应链就是通过计划(Plan)、获得(Obtain)、存储(Store)、分销(Distribute)、服务(Serve)等这样一些活动而在用户和供应商之间形成的一种衔接(Interface)，从而使企业能满足内外部用户的需求。

对供应链的认知，经历过三个阶段。

一是物流管理阶段。早期的观点认为供应链是指将采购的原材料和收到的零部件通过生产转换和销售等活动传递到用户的一个过程。因此，供应链仅仅被视为企业内部的一个物流过程，它所涉及的主要是物料采购、库存、生产和分销诸部门的职能协调问题，最终目的是为了优化企业内部的业务流程、降低物流成本，从而提高经营效率。

二是价值增值阶段。进入20世纪90年代，人们对供应链的理解发生了新的变化。由于需求环境的变化，原来被排斥在供应链之外的最终用户的地位得到了前所未有的重视，用户被纳入了供应链的范围。这样，供应链就不再只是一条生产链，而是一个涵盖了整个产品运动过程的增值链。

三是网链阶段。随着信息技术的发展和产业不确定性的增加，今天的企业间关系正在呈现日益明显的网络化趋势。与此同时，人们对供应链的认识也正在从线性的单链转向非线性的网链，供应链的概念更加注重围绕核心企业的网链关系，即核心企业与供应商、供应商的供应商的一切向前关系，与用户、用户的用户及一切向后的关系。

供应链的概念，就这样经过不断革新、深化、迭代，已经不同于传统的销售链，它跨越了企业界限，从扩展企业的新思维出发，并从全局和整体的角度考虑产品经营的竞争力。供应链从一种运作工具上升为一种管理方法体系，一种运营管理思维和模式。

世界权威的《财富》杂志，早在2001年就提出"企业之间的竞争，归根到底是供应链的竞争"，将供应链管理列为21世纪最重要的战略资源之一。供应链管理是世界500强企业保持强势竞争不可或缺的手段，无论是制造行业、商品分销或流通行业，无论你是从业还是创业，掌握供应链管理都将助你或你的企业掌控所在领域的制高点。

今天的市场是买方市场，也是竞争日益激烈的全球化市场。企业要在市场上生存，除了要努力提高产品的质量之外，还要对它在市场的活动采取更加先进、更加有效率的管理运作方式。供应链管理就是在这样的现实情况下出现的，很多学者也对供应链管理给出了定义，但是在诸多定义中比较全面的应该是这一条：供应链管理是以市场和客户需求为导向，在核心企业协调下，本着共赢原则，以提高竞争力、市场占有率、客户满意度、获取最大利润为目标，以协同商务、协同竞争为商业运作模式，通过运用现代企业管理技术、信息技术和集成技术，达到对整个供应链上的信息流、物流、资金流、业务流和价值流的有效规划和控制，从而将客户、供应商、制造商、销售商、服务商等合作伙伴连成一个完整的网状结构，形成一个极具竞争力的战略联盟。简单地说，供应链管理就是优化和改进供应链活动，其对象是供应链组织和它们之间的"流"，应用的方法是集成和协同，目标是满足客户的需求，最终提高供应链的整体竞争能力。

供应链管理的实质是深入供应链的各个增值环节，将用户所需的正确产品（Right Product）能够在正确的时间（Right Time），按照正确的数量（Right Quantity）、正确的质量（Right Quality）和正确的状态（Right Status）送到正确的地点（Right Place），即6R，并使总成本最小。

供应链管理是一种先进的管理理念，它的先进性体现在是以用户和最终用户为经营导向的，以满足用户和用户的最终期望来生产和供应的。除此之外，供应链管理具有把所有节点企业看作是一个整体，实现全过程的战略管理；集成化、全局最优的管理模式；全新的库存观念；以最终客户为中心，将客户服务、客户满意、客户成功作为管理出发点等多方面的优势。

在我国，供应链管理与服务的典型代表企业之一是深圳市怡亚通供应链股份有限公司，作为国内供应链行业的第一家上市企业，怡亚通已在供应链服务领域创新发展了21年，早在8年前就开始加快探索与积累、积极参与流通供应链行业的变革。怡亚通以用户为核心，以互联网新技术为共享手段，构建多个跨界融合服务平台，将全面覆盖流通行业里的500万家终端门店，紧密聚合品牌企业、物流商、金融机构、增值服务商等各大群体，实现最经济、最大限度的成长。怡亚通目前在全国近320个城市构建流通行业新生态，承接全国各大商超、中小连锁加盟及普通商店的集采、集配，减少流通环节成本、增加实体收入，实现快速响应及效率提升；并通过供应链管理模式全面推进供应链服务、全球采销、资本金融、产业孵化的新流通。

53.2 供应链催发"生态型"企业

传统供应链依托的基础是物流，随着互联网的发展，原始的供应链链条里面的一切都变为数字化，促使物流业从过去一个非常落后的行业变成了一个高度智慧的行业，因为新的信息技术和供应链思想在物流领域的广泛应用和推广，物流业变得越来越智慧，而且物流会与大数据、区块链、RFID融合，与金融和交易融合。这样，它以充分的连接性、反应敏感度、智能性以及径向网络整合性，改变着世界，而不仅仅是改变一项业务、一个事业的效率。

这是一种范式的创新，思想的变革。这种变革中，传统的、一条线性的、闭环的供应链不见了。取而代之的是一个复杂的网状现代供应组织，一个网格化的供应链，一个开放、共享、智慧的新商业生态圈。

新供应链是食物链，必然催生生态型企业，并成为生态型企业的食物链。生态型企业将整个供应链纳入生态系统中，发挥供应链的最大优势。供应链越复杂，食物链越复杂，价值中心类型越多元化，生态系统则越繁茂。

新供应链是产业链，生态型企业是一种产业企业，将覆盖整个产业链。但它并非简单的产业链，而一种产业群落，生态型企业最终是要建立一个产业生态圈，因此生态企业体量均相当惊人。未来随着人类价值创造能力的不断提升，将会催生出更多的巨型生态企业。

新供应链正在改写市场竞争规则，在更大格局上构建企业的生态系统，开放自己的软、硬件资源优势，吸引各种市场"生物"加入生态组团中，协同发展、进化，打造人才生态、构建组织生态、搭建客户生态、塑造生态文化，通过产产互动、产融互动、产网互动、产才互动等方法实施生态战略，完成企业从应用型向平台化到生态型转型升级。

生态型企业并非新鲜事物，国外企业中Google、苹果、亚马逊、Facebook、英特尔、迪士尼、高通等，国内企业中BAT、海尔、小米等都是生态型企业。在全球市值Top10企业中，生态型企业已经占据了半壁江山，其他生态型企业也正在迅速崛起。随着世界经济格局的变化将催生更多的生态型企业，届时大生态企业内有小生态企业，小生态企业内有更小的生态企业。价值创造与价值交换在生态企业之间进行，市场也成为一个生态系统，可以说生态型企业时代即将到来。

所谓生态，放在商业语境上看，一个企业就是一个生态，一个产业也是一个生态，国民经济也是一个大生态。生态，指向的是企业生态，企业的生存状态以及企业内要素之间的关系。

所谓生态型企业，就是以用户为中心，以互联网、物联网、智能化等新技术为手段，聚合供应链上的每一个价值节点，连接成一个整体的功能网链结构的组织，形成良性经济环境，完成可持续发展。

生态型企业有以下多种类型。

1．技术型生态企业。华为以技术创新为发展内核，连接通信领域运营商、企业和终端，形成华为独有的通信生态圈。

2．流量型生态企业。以BAT为代表，形成流量生态。

3．社群型生态企业。和君集团采用"咨询+资本+商学"一体两翼的战略性业务结构，围绕企业家建立社群。

4．资本型生态企业。复星投资打造"富足、健康、快乐"的产业生态圈。

5．混合生态/产融结合型生态企业。小米通过"小米产业+顺为资本"的双轮驱动模式，构建其混合型生态体系。

建立生态型企业，有三点前提条件。其一，取决于企业家的格局、维度，核心团队能够有一定的生态圈布局设计能力。其二，取决于综合实力，不受短期资本回报率束缚，能将企业做成公共设施，以用户为中心满足社会。其三，取决于人才与文化，能够持续推进企业的组织全面升级和迭代，使企业与生态环境同步进化。

综观成功的生态型企业文化，大致具有以人为本、成人达己、合力共创、利益共享、快速迭代、开放包容的共性特点。唯有依靠文化的持久支撑，生态型组织才能由一个简单的利益组合体，成长为生生不息、相互依存、不断进化的商业生态系统。

构建生态型企业，对大中型企业而言，是"大而强"的捷径。企业历经千辛万苦才得以从小到大，最后发现不堪重负，大而不强，沾染了"内部消耗严重、协同效率低下、市场反应迟缓"的"大企业病"。进化为生态型企业，企业高度灵活，能够依据市场变化做到能大能小，即时响应；生态型企业形成内部价值交换市场，通过市场规则提升企业整体运行效率，并降低内部价值消耗；生态型企业能够不断吸收新鲜血液，新陈代谢，排除内部"垃圾"，始终保持旺盛的生命力。

构建生态型企业，对小微企业而言，是"快而活"的捷径。小微企业受制于资源及资金限制，起步艰难，加入一个优秀的生态体系中，形成与整个生态系统的良性互动，之后慢慢培育企业内部的人才、组织、文化等软实力，构建硬件设施、系统平台等硬实力，有利快速成长。在大的生态系统中可从做好一个小型"生态鱼缸"开始，利用生态型企业的开放性慢慢做大做强。

在全球竞争，变革加速的时代，"要么生态，要么被生态"。企业与其成为市场的奴隶，为追逐技术与潮流狂奔，不如锻造成生态型企业，以开放的生态系统与整个市场协同进化，成为时代潮流的创造者、引领者。

53.3　构建生态型企业的要点

构建生态型企业，绝不仅仅是设计组织架构，描画一个图景，更是磨砺一个有效的发展战略。

对生态型企业颇有研究的和君咨询合伙人贺陈鹏、熊雪涛针对生态型企业创建中的障碍与问题，提出了打造生态型企业要把握的三个要点。

第一，业务生态化。

业务生态化的本质是打破产业边界、重构用户价值。即以迭代适应外部环境为前提，重新定义产品功能，衍生新的商品形态，主动优选、梳理业务及完成吞吐，并通过产融互动锁定及放大业务价值。

如乐视就形成了"平台+内容+终端+应用"的完整生态系统。这个生态系统实际是视频产业链、硬件产业链、技术支撑链的综合嫁接，最终指向终端用户。正是换了一种产业链视角看业务，在业务之间形成了相互勾连、互动加强的关系，乐视从根本上重构了业务间的内在逻辑，从而在资本市场获得了高估值，进一步推动了业务发展。

要实现业务生态化，企业需要重新审视产业形势，构建更具生态特征的发展战略，确定全新的战略定位，调整业务组合，优化商业模式，接入产融互动思想，设定更加进取的发展目标，真正引领企业再出发、高起点、大发展。

第二，管理生态化。

生态型企业在管理上最大的不同是要形成一种独特的机制，使企业更好地面对未来的不确定性，通过市场化竞争激发活力，保证以自组织和差异化管理为重要特征的适度失控。因此，生态型企业的管理者和传统企业的管理者相比，在思维方式上体现出明显的差异，即更鲜明的市场化思维、迭代思维和混序思维。

以资源配置上的市场化选择为例。传统企业试图用周密的计划最大限度地避免资源浪费，结果在客观上扼杀了创新。生态型企业则采用更为灵活有效的资源配置方式，容忍一定程度的资源浪费。如视源电子采用的对基层自发孵化新业务的选择性投资机制、芬尼克兹的裂变式创业等。华为也有独特的"红军、蓝军"安排，鼓励不同路线的小组齐头并进，甚至相互竞争。

要实现管理生态化，企业需要在公司治理、组织架构（组织小型化、扁平化层级下的权责体系等）、管控体系（核心条线极简控制、业务自驱动机制等）、人才管理（人才识别与发掘机制等）等多个议题上完成顶层设计。如果没有经过系统思考，企业难免在管理思路和举措上彼此掣肘，徒耗资源。

第三，外部资源生态化。

外部资源生态化的关键在于"无边界"，打破企业间的利益边界、资源边界、产品边界，与全社会的合作伙伴共生共赢共享。其实业界早有"不求为我所有，但求为我所用"的看法，但在实践的时候，总是被各种整合和跨界诱惑，进行了超乎自身能力范围不适当的延伸。

外部资源生态化的内在逻辑是产业链协同逻辑、紧密层逻辑和资源聚合逻辑。产业链协同逻辑指和把握独特产业资源的企业合作，发挥产业链优势。紧密层逻辑指根据紧密程度的不同，从战略角度进行分层，进而形成合作政策上的差异化并灵活调整。资源聚合逻辑则是生态开放，全方位识别、吸引合作资源实现共生、共享、共赢。

以资源聚合逻辑为例，和君咨询率先提出并实践的"产X结合"最具代表性。"产X结合"具有特别丰富的含义，可以包括"产融结合""产政结合""产地结合""产学研结合""产智结合""产媒结合""产社结合""产产结合"等，大大拓宽了外部资源的合作层次、内容和深度。

要实现外部资源生态化，企业需要结合业务实际需要，"总体规划、分步实施"，重点突出，把握好节奏和火候，高效推进。

第54节 运营体系重构建，把"反僵化"进行到底

一个企业，就像一个人一样，是一个完全系统化、结构化、有机化的肌体。

心，是企业哲学、文化；脑，是企业经营智慧；

血，是企业资金；四肢，是企业的运营系统。

中国有句俗话说：人老先老胳膊腿。企业也是这样，暗合着人的生命周期规律，过了高速增长的青春期以后，往往面临老化，这老化，是从四肢反馈出的僵化开始的。

54.1 运营僵化：企业死亡前奏曲

企业运营系统，就是围绕企业价值链，从头到尾（端到端）的运行，从原料供应到生产制造与产品分销，把工厂、供应链和业务连接在一起的实时管理系统。

无论是传统企业，还是互联网企业，在转型升级中，都或多或少存在着运营体系僵化症。

错位症：缺乏正确导向，运营严重错位。企业是以职能为主导，而不是以市场、客户服务，以流程为主导。

失灵症：企业模式不清晰，决策职能、执行职能与监督职能三者的权利不分，运营失控，监督过于形式化，缺乏监督机制和内控体系。

臃肿症：管理层级过多，结构臃肿，机体僵硬，决策复杂，行动迟缓，部门职能重叠交叉。

迟钝症：信息流动受到层层扭曲，流通不畅，数据不准确，各机构体系相对孤立，系统反应迟钝，效率低下。

失调症：业务关系混乱，职能分配不对等，权责不唯一，多头管理，责任推诿和扯皮，协调困难。

僵硬症：团队安于现状，缺乏进取精神，墨守成规，习惯按照指令执行工作，等待上级安排工作，缺乏主观能动性。

官僚症：人治而非法治，利益板块化，"山头主义"，论资排辈，各自为政，冗员严重。

自恋症：自以为是，对新事物视而不见，在自我预设的思维、习惯、程式中沾沾自喜。

拜金症：唯钱是举，解决运营效率问题单靠"金钱奖励"。

失血症：缺乏有效的资金管控手段，现金流极度紧张。

企业运营体系的这十大病症，究其原因，就是"僵化"两字。

经验、认知、思维、习惯……都可能成为我们僵化的要素，不改变僵化，我们就会被僵化改变，被改变意味着痴呆性，痴呆性注定了平庸化，平庸化即是失败者。僵化是企业死亡的前兆，一些企业的衰亡，往往都是从运营体系僵化开始的。僵化，不是传统企业的"专利"，一些刚刚建立的互联网公司，也纷纷倒在僵化面前。

神奇百货，是一个瞄准"95后""00后"新消费群体的B2C电商平台。神奇百货每日搜罗全世界最时尚资讯和商品，每天给用户带来最新潮搞笑的话题和商品。平台注册用户30万，日订单1 000+，月活跃用户率达99%。17岁CEO王凯歆，成为创业者中人人皆知的创业明星。她甚至一度说出："明年我们要站在纳斯达克交易所敲钟！"可是，仅仅去一年多，神奇百货就风光不再，被曝出数据造假、闪电搬家、非法辞退员工等问题，2016年10月官网关闭。神奇百货在神奇崛起后，神奇死亡。

CEO王凯歆痛定思痛，在个人公众号推送《神奇百货成立的一年里，我几乎经历了创业所有该遇到的坑》一文。文中除反思神奇百货战略失误、盲目扩张失误外，还特别提出人所不知的"僵化"："短短两个月时间从不到30人扩张到80人的'精英'团队，工作心态也慢慢变成了大公司心态，上班打卡，早十晚七，真正对于用户和产品的价值创造越来越少。之前敏捷开发两周就可以出一个新版本，结果变成了两个月都发不出一个版本。天天召开各种项目研讨会，需求评审会，实际上对用户的反馈一概不知。聘请了职业经理人这些'大牛'后逐渐被架空，凡事如果插手，都会以'老板你年纪小，没有经验，不要太多管具体的产品和业务为由'搪塞。产品逐渐被改得面目全非，完全脱离当初设想，什么都开始有，都开始卖，我甚至觉得我们都开始像一个翻版的'淘宝'。而在我意识到公司真正的危机时，账上的资金已用去一大半多。"

54.2 反僵化：综合治理

企业运营体系的僵化，是一种"综合征"，来自个体僵化与组织僵化的双重因素，反僵化，也必须"综合治理"。

麦肯锡全球资深合伙人克劳迪奥·费泽与张海濛携手，推出"企业转型升级新路径"著作《反僵化》。该书以小说形式穿插相应理论基础，汲取了行为经济学、心理学、神经科学、社会学等多个学科的最新研究养分，深入分析员工和公司陷入僵化的过程，着意描写企业领导者在反僵化过程中扮演的角色和心态变化，并从调整组织架构、更新激励机制、平衡新老业务、打造敏捷文化、培养学习型团队、提升领导力等角度，全方位地勾勒出公司走出困境、转型升级的新路径。

企业的僵化，来自个体的僵化，而个体的僵化有三个病源。

1. 人性的弱点。

人都认为自己是理性的，然而人的理性受制于其拥有的信息、大脑的认知局限和必须做出决策的时间限制。因此，真实的人是满意人，即追求满意的解决方案，而非最佳解决方案。

人的思维也过分依赖经验法则，习惯于三种启发思维和四项心理偏见。

三种思维。一是锚定启发思维，人们往往会将思维锁定在现有的信息上，即使那些信息完全没有相关性；二是可得性启发思维，人们认为自己清楚记得的事件更有可能发生；三是典型性启发思维，人们为信息分类而建模和定型，当要求人们判断某物的属性时，比如车属于某一类而非另一类，人们会通过定型进行归类。

四种偏见。一是乐观偏见，在未知和偶发情况中，人们存在乐观偏见，降低了对改变的感知需求；二是损失厌恶偏见，人们都存在系统性的损失厌恶偏见；三是维持现状偏见，人们自然倾向于保持现有状态；四是框定偏见，人们都存在自我的信息和选择的展现方式。

2. 缺乏自信与毅力。

个体常常在自负与自卑之间徘徊，而缺乏自信、缺乏毅力是排在心理偏见和启发思维之后的个人僵化因素，或者说是个人和公司有时候无法适应和应对挑战的原因。人们没有自我效能（个体对自己是否有能力完成某一行为所进行的主观判断），将社会的变化、艰巨的任务视为威胁，因逃避而僵化。

3. 缺乏行为上的改变。

认知神经科学是从神经层面理解心理过程的学术领域，它关注大脑的动作方式、思考（认知）、感觉和行为背后的生物过程。该学科研究表明，大脑在回应所面临的挑战时，能够产生令人惊叹的内部改变或可塑性。伴随着"情绪性"的事件和经验将产生更加牢固的记忆。在有压力的紧张情况下，人们会感到不舒服，抗拒改变，并恢复到更多"原始"或"基本"行为；如果人在强大的正面情绪（比如解决问题很愉快）中学习，正面情绪可以抵消变化引起的压力或焦虑后果，并为加强神经元连接的过程和在大脑（及记忆）内植入改变提供条件。人的大脑回路不通畅，必然产生僵化。

个体的僵化，进而集结成组织的僵化，给企业的持续发展带来致命的影响。组织僵化有以下成因和针对性措施。

第一，组织僵化第一文化因素是密集型组织结构。

针对性措施：一是眼睛盯着客户，既包括购买我们产品、服务的客户，也包括内部客户，还包括重要的利益相关方，比如投资者、政府主管部门，而不是盯着上级。组建与不同客户对应的阿米巴团队，让"听见炮声的人"决策。二是优化流程和优化组织同步，明确首要责任人。三是对经营结果负责，而不是对绩效考评负责。四是市场化竞争，遵从马太效应。五是信息透明，用数据说话。

第二，缺乏组织使命感、缺乏高度认同的组织文化，这是组织僵化的第二和第三个因素。

针对性措施：一是在组织成员中开展对公司信念和价值观的承诺和认同，其作用超过了公司使命本身。二是建立企业文化外部适应与内部融合的基本共享模式，让成员看到、感觉到和听到组织属性，默认组织的价值观和规范。三是规范大融合，执行型规范（绩效导向、诚实坦诚、唯才是任）、协作型规范（相互信任、互惠互利、共同目标）、创新型规范（无层级壁垒、保持开放、实事求是、挑战），三个规范系统融为一体。

第三，缺乏激励是组织僵化的第四个因素。

金钱激励是当今员工激励和变革管理计划的基础。尽管金钱激励的效果很好，但还是有很大的局限性。如：金钱激励往往会很注意并只关注获得回报的活动和结果；金钱激励措施还减少了社会性行为如跨部门的协作；使用不当的金钱激励会改变人们对道德行为的期望；过度的金钱激励可导致作弊。

针对性措施：建立有效的激励系统。近年来，心理学领域积累了有关非金钱激励效果和作用的大量知识，包括社会认同（指非正式的认可、关注、赞美，对个人或团体出色完成工作的由衷赞赏）、绩效反馈（以特定方式改变或保持绩效，提供过去绩效的定量或定性信息）和内在有吸引力的工作任务。

非金钱激励的六个标准。一是员工准确知道其作用和公司的期待。二是人们有完成预期结果所需要的能力、权力、信息和资源。三是员工确切知道"优秀"是什么样子，从而有积极性和意愿展现出所要求的行为。四是将奖金与"良好"的行为和结果适度联系在一起。五是组织运用公正和准确的系统，衡量结果和评估绩效（同时保证合规性）。六是人们就绩效是否偏离理想标准，以及以何种方式偏离，可以频繁地获得有建设性的反馈意见。

第四，现有能力制约发展和组织的适应性，是组织僵化的第五个因素。

能力涵盖了一家公司拥有的所有资源，包括运营技能（是植根于公司人员、制度和流程知识中的能力）、专有资产（是难以复制的实物或无形资产，并为其所有者提供竞争优势）、外向拓展能力（组织具备的广泛适用的成长支持能力，比如收购、交易结构设计、财务、风险管理和资本管理）和特殊关系（包括客户关系、外联关系，有助于进军新行业和地区的关系）。

针对性措施：一是培养"快速突破"的能力，如深入解决问题，在关键岗位配备自信的人员，为组织流程引入变革，能够快速提高新能力的构建；二是借用能力，通过联盟、伙伴关系或签订许可协议从其他机构借用相应的力量；三是购买能力，雇用新人，采购更多技术，或收购整个公司以购买能力；四是储备备用能力，在潜在利益领域的风险投资或若干小型战略举措，公司可获取超出当前战略实施所需的大量能力。

同时，快速学习提升自己，具备适应组织发展所必备的能力。要掌握四条方针：组织创新优于业务创新；利益一致才能力出一孔；解决客户痛点先于商业模式；市场是检验业务的唯一标准。系统性地反僵化。

因为随着组织的成长和成熟，会在个人和组织层面产生持续僵化。多家公司的经历证明，同时多个学术领域的研究表明，明智的系统性反僵化措施将会打断或至少减缓企业的僵化过程。反僵化系统性措施如下。

一是培养企业员工敢作敢为的意愿。

二是打造学习型高管团队。

三是传达积极的意愿和战略。

四是建立自我管理的经营单元。

五是提升企业员工执行和成长的驱动力。

六是培养快速获取新资产和新技能的能力。

七是培育促进执行和鼓励挑战的文化。

能践行上述措施的公司就是持续创新者，不断自我重塑，走出僵化，改变世界。

《反僵化》可以说是以人为本、脚踏实地解决问题的，保证企业"长生不老"的仙丹良药。

54.3　告别僵化：唯快不破

综合治理僵化，是企业长治久安的长期工程。正如万科总裁郁亮谈及企业僵化问题时所说，企业与人相似，符合生命周期的规律。过了高速增长的青春期以后，往往都面临僵化，很难持续引领行业的趋势变化并主动转型。要从企业管理者个人的角度，到组织的层面找到可靠方法。

什么是可靠方法？根据我们的实践，治理企业四肢，也就是企业运营体系，不失为一条锦囊妙计，这条妙计口诀是"唯快不破"，建立企业的敏捷运营系统。

敏捷运营系统包括以下几个方面。

1. 敏捷市场系统。

就是利用大数据进行市场信息的快速收集、社群信息的快速监测、消费者数据的快速整合，从而进行快速经营决策。

敏捷市场系统就是要找"风口"市场、趋势市场。要随着新消费人群的产生和消费习惯的改变，快速回答"哪些领域是趋势市场？""哪些是趋势用户？""哪些数据需要整合？""哪些经营决策要快速做出？"

敏捷运营系统操作较为成熟的，是服装行业中的时尚品牌。如国际品牌ZARA，通过快速地捕捉时尚，快速地推出新的服装设计，快速地更新销售终端的产品等来满足消费者以较低价格获得时尚服装的需求。支撑其特点的是一个覆盖生产链各个环节的高效的系统和一条紧凑灵活的生产链。他们通过信息化来提高供应链效率，提高运作速度，不但可以使产品的时尚速度提高，还可以加快资金周转。在这个系统中，IT模式、买手模式等都推动了ZARA的成功。ZARA通过组建互联网信息系统，将1 200家生产企业变为自己的战略联盟，招募上百名时尚买手，共同构建了ZARA"时尚帝国"。

2. 敏捷产品系统。

产品的研发、制造等方面的快速反应系统，包括敏捷的产品概念确立、敏捷的产品研发、敏捷的产品制造。

敏捷产品系统以人为核心，正如小米公司是"群众路线"产品模式，鼓励网友参与，包括语言开发、MIUI主题，依赖群众，相信群众，从群众中来，到群众中去。

海尔的"用户定制化"更是敏捷产品系统的楷模，海尔以模块化的设计、模块化的制造、模块化的供应，通过模块化，再进行标准化，然后把个性化需求变成大众化的订单，从原来的大规模的制造，变成大规模的定制。这样既解决了企业大规模制造的问题，又解决了用户个性化的问题。

3. 敏捷营销系统。

以互联网思维,在营销领域快速推进,特别是要应用新生代的营销方法,如闪购、团购、秒杀和产品众筹等多种方式。同时,将传播密切融入营销,自媒体与电商合一成"自营体"。让企业可以通过自营体直接接触顾客,吸引并圈住一群人,并与这个人群进行交流,或者提供平台让这个人群自由交流,在交流中创造信任、在交流中形成自身问题的解决方案,而企业就是这些解决方案所需物质条件的供应者。企业需要在传统的市场营销之外,在自媒体营销方面大力突破。

在敏捷营销中,要快速响应用户需求,快速响应时间越短,越能把握更多商机,给企业带来更大的利润。在敏捷营销中,要让用户快速体验,快速创造用户的感知价值,让用户所能感知到的利益,远远高于其在获取产品(服务)时所付出的成本。

第 55 节　信息化重构建,从IT到DT

企业的信息化建设,是将企业的生产过程、物料移动、事务处理、现金流动、用户交互等业务过程信息化。这是初期的信息技术,是以自我控制、自我管理为主的企业内部活动。

2014年2月,马云在阿里巴巴内部发出一个邮件,告诫大家:"我们现在正从以控制为出发点的IT(信息技术)时代,走向以激活生产力为目的的DT(数据技术)时代。"马云这一论断,不胫而走,从阿里巴巴走向社会,获得普遍认同,并开始使中国企业的信息化建设进入一个新的时代。

55.1　DT,超越的岂止是技术

DT(数据技术),是通过各种信息系统网络加工生成新的数据资源,

提供给各层次的人们洞悉、观察各类动态业务中的一切信息，以做出有利于生产要素组合优化的决策，使企业资源合理配置，使企业能适应瞬息万变的市场经济竞争环境，求得最大的经济效益。

IT到DT的发展，超越的不仅仅是技术。

近些年来，我国的企业，从小微企业到大型集团，基本都建立了信息化，服务于业务与管理。有些企业集团甚至会有数几十个分公司，包括直销、代理、零售以及第三方物流等多种业态。越是复杂的业务，信息化建设越困难，比如要运用大量的业务系统，但人力资源有限，大量的数据需要自动对接。IT人员每天忙于处理各种数据需求。因为权限的问题，各个平台需要登录不同的账号去查询。同一类数据每个部门需要查看的明细不同，导致IT部门一团糟，效率低下。同时，互联网技术的日益发达，很多轻量化的业务系统，比如协同办公管理的钉钉、企业微信，可以直接让部门使用，无须经过IT部门，IT部门迷茫未来的走向。

DT的出现，使企业IT总算有了转型的新思路。

能否实时展现企业的关键指标数据？能否利用外部数据来研究用户行为指导营销？能否对生产过程的关键数据做预警，进行下一步智能判断？能否对企业人员的考评进行数据量化来推动内部的激励？

管理思想的改变，基于技术背后的主导力量——IT变革，也就是要实现从IT到DT的转变。

IT就是以"我"为中心，以控制为出发点的信息技术。企业拥有庞大的数据量，但是每个部门的口径不同很容易产生漏洞，往往所做的报表不能满足业务人员的需求。

DT就是数据集，就是以"别人"为中心，激活生产力。离散的数据没有任何价值，只有整合过的数据才有价值。DT就是对数据的一种整合技术，把本来离散的数据整合得有规律、有价值。

从IT到DT，贯穿的是"整合-分析-挖掘-指导决策"的数据利用思路。

第一，从IT时代到DT时代，大数据思维是关键。崛起中的"中国数谷"贵阳正在演绎着从IT到DT的时代大变革，它创造了五个"中国第一"：大数据战略重点实验室、全域公共免费Wi-Fi城市、块上集聚的大数据公共平台、政府数据开放示范城市、大数据交易所，生动诠释着大数据思维。

第二，从IT时代到DT时代，互联网+是关键。互联网+的概念，意味着互联网与传统行业的融合，互联网产业正迅速进入互联网经济。不管是互联网金融、电子商务、移动医疗还是新媒体，互联网为实体经济和虚拟经济的整合提供了一个强大的平台。

第三，从IT时代到DT时代，小企业是关键。小企业对物流、诚信、信息、数据和支付的需求量巨大，整合这些信息为小企业服务，帮助那些昨天没有得到帮助的小企业，正是DT时代互联网发展的关键。

第四，从IT时代到DT时代，用户体验是关键。DT时代一个非常重要的特征就是体验，只有抓住用户体验，才能抓住DT时代的根本。马云提出，IT时代是以自我控制、自我管理为主，而DT时代，是以服务大众、激发生产力为主。整合信息、服务大众才是DT时代的关键词。

55.2 DT发展导航图

怎样从IT时代向DT时代迈进？

知名大数据专家张涵诚，为企业画出了一幅导航图，是从IT到DT企业数字化转型的12345模型，简要说是：一个平台，两个核心技能，三个阶段，四个战略内容，五化建设。企业就是要通过这12345策略，利用新一代信息技术，构建业务数据的采集、传输、存储、处理、分析、可视化结果和反馈的闭环，打破不同系统、不同技术、不同部门，甚至不同企业、不同产业间的数据壁垒，提高企业、产业、行业生态整体的运行效率，构建全新的数字经济体系。

一个平台。

指一个企业的云计算平台，由各种大数据和人工智能区块链组建。云平台，包括存储计算和网络的IaaS（基础设施即服务）层面，包括企业业务的整个的快速定制管理PaaS（平台即服务）平台、包括企业各种应用系统SaaS（软件即服务）、包括从SaaS系统吐出来的数据能够为业务部门提供数据服务的DaaS（数据即服务）。建立好了云平台，企业还需要大数据，还需要人工智能的各种组件。这是当前企业数字化转型的核心，国内的互联网巨头都在借助自己云的能力，向企业提供这种IT、DT的服务，如华为的"华为云"、阿里巴巴的"阿里云"、腾讯的"腾讯云"、百度的"百度云"。IBM、Oracle、微软、亚马逊、Facebook、Google等一些国外的大IT公司、互联网公司也在提供云的能力。

IT处理的是单一稳定、流程驱动的一些系统，比如说CRM、ERP、OA、HRc这些都是电子流程化，相对比较稳定。IT是成本中心，业务需要什么系统IT就会做什么系统，基本上是解决线下稳定的业务问题。

DT主要是处理多元的、实时在线的系统，比如用户画像、在线的用户行为分析、个性化推荐系统、实时搜索、标签的管理、包括大数据的系统。DT是一个利润中心，它解决的是实时在线的业务。

IT实际上是成本中心，是落后业务的；DT是利润中心，是领先业务的。

如今，大数据作为仅次于能源的生产要素驱动所有产业进行革命，组织的人财物产供销都将因为大数据而发生变革。所以云平台的建设，加之大数据的组件、人工智能的算法，基本上会包括弹性的计算、高效的存储、负载均衡、各种数据库，当然还有网络、数据的可视化分析，包括一些我们现在提到比较多的智慧的大脑，比如智慧交通的大脑、智慧旅游的大脑、智慧海关的大脑、智慧政务的大脑等。这些实际上都是大数据与云计算对云平台的一些非常有效的补充，因为它已经渗透到各行各业中去了。

两个核心技能。

一个技能是云的能力，另外一个技能就是数据科学。今天的数据科学为什么没有普及到很多行业？数据科学已经普及到围棋领域，产生了AlphaGo这样的优秀人工智能机器人。为什么没有阿尔法"猫"、阿尔法医生、阿尔法打麻将？是因为懂数据科学的人并不大打麻将，而打麻将的人也不太会数据科学。所以当我们的企业进行数字化转型的时候，有一类人是非常重要的，那就是既懂业务又懂数据科学，能够通过数据科学描述业务，去实现它的高效处理速度。所以有了云平台以后，企业有了大数据，就需要数据科学的能力，将云的能力和大数据的资源发挥出来，去建立一种更高效企业的运营平台。

三个阶段。

第一个阶段是业务数据化。业务数据化实际是企业整个业务的闭环，包括企业找客户、跟进客户、定制产品、生产产品、运输、收账、用户评价。

第二个阶段是数据业务化。这个阶段通过数据的业务分析，去指导业务实践。这是完全用数据去做管理，让数据说话、数据管理、数据决策。数据的业务化要求企业管理层、企业运营经理等具体执行人员都要有能够把数据加工运营好的意识，除了有意识以外，还要有过硬的技术，自己能够做一些简单分析，能够从数据中发现一些业务的机会。这种能力和技术，还有方法，实际上是这个阶段非常重要的一个企业建设的内容。

第三个阶段是业务智能化。系统的分析得出结论，然后通过结论去调整系统或是去优化管理，指导人的工作，智能化地执行，减少人的干预。智能化去发掘一些销售线索、跟踪一些销售机会、进行一些订单的生产，甚至智能化地去做一些售后服务，比如现在很多聊天机器人，可以做智能化的产品反馈与调研，自动去市场上收集一些我们产品的缺点、优点，以及用户对它的自然语言的一些信息，通过这些信息再去改进产品，创新改进市场营销方法和策略。

四个战略。

管理战略、技术战略、运营战略和工具战略。

五化建设。

1．工作移动化。指移动通信占整个系统时间的80%～90%，系统尽可能去满足用户当前的场景，移动的办公、移动的业务、移动的需求。

2．数据产品化。因为数据通过产品更容易释放它的价值，把数据、企业的业务变成数据的产品，用户、员工再去发掘数据，确定数据，比较便捷并且比较安全。

3．分析可视化。一图胜千言，一维的分析能让你发现的规律是有限的，二维就能让你比较容易有发现，三维的动态就让你更直观，能够促动你找出数据之间的一些规律。企业在分析自己的业务时，可视化工程师可以说是在画画，通过画去驱动领导对决策对管理的需求，如果画得好可能我们对业务的探索就会更加便捷，更加清晰。

4．管理要云化。云端把管理变得很方便，对员工、用户的体验就是要及时，不管是ERP、CRM、OA等放在云端，管理实际上会更加便捷，方便。

5．业务融合化。数化万物，志在融合。

企业通过12345模型，实现企业利用新一代的信息技术构建数据采集、传输、存储、处理和反馈闭环，打通不同系统、不同技术、不同部门甚至不同企业、不同产业之间的数据壁垒，提高企业、产业、行业生态的整体的运作效率，构建全新的新世界企业。

第56节 十八法的辩证认知

怎样认识十八法，如何推进十八法，是重构建成败的关键因素之一。我们从认知、选择、要害、标杆四个维度来深入认识、了解十八法的真谛。

56.1 认知：明确比正确重要

明确一个事物的概念、内涵，才能掌握这个事物的本质。从这一点来讲，明确，往往比正确更重要。

十八法究竟是"何方神圣"？

第一，十八法不是数字，是一种象征。

企业重构建涉及企业方方面面、点点滴滴，渗透在企业价值链的每一个节点中，犹如是一部企业的"四库全书"。重构建的课题，也远远不止十八个。还有更多的课题、节点、更重要的内容，如企业预算管理等，与经营管理密切相关，都属于重构建范畴。

用十八法概括重构建的内容，并不是讲重构建的课题是十八个或只有十八个。这里的十八，不是一个具体的数字概念，而是一个量、一个比喻、一种象征。

中国的传统文化，十八，是一个吉祥的数字，常常代表多、全，用来表达包罗万象的意思。如十八般兵器，不是讲具体十八种兵器，而是讲样样精通；女大十八变，不是讲十八个变化，而是越变越好看；还有山路十八弯、梁祝十八相送等，都是多和全的意思。

第二，十八法不是法术，而是法理。

名之以"法"，在具体内容中讲了许多成功的模式、体系、方法和工具，对企业转型升级重构建应该有较强的指导意义，企业按图索骥实施重构建，会少走许多弯路。但是，就我的初心和这里的"法"所能够起到的作用上看，这个"法"，讲的依然更多的还是原则、方法、要点，是对"一经六道"深度解读。

在长期为企业的咨询策划服务中，我一贯反对"樊迟学稼"，认为在方法层面，企业是"教不会"的。中国企业从来都不缺少方法，也不缺少工具，缺少的是不断升级的哲学认知、持续连绵的原点"唤醒"！

按照问题解决效率层次：一个方法，可以解决一个问题；一个方针，可以解决十个问题；一项原则，可以解决五十个问题；一条原理，可以解决一百个问题；而抓住事物本质，从原点出发，则可以解决所有问题。

如果说"一经"的"实事求效"的哲学颠覆，是解决企业转型升级所有经营管理问题的思维原点，那么"十八法"中的各个具体业务（活动）的理念，就是解决相对范畴中的所有问题。找到这些原点、原理并彻底悟透，比送给企业一两个方法、一两个工具更有效。另外，围绕重构建各个环节的方法，如果写出来成书，每个课题都可以装满100平方米的书房。在本书中，既没必要，也不可能实现。

十八法的"法理"是让我们继续"悟道"。理通了、道顺了，方法、工具自然水到渠成。

56.2 选择：合适的才是最好的

十八法，涵盖企业重构建的三种方式：存量重构建，增量重构建，全量重构建。如何推进，取决于我们重构建方式的选择。

第一种，存量重构建。

存量重构建是在企业现有的产品、业务、组织中，选取十八法中的一个或几个侧重点，直接尝试转型。比如把企业从卖产品转向卖服务，或者由做产品转向做平台。这里有"实验室"的味道，成本可控、成败可控，是一种简易安全快捷的方式。

第二种，增量重构建。

这是在企业原有的产品、业务、组织保持相对稳健继续展开的同时，选择一个新的板块，或业务、或组织，也可以是新建立、新参股公司的形式开展。完全按照"新世界"企业进行构建，新的板块是一个"特区"，与原企业不存在管理交叉和业务关联，但可以使用原企业的品牌影响力和必要优势。这种增量重构建成功、业务变大足以支撑整个企业重构建之后，将原有企业业务重点、人才转移过来，实现全量重构建。这种方式，适合于大中型企业。

第三种，全量重构建。

全量重构建是企业的全部业务、组织的整体转型升级。这种方式适合所有企业，尤其适合中小微型企业。从表面上看，这种重构建有些"简单""粗暴"，甚至"作死"，极具挑战性。但它却是最彻底、最具革命性的，就像战略变革与重构建，区别就在"一口气"。海尔集团的重构建，就是全量重构建，是全面转型升级。从"人单合一"到"员工创客化、企业平台化、用户定制化"，再到如今的"量子组织"，是一场场颠覆式的全量重构建。

存量重构建、增量重构建、全量重构建，三种方式各具千秋。但不管哪一种方式都是"有标杆、难复制"，因为重构建是来自灵魂、来自骨子里的"气"，绝不是看表面就能学会的。这个革命过程，需要企业、特别是企业家自身的"原力觉醒"，知道不一定就能做到，知行合一才能做到。

56.3　要害：系统思考，一点突破

企业重构建是一个庞大的系统工程，十八个转变内容与方法是相互联系的。企业不可能、也没有必要把每一个内容与方法都做到极致，它们既可以单独重构，也可以组合运用。尽管这些内容与方法非常不同，但实施中使用同样的"一经、六道"变革技术，重构建能得心应手，每一内容的解决，都带来其他问题的迎刃而解。

按十八法实施重构建，企业既可以产生颠覆性的变革，又不失去必需的控制，可以保持有序转型。这样，企业可以保持传统的产业优势，又通过结构的变化、文化的提升，赋予员工充分的自由；可以继续保持规模的优势，又可以依据互联网的灵活性，建立新的业务领先；可以保持传统企业产业优势，又通过组织变革、文化创新，注入创新者的基因；可以发挥强大的专注能力，又能够抓住机会，以变应变，变中取胜。

十八法不是凑文字游戏。在重构建中，应用这一方法论，可以持续加强企业现有体系竞争力建设；利用互联网工具改进业务流程；用互联网世界观

进行自我革命；重新按互联网模式建立新业务，实现企业的互联网化。

十八法成功的要害是"系统思考，一点突破"。

系统思考就是以整体的观点对复杂系统构成组件之间的连接进行研究。系统思考解决问题的方式就是认识到复杂。系统之所以复杂，正是因为系统各个组件间的联系。如果想要理解系统，就必须将其作为一个整体进行审视。系统思考是解决复杂问题的工具、技术和方法的集合；是一套适当的、用来理解复杂系统及其相关性的工具包；同时也是促使我们协同工作的行动框架。

重构建中，系统思考是"见树又见林的艺术"，罗列出十八法，是要求我们运用系统的观点看待转型升级，引导人们从看局部到综观整体，从看事物的表面到洞察其变化背后的结构，以及从静态的分析到认识各种因素的相互影响，进而寻找一种动态的平衡，创造一种突破，在系统中完成重构建。

一点突破，是讲在系统思考的基础上，聚焦企业转型升级"牵一发而动全身"的关键问题，以之作为突破口，重点攻击，力求制胜。

56.4　标杆：开始行动永远优于不行动

十八法勾勒出企业重构建的原则、内容、形式与方法，但在企业要获得成功，当下需要的就是行动。正如美国文坛巨子马克·吐温所说："进步的秘诀就是要善于行动。"

可喜的是，近年来一些具有高格局的互联网感觉、有高瞻远瞩意识和担当精神的企业家早已行动，除前述案例外，这里再介绍三个成功案例，它们从不同角度实施重构建，获得了企业长足的发展。

这不是啰唆，是重复地刺激我们的神经元，促成一个重构建的"集体记忆"。

案例一：微型民企重构建，一年利润买明天。

江西双佳从精细化工（醋酸钠）产品生产进入腐殖酸产业经营，尽管已经研发出"可降解液态地膜"，但就其运营本质来讲，还是一张白纸。如何突破？

重构建中，我们提醒双佳，面对的"产品单一、人才匮乏、资金不足、市场空白、供应链不清、治理结构不明、研发滞后"等瓶颈问题，与其将精力放在问题解决的"破"字上，不如弘扬梦想，放大格局，把战略行动推进的核心聚焦在"立"上，不立不破，立字当头，破自然就在其中。

立：建立、设立、制立；自立、独立、挺立。

双佳的战略行动，以"立"为纲，立志、立德、立人、立业、立品、立市、立值、立标、立盟、立网、立学、立言、立功，代号为"十三立工程"。

在双佳战略行动"立市"方案中，我这样铺排：立市，简单地说，就是建立市场。市场是企业的生命线，离开市场，企业一文不值。双佳的市场一方面是重中之重，一方面是短中之短。双佳进入中国腐殖酸产业，没有现成的市场，需要从基础的、底线的做起。

策略层面。市场、用户、区域、产品"四明确"。明确市场，以经济作物为主的市场为重点市场，以大田作物为主的市场为进入市场。明确用户，以政府、农资部门、农技机构、大用户为主，零散用户为辅，重点整合县、乡、村的三级影响性资源。明确区域，以江西为核心市场重点突破；以重点粮棉菜果产区为机会市场，伺机进入；核心市场品牌先行、营销跟进、服务支持；机会市场品牌先行，营销与服务择机而定。明确产品，以腐殖酸可降解液态地膜为单品突破，同时对宜进入的产品进行梳理与定位，非战略性且难以形成规模的予以放弃。

组织层面。改变老板跑营销局面，建立总部营销组织，成立区域服务中心。全面展开后增强总部的营销指导能力，重点从渠道、价格、促销、销售技能、多品牌运作五大方面进行指导与后端支持。选择成熟的省份建立区域服务中心，整合专家资源，针对经销商和大户提供服务。

团队层面。建立营销团队，团队职能专业化，完善内部激励培训体系，团队对接专项业务，明确区域划分与权责范围，深耕市场，针对渠道、大户开发、高端服务和行业专家资源可成立专项团队。

时间层面。2016年组建完成双佳营销团队，利用"多总部"机制，在南昌、深圳设立营销公司，或者在运营初期采取"营销外包"方式解决，2017年底营销自营。

案例二：项目业态重构建，化平庸为神奇。

新疆天智投资发展有限公司，年销售额150多亿元。2014年3月，他们抓住新疆大开发的历史机遇，在南疆库尔勒开发区购买了1000亩土地，准备建设"钢铁综合产业园"。

我接受委托后，带领团队先后三次进行考察，与库尔勒开发区领导以及规划局、现代服务产业办公室的负责人进行了访谈，同时对天智项目地、西尼尔小镇、华凌市场、红星美凯龙、库尔勒市区拟建的六大中心集聚区、时代星街城市综合体、开发区在建的五星级酒店、巴州博物馆以及部分房地产项目进行实地考察，特别是对巴州（库尔勒、开发区）三级政府的十二五规划、库尔勒纺织城规划、库尔勒物流园规划进行了深入分析研究。

我们分析，钢铁综合产业园是个常规性项目，生出来问题不大，但是要活下来，障碍多多。它占地近1000亩，总投资11.18亿元，按国家级开发区平均土地贡献值，它的GDP应为每年8.6亿元，但目前所设计的业态无法满足这个底线。一是该公司的钢铁物贸每年在南疆的总量为12亿元，建钢铁综合产业园仅仅是存量转移，没有创造实质价值；二是如果做地产，园区建筑面积已经核定为49.4万平方米，可售面积估为25万平方米。按库尔勒城市均价3000元~5000元每平方米，一次性收益仅1.5亿元左右，无法回收投资；三是目前是典型的"生地"，无法突破区域产业支撑、空间经济成熟度、建设速度等障碍，仓储、物流5年内难以形成大气候。

我们认为，钢铁综合产业园的要害是，加速土地与投资变现价值，以超前眼光和变革性思维，创造顺应市场需求的定位、业态、模式和系统，要重构建，"跨界·耦合·联动·升级"。

"跨界·耦合"，就是要跳出钢铁物贸的单一、原始和狭隘，进行颠覆性的创新。将业务、经营的触角伸向产业、行业和企业之外，如房地产、旅游、高科技、教育、会展、文化创意休闲、园林、金融等，寻找、创造与其他行业耦合的际遇，形成新的业态、模式和竞争手段，完成战略布局。

"联动·升级"，是要以云思维、大视野、大手笔、大格局，有限的资源对接无限的空间，以有形"市"，创造无形"场"。过去的看成现在的、明天的看成今天的、别人的看成自己的、虚拟的看成现实的、产业外的看成产业内的、政府的看成企业的……

海纳百川，皆为联动，聚合在一起创造目标本体的价值。我们用事实进行点拨，要与一道之隔的18洞标准高尔夫球场联动，使之成为产业园的高档配套设施；要与500米内的那达慕跑马场联动，可以使之成为产业园的休闲场所；要与5.5平方公里的西尼尔小镇联动，可以使之成为产业园的秀丽港湾；要与开发区六大优势产业联动，可以使之成为产业园的支撑集群；要与巴州5 000万锭纺织产业联动；要与开发区内的红星美凯龙、与空港、与丝绸之路经济带、与开发区政府，甚至与500公里外的"中国—亚欧博览会"联动……

"跨界·耦合·联动·升级"，将归宿点放在服务于"一带一路"倡议和"跨越式发展新疆经济"，利用一系列惠疆、援疆、利疆政策，依托阿拉山口、霍尔果斯口岸的开放和自贸区的建立，特别是着眼国家在库尔勒发展1 000万锭纺织项目而带来的新增100万人口、1 000万亿产值，聚焦现代服务业推动库尔勒及巴州经济发展，在目前库尔勒开发区急需的现代服务业上发力，改天智钢铁综合产业园为"天智现代服务产业城"。

现代服务产业城可以形成"一区二中心"的结构化功能。一区是巴州现代服务业聚集区，二中心是生产服务中心和生活服务中心。

天智现代服务产业城是以社会需求为导向，以商品交易为核心，以仓储、物流为支点，以产业城生活配套为依托，以电子商务为脉络，以会展、旅游、休闲、餐饮、总部经济为外延，以园林苗木、科技研发、投融资、教育培训、文化创意、咨询中介为内涵，跨界、耦合、联动、升级现代服务业供应链，为特定区域提供高效益的生产服务、高品位的生活服务的现代服务业聚集区，是一个"产业共山水一色，生活与园区同美"的"产城一体、生态文明"的新型园区。

按照设想，天智现代服务产业城将拥有如下功能。

1. 天智国际会展中心，将成为乌鲁木齐"中国—亚欧博览会"的南疆分会场，成为南疆区域会议、会展中心。

2. 天智企业总部，是库尔勒纺织纺机研发、纺织纺机服务、纺织纺机教育培训、纺织贸易、工艺设计、包装设计、广告设计、现代产业信息、金融服务、检验检查的区域中心，将集结纺织纺机及巴州优势产业链上的中、小型企业，形成大商务平台。

3. 天智商贸物流园，立足空港物流和陆路物流，建设"仓办一体"的智能空间。

4. 天智会馆，为高端专家、高端人才、投资人、企业高层管理人员量身定制的私人场所——商务别墅，为中层及一般管理人员提供普通住宅和公寓，形成产城融合，以人气带动财气。

5. 天智公园，整合巴州赛马场和高尔夫球场，连体配套，并开辟550亩绿地，打造一个城市的、市民的、文化主题公园。围绕"城市绿道"展现中亚丝路文化小品、雕塑、休闲长廊、古三十六国文化，建立篮球、网球、儿童游玩区、多功能自行车租赁点。建立花卉交易中心、中亚风情花卉街、园林景观设计展示区、婚纱摄影等功能区域。

6. 天智旅游集散中心，盘活巴州19项"全国之最"和53种基本类型的旅游资源，为每年数百万游客提供一站式综合旅游服务功能。

这是一幅靓丽的远景，超前、实在、可行，开发区及巴州领导就拍板：好，我们开发区就需要这样的项目，就按照这个方案推进。他们邀请我尽快再到开发区，"给全体干部讲讲天智现代服务产业城，讲讲如何发展现代服务业。"

这样，天智现代服务产业城应运而生。当年被列为新疆巴音郭楞蒙古自治州政府1号项目，州长带领有关部门到现场办公，为天智城解决难题。库尔勒开发区更是将原土地出让价格的每亩14万元，降低为每亩9万元，并将原属政府的500亩绿化用地（含30%商业用地），无偿划归给天智公司，并入天智城统一开发。2015年3月，《人民日报》整版刊发报道，天智现代服务产业城以"丝路经济制高点，千亿财富聚集地"引起全疆乃至全国关注。

天智城确立了响当当的战略模式，但天智现代服务产业城要从设想变成现实，还有更远的路要走。2015年9月，我提议在库尔勒召开天智城专题会议，梳理天智城开发逻辑与运营举措。

我根据对库尔勒开发区及天智城的重度思考，提出了天智城要坚定不移地执行"三纳入"指导思想和"五坚持"的基本策略。

三纳入。

第一，纳入开发区整体发展布局，防止"边缘化"。

对策：主动上位，利用开发区领导已经萌动的以"发展现代服务业"为突破口的意图，编制《库尔勒经济开发区现代服务业发展规划》，把天智城作为开发区整体发展的一部分。

第二，纳入开发区核心主导产业，防止"空心化"。

对策：果断抢位，与开发区、富丽华公司合作，以专业能力，将属于现代服务业范畴的功能纳入天智城，使天智城成为纺织城的有机整体。

第三，纳入开发区政府领导政绩，防止"遗忘化"。

对策：强势占位，设计有效方案，将天智现代服务产业城的建设成败，与开发区政绩挂钩。

五坚持。

第一，坚持高举"现代服务业"旗帜，以现代服务业各类功能复合、相互作用、互为价值链的高度集约的优势和高度，化解库尔勒六大中心、红星美凯龙、华凌市场、纺织城等竞争者的直接威胁。

第二，坚持关联"纺织城"大局发展，天智城关联纺织城，就是获得收益的源头。围绕纺织服装城的建设，配套建设相应的服务体系。如管委会、商务酒店、商业服务、医疗卫生、文化俱乐部以及为生产企业服务的检验检测机构、信息服务中心，员工生活设施和市政设施配套工程等。

第三，坚持做"平台商"模式，天智投资建设现代服务产业城，要低成本、低风险，不要陷入具体业务，而是做"平台"、做"系统"、做"一级开发商"，成为南疆巴州的"华南城"。

第四，坚持"快半拍"开发节奏，投资天智现代服务产业城不能急功近利，快了，是"先烈"，慢了，失先机。"快半拍"是合理节奏。经营理念，要比国内比新疆"快半拍"；开发时机，要比巴州、库尔勒市、开发区、纺织城"快半拍"。实时掌控其动向、信息，抢半步，赢百步。

第五，坚持"营虚带实"展开运营，项目地目前是典型的"生地"，不利急于建设，展开运营宜从"虚"，无形资产制胜。营虚代实、营虚带实、营虚待实。天智现代服务产业城的投资，采取预期控制型的"量米下锅、见兔撒鹰"的倒逼投资方式进行。

案例三：区域形象重构建，湘西小县起宏图。

芷江，是一个侗族自治县，位于湖南省西部，地处武陵山系南麓，素有"滇黔门户、黔楚咽喉"之称。1945年8月，侵华日军副总参谋长今井武夫作为受降使节，与中国陆军相关高级参谋人员商定日军向中国投降的所有事宜，并在日本投降注意事项备忘录上签字，随后中国战区内的侵华日军正式无条件投降。因洽降地点位于芷江县城东的七里桥村磨溪口，"八年烽火起卢沟，一纸降书落芷江"，史称"芷江受降"。

2014年初，我应芷江县委、县政府的邀请，规划芷江县的旅游产业。考察中，我先后多次与芷江县委书记曾佑光交流，提出发展芷江县旅游，要站在重构建的高度与深度出发，对县域形象重构建，有一个超越"受降名城"的名片；对县域经济重构建，形成强县富民的措施；对干部精神重构建，打造一支现代化的干部队伍。这些思路得到了芷江县委县政府的认可，并经过近一年的努力，完成了这一重构建的规划。

在区域形象上，从"受降名城"到"世界和平之都"。

芷江是中国抗日战争核心受降地，具有强烈的世界和平象征意义。国内外专家曾多次试图定义芷江：第一，"中心地"因位而立；第二，"受降地"因地而荣；第三，"吉祥地"为和而兴；第四，"和盟地"为平而旺。芷江5次举办"国际和平节"、建和平广场、组织"飞虎队"活动，并产生了广泛影响，她承载着世界和平文化策源、传播、发展的重任，完全可以定义为"都"。都，比之于"园、城"，更具芷江未来"唯一、第一、超一"的识别性。

高位、高层次定义世界和平之都，竖起旗帜，通过景观营造，类比滑铁卢、日内瓦、华沙、南京，成为国内外认同的战争与和平纪念地；创新产品服务，形式"产城一体化"大旅游格局，与张家界、凤凰县联动，成为湘西旅游金三角支撑点；升级已经举办5次的"国际和平节"，像博鳌论坛一样吸引国内外政要、企业家；跨界耦合，融农业、工业、城市建设发展，芷江经济文化品位提升，倍增土地价值，房地产开发获更大收益；旅游产品金融化，试水产权式景点、产权式旅游项目，解决资金瓶颈，斩获资本市场；世界和平女神落户芷江、盟军风情街、"海峡两岸交流基地"、电影、电视剧等协同造势；建设"国际受降园"，成为世界第一座战争受降微缩景区；生态优势与芷江"高铁、高速路、机场"交通优势联动，建设生态县城，发展休闲度假养生产业，成为国内外安养基地；孕育出芷江大品牌，全面进入国内外市场，成为世界性的旅游目的地。

在县域经济上，旅游联动产业，筑起一条富民之路。

农业是芷江的基础、是不能忽略的主导产业。芷江农业近年尽管培育了一批项目，但是相对5镇23乡303个村落相比，承载不了"强县富农"重任，在重构建中需要加以整合。

整合个性化种植业。以商品蔬菜、柑橘、水蜜桃、紫秋葡萄、甜茶等特色农产品为基础，利用现代农业技术，开发具有较高观赏价值的作物品种园地，向游客展示农业最新成果。组建多姿多趣的农业观光园、自摘水果园、农俗园、果蔬品尝中心等。

整合个性化林业。以西北部天然林、三道坑自然保护区、明山森林公园、公坪乡狮坡森林公园等森林景区为基础，开发利用人工森林与自然森林具有的多种旅游功能和观光价值，为游客观光、野营、探险、避暑、科考、森林浴等提供空间场所。

整合个性化牧业。以芷江鸭养殖、绿壳鸡蛋、生猪养殖为基础，发展牛、马、羊等多种农业动物，建设具有观光性的牧场、养殖场、狩猎场、森林动物园等，为游人提供观光和参与牧业生活的风趣和乐趣。

整合个性化渔业。以水库、水溪等水体资源为基础，开展具有观光、参与功能的旅游项目，如参观捕鱼、驾驶渔船、水中垂钓、品尝河鲜、参与捕捞活动等，还可以让游人学习养殖技术。

整合个性化生态农业。建立农林牧渔土地综合利用的生态模式，强化生产过程的生态性、趣味性、艺术性，生产丰富多彩的绿色保洁食品，为游人提供观赏和研究良好生产环境的场所，形成林果粮间作、农林牧结合、桑基鱼塘等农业生态景观，要像广东珠江三角洲一样形成桑、鱼、蔗互相结合的生态农业景观典范。

整合中，要向旅游靠拢，增加农业附加值。因地制宜发展田园综合体、农家原生堡，以市场导向两极扩展。大则合，建设田园综合体；小则分，发展农家原生堡。大小由之，勾勒芷江农业与旅游"百寨闲"的旅游观光壮美景象。

还提出打造"爆款产品"，让芷江从舌尖到心头，带动芷江百业的繁荣兴旺，做开启富民强县的"金钥匙"。芷江鸭是中国湘西著名侗乡特产食品，是招牌美食，历史悠久，色香味俱佳，驰名中外。芷江鸭是发展旅游的突破口之一，以商标持有者和翔鸭业为经营主体，以芷江鸭特许经营为模式，开办连锁饭店，吸引经销商加盟，吸引风险投资，做大芷江鸭业，主观上富民强县，客观上宣传芷江，让芷江鸭像"沙县小吃"一样名扬华夏。

芷江县的战略重构建规划，大到世界和平，小到芷江鸭；远到复原千年"沅州古城"，近到建设"武陵山片区游客集散中心"；虚到明山道教朝拜，实到成立旅游投资股份公司；内到解放思想更新观念，外到塑造区域品牌形象。

重构建规划报告完成后，芷江侗族自治县领导认为，这不仅是发展旅游，创建和平之都的规划，更是一次解放思想，变革发展的动员，是芷江县今后一个时期的工作指导方针。县领导要求各部门、各单位，将报告中涉及自己的那一块"领走"，认真学习完善，下大力落实。

重构建，开启了芷江与世界对话的新征程，有效促进了芷江旅游产业的壮大和经济社会的发展。2015年芷江旅游人数达273万人次，旅游收入达13.66亿元，同比分别增长5.8%和5.87%。仅国庆假期，共接待国内外游客158.6万人次，同比增长15.6%；实现旅游收入6.67亿元，同比增长16.6%。

"国际和平论坛"加强了芷江与世界的交流与合作，芷江先后与法国诺曼底格郎康迈西市、美国北卡罗来纳州松鹤市等城市缔结了友好城市，签订了农业、旅游、教育、青年等方面交流合作的协议，为促进经济社会发展奠定了良好基础。2015年11月，芷江被国务院列为第二批国家新型城镇化综合试点地区，"和平之都"正向"富民之都"行进。

第7章 重构建之器：效100战略执行一体化系统

法国社会学家莫里斯·哈布瓦赫提出集体记忆的概念，用于研究在群体和社会阶级的环境中，印记是如何被记住的。他指出，社会需要记忆，因为记忆赋予社会的印记是一种历史的魅力，是把最美好、神圣的事物贮存在与现今相对的另一个维度里。

美国学者保罗·康纳顿又在《社会如何记忆》中将集体记忆定义为，一个群体通过各种仪式塑造的共同记忆，而不是群体成员的私人记忆相加的产物，是"集合起来的记忆"变成了"集体的记忆"。

德国学者阿斯曼将集体记忆定义为文化记忆，对集体记忆的概念进行了升华。阿斯曼指出，文化记忆以文化体系作为记忆的主体，是超越个人的。记忆不只停留在语言与文本中，还存在于各种文化载体当中，比如博物馆、纪念碑、文化遗迹、歌曲以及公共节日和仪式等。通过这些文化载体，一个民族、一个群体、一种文化才能将传统代代延续下来。法国学者诺拉将这些能够传承文化记忆的载体形象地称为"记忆的场"。

转型升级重构建，对于企业，是一场摧毁，是一种颠覆，是一个新生。

在这场革命中，既要打破、卸载企业旧的集体记忆，防止重构建后的打回原形，又要建立、固化企业新的集体记忆，拥抱新秩序、新模式、新系统的诞生。

在多年实践中，我参照著名企业，如锡恩咨询公司、五项管理国际集团、汇才教育公司的经验，融合、总结、创新了一个行之有效的工具"效100战略执行一体化系统"。

第57节　为什么是效100

有种说法，人的记忆形成、人的习惯养成，最有效的时间是100天。

婴儿100天，是为"百岁"，要戴长命锁。

新兵入伍要经过100天的集训，才能完成从百姓到军人的嬗变。

学习高尔夫球要经过100天的枯燥挥杆练习，才能形成肌肉记忆，做出标准动作，打出好成绩。

就连外伤康复，也要"伤筋动骨100天"。

如此种种说法，是否有科学依据，无从考证。但社会的普遍认同中，100天是事物发展过程的里程碑却毋庸置疑。

企业重构建，100天里，是形成新的集体记忆的最佳时机。

100天时间，能发生什么？

100分承担，能创造什么？

100分标准，能检验什么？

100分业绩，能收获什么？

效100，是将企业发展战略（重构建）和员工人生目标相融合，截取100天，通过从实事求是到实事求效的哲学理念灌输，以企业制订阶段性目标，员工个人填写《效100工作日志》为手段，引发员工以"效"为导向，用100%的责任承诺，100%的标准检视，100%的绩效质询，建立公司的战略执行质询系统，在每日、每周、每月、每人、每事中，对效率、效果进行跟踪、检视、考量、督导，纵向到人，横向到事。人人敢承担，事事有效果；人人日日成功，事事次次做对！

效100，对于公司：获得营收、利润、绩效……，把公司战略变成员工的行动；促使企业和员工"心往一处想，劲往一块使"，建立起不依赖于人的制度运营系统，自动引发员工对于企业经营的关注和热情。

效100，对于员工：获得做事成功、取得结果的基本做事方式，明确知道自己要什么，找到怎么实现的办法，训练系统的做事思维和行动体系，形成"承诺－行动－结果"的自我提高机制。

效100，对于重构建，是一场革命性的集体记忆，把面向新世界的企业理念、模式、体系、方法以及工具，深深固化在企业之中。同时，把宏观的实事求效与微观的效率、效果融合，使企业绩效提升。有的企业在效100战略执行一体化实践期间，业绩竟然增加了30%以上。

第58节 效100的"一字真经"

效，就是实事求效。

效，就是效率、就是效果。

效率：讲的是过程和手段的有效性，相同的投入取得更多的产出，或者更少的投入取得相同的产出，要求我们"把事情做正确"。

效果：讲的是结果的有效性，活动在多大程度上实现了预定目标，要求我们"做正确的事情"。

如何"做正确的事情"？

1．选择更重要的事情去做。

2．明确哪些事情更重要。

3．列出事情的清单。

4．把任务清单和你的生活结合起来。

如何"把事情做正确"？

1．把任务细分。

2．把任务简化。

3．认真思考。

4．变被动为主动。

5．把事情变得有趣。

效100体系的灵魂是实事求效的哲学颠覆，没有这一点的"头脑重构"，效率、效果必定大打折扣。我有一个合作伙伴，与我们共同为几家企业实施了效100后，就与我商议，要"独立江湖"，请求我把全套文件、流程、工具给他，我欣然应允。结果，他"纵有神刀在手，也成为不了刀中之神"，使用这套体系，签约几家企业，并没有达到所承诺的效果，引起企业不满，甚至发生了索赔事件。他讨教，我坦言：一个没有灵魂的系统，是没有生命力的。并把老子的一句话写给他："有道无术，术尚可求；有术无道，止于术。"

效，是效100的"一字真经"。落实到具体运行，我们设定了从三个方面、总分为100分的考量指数。

一是效应指数，从激情、承诺、负责任、快乐、不找借口等五个方面，衡量人的工作心态，分数为20分。

二是效率指数，从快捷、优质、创新、无差错四个方面，衡量每一天的工作效率，分数为20分。

三是效果指数，从一个"硬邦邦"的数据，即目标完成度来衡量结果，分数为60分。这个指数,是一票否决指数。也就是说,没有"效",就没有价值,一切的过程、手段,在没有"效"的结果中,都一文不值。

第59节 效100的"四大节点"

企业实施效100,要抓住关键的四大节点。

第一,"效"的定义,由用户定义价值。

基于用户价值的"效"定义是成功的起点,我们所做的事情的价值,都是由用户决定的,用户只要结果,不要过程。这要求每一个人必须清晰用户要的结果是什么,我如何才能保证这种结果。定义用户想要的结果,为用户想要的结果而工作,是"效"的起点,也是终点。

第二,"效"的承诺,人人为结果负责。

"效"的承诺,包含了以下几个方面。

1. 从组织层面上明确"效"的直接责任人,一对一的责任。
2. 从个人层面上,责任人必须在事前承诺"效"。
3. "效"的承诺是自我驱动,有效的内在驱动是组织与个人成长的有效途径。
4. 承诺将兑现的"效"、承诺每一个关键的完成节点、承诺"做不到怎么办"。

关于承诺,法国人卡洛斯·戈恩拯救日产的故事颇为励志。

在全球汽车市场一片萧条中,日本著名的汽车公司日产陷入了困境。公司高层空降了有法国"营救大师"之称的卡洛斯·戈恩,期待他妙手回春拯救日产。日本公司是排外的,在卡洛斯·戈恩之前,还没有任何一个外国人在日本一流公司做过CEO。

卡洛斯·戈恩正式上班那一天,面对日产的所有股东和员工,面对众多的新闻媒体,承诺了一个惊人的目标——180计划。"1"指当年日产汽车全球销售量增加100万台；"8"指公司运营利润率达到8%；"0"指汽车事业净债务为0。

演讲台上，戈恩宣布："我要实现这三个目标，任何一个目标没有做到，我就出局！在这三个目标前，我不需要加上条件，假如有了团队的支持，假如经济环境良好，假如日元汇率降低……我这样做的目的是表明我已经决定承担责任，这是我的承诺！"戈恩说："当我承诺了一个没有后路的结果，因为它简单，谁都能明白，谁都可以去衡量我做得如何，于是人们对我的态度就积极起来，人们会说，'OK，这很公平，给他一个机会吧！他按承诺执行，我们按承诺兑现，没有任何借口，一切为了结果。'"

戈恩承诺的时候，他知道困难。在开始的时候，人们是持怀疑态度的，他们认为戈恩不了解日本、不了解日本文化、不了解日产。

戈恩说："我不怕有这种怀疑态度，但是我不希望有反对力量和抵制情绪，因为我希望结果成为对我的支持，我希望信心建立在事实之上，信任建立在事实之上，这并不是说说就可以实现的结果。制订日产复兴计划是我们迈出的第一步，我们要对计划的实施结果做出承诺。

"当我承诺了他们想要的结果，那就是，我作为公司的总裁，我承诺公司明年要实现赢利，运营利润率要有一定幅度的增长，债务要得以削减。

"承诺就意味着如果达不到目标的话，我就要辞职，不能再做第二个计划，也没有第二次机会。如果团队不支持，环境不好，汇率上升，都会造成业绩不好，你也会因此被人们原谅，但结果是什么？"

戈恩的承诺，换来了日产的崛起，在不到两年的时间，连续7年亏损的日产实现首次盈利。如今，戈恩是日产、雷诺汽车的主席及CEO，三菱汽车的主席，以及雷诺－日产联盟的主席兼CEO，又开始了拯救三菱的工作。

第三，"效"的质询，不放过任何干扰价值的节点。

管理者的重要使命就是检查，效100的体系中，检视和质询是重要的工作，是实现"效"的保证。

1. 凡是工作，凡是结果，必须要有检视和质询。IBM前CEO郭士纳说过:"或许我所见过的在执行犯下的最大的错误,就是把希望和检查混为一谈。太多的管理者并不知道,人们只会做你检查的事情,而不会去做你希望的事情。"

2.检视和质询是为了纠偏,通过定时的节点检查,可以了解与沟通执行过程中存在的问题,把问题解决在过程,而不是事后的处罚,不让错误发生是执行的目的。

检视和质询的四大特征。

公开性:检视质询要求以事实和数据为基础。

公正性:将问题在公开的质询会平台上提出来。

时效性:对行动的改进反馈一定要及时,每天进步一小步。

周期性:建立天、周、月、年的质询体系。

第二次世界大战期间,美国空军降落伞的合格率为99.9%,这就意味着,每一千个跳伞的士兵中会有一个因为降落伞不合格而丧命。军方要求厂家必须让合格率达到100%才行,厂家说承诺到99.9%已是极限。军方改变了检查制度,每次交货前从降落伞中随机挑出几个,让厂家负责人亲自跳伞检测。从此,奇迹出现了,降落伞的合格率达到了100%。

第四,"效"的奖惩,形成心理契约。

有效的即时激励能够形成集体记忆,形成人的心理契约,促使员工养成良好的行为习惯,提高工作效率。

1.当员工的工作结果或工作行为符合组织要求时,员工得到激励—重复该行为—再次激励—形成习惯,工作效率得到提高,执行力加强。

2.当员工的行为与公司倡导的价值观念完全不符合时,就要当头棒喝,给予警示,促使其改正,杜绝其他的人再犯此类错误。

3.通过树立榜样,宣扬什么是对的,什么是错的,形成集体性的记忆,从而使大家的行为向公司鼓励的方面趋同。

执行与即时奖励有关,即时奖励解决的是成就感的问题,决定一个人是否投入的最重要的因素,就是成就感。

第 60 节　效100的"五项修炼"

在某种意义上，效100，是人生的一场自我管理，更是一场原力的觉醒与修炼。

第一，目标管理。

目标是构筑成功的砖石，要取得成功，必须制订目标。世界公认的对成功的定义是，成功就是实现有意义的既定目标。你过去或现在的情况并不重要，你将来想获得什么成就才重要。有了目标，内心的力量才会找到方向。漫无目标的飘荡，终归会迷失航向而永远达不到成功的彼岸。

世界上只有3%的人曾定下他们的人生目标，这也就是为什么成功者总是极少数的根本原因。

世界上只有3%的人有清晰长远目标，他们是社会精英。

世界上10%的人有清晰但短期目标，他们是成功人士。

世界上60%的人目标模糊，他们一生平庸。

世界上27%的人没有目标，他们终日动荡，生活在不安定之中。

效100目标管理的基本内容，是动员全体员工参加制订目标并保证目标实现，即由组织中的上级与下级一起商定组织的共同目标，并把其具体化展开至组织各个部门、各个层次、各个成员。与组织内每个单位、部门、层次和成员的责任和成果相互密切联系，在目标执行过程中要根据目标决定上下级责任范围，上级权限下放，下级实现自我管理。在成果评定过程中，严格以这些目标作为评价和奖励标准，实行自我评定和上级评定相结合。组织以此最终形成一个全方位的、全过程的、多层次的目标管理体系，提高上级领导能力，激发下级积极性，保证目标实现。

人生的不成功，往往是我们不敢设定目标。

一是设定目标后害怕失败。有了目标，就要去付出，去实现，在实现目标的过程中必定会遇到障碍和艰难。一想到障碍、艰难就害怕，就犹豫，同时，又受到安于现状这一人类懦弱天性的暗示，因而一提目标，便望而生畏，止步不前。

二是害怕被别人耻笑。世界上没有设定目标的人占绝大多数，因而设定目标的人总是被视为异类和疯子，被认为假惺惺、装模作样、出风头等而遭到围攻和耻笑；更有甚者，若短期内无起色（目标未实现），将遭到加倍的嘲讽而抬不起头来。设定目标的风险和成本是很高的，关键还是心态问题。

三是不知道目标的重要性。很多人都不知道人生的重点，不知道人生价值的关键来自目标的实现，不知道目标是生命的转折点。

四是不知道设定目标的方法。人们不知道如何去设定目标，不知道如何筛选有价值的目标，以及有了目标以后用什么方法去实现，要用多长时间去实现。

五是不知道目标设定的是否正确。有很多人不知道自己的目标是否正确，是否可以被实现，实现这个目标会碰到哪些障碍？目标有变化时怎么办？

人的目标设定，一般有6个范畴。

1. 事业目标。你有什么样的梦想，你想做什么事情达成什么结果，你工作的目的是什么，什么结果会让你感到最安全，做什么事会给你带来无比的快乐……

2. 财富目标。如果用金钱来衡量，20年、10年、5年、3年，应该达到的个人收入是多少？银行存款是多少？投资回报是多少？数字越明确越好。

3. 学习目标。在学校阶段所获得的知识充其量不过是人一生所需的10%，而另外90%以上的知识都必须在以后的学习成长中不断获取，在竞争异常激烈的现代社会，学习成长目标是事业成功、财富积累的源泉。

4. 健康目标。健康目标是一切目标实现的最根本基础。

5. 家庭目标。家庭是温暖人心的港湾，是我们实现事业、财富目标的有力支持。我们不能一味追求事业而忽略家庭，事业家庭和谐发展才是我们人生圆满的追求。

6. 人际目标。人际关系中几乎蕴藏着你所需要的一切，制订和维护好你的人脉资源，某种意义上就是在维护不断朝着目标迈进的补给线。

第二，心态管理。

正如叔本华所言，事物的本身并不影响人，人们只受对事物看法的影响。一个企业在发展过程中必然会遇到各种各样的问题，甚至是瓶颈，这个时候企业需要我们发挥积极正面思考的力量与智慧，正确面对企业所进行的变革，以对企业和自己100%负责的态度投身到企业的建设中去。

人与人之间只有很小的差异，但是这个差异往往造成人生结果的巨大差异；很小的差异就是人生态度是积极的还是消极的，巨大的差异就是结果的成功与失败！

积极的心态像太阳，照到哪里哪里亮；

消极的心态像月亮，初一、十五不一样。

某种阴暗的现象、某种困难出现在你的面前时，如果你只去关注这种阴暗、这种困难，那你就会因此而消沉，但如果你更加关注着这种阴暗的改变、这种困难的排除，你会感觉到自己的心中充满阳光，充满力量。同时，积极的心态不但能使自己充满奋斗的阳光，也会给你身边的人带来阳光。

我们每个人都随身携带着一种看不见的"法宝"，它的一面写着"积极心态"，另一面写着"消极心态"。

一个积极心态的人并不否认消极因素的存在，他只是学会了不让自己沉溺其中。

一个积极心态者常能心存光明远景，即使身陷困境，也能以愉悦和创造性的态度走出困境，迎向光明。

积极心态能使一个懦夫成为英雄，从心志柔弱变为意志坚强。

在人的本性中，有一种倾向：我们把自己想象成什么样子，就真的会成为什么样子。

在看待事物时，应考虑生活中既有好的一面，也有坏的一面，但强调好的方面，就会产生良好的愿望与结果。

第三，时间管理。

人们重视生命，乐于理财，却疏于时间管理。

有了目标管理，还需要时间管理的技巧，把所有的目标分轻重缓急，尽快逐一实现，提高生命的效率。

时间管理是一个概念，更是一种方法，每一个人都需要对自己进行时间管理，但是更需要时间管理的其实是企业，因为作为单个人员如果你没有时间管理的概念也可以去工作，个人还能应付得了自己的工作，但是作为企业，其需要的时间管理概念是一个整体，如果这个整体出了问题那么整个公司就会处于不健康的状态，因为一个企业不是靠某一个人来运转的，而是要靠所有员工高效率的配合才能产生最大的效益和价值。单个员工工作不进行时间管理看来不是什么问题，但是如果所有的员工都没有时间管理的概念，那么对公司来说将会造成巨大的损失。

时间管理是一个虚拟的概念，很多人对时间管理没有很明确的定义，并且时间管理不仅仅是个人安排一下自己的日程表这么简单而已，时间管理有很多需要总结计划调整的环节在里面。所以企业必须有一个系统的时间管理概念来贯穿整个公司的体系，企业需要提高时间管理的体系，更需要给员工提供一个学习时间管理的手段。

成功人士的高效时间管理方法。

1. 每日管理——记录每天的时间，记录比记忆更重要。列出每天要做的事情，管理消耗掉的时间。

2. 任务清单——记录"谁"做，完成期限，明确任务。

3. 检查追踪——按照记录的时间，对任务"按时"追踪检查。按照记录的时间，对承诺"准时"完成。

4. 日清日新——当日事当日毕，做到的打钩，没做到的打叉，总结成果。

5. 杜绝拖延——凡事设定期限，不要等待。

6. 条理清晰——能做到的事情马上决定，待做的事情记入日志，保留的东西立即归档，做不出决定的先扔掉。

7. 马上行动——立即记录，天天反省，马上改进。

8. 授权——管理就是将你的事交由别人来完成，授权就是复制自己。

第四，学习管理。

今日之世界，不是武力统治，而是创新支配。只有不断学习，才能持续成功。不学习，必灭亡。

向一流人士学习——复制成功。

每天养成学习习惯——积沙成塔。

培养学习能力的途径主要是积累知识，知识是能力的基础，勤奋是成功的钥匙，离开知识的积累，能力就成了无源之水，而知识的积累要靠勤奋的学习来实现的。人们既要掌握书本上的知识和技能，也要掌握学习的方法，学会学习，养成自学的习惯，树立终身学习的意识。懂得学习，并愿意投资于学习的人，是睿智的人。投资不是说一定要是金钱的投资，可以是时间，也可以是精力……现在学习的渠道那么多，只要你想，没有什么不可以。所以请收起你的懒惰，努力起来吧！

第五，行动管理。

人生没有太多的机会和等待，做出决定，马上执行。执行，是一切成功的保证。

激发人的行动，往往有六大步骤，称作"四问两立即"。

1．我要得到什么样的"效"？

2．达不到有什么样的痛苦？

3．不行动有什么坏处？

4．马上行动有什么好处？

5．立即制订期限，马上行动。

6．立即将行动计划告诉家人、朋友和领导，立即行动！

第 61 节　效100的"七种武器"

第一，《效100手册》——行动指南。

《效100手册》，是效100体系的核心工具。在实施阶段，通过手册这样的实体工具，将效100的培训与员工紧密结合，融入日常工作与学习当中。

第二，承诺书——责任承担。

承诺不仅仅是口头上的，更要通过书面的文字落实。

第三，分享窗——交流平台。

员工以小组为单位，依据公司OA平台、钉钉或者微信，建立起分享平台。即时交流心得体会，查缺补漏，同时分享窗也承担日检视的功能。

第四，展示墙——领袖风采。

每个人的承诺书，要公开的展示出来，以提醒自己和他人时刻不忘记自己的承诺，向着目标与结果努力。

第五，质询会——检视质询。

在公开的质询平台上，部门之间横向了解工作进展情况，有利于暴露问题，并促进部门之间的相互配合，提升各个部门的工作效率。质询让企业的业务管控形成"纵向一条线、横向一条线"。

第六，英雄榜——标杆展示。

每一周的质询会结束后，每个员工会有一个综合考评分数登记在英雄榜上。100天培训结束后，每个员工在这100天的状态、结果完成情况以及是否兑现承诺都会一一呈现。英雄榜的目的，就是要建立起企业内部良性的竞争意识，不断挑战和超越目标。

第七，效基金——奖罚分明。

效基金是在质询会上进行即时的奖惩，以起到即时激励的作用。没有完成目标，立刻上缴效基金；完成目标，排名靠前的学员获得奖励。

第62节 效100的"十六字要诀"

第一，第一推动，以身作则。

通过对企业管理高层在领导力和执行力上的指导，最终驱动整个企业不断前进。高层的高度关注与全程参与是效100成败的关键。

倡导什么，就先做什么，然后才有真正的执行。

人们不会相信你说的，人们只会相信你做的。

第二，结果提前，理由退后。

把自己把要做的事的目标放在中心位置，放在大脑的"前部"，时时记着它，而把理由冷落一下。因为在达成你目标的过程中，不可避免地会遇到一些问题，你会有些情绪起落，这种情绪起落就是一种理由，要学会控制这种理由，即把这种理由"退后"。

第三，标准要低，执行要严。

海尔集团首席执行官张瑞敏说过："什么是不简单？能够把简单的事千百遍都做对，就是不简单；什么是不容易？把大家公认的非常容易的事情认真地做好，就是不容易。"

制度要简化，流程要细化，标准要明化，制度才具可执行性，所以，制度不能追求完美，不能太复杂，标准要低，但是执行要严格，否则制度就流于形式。推行制度要遵循认同第一、执行第二的原则，让员工参与规则的制订，唯有员工认同的规则才是可执行落地的规则。《效100手册》必须要每天填写，必须要每天、每周、每月检视，必须要查缺补漏，纠正偏差。

第四，一点突破，专注重复。

效100，就是要通过战略执行一体化的实施，建立体系，建立标杆。人不可能一口气吃成胖子，企业不可能一夜就做大做强，要通过持续渐进、循环不断的努力。

第一阶段，可以先从公司的高层和部门负责人导入培训，高层和部门负责人是效100全面导入的基础。

第二阶段，可以从公司的某个部门导入，建立优秀的标杆，榜样的力量是无穷的。榜样建立之后，员工自然会知道向什么样的标准看齐。

第三阶段，全面导入，结合具体的工作实践，导入的形式与方式可以灵活掌控。

第63节 效100的"效日志"

效日志的填写在效100培训里至关重要，关系到整个实施的效果与质量。

效日志，就是要把100天的目标，通过合理的方法，分解到每个月、每一周、每一天，然后严格按照目标进行检视质询。

效100与工作结合的形式，就是填写效日志。

第一步，将每天要做的事情，按照十字法则进行分类梳理。

美国前总统德怀特·戴维·艾森豪威尔为应付纷繁事务，并争取迅速处理而不贻误，发明了著名的十字法则。十字法则又叫要事第一法则，一直被管理大师彼得·德鲁克等积极倡导，人类潜能导师史蒂芬·柯维，也为此专门撰写《要事第一》，并成为全球畅销书。这个法则可以帮助人们有效克服每日或每周的混乱，以便正确区分事项类型，决定事项的优先顺序及是否安排他人或删减。按照要事第一的法则，所有事务分为四类。

A类，重要且紧急。需要尽快处理，最优先。

B类，重要不紧急。可暂缓，但要足够重视，是最应该偏重做的事。

C类，紧急不重要。不太重要，但需要尽快处理，可考虑是否安排他人。

D类，不重要且不紧急。不重要，且也不需要尽快处理，可考虑是否不做、委派他人、或推迟。

第二步，将计划按照分类，填入日志今日计划里。

第三步，完成一个计划就进行及时记录，记录消耗的时间、效率以及取得的成果。

第四步，一天结束后，进行自我检视。总结哪些完成，哪些没完成，原因是什么。当日事，当日毕，拒绝拖延。

第 64 节　效100的"程序设计"

效100，共计分为三阶段进行。

第一阶段，正心态。举办效100启动仪式，调动正能量，以超常规心态建立企业的新文化生态。这个阶段的主要内容就是调整学员的"心行"，引导大家进入培训状态，为效100的成功运行打下坚持基础。

第二阶段，工作产品梳理，确立战略执行一体化方法，建立全员的目标体系。这个阶段的主要内容是通过梳理岗位职责，定义每个人的工作产品。根据产品制订效100的目标，以及建立质询体系。同时，100天效100自运行全面展开启动。

第三阶段，学员自我运行，辅导员及时跟进解决自运行中出现的问题。同时每30天集中检视培训一次，在心态与方向上进行调整。

第四阶段，检视成果，形成纵向到人，横向到事的企业绩效系统。每个人的成果包括企业的绩效成果都将在毕业礼上呈现，在获得结果的喜悦氛围中，使效100的理念和意识融入日常的工作。

第 65 节　效100的"八大步骤"

第一步，清晰方向。

方向，是实效人生的起点，更是战略执行一体化成功的基础。"效"，有了方向，才有动力。所以效100的前提，是确认"我想做什么？我想拥有什么？我想在企业里贡献什么？我想成为一个怎样的人？"

第二步，精准计划。

有效管理自己，要从有效管理自己的计划开始。有了方向、有了目标，如何实现？将人生目标、企业战略和个人计划进行精准铺排，分解到5年、3年、1年，分解到100天，分解到每月、每周、每天，分解到每一件事上。

第三步，责任承诺。

有没有承担，敢不敢承诺，是衡量人能否成功的重要一环。在战略执行中，没有责任就没有"效"的心态，没有承诺就没有"效"的行动。责任铺就"效"之路，承诺兑现成功门。

第四步，马上行动。

行动，是创造的保证。写工作日志是效100特训中最基本的行动。按照事件的重要级别，将每日的计划清单、执行时间、效率效果、自我评估，记录下来，实时检查，三省吾身，日迁一善。如果连写工作日志最基本的求"效"进程都不去行动，那就没有必要进行下面的步骤了。

第五步，检视质询。

"效"，不是期望创造出来的，而是检视、质询出来的。没有检视质询，责任不会承担，承诺不会兑现。效100的检视、质询，从"效率指标""效果目标"两个维度，分别从每日的自我检视、每周的小组（部门）质询会、每月的全体（公司）分享活动三个层面进行。

第六步，奖优罚劣。

奖励什么，就收获什么；惩罚什么，就消灭什么。有了奖惩，质询才有意义，效率、效果才有动力。

第七步，调适心行。

心行，是心态和行为。任何计划，都必然受到急剧变化的冲击，必然要受到障碍的阻挠。面对现实，保持阳光心态、积极行为，是效100实现的关键。你用什么样的心态对待生活，生活就会用什么样的态度对待你；有什么样的心态，就有什么样的行为，就有什么样的"效"。

第八步，决不放弃。

决不放弃融合、渗透在效100的每一个环节中。方向、目标、计划、责任、承诺、行动……，放弃任何一个节点，就是放弃全部。永不抛弃，决不放弃，成功就属于你了。

第 66 节　案例：武夷股份效100三年三大跨越

福建武夷交通运输股份有限公司，1949年设立，下设19家分公司，41家子公司，现有员工2 229人，是闽北道路运输龙头企业。

公司以汽车客运、客运站为业务核心，延伸产业链，业务涉及机动车维修、机动车检测、汽车及配件销售、交通职业技能培训等。先后荣获"全国交通系统经济先进单位""省级先进企业""全国模范职工之家""福建省五一劳动奖状""全国五一劳动奖状"和福建省首批"和谐企业"、全国"安康杯"竞赛优胜单位等荣誉称号。

面对社会变革带来的挑战，公司党委、董事会励精图治，锐意进取，决定以"团队重构建"一点突破，全面展开企业重构建工程，并以效100为切入口，持续实施三年。

2016年，"效100战略执行一体化"特训展开。

2017年，效100"周年回头看"。

2018年，效100"走基层"。

三年的效100中，武夷股份以"洗脑子、照镜子、定路子、想法子、找位子、摘果子"为推进的"六项精进"把效100融入百名中层干部任前考核、高管班子履职宣誓、经济责任状签订等一系列企业重大活动；评选出了"十大变化""十大事件""十大效星"；开展效100巡回宣贯演讲，把效100理念传播到每一个单位，每一位员工；开发出了个性化管理软件"效100电子手册"，将"效应、效率、效果"量化考评，成为企业人员随身携带的"宝典"，将效100融入日常的经营管理。

武夷股份的效100，三年实现了三大步跨越发展，在全国道路运输企业普遍效益滑坡的大环境中，武夷股份实现了"逆增长"，成为行业转型升级的优秀典范。

在中国第十二届重构建总裁班上，武夷股份董事长江银强如数家珍，向参加培训的百余名企业家分享了武夷股份以效100为突破口的重构建给企业带来的"变"。

下面是江银强董事长的原稿摘录。

1. 员工"心态"在变。

员工是企业的核心要素、核心生产力，员工的"心态"决定企业的发展状态。传统国有企业长期形成的员工惯性"心态"，与现代企业制度和新形势下市场竞争应具备的"心态"不相符，造成员工"心态"与企业发展不相符。通过效100的学习、感化、实践、领悟，让学员深刻体会到激情、团结、进取、责任、担当、创新、感恩、互助、坚持、奉献等"心态"的修正与提高，是实现人生价值的基础，在120名学员的带头影响下，全司员工从"心变"开始，显现出积极的作用。在工会调研中发现，为个人利益的问题少了，为企业出谋献策的议案多了，在日常执行过程中发现，团结互助的多了，推诿扯皮的少了，"心态"的改变，正带来精神面貌、运行管理一系列的改变。

2. 团队"氛围"在变。

过去，企业中部门割据、利益冲突、推诿扯皮、拈轻怕重、你告我我告你等等，团队在观望、等待、推诿、敷衍甚至相互指责中，负面思想、负面事件频繁出现，给企业的发展带来沉重的负担，提质增效、转型升级要落实到行动上，十分艰难。自从效100后，给团队"氛围"带来全新的变化，大家真实地感悟到团队是我、我是团队的力量，感悟到不抛弃、不放弃、坚持才是胜利的道理，感悟到有国才有家、有企才有我的胸怀，从此，团队正能量氛围得到极大的彰显，"破窗"现象大幅减少，目前，团队整体呈现出一片"正气""大气"的氛围。

过去，传统国企残留着一些致命缺点：一是历史纠结不清，二是狭隘私利，胸怀不大，三是"和"而不"谐"，相互应付，四是相互看轻，互不买账，五是只求无过，不求有功。让我感到欣慰的是，效100培训及期间的一系列活动后，我们团队的氛围有了彻底的改变，一是大家目标方向统一了，二是大家心态变了；胸怀广了，包容心大了；三是团队激情变了，凝聚力高了，战斗力强了，三是大家沟通与协作通畅了，推诿扯皮少了，四是责任与担当主动了，各项工作推进主动扎实了。

3．工作"方法"在变。

我们是个传统的国有企业，但在新时代、新思维、新竞争形势下，如何参与竞争、如何发展，原行之有效的方法失灵了。

效100带给我们新理念、新思维，我们进行了优化创新：一是通过"变"理念学习，以120位学员带动全体员工团队从"心"变、"脑"变，到"行"变，实现"效"的变化，团队精神面貌焕然一新。二是通过"效应、效率、效果"的常态化检视，促进了班组晨会制、班子周会制、高管月会制和重大事项随时碰头制，形成了定期不定期集中通报问题、分析研究解决问题的机制，传导机制、协调机制、决策机制正变得更加高效。三是老企业"等客上门"的思想在变，变得主动出击、上门营销了，公司营收保持全省同行业最佳状态，得益于由被动转为主动服务。四是通过"产品"理念推行，促进形成了三级产品考核到人的机制，董事会考核高管产品，高管考核基层班子及部室产品，基层班子考核员工产品，形成人人有产品，级级有责权有考核的良性机制，业绩大小、奖金多少，拿产品说话，各级干部的能动性极大加强。五是形成了重点项目突破机制，重点项目经费、奖金单列，只要你肯干、敢干、能创新、会突破，成就与荣誉终属于你，老大难问题逐一破解。

4．组织"信心"在变。

员工心态变正了，团队合力凝聚了，工作方法高效了，组织的"信心"在快速提升，目前，我们在确保"效100常态化"的基础上，围绕"提质增效""精干高效""精准施策""智能化平台化"的理念，正全力以赴巩固和加强传统产业的升级，成效明显，超额完成各项经济指标进度计划；同时，主要领导、部门时间、精力得到解决，能更专心投入研究策划转型升级大事，企业的发展后劲有了坚实基础。信则有，行则成，团队行、方法行，则企业发展行，任环境如何变，我们对自己公司未来的发展充满自信。

5. 经营"效果"在变。

效100中,我们的经营哲学从实事求是转为实事求效,以"效"为衡量成败的硬指标,得到了实效。一是董事长的压力小了,"效应、效率、效果"检视,促进了常态化工作的压严、压实、压细,风险管控基础扎实,效益基础保障有效,基层问题基层解决了,基层风险基层管控了,各种矛盾问题上交少了,组织运行效率效果提高了。二是"提质增效"成果显现了,在大形势相同的情况下,我们的经营效益在省内名列前位。三是"老大难"问题逐一破解,特别是2017年,在老大难问题上取得重大进展,做成了几件以前不敢想象的事,如南平客运站扩容改造及137台农村客运进站经营、盘活交通不便、功能不全车站的1个多亿的闲置资产等。四是转型升级迎来新机遇,2018年,我们在效100的基础上,重构建战略突破全面启动。

第 8 章 重构建之功：以未来定义未来

重构建，现在所逼，为应对现实而来；

重构建，未来所需，为决胜未来而往。

后工业时代、知识大爆炸、人工智能替代人……世界已经变得越来越像是一个"液态的世界"，"所有的东西都在不断地流动，不断改变和升级，变成另外的东西"（凯文·凯利）。硬件在变成软件，有形的在变成无形的。

未来已来，一句类似"狼来了"的寓言，近十年来一直绕耳不绝，将人们呼唤得已经麻木、已经迟钝，但绝没有放松，没有放弃。没有放松的是对未来的恐惧，没有放弃的是对未来的憧憬。

重构建的"一经六道十八法"，讲的是应对现实的"解决之道"，也是拥抱未来的"登天云梯"。

应用重构建的哲学、智慧、体系、方法和工具，足以让我们去预见未来，去感知未来的量子时代、未来的认知革命、未来的生命科学，去感知这些"未来"对经济、产业、企业的冲击。

预见才能遇见，感知才能驾驭。正如牛津大学教授、量子式管理提出者丹娜·左哈尔所指出的，在不确定和质变时代，我们真正需要改变的是思维。要革新我们旧的思维体系，从头改变，换一种思维看世界。

站在未来的潮头，当一个勇敢的"弄潮儿"。

第 67 节　未来，若隐若现的量子时代

党的十九大报告中，列举了6项科技成果："天宫""蛟龙""天眼""悟空""墨子""大飞机"。

六项科技成果中，"悟空""墨子"，说的都是量子。量子，在人们的视野里越来越多地出现，如果向前追溯：

——2015年年底，中国发射升空"悟空"暗物质粒子探测卫星，它拥有探明"虚空"的本领，可在太空中完成高能电子及高能伽马射线探测任务，探寻暗物质存在的证据，研究暗物质特性与空间分布规律，找寻和分辨暗物质粒子湮灭或衰变后留下的痕迹。

——2015年，国家自然科学奖一等奖，颁给了中国科学技术大学潘建伟院士领衔的"多光子纠缠及干涉度量"项目。

——2016年8月，全球首颗量子科学实验卫星"墨子号"发射，墨子号的主要科学目标是星地高速量子密钥分发实验，在此基础上实验广域量子密钥网络，以期空间量子通信实用化；它还在太空中分发纠缠光子，实验量子隐形传态，并检验空间尺度的量子力学完备性。墨子号的实验成果，将为构建覆盖全球的量子保密通信网络奠定可靠的技术基础。

——2017年6月，中国科学技术大学潘建伟教授研究团队宣布，墨子号

量子科学实验卫星在国际上率先成功实现了千公里级的星地双向量子纠缠分发,并于此基础上实现了空间尺度下严格满足"爱因斯坦定域性条件"的量子力学非定域性检验,在空间量子物理研究方面取得重大突破。与此同时,悟空也发布,已探测宇宙粒子34亿个。

一时间,量子、量子纠缠、暗物质、暗能量……冲击着我们,本不平静的世界、本不止步的人类认知,又起波澜。

搅乱了的哲学世界:我们原来一直信奉世界是物质的,没有鬼,没有神,没有特异功能,意识是和物质相对的。现在发现,没有任何联系的两个量子,具有爱因斯坦称为"鬼魅般的力量",可以发生纠缠,证明意识其实是一种物质。这表明,既然宇宙中还有95%的我们不知道的物质,那灵魂、鬼都可以存在。既然量子能纠缠,那么第六感、特异功能也可以存在。同时,谁能保证在这些未知的物质中,是否有一些物质或生灵能通过量子纠缠,完全彻底影响我们的各个状态,于是,神是可以存在的。

坍塌了的物理世界:从小学到大学,我们颠扑不破的常识是,光速是不可超越的。如今量子让它终结,量子纠缠传导速度4倍于光速。

崩溃了的内心世界:科技发展到今天,我们看到的世界,仅仅是整个世界的5%。这和1 000年前人类不知道有空气,不知道有电场、磁场,不认识元素,以为天圆地方相比,我们的未知还要多得多,多到难以想象。

探索企业转型升级重构建时,我也不止一次发现,量子,这个似乎很虚幻的东西,也与所有科学发现一样,渗透在人类的每一个角落,成为一个无法绕过的课题,如今它已经跨过物理学、跨过科学,直逼人文与管理界。

67.1 被量子思维撼动的牛顿思维

量子思维并不是一个全新的概念。

20世纪90年代,牛津大学教授丹娜·左哈尔就提出量子理论和管理的关系,出版了著作《量子领导者》。国内的一些学者在2012年左右也发表了数篇相关的学术论文。之所以没有在国内引起广泛关注,与当时大数据、智能化等基于互联网的技术还没有现在这样深入和广泛地影响企业有关，也与学者没有为量子管理学在企业的落地提出一套体系方法论有关。

丹娜·左哈尔提出，在工业时代，支配企业经营和管理的思维是牛顿式的思维，即认为所有东西都是有迹可循的，注重定律、规则和控制，因此管理或者做事的思维方式，都能找到一些有迹可循的规律。泰勒的管理思想就属于牛顿思维，强调作业程序、标准、上级指令。丹娜·左哈尔明确提出牛顿式思维是工业时代的产物，而量子思维是信息时代和知识文明时代的宠儿。这些提法实际上为我们进一步去思考量子理论在企业中的运用提供了理论基础。

用量子思维思考质变和不确定时代的管理创新，并不是赶时髦、造概念，而是在企业的管理实践中发现，量子力学的很多理论和方法与知识文明时代的组织变革方向、公司治理的发展趋势，以及人才的发展是相契合的。这激发我们要去研究和思考量子力学理论在企业管理中的运用。

张瑞敏先生也是一位将量子思维运用于管理实践的先行者，他提出的去中心化，去威权领导，人人都是CEO，就是用量子理论强调"激活个人"，想方设法释放个体价值。他开创的"人单合一、自主经营体"及"创客"机制为员工成就自我，以及使员工从价值创造工具转化为自我驱动的价值创造主体找到了合适的土壤。

华为的任正非是国内最早用熵增、熵减的理论思考组织变革与人才激活机制的企业家。

Google的组织与管理机制则被认为是量子管理学实践的典型代表。

稻盛和夫为代表的日本企业家出于对人性的理解和尊重，提出的敬天爱人的经营理念及阿米巴的组织管理模式与量子式管理的本质不谋而合。

我在近三十年的咨询策划实践中，思维、理论、方法与模型不断受到冲击，不断由牛顿思维向量子思维转移。20世纪90年代中后期，我们的咨询策划工作模型，基本建立在未来是可测的、消费者需求和市场是相对稳定的、产业的边界是清晰的、企业的成长有迹可循的、企业成长时空是可控的这一基础之上。那时候，企业可以基于过去推测未来，可以基于现有资源和能力确定成长的方式与速度。我们可以用确定性和可预测性来回答企业的战略命题，甚至可以很自信地告诉企业"干什么、不干什么、占有什么、放弃什么"。

　　进入21世纪，特别是2013年以来，我们越来越难以定义与设计未来，既感到理论上捉襟见肘，用传统管理理论难以解释动态和变化，又在实践上步履蹒跚，一时摸不到时代的命门。我们对实践的认识普遍滞后于实践。二十多年战略策划实践，实事求效的战略哲学，实效战略虽然在过去突破了传统框框，成果斐然，但今天遭遇了严峻挑战。在基于互联互通的智能文明时代，信息越来越对称，消费者、企业和行业之间的连接越来越紧密，而未来越来越看不清、测不准，一切难以预见。消费者需求变化加速且日益呈现个性化，颠覆式技术创新与商业模式创新层出不穷，市场瞬息万变，产业边界越来越模糊，企业的成长轨道无迹可寻，成长空间无边界可触，成长模式无标杆可追随，一切变得不确定！已有的战略思维、理论、方法与模型难以定义与设计未来。为众多互联网精英、以创新为驱动力的新生代企业家以及正在推动传统企业转型升级的实业企业家服务时，深感用传统的战略思维来应对不确定性、来规划创新型企业的未来、来推动传统企业的转型升级，实在难以在同一频道上实现智慧的碰撞与共振，难以让新战略思维形成真正的启迪和价值贡献。

牛顿思维与量子思维的对照

	牛顿思维	量子思维
1	因果论 （确定性、可控性、可预测性）	非因果论 （不确定性、不可控性、不可预测性）
2	外部世界的独立性	人参与了对外部世界的感知，世界被看成是一个不可分割、相互作用，其组成部分永远运动着的体系，而观察者本身，也是这个体系必不可少的一部分

续表

	牛顿思维	量子思维
3	连续性	非连续性（波粒二象性）
4	物质是有形的实体	物质是质量和能量的转换
5	时间的均匀性及空间的各向同性	四维时空连续体及参照系的相对性
6	世界是一种静态存在，由某些不变的物质组成	世界处于永恒的变化之中，不存在固化的物质（不可分的最小单元）
7	笛卡尔分割：世界是一台普通机器，局部之和就是整体（完成政治、经济和社会上的混乱）	世界是一个有机体，各部分是有机联系而非独立的，整体并非局部相加之和（佛学强调独立自我是一种"无明"）

也就是说，原本的牛顿思维，已经被挑战。需要我们用既有微观视角又有宏大语言体系的量子思维去理解不断变化的新现象、新规律。改变自己，以空杯心态，换一个大脑，用量子战略思维，用量子测不准原理、态叠加原理、二象性原理、量子纠缠原理、最低能级原理、能级跃迁原理、量子能量场聚合原理等量子思维去看待不确定的世界，站在未来看未来，超越战略，突破现有资源和能力，在变与不变、确定与不确定中，共同探讨企业的未来及战略。

也许我们无法理解、也不可能真正理解量子理论，也许我们真如物理学家费恩曼所说的"没有人真正理解量子力学"。但是，大趋势面前，绝不影响我们用量子思维去打破认知局限，跳出工业时代的理论窠臼，用量子理论的基本原理和量子思维去定义未来。

67.2 以量子管理赋能重构建

重构建，是一种思维革命。

应该说，重构建的"一经六道十八法"，字里行间中充斥着"量子思维的气味"。如重构建哲学的实事求效，就是要打破过去的牛顿力学的确定性、稳态化思维的实事求是。感知世界的变化和不确定性常态，用量子思维重新看待现在与未来。而"六道十八法"中，也比比皆是这种思维。

华夏基石董事长彭剑锋教授是我国研究量子管理的卓有成效的大家之一，他在新作《换脑，用量子思维重构管理体系》一文中，阐述了量子管理的十点内容，极具建树，应该说是对重构建的有效赋能。

彭剑锋教授的主要观点包括以下几点。

第一，量子管理思维推崇企业持续不断的变革与创新，构建动态有序的聚变式成长组织。不确定环境下，组织要实现动态有序和柔性发展。组织从有序到混序，再到有序；再到无序，再到混序，再到有序，循环往复，是一个能量不断增加和集聚的过程。在低能量状态下，量子有序化程度较低，当能量增加时，量子的无序也在增长，也就是熵在增加，无序也在增长。这时候量子会自动组成某种能量，并形成高度有序结构，而要打破就需要更高的能量，这就意味着无序的进一步增长。组织就是这样一种动态发展过程，是无序中的有序。

实现组织的动态有序，第一个要求不断去打破秩序，通过管理创新打破原有的秩序。但是它并不是彻底的破坏，而是建设性的破坏，即，在打破原有秩序的基础上，靠集聚更高的能量来实现新的高度有序结构。所以我们讲用用量子力学思维重构组织，并不是说要把过去的直线职能制结构化完全打破，完全抛弃结构化，结构产生效率，这是被工业实践所验证过的，现在并不是完全抛弃结构，只是说要通过动态有序的结构变化，改变过去过于固守结构带来的组织板结和固化。而是倡导通过动态有序产生新的结构，而新的结构又需要新的能量来打破，从而产生组织新的价值创造能力，形成新竞争能力。

企业的战略竞争力与组织管理能力恰恰来自不断地转型、变革，积极主动地对未来进行探索。在转型变革中寻求新的结构,在组织的变革过程中，从无序到混序再到有序的循环往复过程中寻求更大的价值创造能力，形成企业新的核心竞争力。所以企业的核心竞争力源自动态有序，而不是静态叠加。过去我们讲竞争力，追求的是不可超越、恒久不变的，而现在，核心竞争力是不断有序变化的，追求跃迁式成长。

第二，尊重个体的价值与能量，鼓励员工的参与，强调群体智慧的力量。在牛顿力学思维条件下，每个组织中的个体只是一个分子，一个螺丝钉，一个工具，孤立而渺小，价值有限，必须和其他的分子组合起来、借助组织才能产生能量。但是，量子理论中讲，"在量子世界中，只要用正好的能量将电子踢一下，它就会立马从一个能级跳到另一个能级。这叫作量子跃迁。"用这种思维运用到管理中，就是要尊重个体的力量，尊重群体智慧的力量。渺小的个体可能也会产生无穷的力量，形成高能量个体，微小的创新可能会带来颠覆式的变革，个体力量的聚合和爆发可能会带来整个体系的量变和质变。

因此，量子思维提倡要尊重每个微小个体的话语权和参与权，强调群策群力。这与工业文明思维下强调企业家个人智慧、个人驱动有所不同，组织里除了企业家，员工也是主角，是价值创造源泉。这种观点与知识经济时代，人力资本越来越成为企业价值创造的主导要素相适应，符合时代发展趋势。

第三，鼓励创业者心态，个体自由创新思维，释放个体能量；机制大于管理，激活就是价值。在强调规则、秩序和结构的牛顿思维下，每个人在组织中是固化的角色，分工明确，职责清楚，被动工作。这在一定的条件下，固然能产生效率，但同时也产生了约束，相当于给每个人画了一个圈子，不能出这个圈。但是当把个体视为量子时，就不一样了，量子是微观的物质世界，它本质上是自由和运动着的，通过不断的交流、交互付鉴能量，创造价值。所以量子思维鼓励员工有创业者心态，对未来有美好预期，自我驱动，发散思维，自由创新，鼓励员工尽情发挥潜能与创意，以释放全员创新能力为目标。就像海尔的创客机制与腾讯的非核心创新机制所做的那样，帮助员工找到正确的价值观，并提供条件，鼓励每个个体创造自己的最大价值。Google围绕着创新使命，不拘一格鼓励个人创造。

在量子思维下，组织里一定是机制大于管理，整个管理的机制的核心是激活人的价值，释放各种能量，鼓励员工自由创新，强调组织的机制驱动。同时，个体权威（主要指企业所有者或塔尖上的最高领导）将不再凌驾于组织之上，而是强调通过组织内各个"能量球"的自由碰撞，释放能量，形成一种"众望所归"般的发展势能。

第四，突出精神的力量，放弃权威，管理不是权力驱动而是自我驱动、使命驱动。过去，整个组织的运行是崇尚权威，是自上而下的，管理和被管理者之间的关系是控制、指挥、命令与服从的关系。而量子思维要求放弃权威，打破官兵边界，领导与被领导之间的关系转变为支持服务的关系。个人不再是组织的一个棋子，而是一个生命体，要自我驱动、使命驱动。人的精神内在的正念所产生的能量，所激发人的创造潜能是无穷的。内在的心愿、使命感决定人的成功与能量。过去强调物质力量大于一切，而世界既是由物质构成的，也是建构在想象上的。在物质极大丰裕的现在，就个体激活层面来说，某种意义上精神力量大于一切。

整个组织的驱动机制、能量的源起来自信念，而不是来自权威。组织的动力不是来自领导，而是来自基层，组织的智慧不再是自上而下，而是自下而上的，上下联动。管理的驱动机制也不再来自指挥命令系统，而是来自使命的驱动，来自自我驱动。领导不是发号施令者，而是服务者，是支持者。

第五，组织是生命共同体，而不仅仅是利益共同体。在量子理论中，没有人是孤岛，人与组织不是控制与单一利益关系，而是生命共同体与协作关系。收入与利益不再是人在组织中的唯一诉求。中国航天火箭技术研究院人力资源部的部长王伟跟我讲，京东商城曾专门派人到他们那里去取经，包括京东商城在内的很多人向他们提出来的问题是：为什么一群收入不是很高、工作挑战却很大的人能把火箭造出来？王伟说之前他们也没有思考过这个问题，但在听了我讲课之后，他说我找到答案了，我们并不是一个利益共同体，而是命运共同体、生命共同体。我们火箭研究院的这些人是有信念、有使命感和荣誉感的一群人，我们的工作是为了国家和民族，而不仅仅是为个人和某一利益集团的。

生命共同体就是大家共存亡，因为生命首先是一个有机体，命运共同体就是共识、共担、共创、共享。当组织不再是单一的利益共同体时，人与组织之间，人和人之间就不再是控制与利益关系，而是一种自动协作、命运与共、生死与共的关系。

第六，强价值观约束而非强制度和纪律约束，推崇信用价值和信任文化。量子思维下的管理不是不要制度约束，而是主要通过价值观约束，这其实对人是更高层次的约束，这种约束来自心理契约，来自人的信用价值。过去在信息不对称的环境中，一个人今天在这个企业干得不好，甚至是干了坏事儿，但换一个企业他照样干。用强纪律约束是约束不到人的价值观层面上的，所以价值观约束才是最高的约束。另外就是更强调人的信用价值而不是唯业绩论英雄。信用是一个人职业的通行证，而且这种信用是跟你一辈子的，你要信用不好，就没人跟你合作，没有人给你机会。所以量子管理摒弃了过去的强控制，而更强调两个约束：一个是价值观上的约束，另一个就是信用约束。

信用建立在什么上面？建立在信任上。因为只有信任才能放权，只有讲信用才能获得信任和授权。现在企业家们有一种来自实践的发现，他们说，如果知识型员工要跟制度流程对着干的话，再完美的制度也有缝隙可钻，也会失效。所以量子管理强调组织不是基于制度约束，而是基于信息化的信用约束。如果一个人没有信誉，不光在这个企业没机会，在整个社会都没机会。如果一个组织里没有信任文化，仅仅是基于人性恶的假设来设置制度和流程，那必然就会走向极端控制，扼杀掉量子的运动创造能量。价值观约束和信用约束是一种内约束，制度流程是外约束，我们提倡在量子思维下以内约束为主，外约束为辅，内外兼修。

制度控制其实会使人产生依赖和惰性，我只要按组织规定的做就好了，由组织承担其他所有的成本和风险。而信任其实是最好的控制，因为当一个人自己管自己时，他失去了依赖，反而有了自我约束、自我成长的动力。

第七，释放人性，激活个体，发挥"能量球"的关联、互动效应。

在量子思维看来，每一个个体都是一个量子，都是一个"能量球"。量子力学主张世界是由能量球所组成的，能量球碰撞时不会弹开，反而会融合为一，不同的能量也因此产生难以预测的组合变化，衍生出各式各样的新事物，蕴含强大的潜在力量。个体与个体之间的充分连接和交互，可以产生难以预测的创造力和灵感级的群体智慧。

在量子理论中，人的价值不可估量，人的沟通、交互价值不可估量，可以产生倍加效应，聚变效应。这要求组织首先是给员工充分的"自由度"。就像张瑞敏所说的，"每个人都希望得到别人的尊重，我的任务就是创造一个环境，让大家充分发挥出个体的力量，自由组合，自由连接。"在他看来，量子管理就是要把权力下放，下放给每一个员工，放手让员工集体发挥创意，自下而上为公司注入源源不断的动力。其次是注重关联和互动，将个体蕴于关联之中，在互动和"碰撞"中升级智慧和创造力。单一个体是相互连接的，个体孕育观点，交互产生价值网，互动交流产生聚合效应，产生群体创新。

第八，量子思维强调利他商业模式与利他文化。

大家知道，相比牛顿的"力学三大定律"建立了人们对宏观世界的认知而言，量子力学揭示的是微观世界的奥秘。量子力学表明，基本微观粒子（如光子或电子）同时拥有粒子性与波动性，即"波粒二象性"。粒子包含振动弦的能量，振动的时候会影响周遭没在振动的弦和能量，导致弦能量的相互作用。这个视角拓展了科学家的思维，宇宙变成了非常有趣的互动式关系存在。由此，量子力学对社会学的影响是，万物是密切相关的，当每个人从私利出发，不对环境，不对社会负责，最后就会受阻。每个人都是世界的创造者，助他人者必得人相助。所以，他人的成功并非与己无关，"无关"的结果便是不方便。量子管理学提出来组织要成为生命共同体，组织和人、人和人之间不是单纯的利益关系，而是共担共创共享的互补和共赢关系。

在这个意义上，量子理念与东方智慧是非常接近的。而东方智慧也强调要有"利他"的价值观，强调"达人利己"，强调"厚德载物"。在互联网时代，这种价值观在企业里，一是体现为客户价值优先，先让渡客户价值，然后才有自我价值。二是强调竞合关系，而非零和博弈关系。三是成就他人，成就客户，成就员工。当然，员工也是客户，只有让客户成功才能让组织成功。

过去很长的时期内，强调竞争，强调效率的利己主义主导的商业模式已难以持续生存。在质变和不确定时代，在量子思维和生态思维主导下，企业要持续生存发展，其商业模式一定是建立在利他的基础上，成就他人最后再成就自己，达人利己。

第九，变命令为服务，变权威为支持，拥抱多样性，做量子领导者。

用量子思维来重新认知管理时，领导者的角色自然发生了转变。传统的管理模式下，领导者像是大海中的灯塔，"神一般的存在"，站在高高的地方引导和决定着员工的方向和行为。而现在在混沌的环境中，领导这个"灯塔"本身可能也会看不清方向，也不能承担独自决策带来的组织风险，那怎么办？做一个量子领导者，发挥量子领导力。

量子领导者首先要做的是放弃权威，放弃高高在上的指令，而是做一个参与者、组织者，一个模范作用而不是权威发布中心；从前端转到后端，做一个服务和支持者。以共同的愿景和价值观来激发和组织人，而不是以权威和控制来支配人。信任、放权；参与、鼓励、同理心；拥抱多样性，尊重甚至珍视员工的不同点；积极，谦逊，具有强烈的使命感，这些都是量子领导者的必备素养。而我认为，除此之外，量子领导者最重要的素质是自我超越，勇于质疑和自我批判，有独立的思考能力，能够跳出固定的思维模式，重建框架体系，敢于面对挑战，乐于接受未来的各种可能性。简而言之，就是能够适应动态和变化，抛弃传统，大胆创新。这是一个量子领导者最重要的素质和能力。

第十，关注和满足深层的价值体验与灵性成长。开发人的"灵商"，即灵感智商，就是对事物本质的灵感、顿悟能力和直觉思维能力。企业的激励体系、分配体系，就要更多去关注员工的体验和物质以外的东西。这与我们提出的全面认可激励是一致的，即全面认可激励，让他有成就感，让他实现自我超越，高峰体验，灵性成长。

第68节　认知革命，山雨欲来风满楼

如果说量子理论仅在思维层面引发了地震，而认知革命，则可能引爆一种更加震撼的海啸。

所谓认知革命，简而言之就是人的认知能力有了革命性的发展，出现了新的思维和沟通方式，能够以前所未有的方式来思考，用完全新式的语言来进行沟通。

认知革命不仅存在于《人类简史》的假设中，更存在于蓝色巨人IBM的实践中。

2016年，IBM在北京发布了"认知商业"战略，这是IBM百年历史上的第三个重大口号。IBM的口号，不管你信与不信，不管你追随与不追随，你都难以忽略它、漠视它，因为历史总是一再证明，这个蓝色巨人常常站在时代前沿，为整个产业、社会、世界发出变革的声音，并一次次获得成功。

在"认知商业"之前，IBM曾经提出过"电子商务""智慧的地球"。这些口号被提出时，曾质疑声一片。不过几年之后，都证明了IBM的正确性。

1996年，IBM提出了"电子商务"战略，带动了整个产业的变革，之后的"随需应变"成为电子商务的火炬手。进而，全球迎来互联网大潮，电子商务更是遍地开花。

2008年，IBM提出了"智慧的地球"战略，给当时全球低落的经济吹来一阵正能量春风。"智慧的地球"向外界描述了智能、物联网的新世界。如今，万物互联概念、方案、案例俯拾皆是。

坦诚地讲，IBM的两大战略，是助力中国十年互联网、互联网+浪潮的重要力量之一。

如今，IBM再次剑指云端，指出"认知商业"是基于云计算、大数据分析和物联网等新兴技术的一种商业模式，是不是预兆着一个全新时代的来临？

68.1　认知革命，"吓尿指数"从十万年缩短为一天

未来已来，未来是什么？未来就是趋势。

历史上，英国主导第一次工业革命，美国主导了第二次、第三次工业革命，德国要开启第四次工业革命，我们中国也要迎头赶上，发动了"中国制造2025"。

趋势，总是让人追随，但又无法企及。我们刚刚接受了互联网、接受了互联网+，就来到了互联网的下半场，甚至是末期。

互联网的下一代就是物联网，物联网的下一代是人工智能，人工智能的下一代是生命科学，未来50年会一直走下去。

互联网时代已经过去，我们迎来了物联网时代，随着传感器在我们生活中大量使用，我们每天都在被追踪数据，我们进入了物联网的早期。

美国著名未来学家雷·库兹韦尔是世界知名的发明家、思想家，有着20年的精确预测纪录，曾被评为"顶级企业家"之一，是"爱迪生的合法继承人"。他是光学字符识别（OCR）、文字转换语音合成、语音识别技术的发明人，曾有三位美国总统授予他13个荣誉博士学位和荣誉证书。他在2017年美国加利福尼亚举行的世界创新论坛上指出："现今，信息技术正在加倍地产生力量。""以每年两倍的速度在提升，10年内就累计成1 000倍的力量"。在2027年，电脑将在意识上超过人脑；2045年左右，我们就能达到一个奇妙的境地，技术发展足够迅速，"严格定义上的生物学上"的人类将不被理解，它将不存在。库兹韦尔还预言人类将会在50年内克服死亡问题，人类未来可以从互联网上通过下载新的程序来使自己的身体"升级"，使人体更舒适、更强壮和更健康。就如同电影《黑客帝国》中，一个完全不会驾驶直升机的人可以通过往自己身体中下载一个学习程序，在几秒钟之内就能成为一名飞行员。

在这若干的匪夷所思中，库兹韦尔还提出一个"吓尿指数"，大致含义是把一个生活在若干年前的人带到我们现在的生活环境，他如果被现在的交通、科技、生活状况"吓尿"，那么这个若干年就是我们这个世纪的"吓尿指数"。

通俗一点打个比方，回到1750年的地球，没有电，没有通信工具，交通得由动物拉着跑来完成。

你在那个时代邀请了一个叫老王的人到2015年来玩，呈现在老王面前的，是他从未想象过的世界。

铁皮盒子在公路上飞驰。

几千公里外正在进行的体育比赛，50多年前的演唱会，都可以观看。

口袋里还有个很神奇的长方形工具，可以生成实时地图，可以一边看着地球另一边人的脸一边聊天。

当然，还有各种科技：互联网，国际空间站，核武器。

此时古代人老王的反应，已经不是"瞠目结舌""目瞪口呆"，而是直接被"吓尿"了！

被"吓尿"的老王很不爽，想让别人也被"吓尿"来安慰一下自己，于是他邀请生活在1500年的小李去1750年玩一下。

然而结果让老王大失所望。小李被250年后的很多东西震惊，但是他没有被"吓尿"。同样是大约250年的时间，1750和2015年的差别，比1500年和1750年的差别，要大得多了。1500年的小李可能会在1750年学到很多神奇的物理知识，可能会惊讶于欧洲的帝国主义旅程，甚至对世界地图的认知也会大大改变，但是1500年的小李，看到1750年的交通、通信等等，并不会被"吓尿"，最多就是眉毛微微上挑。

老王想要把人"吓尿"，得回到更古老的过去——比如回到公元前12 000年，第一次农业革命之前。那个时候还没有城市，也还没有文明。来自狩猎时代的小赵看到1750年庞大的人类帝国，可以航行于海洋上的巨舰，居住在"室内"……直接"吓尿"。

如果被"吓尿"的小赵也想去吓别人呢？那他得回到十万年前或者更久，用人类对火和语言的掌控来把茹毛饮血的原始人"吓尿"。

所以，一个人去到未来，并且被"吓尿"，他们需要满足一个"吓尿指数"，满足"吓尿指数"所需的年代间隔是不一样的。

回溯人类发展的变化历程，是一个越来越加速的过程：在狩猎采集时代满足一个"吓尿指数"需要超过十万年，而工业革命后一个"吓尿指数"只要两百多年就能满足。

在今天的互联网时代，明天可能就出现爆炸性的应用，"吓尿指数"可能会缩短到以年、月计算。而且出现"倒逆"，以预言实现"吓尿"。

2012年3月，在日本东京，孙正义开了一场新闻发布会，名为"畅想软银三十年"，记者问他看到未来是什么样的，他说未来是没有屏的，未来街上有很多人，人们在手上划来划去，皮肤就是屏幕，未来是没有翻译的，脑袋只有一个芯片。

《未来简史》作者尤瓦尔·赫拉利也扬言，未来世界需要的要么是拥有高技能的工人、要么就是低级的工人，中间的一部分人变得没有用，成为"无用群体"。

面向未来，若不被"吓尿"，认知成为重要目标，新的知识替换旧的知识，动态的知识打败静态的知识，我们在了解未知、战胜未知中，拥抱未来。

IBM的认知革命，是否也要"吓尿"人们，我们不得而知。IBM讲七万年前人类开启了第一次认知革命，今天它声称要开启第二次认知革命。

七万年前的第一次认知革命，核心是想象和抽象，七万年前智人只有几千人，现在有好几十亿，人类能主宰世界就因为他们能用想象和抽象分析世界，规划未来。认知革命其实是原有认知被不断打破的过程，今天我们迎来了新的技术革命，最重要的部分是人工智能，而人工智能是一门认知科学，跟认知革命是紧密联系在一起的。

IBM认为，企业一旦实现认知转型，便能拥有其他传统企业无法比拟的竞争优势，包括更深入的人际互动能力、更强的专业能力和更明智的探索与发现能力等。此外，认知技术还将帮助企业改变服务能力和企业运营方式，改善产品和业务流程，协助企业获得更多洞察，从而快速做出更为精准的决策。认知技术将给商业模式带来翻天覆地的变化，小到每个人获得的服务和产品、创业者所能拥有的商业创新优势，大到传统企业行业的转型、甚至经济和整个社会治理效率的跨越式提升。

如今，IBM已经在制造、零售、医疗、媒体和电子等行业部署认知技术。

——IBM与辉瑞制药联手建立符合中国人群特征的慢性病风险预测模型，可高效甄别关键风险因素，并且在精准医疗、分级诊疗等方面取得进展。

——IBM与科大讯飞在认知计算算法、云平台架构等层面合作，双方共同推动医疗、教育和智慧城市等领域的发展。

——IBM与软银集团合作开发的Pepper机器人，可以理解视频、图像等结构化和非结构化数据的含义，认知系统通过分析和推理结构化与非结构化数据，以更加接近人类的思维与人们沟通互动。

——IBM与Medtronic合作，使得Medtronic可穿戴医疗设备具备认知能力，从而便于为病患提供个性化的糖尿病管理服务。此类应用还能够给病患带来自我诊疗能力，例如预测可能的低血糖风险，以及发现食物和活动对血糖趋势的影响等。

美国的科学家把2016年定义为认知革命的元年，是以人工智能为核心的认知革命的一个起点。

世界上大公司纷纷布局人工智能，布局认知革命的未来。

百度和Google做人工智能，Facebook做媒体，阿里巴巴和京东对接美国的亚马逊，华为挑战思科和苹果。

苹果公司的未来不是苹果10，而是无人驾驶。

Facebook给自己设定的方向是虚拟现实，最近成立了404制造实验室，在做工业制造，设立了智能制造实验室。

Google收获了七家机器人公司。

特斯拉做新能源汽车。

通用公司做工业互联网，在美国路易斯安那州关闭了很多工厂，总部从美国的康州搬到了麻省，要依托高校，孕育一场新的技术革命，把信息技术和工业技术结合，形成历史性的交汇和新的崛起。

从本质上讲，认知是人类进步的阶梯，今天我们还没有完全认清，大数据、物联网、虚拟现实和人工智能等新技术就已经扑面而来，并且已经在工业领域里面出现了大量的应用，这是人类认知历史上的一次大革命。

早在文艺复兴时期，拉斐尔就有一幅画描绘了他想象中的黄金时代：机器人在做重复的工作，人则去做研究技术、哲学等更有意义的高想象工作。我们有理由相信，下一个时代就在眼前，而那是一个黄金时代，一个机器人和我们一起生活的时代。

68.2　认知型企业

IBM商业价值研究院（IBV），一直致力为企业提供对当今最紧迫问题和最具潜力机会的战略洞察。IBV出品的研究成果被公认为是咨询业中最有效的商业思想领导力，连续多年在思想领导力行业中排名全球第一。

随着认知革命的兴起，IBV再次发声：数字化趋势的不断成熟，使指数型成长技术，如人工智能、区块链、物联网、机器人流程自动化、虚拟现实和增强现实以及3D打印等迅速崛起，为企业了解和体会自身表现及其业务环境创造了巨大的潜力。同时，这也造就了规模巨大的内部和外部数据海洋（也叫数据沼泽），如果无法在战略和技能层面充分准备，企业很可能会被洪水般的数据所淹没。在这种背景下，又一个业务架构变革时代蓄势待发，这就是认知型企业时代。

认知型企业，是指利用数据，融合实体与数字世界，使企业以前所未有的方式（平台）与客户进行互动，并联合生态系统合作伙伴共同崛起，同时充分利用传统的专有数据，推动企业以客户为中心的认知转型，促进认知商业的普及。

认知型企业除利用数据，融合实体与数字世界的特征之外，还具有如下特点。

第一，认知型企业是以平台为中心的企业。

认知型企业的战略措施是"发挥平台的重要作用"，积极运行平台架构。平台不仅要运用特定企业的资产，还会采用新兴技术，以实现平台数字化和认知化，对接市场和外部环境，并深深扎根于企业的内部工作、运营指标和业务洞察。特别是要结合各种运用认知技术的独特工作流程，帮助训练有素的员工队伍加以利用，从而围绕这些公认平台构筑竞争优势，获取长期成功，跟上企业所在领域不断发展的知识和洞察体系的要求。

如Maersk与IBM共同开发了交易数字化解决方案，利用区块链为国际贸易网络提供信任度和透明度，实现跨边界供应链流程数字化。该解决方案大规模采用后，帮助生态系统中的所有参与者，包括发货方、货运代理、海运商、港口以及海关当局节省数十亿美元的成本。区块链网络有助于优化运输流程，提高其运转速度，而且有能力打击运输欺诈，甚至已经开始颠覆传统的交易金融。

第二，认知型企业是学习型企业。

认知型企业由一系列"智慧"平台构成，至少其中一个平台利用企业的核心专长。企业要取得成功，必须参与平台生态系统，以便为业务提供支持。要实现竞争优势，关键在于核心平台能否快速有效地持续开展学习，以指数级速度积累知识，适应不断变化的市场局势。

企业员工必须走在认知时代的前列，员工必须具备强大的适应能力，在持续发展的流程和平台环境中开展工作。这样，他们才能够从事高附加值任务，更好更快地做出决策。和过去几轮技术颠覆大潮一样，传统员工需要学习新技能，利用新技术，重塑职业发展轨迹。

Woodside是澳大利亚最大的独立能源公司，半个多世纪以来，它一直在全球石油和天然气领域占据领先地位。为了成功实现薪火相传，Woodside必须传承最出色员工的宝贵知识和技能。为此，他们制订了"打造认知型企业以充实和分享企业知识"的目标，因此与IBM和Watson建立了业界首屈一指的合作关系。Woodside招贤纳士，努力培养企业"英雄"，也就是具备高度聪明才智而且经过多年磨炼形成自然直觉的员工。尽管数十年来，Woodside一直在归档员工报告、决策日志和技术评估，但随着老一辈工程师的退休，他们的直觉与经验也被一并带走，大量不可替代的企业记忆随之消逝。Watson采集数以十万计的Woodside项目开发文档，每份文档通常超过百页，即使24小时不眠不休，一个人要想阅读完所有这些信息，也需要耗时五年以上，而Watson可以在几秒钟内处理信息并产生满意的答案。

第三，认知型企业是组合式企业。

认知型企业由多个平台构成，一些为自身所有，一些为外部采购，还有一些租借而来。随着市场相关性以及独特能力的变化，这些平台与企业之间的关系也会随之转变。企业能够最有效地协调这一系列平台，组建更广泛的生态系统，将过去惯用的采购和外包模式转变为更为动态、更为灵活的新型模式。

据预计，云计算的普及不仅会导致平台转换，还会以更直接的方式添加新功能。但数据访问与利用差异化人才技能是两个始终不变的主题。

除此之外，认知型企业的认知技术，还渗透在企业的每一个职能节点，由这些职能的交互作用，推动企业迅速演变。

IBM将企业分为13个主要职能部门，分属前端、中端和后端，并列举了认知技术对每个职能领域的影响。

企业主要职能部门

前端部门	中端部门	后端部门
客户服务	创新	财务
营销	生产制造	人力资源
销售	产品研发	信息安全
	风险管理	IT
	供应链管理	采购

IBM研究人员指出：

在前端部门，自主学习的认知系统可促进实现更深层次的用户互动，并伴随每一次互动不断提升、学习和改进。认知系统可以帮助加强与用户的密切关系，提高用户问题解决效率，进而提升用户满意度和保留度。这些系统是更广泛的工作流和数据结构的一部分，营销人员和销售人员可以利用更细致、更相关的信息洞察，与新老用户群建立联系，营造超级个性化的体验。

企业领导者可以利用这些信息开辟新的可能性。在掌握用户类型、工作或问题复杂度或者交易价值的基础之上,他们往往能够为不断壮大的人力资源队伍更有效地部署智能、协助、跨渠道的自助服务选项。

在中端部门,认知计算已经开始助力员工处理、共享和解读海量数据。认知系统可以加快决策速度,响应用户与利益相关方的请求。现在,企业领导者不再依靠员工管理和整理数据,而是运用认知技术挖掘洞察、将这些洞察转化为行动,继而提高盈利水平。

这样可以彻底挣脱长久以来对体系化知识的依赖,打破运用新数据源和分析技术融合新旧知识的限制,摆脱因决策流程冗长而导致丧失收益机会的窘境。最后,整个决策过程中充分利用这种情境化理解,可提高实施关键举措的速度和确定性,特别是,还能辨别和纠正不准确的决策、请求或结论。

在后端部门,认知计算可自动执行重复任务,为员工提供帮助,提高工作效率。另外,企业亟须投入时间和精力协助后端部门开发智能数据结构,从而利用大数据投资帮助业务用户更有效地消化、理解及传达终端部门和前端部门决策。

广大公司可抓住此次认知机遇,趁机发展成为真正的数据驱动企业,促进数据民主化,争取实现实时洞察。更重要的是,在此过程中,还可设计新式增强的工作流,支持其他业务部门快速体验,实现分析和洞察类型标准化以便重用。

面向后端部门推广认知计算不仅可以使管理层跨越共享职能部门建立并增强数据、流程、行动及真实成本和业务价值的透明度和控制度,还能通过减少乃至消除人为错误提升质量。

IBM商业价值研究院(IBV)提出企业内各部门应用认知技术的作用。

1. IT部门。 在IT部门中实施认知计算有助于加快解决方案设计,进一步拓展员工的专业知识。同时还能支持更迅速、更有效地计划、开发和测试企业软件,以及实现更高的敏捷性。

2. 销售部门。 在销售部门部署认知计算可以提高面向用户的服务效率,拓展用户账户管理能力,增加交叉销售与追加销售机遇,还能通过提供更丰富的情境化信息，提升潜在用户管理效率。

3．信息安全部门。在信息安全部门，认知技术有助于透过大量结构化和非结构化数据，更快速、更可靠地检测欺诈或其他活动。这样可以节约数以千计的员工工时，通过加快威胁检测速度，缩短问题解决时间，让有关人员专注开展业务关键型计划。

4．创新部门。若将认知计算应用于创新活动，则有助于企业更有效地提出假设、确立并验证新观点、加速和深化场景构想到孕育的整个过程，以及实现出乎意料的关联效应。关联效应可能包括：购买现有专利；促进企业家开发新产品和新服务，更出色地发挥企业资产的经济效益；利用其他地区或行业部门的新投资。

5．供应链管理部门。当应用于供应链部门时，认知技术可发挥以下作用：大大加强决策洞察；提升人们对购买、交付、接收和开票商品类型、数量和质量的信任度；提供所需营运资本，指出业务发展。认知技术可以帮助物流人员更有效地预测影响供应链的可能性，预计需要开展的行动，以及更准确地预测潜在问题。

6．人力资源部门。将认知计算应用于人力资源部门可大大提高薪资和福利管理效率及加强人力规划。通过高级语言算法和机器学习，认知技术还可通过社交媒体及其他渠道，提供有关潜在候选人的360度视图，从而大幅提升招聘速度和准确度。

7．客户服务部门。将认知计算应用于用户服务可以帮助企业在各种情境中与用户建立联系。原理是，通过自动处理大量信息可以提升对用户需求的了解。如此一来，公司不仅能够辨别用户态度、需求和愿望，而且还能更有效地预测和解决问题，从而实现更高水平的用户满意度。

8．生产制造部门。在生产制造部门应用认知计算不仅前景广阔而且意义非凡。认知技术可以从故障报告中的暗数据挖掘宝贵的洞察。此外，还可以整合基于物联网的新型传感器数据源，开展更细致的实时分析，提供更深入的洞察，帮助提高现场工程师的工作效率。同时还能通过更全面、更深刻地分析设备数据，大大减少生产中断情况。

9. 财务部门。认知计算有助于财务部门缓解风险，积极防范欺诈，加速并改进新供应商尽职调查流程。认知技术不仅有助于缩短支付周期，还通过自然语言处理、机器学习、人工智能和自动报告大幅改善监管合规决策，从而增加留存现金。

10. 风险管理部门。通过采集大量相关数据（包括监管规定信息与公司政策信息），认知计算可帮助风险管理人员更准确地评估不同类型的风险。认知技术可通过挖掘模棱两可的数据，找到人类可能遗漏的未知风险指标，继而预测合规缺陷。风险管理人员由此可以摆脱机械性任务，集中精力处理更具战略意义的问题。

11. 采购部门。对于采购部门，认知计算可以帮助提高全球采购能力，加深与供应商的合作，加速和深化分析，更有效地自动完成重复采购任务，以及提供更高效的退换货服务。

12. 营销部门。在营销部门中，认知计算可处理大量数据，从而帮助更有效地确定目标受众，利用各种活动渠道开展营销活动。跨越多种渠道（包括涵盖非结构化数据的渠道）开展更好、更快、更丰富的自动化研究，使市场研究人员能够投入更多时间制订和执行战略，而不必浪费精力开展机械性任务和基础分析。

13. 产品研发部门。认知计算可增强原型开发能力并促进大规模测试。它可以通过大幅缩短与设计更改有关的验证流程时间，帮助有效改进设计。

认知技术大大提高整个企业的职能部门和流程的速度、准确性、效率和效力，随着企业在数字智能和数字化重塑方面日渐成熟，职能部门之间的相互影响也可能会随之加强。例如，认知风险遇到认知销售，则会带来有关个体用户的深层次洞察。意想不到的创新也可能会随之而来。此外，为迎接新机遇，企业可能会改组，实时调整系统和人员。

传统的前端、中端和后端部门本身已然面临巨大变化。要采集新数据源，开展分析，挖掘洞察，以及借此提升用户体验、改善业务决策和支持工作流程，则需要建立整合式价值链，打破部门孤岛之间的传统边界。

更重要的是，认知技术可以为企业领导者创造机遇，促进合作并彻底重塑各行各业，整合目前支离破碎的物理、数字和财务供应链。由此，认知技术会帮助打造必要的数据结构，提高信息透明度，为企业对消费者（B2C）和企业对企业（B2B）商业模式中的采购商与供应商提供决策支持。

68.3 在认知革命中的重构建

也许，认知型企业距离中国企业、特别是广大的中小型企业还有一段距离，还似乎比较遥远。但是，认知革命是转型升级重构建的方向，是我们走也得走，不走也得走的必由之路。

如何打造未来的认知型企业，根据IBM商业价值研究院的实践，我将其概括总结为"五清晰七举措三步骤"。

第一，五清晰。

1．清晰你企业的主要战略任务是在各个业务和运营环节降低成本或开辟新收入流，还是两者兼顾。如何运用认知技术解决这些当务之急。

2．清晰你企业希望通过全新的差异化方式接洽、吸引或保留哪些重要的潜在用户群或现有用户群。

3．清晰在企业的未来用户旅程中，哪一类认知能力可以最有效地支持前端、中端和后端部门改善用户体验以及开展运营工作。

4．清晰你企业需要运用哪些新的运营模式、监管方法、资源和技能来落实计划及塑造新的认知能力。

5．清晰你企业如何探索、理解新兴和未来的认知技术，以及面向各职能部门如何开展相关培训。

第二，七举措。

1．梳理核心平台及重点要素的意图。仔细审视企业的市场地位、工作流程竞争力、数据和人才技能独特性等一系列因素。发现企业本质并预见企业的未来身份逐渐变得非常重要，唯有如此才能实现认知目标。

2. 重新设计工作流程，充分运用认知能力。必须确定对于支持平台专长和意图至关重要的工作流程。充分利用新型机器学习、感知和自动化技术，以及专有(和采购的)数据，特别是对于实现平台差异化优势至关重要的技术和数据。

3. 积极重塑员工队伍。随着工作流程重塑引发的定向人才需求日渐清晰，迫切需要员工队伍的积极配合。因此，需要重新培养现有团队的技能、招募新人才以及管理原有员工队伍。企业需要开始灌输指数型学习和领导力文化；作为回报，企业将获得充分的团队合作和敏捷性。

4. 积极管理专有数据。这是建立认知型企业以及深化核心特色专长的必要环节。企业在打造"专用"数据架构的数字化之旅中，如何有效管理专有数据是面临的最大难题之一，仅次于企业文化转变。这种架构不仅要能够更好地组织和访问内部数据和信息，还要支持运用外部数据源获得洞察和实现创新。

5. 端到端地保护数据、流程和平台。保障平台业务模式、用户关系、独特数据、专有流程和算法以及特色人员知识的差异化优势至关重要。平台信任是确保持久成功的基础。从基本性质而言，数据安全是竞争优势之源，因而也是取得成功的关键基石之一。

6. 跨越组织边界，整合敏捷能力。为跨越组织边界整合敏捷能力，必须推动持续创新和变革。许多企业已采用敏捷工作模式。在指数型学习世界中，必须快速培养能力，尽快超越早期模式。为此，需要成立跨越组织边界、真正整合的团队，涵盖各个业务和IT职能部门以及外部平台合作伙伴。

7. 持续反复研究和调整技术架构选择方案。企业需要制订清晰的蓝图和迁移计划，并评估各种架构选择，权衡利弊。确定从试验性概念证明迁移至适当模式的时机，对于巩固企业平台的未来优势而言至关重要。在向认知型企业转变的过程中，需定期反复评估架构，以便实现企业级扩展、经济影响力和持续适应力。

第三，三步骤。

1．设定未来愿景。

利用认知能力，面向整个企业推行统一周密的业务主导和技术辅助的战略。整个企业齐心合力，共同制订为期18至24个月的数字战略，其中包含一组确定数量的项目计划，在有限的目标和时间范围内为小额的更具探索性的投资铺平道路。这些计划可能源自跨职能资源、技能集和互补式合作伙伴生态系统。

制订战略的过程中，需确立企业或业务部门重塑案例、KPI和目标。应用有针对性运营模型和监管方案来支持此项战略。采纳基于跨职能合作的新工作方式。调整企业文化，适应"快速失败"思维模式，进而促进战略实施。

2．形成概念。

确定认知战略、计划和投资组合后，集中精力对市场和目标用户进行全面定期评估。应用以用户为中心的方法，配合启用卓越中心。通过卓越中心，让其他业务部门体验和学习市场中新涌现出的认知能力（如运用自然语言处理或机器学习大规模使用和分析数据），创建常见用例和应用，设计专为企业量身打造的基本标准和架构因素。

在开展构思的过程中，评估市场和用户需求，掌握有待解决的重要症结。确定认知技术可以发挥作用的未来体验、端到端流程和支持功能。根据认知能力的影响设计未来的业务和技术架构。完善各个计划、业务案例及更广泛的重塑案例。

3．孕育和扩展。

在企业从规划和设计阶段进入执行阶段期间，在计划中应用基于快速探索和原型设计而创建的用例中心型方法。帮助企业展现新能力的威力和价值，因为这些能力尚处在市场试行阶段，旨在解决特定的重大业务挑战。设计并执行这些试点计划，重点提升敏捷性，限定现有用户和运营面临的风险。与此同时，务必测量试点对象的各项绩效指标，明确展现潜在价值。

随着这些能力的不断成熟，在整个企业中寻求大规模实施和扩展。最后，随着企业不断孕育这些概念并使之实现商业化和规模化，运用精益监管模式定期审查进度和价值。

在这一阶段，开拓新的认知型企业、资源和技能。运用迭代方法创建认知知识体系，针对新功能进行原型设计，继而构建、测试及推出新功能。获取持续的市场接受度反馈，运用相关信息决定结束还是推广实施认知计划。最后，监控业务案例价值实现情况，根据需要做出调整。

第 69 节　为了未来，重构现在的努力

在"一经六道十八法"的串联下集结一幅新商业图景，组成新世界的今天和明天。

但我深知"纸上得来终觉浅，绝知此事要躬行。"

躬行，不是满足理论的创建、体系的完善。

躬行，不仅仅是具体企业重构建案例的操作，独乐乐，不如众乐乐。

躬行，是走向更大的时空，通过重构建促进中国经济、中国产业、中国企业的转型升级。

平台、平台经济概念与体系的出现，为我找到了方向。

重构建，需要更广阔的平台。

平台经济，是区域经济学、产业经济学、信息经济学以及交易成本理论的研究范畴，是以互联网、大数据、智能化为代表的信息技术发展促发的一种新的经济业态。

平台，可以是指一种虚拟或真实的场所，平台本身可以生产产品提供服务，也可以不生产产品、不提供服务，平台的作用是促成双方或多方供求之间的联系与交易，达到最优的资源配置。互联网技术的发展，为平台的崛起，为平台经济的崛起，奠定了良好的基础。平台企业，演化出平台，产业平台经济已是大势所趋。

如何搭建转型升级重构建的平台，聚集一批企业与企业家、专家学者、政府官员、中介机构，同心协力，分享共赢？

我从经济、产业、城市、企业等四个维度，研究国内外转型升级脉络，最后把目光聚焦在深圳。

深圳举世瞩目。以一个小渔村的基础，37年GDP高达2.94万亿元，跃居全国第三，成为中国四大国际化城市之一；以一个县的面积，创造一个省的经济总量，每平方公里产出财政收入已达4亿元，用万分之二的国土面积、为国家贡献了百分之八以上的增量收入；世界500强总部落户深圳比例占全国10%；上市公司总数达350家，占全国上市公司总数约10%⋯⋯

深圳经济成功的经验是什么？就是转型升级、就是重构建。

深圳的发展史，就是一部转型升级史：从"三来一补"转变为高新技术产业，从依赖外资创新转变为自主创新，从自主创新局部战略转变为建设国家创新型城市主导战略。

深圳靠工业化起家，深圳工业化造就了深圳城市化，深圳城市化又激发了深圳工业化，形成一个正向反馈。深圳市场化改革是全国最早的，为全国建立社会主义市场经济体制做出了先行探索的历史性贡献。市场化程度越高，经济就越有活力。深圳国际化程度也是比较高的，它是中国最早引进外资的城市之一，是中国出口最早的城市之一，是中国连续24年出口量第一的城市。深圳的工业化、城市化、市场化、国际化，"四化协同"，通过相互联系相互促进形成一个经济增长系统。

社会发展到了一个新的历史时期，以"大数据、云技术、智能化、移动互联网、物联网"为代表的技术革命，又将促进经济发展方式的进一步革新。深圳又以经济新常态理念和新发展理念为指导，推进供给侧结构性改革，把提高供给质量作为主攻方向，提出"从深圳速度转向深圳质量"的发展战略。其实就是从"四化协同"转为"五化协同"：深度工业化、深度城市化、深度市场化、深度国际化、创新高端化。

实现深度工业化，要以发展新兴产业和先进制造业为目标。"深"在掌握一批核心技术、关键技术、技术标准为重点;"深"在将互联网、智能技术与制造业深度融合;"深"在培育更多世界著名工业品牌;"深"在实现高级人口红利,打造一批具有世界竞争力的工业产品。

实现深度城市化,深圳要以实现现代化国际化创新型城市为目标。"深"在"多组团""多中心"在全市均衡发展、缩短原特区内外发展差距;"深"在全面更新改造旧村旧工业区旧厂房、提升建筑的现代化艺术化水平;"深"在提高城市人口素质、提高高学历人口比例、提高外籍高端人才比例;"深"在现代化基础设施、公共服务供给数量大幅增加、质量大幅提升,尤其大幅提升高质医疗供给、高质大学供给;"深"在天更蓝、水更清、地更绿、空气更清新、人民幸福指数更高。

实现深度市场化,深圳要以建设"大市场、小政府、强法治"社会为目标。"深"在大市场,即尽可能提高市场化覆盖面、提高市场决定性地位、提高市场运行效率;"深"在小政府,即尽可能把政府审批项目降低到最低水平、建立政府尽可能不干预市场的体制机制、做到该政府作为的政府必须有作为;"深"在强法治,即法制更加健全、执法更加严格、司法更加公正、市民更加守法,进一步提高市民契约精神、诚信精神、妥协精神。

实现深度国际化,深圳要以建设国际化城市和世界科技、产业创新中心为目标。"深"在深圳争当21世纪海上丝绸之路桥头堡、当好粤港澳大湾区经济龙头城市;"深"在引进更多海外先进科研团队和海外创新创业团队;"深"在深圳街头到处见到外国人;"深"在世界上能见到更多深圳品牌、更多外国人喜欢深圳。

创新高端化是衡量深圳是否成为现代化国际化创新型城市和世界科技、产业创新中心的关键标志。创新高端化,意味深圳将从目前的以模仿创新和集成创新为主要方式转变为在原始创新、源头创新方面大有作为,意味着深圳能够在世界科技和产业高端市场上占据一席之地。创新高端化不是靠一厢情愿、好高骛远,而是在实现深度工业化、深度城市化、深度市场化、深度国际化之后水到渠成、实至名归。

"五化协同"将带领深圳进一步走向世界先进城市的前列，成为中国特色社会主义成功典范。

我长期在深圳生活，面对深圳未来的"五化协同"更是激奋。2016年元旦，我召集一些志同道合的企业家、政府官员和专家学者座谈，我发言："我们生活在盛世，是幸运的；我们产业在深圳，更是幸运的。打造经济、产业、企业重构建平台，以深圳经验，促全国转型升级，将成为我们未来十年的使命、责任和义务。"

我的想法得到广泛认同，我们开始发起创建全国第一家的以转型升级为主题的民间组织。由深圳芭田生态、国人通信、中装建设等30家上市公司、高科技企业、高端服务专业机构、媒体，联合建立组成了"深圳市企业升级转型促进会"。第一届第一次会员代表大会召开，我全票当选会长。

对于办深圳市企业升级转型促进会的宗旨，我讲了"三个立足、三个服务"。

深圳市企业转型升级促进会立足深圳，在总结成功经典的同时，支持本地企业进一步转型升级；服务全国，将深圳的经济、产业、企业转型升级的经验推广，以深圳经验，促进全国转型。

深圳市企业转型升级促进会立足企业，在微观领域犁耕细作，力图实效；服务全链，从企业向产业、经济领域延伸，实现社会系统的综观转型升级。

深圳市企业转型升级促进会立足用户，为经济、产业、企业提供卓有成效的转型升级服务；服务自己，壮大会员自身，身体力行地组织会员在一带一路、创业创新、互联网+、工业4.0、消费升级中办实体、做实事、出实效。

对于深圳市企业转型升级促进会工作部署，我设想了"八个一工程"。

肩负一项使命：以深圳标杆，促进中国的企业、中国的产业、中国的经济，升级转型重构建。

建立一个体系：研究总结世界前沿的升级转型（重构建）学术理论与实践，总结深圳经济、产业、前沿转型升级的经验成果，形成具有中国特色的升级转型科学体系，为国家提供升级转型的信息、理论与模型，为经济、产业、企业转型升级提供途径、方法和工具。

策动一项工程：举行涉及"百县（市）万企"的"中国转型升级重构建公益行"大型活动，通过举办论坛、培训班、私董会等形式，呼吁、倡导、引领中国企业升级转型，实现中国企业重构建。

形成一个标准：建立研究机构，专注于中国企业升级转型的研究，形成技术、方法、流程、体系方面的学术标准并应用于实践。

发起一支基金：联合国内著名风投机构、银行、律师事务所、会计师事务所等，成立"升级转型基金"。

创办一批实体：为中国企业升级转型培育、输送专业人才，服务大众创业万众创新，带动就业岗位。

托管一批基地：选取适当区域，建立中国企业升级转型示范基地，形成区域产业化发展的标杆样例。接受三、四线城市政府委托，托管当地的"企业服务中心""创新中心""转型升级促进中心"。

形成一个平台：联合从中央到地方的各级政府、高等院校、科研机构、行业产业协会商会等，建立社会化企业升级转型服务平台。

会后，转型升级促进会就活跃在重构建"八个一"的推展之中。

目前已经拥有线上线下会员20 000多人。

转型升级母基金，已经由中国资本市场"大鳄"设计完成。

中国企业转型升级百城万里公益行，"中国转型升级公益行"大型巡讲活动已经在十个市县完成试运营，北到吉林的长春、东到山东的枣庄、南到广东的顺德、西到陕西的大荔、中到湖南的长沙。

转型升级创新大厦运营托管，已经在江苏一市达成意向。

每逢星期二八点钟，转型升级促进会的"线上活动"准时举行，同时在十个500人微信大群开播……

参考文献

[1] 詹姆斯·迈天.大转变——企业构建工程的七项原则[M].李东贤，译.北京：清华大学出版社，1999.

[2] 斯图尔特·布莱克.领导战略变革[M].彭政策，译.北京：机械工业出版社，2004.

[3] 克里斯·安德森著.创客：新工业革命[M].萧潇，译.北京：中信出版集团，2015.

[4] 菲利普·科特勒.营销3.0[M].毕崇毅，译.北京：机械工业出版社，2011.

[5] 彼得·德鲁克.21世纪的管理挑战[M].朱彦斌，译.北京：机械工业出版社，2006.

[6] 理查德·鲁梅尔特.好战略，坏战略[M].蒋宗强，译.北京：中信出版集团，2017.

[7] W.钱·金，勒妮·莫博涅.蓝海战略[M].吉宓，译.北京：商务印书馆，2005.

[8] 戴维·霍尔.大转折时代[M].熊祥，译.北京：中信出版社，2013.

[9] 拉姆·查兰.持续增长：企业持续盈利的10大法宝[M].邹怡，邢沛林，译.北京：机械工业出版社，2016.

[10] 克劳迪奥·费泽，等.反僵化：企业转型升级新路径[M].陈黎，译.北京：中信出版集团，2017.

[11] 丹娜·左哈尔.量子领导者[M].杨壮，施诺，译.北京：机械工业出版社，2016.

[12] 罗尔夫·詹森.梦想社会[M].王茵茵，译.大连：东北财经大学出版社，1999.

[13] 吴晓波.转型之战[M].北京：中国友谊出版公司，2015.

[14] 刘涛.互联网+时代大变革[M].北京：人民邮电出版社，2015.

[15] 李善友.互联网世界观[M].北京：机械工业出版社，2015.

[16] 王绍璠.呼唤企业家心的回归[M].北京：新世界出版社，2002.

[17] 白万纲，马浩东.超级产融结合[M].北京：金城出版社，2012.

[18] 段王爷.互联网+兵法[M].北京：机械工业出版社，2015.

[19] 李践.高效人士五项管理[M].上海：同济大学电子音像出版社，2013.

[20] 王吉斌，彭盾.互联网+：传统企业的自我颠覆、组织重构、管理进化与互联网转型[M].北京：机械工业出版社，2015.

[21]　许正. 工业互联网[M]. 北京：机械工业出版社，2015.

[22]　吴声. 超级IP[M]. 北京：中信出版集团，2016.

[23]　金错刀. 爆品战略[M]. 北京：北京联合出版公司，2016.

[24]　陈扬菊. 一次做对[M]. 北京：中国青年出版社，2005.

[25]　王育琨. 解放企业人的心灵[M]. 北京：商务印书馆，2008.

[26]　陈雪频. 重塑价值[M]. 北京：中国友谊出版公司，2017.

[27]　滕斌圣. 从颠覆到重生[M]. 北京：人民邮电出版社，2017.

[28]　彭剑锋. 超越竞争：以量子战略思维定义未来 [J]. 中外企业文化. 2017（9）.

[29]　王冠雄、刘恒涛. 重创新[M]. 北京：机械工业出版社，2015.

[30]　杨健. 互联网+2.0[M]. 北京：机械工业出版社，2016.

[31]　许宁. 蜕变：传统企业转型心法与手法[M]. 北京：中信出版集团，2016.

[32]　杨思卓. 新领导力[M]. 北京：北京大学出版社，2015.

[33]　姜汝祥. 请给我结果[M]. 北京：中信出版集团，2015.

[34]　周士量. 班长的战争[M]. 北京：电子工业出版社，2018.

[35]　王德培. 中国经济2018新时代七点[M]. 北京：中国友谊出版公司，2018.

[36]　宋旭岚、许新. 生态战略[M]. 北京：机械工业出版社，2016.

[37]　阿里研究院. 从IT到DT[M]. 北京：机械工业出版社，2015.

[38]　创新论坛. 正在发生的转型升级实践[M]. 北京：企业管理出版社，2017.

[39]　蒋小华. 咫尺匠心：新工匠是怎样炼成的[M]. 北京：机械工业出版社，2017.

[40]　百度、搜狐、腾讯、新浪等互联网文摘